金融从业人员违规交易的法律规制与风险防控

The Legal Regulation & Risk Prevention of FINANCIAL PRACTITIONER'S VIOLATIONS

谢　杰
冯思华
——著

法律出版社
LAW PRESS·CHINA
北京

图书在版编目（CIP）数据

金融从业人员违规交易的法律规制与风险防控 / 谢杰，冯思华著. -- 北京 ：法律出版社，2024. -- ISBN 978 - 7 - 5197 - 9240 - 4

Ⅰ. D922.280.4

中国国家版本馆 CIP 数据核字第 202493HL84 号

金融从业人员违规交易的法律规制与风险防控
JINRONG CONGYE RENYUAN WEIGUI JIAOYI DE FALÜ GUIZHI YU FENGXIAN FANGKONG

谢 杰
冯思华 著

策划编辑 冯雨春 李 军
责任编辑 李 军
装帧设计 李 瞻

出版发行 法律出版社
编辑统筹 法律应用出版分社
责任校对 王 丰
责任印制 刘晓伟
经 销 新华书店

开本 710 毫米 × 1000 毫米 1/16
印张 23.75 **字数** 380 千
版本 2024 年 8 月第 1 版
印次 2024 年 8 月第 1 次印刷
印刷 固安华明印业有限公司

地址：北京市丰台区莲花池西里 7 号（100073）
网址：www.lawpress.com.cn
投稿邮箱：info@lawpress.com.cn
举报盗版邮箱：jbwq@lawpress.com.cn

销售电话：010 - 83938349
客服电话：010 - 83938350
咨询电话：010 - 63939796

书号：ISBN 978 - 7 - 5197 - 9240 - 4
定价：98.00 元

凡购买本社图书，如有印装错误，我社负责退换。电话：010 - 83938349

作者简介

谢　杰

上海交通大学凯原法学院副教授、证券犯罪研究中心执行主任，法学博士、博士后。兼任上海汉盛律师事务所律师、上海国际经济贸易仲裁委员会（上海国际仲裁中心）仲裁员、上海期货交易所监察委员会委员、上海市法学会刑法学研究会理事、上海市律师协会刑法与刑事辩护业务研究委员会委员、广州仲裁委员会仲裁员等。主要研究方向为证券期货及衍生品监管、金融刑法、法律经济学等。

在*International Journal of Law, Crime and Justice*、《法学》、《清华法学》等SSCI、CSSCI期刊发表英文、中文论文30余篇，多篇论文被人大复印报刊资料全文转载。在最高人民法院《刑事审判参考》、最高人民检察院《刑事司法指南》、《人民检察》、《检察日报》等发表法律实务论文200余篇。独著、合著*Financial Market Crime: A Legal & Economic Analysis*、*Criminal Regulation of Capital Market: Theory & Practice*、《操纵资本市场犯罪刑法规制研究》、《资本市场刑法》、《中国刑法的规范解释》、《财经犯罪刑法理论与实务》、《证券期货犯罪刑法理论与实务》、《内线交易犯罪刑法规制研究》等英文、中文专著20余部。

代理与辩护的金融市场重大典型案件

某上市公司及其实际控制人欺诈发行股票、违规披露重要信息案（创业板退市第一案）

某上市公司及其实际控制人欺诈发行证券、违规披露、不披露重要信息、操纵证券市场案

“沪港通”市场操纵第一案

某私募基金实际控制人背信运用受托资金案

某私募基金管理人尾市操纵第一案

某交易商实际控制人期货市场操纵案

某私募基金实际控制人内幕交易案

某部委司长内幕交易、受贿案

某上市公司实际控制人内幕交易案

某境外公司实际控制人非法经营期货案（涉案金额600余亿元）

某网贷实际控制人集资诈骗案（集资金额700亿元）

某纳斯达克上市公司实际控制人集资诈骗案

某上市公司与某证券公司标的额6亿元保荐、承销合同仲裁案

某香港公司与某深圳公司标的额5亿元港币清盘诉讼（香港高等法院）

某香港上市公司股东与实际控制人标的额2亿元港币股权转让纠纷诉讼（香港高等法院）

某开曼公司与某香港公司标的额7亿元股权转让仲裁案（香港国际仲裁中心）

作者简介

冯思华

北京大学法学学士，复旦大学刑法学硕士。现为上海格联律师事务所合伙人律师。执业以来，专业从事刑事辩护业务，在经济犯罪，尤其是证券类内幕交易犯罪、利用未公开信息交易犯罪等以及涉刑民交叉类犯罪等领域具有丰富的实务经验与理论知识。

目录

第二编 金融从业人员内幕交易的规制与风控

导 论

一、概述

金融从业人员的违法交易，不仅是损害市场秩序和金融机构声誉的危害行为，更是促生与催化金融市场欺诈与非理性繁荣、制造危机与市场崩溃的重要诱因。

2023 年 10 月 30 日至 31 日在北京举行的中央金融工作会议强调：要全面加强金融监管，有效防范化解金融风险。切实提高金融监管有效性，依法将所有金融活动全部纳入监管，全面强化机构监管、行为监管、功能监管、穿透式监管、持续监管，消除监管空白和盲区，严格执法、敢于亮剑，严厉打击非法金融活动。及时处置中小金融机构风险。维护金融市场稳健运行，规范金融市场发行和交易行为，合理引导预期，防范风险跨区域、跨市场、跨境传递共振。防范化解金融风险，要把握好权和责的关系，健全权责一致、激励约束相容的风险处置责任机制；把握好快和稳的关系，在稳定大局的前提下把握时度效，扎实稳妥化解风险，坚决惩治违法犯罪和腐败行为，严防道德风险；对风险早识别、早预警、早暴露、早处置，健全具有硬约束的金融风险早期纠正机制。

因此，在明晰金融从业人员违规交易行为法律规制实践逻辑的基础上，设计并完善风险防控与合规机制，不仅有助于优化金融机构、其他金融市场交易参与主体的金融合规（compliance）体系，更有助于为中国金融市场参与国际金融市场竞争、有效防控金融市场系统性风险、维护国家金融安全,提供法治层面的理论支撑与实践战略建议。

以内幕交易、利用未公开信息交易、市场操纵等为典型代表的金融从业人员违法交易行为,长期以来是金融机构、市场参与主体风险防控的重点,也是媒体、市场、监管、司法实务等所关注的焦点。国内外金融市场中,法律监管与刑事处罚不可谓不严厉。

以金融从业人员内幕交易为例:

美国1987年伊凡·博斯基内幕交易案,法院判决博斯基3年监禁,美国证券交易委员会(United States Securities and Exchange Commission, SEC)指控博斯基进行内幕交易,涉案金额达数百亿美元,经过辩诉交易,双方达成和解,最终对博斯基罚款1亿美元并处以终身证券行业禁入。[①] 随着国际金融危机之后各国内幕交易犯罪的惩治力度加强,部分内幕交易犯罪人被判处10年以上监禁。2011年美国法院认定,全球著名的对冲基金帆船集团创始人拉杰·拉贾拉特南利用从企业高管、银行家、顾问人员、交易商和包括高盛等在内的上市企业的董事会成员手中获取的非法内幕消息进行股票交易,非法获利6000余万美元,被判决构成内幕交易犯罪,根据《联邦量刑指南》,全部14项证券欺诈、共谋等罪名的量刑将在20年监禁;[②]同案受审的帆船集团前对冲基金交易员芝威·高佛因直接负责执行具体的内幕交易被判处10年监禁。[③]

在中国,某证券公司原从业人员谢某某、安某某,作为财务顾问,从2008年11月3日起,了解到厦门某某房地产集团(以下简称厦门某某)董事长陈某某开始在二级市场购买上海某某房产股份有限公司(以下简称某某房产)股票(股票简称"ST某某")。此后陈某某向谢某某咨询收购及举牌等相关事宜。2008年12月25日,某某房产发布董事会提示性公告,截至2008年12月23日,厦门某某及其一致行动人陈某某共同持有某某房产股份占公司总股本的5.00736%。该公告信息的价格敏感期从2008年11月3日至2008年12月24日。2009年5月24日,已当选为某某房产董事长的陈某某与谢某某通电话,表示决定将厦门某某资产注入某某房产,并征求其意见,获其肯定。当日,陈某某

---

① See Sec V. Ivan F. Boesky, 86 Civ. 8767 Ro, (S. D. N. Y.).

② See U. S. V. Raj Rajaratnam, 09 Cr. 01184 Rjh, (S. D. N. Y.).

③ See U. S. V. Zvi Goffer, 10 Cr. 56 Rjs, (S. D. N. Y.).

在其主持召开的某某房产管理层会议上通过了将资产注入某某房产的决议。2009 年 5 月 26 日 16 时，某某房产召开“ST 某某”定向增发项目第一次中介协调会，陈某某与谢某某等人参会，会议确定了某某房产重组方案的框架并决定第二天停牌。同年 5 月 27 日，某某房产发布重大事项暨停牌公告，自当日起停牌，该公告信息的价格敏感期从 2009 年 5 月 24 日至 2009 年 5 月 26 日。自 2008 年 12 月 17 日至 2009 年 5 月 25 日，谢某某作为厦门某某收购、重组某某房产内幕信息的知情人，在内幕信息尚未公开前，自己购买并指使其妻子被告人安某某购买“ST 某某”股票。其中，谢某某通过其控制的谢某某 560000011922 账户，买入“ST 某某”股票共计 115,000 股，累计成交金额 500,684 元，获利人民币 767.52 元；安某某通过其控制的倪某某 68003516 账户买入“ST 某某”股票共计 208,500 股，累计成交金额 1,520,678.00 元，获利人民币 136,705.50 元。2009 年 5 月 6 日，福建某某矿业集团股份有限公司（以下简称某某矿业）副董事长潘某某向被告人谢某某表明其公司预借壳上市，并委托谢某某推荐有意卖壳的上市公司。同年 5 月 7 日，谢某某向潘某某推荐了有卖壳意向的上市公司浙江某某实业股份有限公司（以下简称浙江某某）。5 月 12 日，谢某某促成双方面谈意愿。5 月 14 日，经谢某某的安排，某某矿业与浙江某某公司负责人见面并初步协商借壳上市事宜。5 月 18 日 10 时许，谢某某根据潘某某提供的某某矿业预评估结果制定了《浙江某某实业股份有限公司重组方案》。双方根据该重组方案进一步见面协商，达成重组意向，并决定于 5 月 19 日停牌。某某矿业借壳浙江某某重组上市这一内幕信息的价格敏感期初步确定为 2009 年 5 月 12 日至 5 月 19 日。2009 年 5 月 18 日上午，谢某某在获取浙江某某与某某矿业资产重组内幕信息的情况下，作为该内幕信息的知情人，在内幕信息尚未公开前，自己购买并指使被告人安某某购买“浙江某某”股票共计 1,210,600 股。其中，谢某某通过其控制的谢某某 560000011922 账户买入 930,600 股，累计成交金额 6,671,961.00 元，获利 5,853,915.00 元；安某某通过其控制的倪某某 68003516 账户买入 280,000 股，累计成交金额 2,047,133.84 元，获利 1,685,066.16 元。最终，谢某某、安某某因上述内幕交易行为，被判定构成内幕交易罪。①

① 参见上海市浦东新区人民法院刑事判决书，（2011）浦刑初字第 2738 号。

再以利用未公开信息交易为例：

财经媒体早在2000年就以“基金黑幕”为题对基金公司滥用资金管理权与信息优势操纵市场、“老鼠仓”交易等进行专题报道，引发市场、学者、监管层强烈关注。[①] 实际上，不仅是基金管理公司，证券期货公司、信托公司、保险公司等同样具有大量自营交易业务与资产管理业务，其从业人员基于职务便利也掌握大量未公开的证券期货投资决策信息。证券、期货交易所、行业协会甚至是相关监管机构人员，其在履行交易服务、行业自律、行政执法等管理性职务过程中同样掌握大量未公开重要信息。但是，对于内幕信息之外的未公开信息的法律监管没有上升到刑法强度，导致利用未公开信息进行违规交易行为惩防效率较低。《刑法修正案（七）》增设利用未公开信息交易罪，其与内幕交易犯罪一同组成了我国证券期货内幕交易犯罪刑法规范体系，进一步严密了打击利用未公开信息违规从事金融交易的刑事法网。《刑法》第180条第4款规定的内幕信息之外的其他重大未公开信息，是与金融商品内在价值无直接关联的、由特定市场资金流动变化影响金融商品市场价格的外发性信息（如基金公司管理的客户资金、保险公司管理的年金账户等买入、卖出股票的信息），其经济价值在于发现特定金融商品短期供求关系变动影响下的预期市场价格与当前供求关系影响下的市场价格之间的价差。利用未公开信息是基于资产管理中应当由权益人独享的重大信息谋取交易利润，行为人违法所得的代价是其所供职的机构或者客户的经济利益损害与市场特定信息利益冲突的违反。利用未公开信息交易犯罪刑法规制的价值在于防控资本市场信息利益冲突，保护投资者合法权益。

最后来看金融从业人员从事的市场操纵行为：

市场操纵是一种以损害市场价格形成机制为代价而实现非法交易利润最大化的严重危害行为。有的操纵者通过在短时间内增加制造金融资产价格崩盘或者放大金融商品价格下跌行情中的利空效应从而谋取卖空交易的非法利益。[②] 还有的操纵者通过控制金融商品发行人释放业绩、引入热点题材等利好

---

① 参见平湖、李箐：《基金黑幕——关于基金行为的研究报告解析》，载《财经》2000年第19期。

② See Lewis D. Lowenfels, *Sections 9(a)(1) and 9(a)(2) of the Securities Exchange Act of 1934: An Analysis of Two Important Anti-Manipulative Provisions Under the Federal Securities Laws*, 73 Northwestern University Law Review 709(1991).

信息,控制信息发布节奏、选择性披露、追随市场热点"迎合性"披露,引导中小投资者从众买入,并辅之以二级市场的交易配合,利用市场噪音众多等条件,谋取低价买入、高价卖出的非法交易利润。[①] 市场操纵行为会严重阻碍金融监管部门对冲系统性风险的行政措施效率,影响金融体系的正常运行。市场操纵释放误导性信息,放大扭曲信号的市场影响力,诱导投资者跟风追涨,提前建仓、趁乱炒作、借机拉升金融商品价格并从中谋取交易利润,严重撼动新《证券法》等以信息披露监管、保护市场信息效率为核心的金融市场法律基石。

我国的金融行政法律法规、刑法等对金融从业人员违法交易行为的规制,经历了一个从无到有、从立法探索到司法实践、从案件数量较少到强监管零容忍的艰难沿革过程。金融市场中不仅客观上存在着从业人员严重的内幕交易、利用未公开信息交易、市场操纵等构成违法犯罪的交易行为,而且这类行为对金融市场管理秩序、金融机构声誉和投资者合法权益的危害越来越严重,犯罪数额越来越大。执法司法实践中金融从业人员违法交易行为的认定问题越来越疑难与复杂。金融从业人员违法交易行为与法律实践应对在互相博弈中,深刻体现着理论研究、法律规制以及合规实务的价值。

所以,本书将金融从业人员违法交易行为纳入统一的分析框架进行研究,以问题意识为导向,通过对内幕交易、利用未公开信息交易、市场操纵等违法犯罪法律与合规实务疑难问题进行了细致剖析,有助于在理论上进一步深化内幕交易、利用未公开信息交易、市场操纵法律规制的立法基础、司法原理和实践原则,为金融合规实践提供全新的分析视角,同时能够为今后更为深入的研究提供比较翔实的研究基础。

本书认为,金融从业人员违法交易是指金融机构从业人员在履行职务交易或者通过自身实际控制账户从事个人交易时,所实施的内幕交易、利用未公开信息交易、市场操纵、背信运用受托资金等严重扰乱金融市场秩序的违法行为。其中,严重侵犯金融市场机制与秩序的犯罪行为,属于刑法的规制范畴。并非所有发生于金融市场的违法犯罪都具有相同的本质特征。相反,不同的金融市场违法犯罪,其金融机理是迥异的。发生于直接金融市场的违法犯罪行为,例如,欺诈发行、违规信息披露、市场操纵、内幕交易等,其金融违法犯罪的内在机

---

① 参见陈晨:《证券市场信息型操纵认定难点及监管对策研究》,载《证券市场导报》2017 年第 8 期。

理聚焦于市场机制的滥用；而发生于间接金融市场的犯罪行为，例如，非法吸收公众存款、集资诈骗等，其金融犯罪的内在机理聚焦于对于金融信用中介垄断权的损害。然而，本书研究的对象，金融从业人员违法交易行为，其核心在于作为金融市场服务主体的从业人员对金融信用的破坏、金融机构声誉的毁损、金融市场机制的滥用。由于交易形成价格，价格指引金融市场，这就决定了金融从业人员违法交易行为的危害性极为严重，风控与合规的必要性可见一斑。

金融行政法律法规、金融刑法的规范建构与适用，具有保障资本市场的运作机制与正常监管，维护金融市场与经济基础稳定的制度价值。我国的金融市场具有高速技术创新、发展变革迅猛、覆盖范围广泛的特点，客观上决定了金融市场法律规范具有调适性且趋于多元化。对于具有最后手段性与规范谦抑性的金融刑法保障措施来说，为了有效且适度地规制基金犯罪，金融刑法在规范建构与司法适用上，具有区别于普通刑法以及经济刑法中其他规范的重要特征。例如，犯罪行为类型复杂、多层授权立法、多重兜底条款、前置性金融行政法律法规调整频繁、金融刑事立法相对密集等。

金融领域的行政立法、刑事立法、刑事司法以及市场参与者的合规实务，充分地体现了金融领域法律解释与合规实践的复杂性与发展性特征。尽管中国金融市场的发展以及相关法律规范保障，相对于境外发达地区的金融市场操作与法律实践，在规模、阶段、速度、水平等方面存在较大差异，但是，基于金融市场在信息披露、信息价值、价格形成等市场价值及其配套法律规则层面具有国际化标准的特征。一方面，境外金融立法关于从业人员违法交易的执法规范、法益保护，违法犯罪类型、构成特征、核心罪名法律适用等问题的处理，对于中国金融立法具有重大的理论与实践价值；另一方面，有关金融从业人员违法犯罪交易方面的中国刑事立法、刑事司法、刑事合规等实务探索，相对于其他领域的法律制度建设与法治实务运作具有相当的领先性、前瞻性。最为显著的例证就是利用未公开信息交易罪——先有刑事立法的修正，后有《证券投资基金法》《证券法》的修改。

在比较、批判、互动的过程中，理性分析境内外法治优质的逻辑思辨与实用的实践内核，有助于深度思考中国金融法治的规范建构与优化、司法适用、法学理论升华以及从业人员合规体系建立健全等问题。

二、法治沿革

金融交易违法犯罪的法律规制一直是立法完善的重要内容。我国刑法修正案陆续增设了期货犯罪、背信损害上市公司利益罪、违法运用资金罪等证券期货犯罪。此类刑法规定对维护金融市场公平交易秩序起到了极为重要的作用。然而,金融市场包括证券、期货、衍生品、外汇、保险、基金、信托等诸多领域,特别是近二十年来,违规从业人员不仅滥用金融市场机制从事违法犯罪活动,更有不少金融从业机构或者个人,滥用金融市场与投资者的信任,从事具有严重社会危害性的行为。例如,利用职务便利所掌握的影响金融商品交易价格的重要未公开信息,抢先建仓或者卖空相关证券、期货合约,严重侵犯投资者权益、扰乱金融交易秩序、损害市场健康机体。这些行为引起了社会各界对于基金行业整体刑事法律风险的关注。

《证券投资基金法》和《证券法》是利用未公开信息交易、内幕交易等违法交易行为法律规制最为重要且基本的前置性金融行政法律依据。《证券投资基金法》的立法目的就是规范证券投资基金活动,保护投资人及相关当事人的合法权益,促进证券投资基金和资本市场的健康发展。在中华人民共和国境内,公开或者非公开募集资金设立证券投资基金,由基金管理人管理,基金托管人托管,为基金份额持有人的利益,进行证券投资活动,适用《证券投资基金法》。《证券投资基金法》未具体规定的内容,适用《证券法》等其他有关法律、行政法规的规定。

《刑法》为从业人员犯罪交易设置了规范的构成要件及其刑事罚则。根据《刑法》所规定的具体罪名,从业人员交易行为可能涉及的罪名范围是非常广泛的,主要包括非法吸收公众存款罪,集资诈骗罪,合同诈骗罪,非法经营罪,利用未公开信息交易罪,背信运用受托财产罪,内幕交易、泄露内幕信息罪,操纵证券、期货市场罪等。上述罪名所对应的《刑法》条款及其司法解释,构成了最为重要的基金犯罪刑事法律依据。明确了刑法规定的基金犯罪主要类型范围,可以进一步通过考察这些犯罪在构成上的特征,深度分析案例,明确刑事立法、司法适用、刑事合规上需要选择与阐释的重要问题。

金融从业人员违法交易行为法律规制的价值在于防控金融市场滥用行为,

保护投资者合法权益。以刑法、证券法等为核心的法律规制体系是我国金融市场法律保护的独有特点，相关法律规则不仅构成了行为规制的规范基础，也为合规管理指明了方向。

本书重点分析的从业人员实施的利用未公开信息交易、内幕交易、市场操纵等违法犯罪交易行为，就是该领域立法应完善的重点。

(一)利用未公开信息交易

以利用未公开信息交易(俗称“老鼠仓”)为典型代表的法治沿革，深刻凸显了从业人员违法犯罪交易法律规制的历史发展与嬗变特征。

1. 早期案例

基金实践中，以上投摩根唐某、南方基金王某敏等“老鼠仓”交易为典型的一批利用证券期货未公开信息交易违法案件受到金融监管部门的行政处罚，受到社会各界的广泛关注。① 2007 年，原上投摩根成长先锋基金经理唐某，以其父亲和第三人的账户，于基金建仓前买入了新疆众和股票，获利逾 150 万元。

原南方宝元债券型基金及南方成份精选基金经理王某敏，使用其父亲的账户在基金建仓半年后买入了太钢不锈股票，获利在百万元左右。

唐某、王某敏因上述违法违规进行证券投资、牟取私利的行为被查处。中国证券监督管理委员会(以下简称证监会)除没收其违法所得 152 万余元并各处罚款 50 万元外，还对两人实行市场禁入。② 这是证监会对基金“老鼠仓”开出的处罚第一单。

然而，在当时的法律规范制度架构下，由于我国《刑法》没有明文规定这类行为构成犯罪，因而难以追究当事人的刑事责任，对“老鼠仓”的查处也仅止于行政处罚。尽管人们估计，在之前“牛市”下，实际中的“老鼠仓”绝不止监管部门发现的这两起，但曝光在大众视野中的“老鼠仓”，确实就只是眼前这两起。而明知自己利益遭受“老鼠仓”吞噬的基金公司，也宁愿“打碎了牙往肚里吞”，甘愿捂着、藏着，私下里低调处理，也不愿将此等丑闻公之于众。随着我国金融

---

① 参见谢潞锦：《唐建：公募基金经理老鼠仓“第一人”》，载《第一财经日报》2007 年 11 月 15 日，第 T24 版。

② 参见黄鑫：《从“老鼠仓”事件谈增设背信罪之必要》，载《中国刑事法杂志》2009 年第 2 期。

市场的不断发展,"老鼠仓"问题开始成为行业内的毒瘤,不仅危及全行业的健康有序发展,也严重损害到了广大金融投资者的利益。

2. 行政法律的缺位与刑法的介入

基金行政法律长期处于缺位状态,仅对内幕交易等行为规定了行政处罚的依据,并未在行政法律层面,建构利用未公开信息交易行为的规制体系。

相应地,严重扰乱证券期货交易市场秩序的"老鼠仓"行为早期无法通过刑法进行震慑,很大程度上也是因为,我国《刑法》仅规定了内幕交易罪,对于其他严重损害证券期货市场交易秩序的违规交易,不能作为犯罪处理,导致无法基于刑法规范对利用未公开信息交易行为进行责任追究。基于此,社会各界纷纷建议设立新的罪名规制此类利用未公开信息实施的违规交易行为。①

社会的广泛关注客观上推进了立法机关加速研究通过刑法规制"老鼠仓"的必要性与可行性研究。在《刑法修正案(七)》的制定过程中,部分全国人大代表和证监会提出,一些证券投资基金管理公司、证券公司等金融机构的从业人员,利用其因职务便利知悉的法定内幕信息以外的其他未公开的经营信息,如本单位受托管理资金的交易信息等,违反规定从事相关交易活动,牟取非法利益或者转嫁风险。这种行为严重破坏金融管理秩序,损害公众投资者利益,应当作为犯罪追究刑事责任。

正是因为立法者清晰地认识道,"老鼠仓"是我国资产管理和代客理财市场的一大顽疾,在基金证券市场比较普遍。"老鼠仓"交易严重破坏金融管理秩序,损害市场的公平、公正和公开,严重损害客户投资者的利益,严重损害金融行业信誉,从而影响投资者对金融机构的信任,到头来也损害从业人员所在单位的利益,如不严惩,将会严重影响资产管理和基金、证券、期货市场的健康发展。②

所以,《刑法修正案(七)》增设了利用未公开信息交易罪,专门针对"老鼠仓"等证券期货市场中各类不公平的交易行为进行刑法规制。至此,受学界和舆论广泛抨击的证券期货市场中利用未公开信息交易行为终于有了明确的刑

---

① 参见于海涛:《基金老鼠仓定性背信行为 司法建议刑上"从业人员"》,载《21世纪经济报道》2008年4月22日,第1版。

② 参见黄太云:《〈刑法修正案(七)〉解读》,载《人民检察》2009年第6期。

法规制依据。理论界普遍认为,刑法修正案增设利用未公开信息交易罪彰显了刑法对证券期货市场中出现的新的危害行为进行及时惩防的决心,这不仅有利于规范金融行业、保护投资者权益,而且提高了金融犯罪刑法规范的时代性与科学性。①

3. 首例刑事判决

司法实务部门也陆续查处了若干利用未公开信息交易犯罪案件。监管层对资本市场中的基金“老鼠仓”违法犯罪案件进行了连续性的查处。

例如,2011 年 5 月,长城久富证券投资基金经理韩某因“老鼠仓”事件成为基金业利用未公开信息交易罪获刑第一人;2011 年 6 月,原光大保德信基金公司投资总监许某茂也因涉嫌利用未公开信息交易罪被移送公安机关;2011 年 10 月,曾经的明星基金经理李某利因从事公募基金工作期间牵涉“老鼠仓”交易,亦被上海警方以涉嫌利用未公开信息交易罪依法逮捕并最终被判处实刑。强化对基金“老鼠仓”违法犯罪行为的查处,不仅有利于规范金融行业、保护投资者权益,而且有利于提高证券期货违法犯罪法律监管的时代性与科学性。追究基金经理“老鼠仓”交易的刑事责任,体现出资本市场对利用未公开信息交易等违法犯罪案件司法审查的重视。

4. 最高人民法院典型案例

最高人民检察院就我国“最大老鼠仓”马某利用未公开信息交易案的终审裁定,以“法律适用错误,导致量刑明显不当”为由,按照审判监督程序向最高人民法院提出抗诉,②引发证券期货市场、法学理论与实务界的高度关注。该案的争议焦点在于利用未公开信息交易量刑情节的理解与适用,即本罪是否存在、如何认定“情节特别严重”。

---

① 参见赵秉志:《〈刑法修正案(七)〉的宏观问题研讨》,载《华东政法大学学报》2009 年第 3 期。

② 马某在担任证券投资基金经理期间,利用其掌控的未公开信息从事证券交易,累计成交金额 10.5 亿余元,从中非法获利 1883 万余元。2014 年 3 月,深圳市中级人民法院认为马某利用未公开信息交易“情节严重”,一审判决其有期徒刑 3 年、缓刑 5 年,并处罚金 1884 万元、没收违法所得。同年 4 月深圳市人民检察院提出抗诉;8 月,广东省人民检察院支持抗诉,认为马某应认定为“情节特别严重”。10 月,广东省高级人民法院经审理认为,《刑法》第 180 条第 4 款只规定了利用未公开信息交易罪“情节严重”量刑情节,并未规定本罪有“情节特别严重”情形,终审裁定驳回抗诉,维持原判。广东省人民检察院认为该终审裁定确有错误,于 11 月提请最高人民检察院抗诉。2014 年 12 月,最高人民检察院决定按审判监督程序向最高人民法院提出抗诉。参见郑赫南:《“最大老鼠仓”案为何被三级检察机关抗诉》,载《检察日报》2015 年 2 月 15 日,第 2 版。

最高人民法院最终作出判决并将此案作为指导案例[1]发布。

2011 年 3 月 9 日至 2013 年 5 月 30 日，马某担任博时基金管理有限公司旗下博时精选股票证券投资基金经理，全权负责投资基金投资股票市场，掌握了博时精选股票证券投资基金交易的标的股票、交易时点和交易数量等未公开信息。马某在任职期间利用其掌控的上述未公开信息，操作自己控制的“金某”“严某进”“严某雯”三个股票账户，通过临时购买的不记名神州行电话卡下单，从事相关证券交易活动，先于、同期或稍晚于其管理的“博时精选”基金账户，买卖相同股票 76 只，累计成交金额人民币 10.5 亿余元，非法获利人民币 19,120,246.98 元。

2013 年 6 月 21 日证监会决定对马某涉嫌利用未公开信息交易行为立案稽查，交深圳证监局办理。2013 年 7 月 17 日，马某到广东省深圳市公安局投案。2014 年 1 月 2 日，深圳市人民检察院向深圳市中级人民法院提起公诉，指控被告人马某构成利用未公开信息交易罪，情节特别严重。2014 年 3 月 24 日，深圳市中级人民法院作出一审判决，认定马某构成利用未公开信息交易罪，鉴于《刑法》第 180 条第 4 款未对利用未公开信息交易罪特别严重情节作出相关规定，马某属于犯罪情节严重，同时考虑其具有自首、退赃、认罪态度良好、罚金能全额缴纳等可以从轻处罚情节，因此判处其有期徒刑 3 年，缓刑 5 年，并处罚金 1884 万元，同时对其违法所得 1883 万余元予以追缴。

深圳市人民检察院于 2014 年 4 月 4 日向广东省高级人民法院提出抗诉，认为被告人马某的行为应当认定为犯罪情节特别严重，依照“情节特别严重”的量刑档次处罚；马某的行为不属于退赃，应当认定为司法机关追赃。一审判决适用法律错误，量刑明显不当，应当依法改判。2014 年 8 月 28 日，广东省人民检察院向广东省高级人民法院发出“支持刑事抗诉意见书”，认为一审判决认定情节错误，导致量刑不当，应当依法纠正。

广东省高级人民法院于 2014 年 10 月 20 日作出终审裁定，认为《刑法》第 180 条第 4 款并未对利用未公开信息交易罪规定有“情节特别严重”情形，马某的行为属“情节严重”，应在该量刑幅度内判处刑罚，抗诉机关提出马某的行为应认定为“情节特别严重”缺乏法律依据；驳回抗诉，维持原判。广东省人民检

---

① 参见马某利用未公开信息交易案，最高人民检察院指导案例第 24 号(2016 年)。

察院认为终审裁定理解法律规定错误,导致认定情节错误,适用缓刑不当,于2014年11月27日提请最高人民检察院抗诉。2014年12月8日,最高人民检察院按照审判监督程序向最高人民法院提出抗诉。

最高人民检察院审查认为,原审被告人马某利用因职务便利获取的未公开信息,违反规定从事相关证券交易活动,累计成交额人民币10.5亿余元,非法获利人民币1883万余元,属于利用未公开信息交易罪"情节特别严重"的情形。该案终审裁定以《刑法》第180条第4款并未对利用未公开信息交易罪有"情节特别严重"规定为由,对此情形不作认定,降格评价被告人的犯罪行为,属于适用法律确有错误,导致量刑不当。理由如下:

第一,《刑法》第180条第4款属于援引法定刑的情形,应当引用第1款处罚的全部规定。按照立法精神,《刑法》第180条第4款中的"情节严重"是入罪标准,在处罚上应当依照该条第1款的全部罚则处罚,即区分情形依照第1款规定的"情节严重"和"情节特别严重"两个量刑档次处罚。首先,援引的重要作用就是减少法条重复表述,只需就该罪的基本构成要件作出表述,法定刑全部援引即可;如果法定刑不是全部援引,才需要对不同量刑档次作出明确表述,规定独立的罚则。刑法分则多个条文都存在此种情形,这是业已达成共识的立法技术问题。其次,《刑法》第180条第4款"情节严重"的规定是入罪标准,作此规定是为了避免"情节不严重"也入罪,而非量刑档次的限缩。最后,从立法和司法解释先例来看,《刑法》第285条第3款也存在相同的文字表述,2011年《最高人民法院、最高人民检察院关于办理危害计算机信息系统安全刑事案件应用法律若干问题的解释》第3条明确规定了《刑法》第285条第3款包含"情节严重""情节特别严重"两个量刑档次。司法解释的这一规定,表明了最高司法机关对援引法定刑立法例的一贯理解。

第二,利用未公开信息交易罪与内幕交易、泄露内幕信息罪的违法与责任程度相当,法定刑亦应相当。内幕交易、泄露内幕信息罪和利用未公开信息交易罪,都属于特定人员利用未公开的可能对证券、期货市场交易价格产生影响的信息从事交易活动的犯罪。两罪的主要差别在于信息范围不同,其通过信息的未公开性和价格影响性获利的本质相同,均严重破坏了金融管理秩序,损害了公众投资者利益。《刑法》将两罪放在第180条中分款予以规定,亦是对两罪违法和责任程度相当的确认。因此,从社会危害性理解,两罪的法定刑也应相当。

第三，马某的行为应当认定为“情节特别严重”，对其适用缓刑明显不当。《最高人民检察院、公安部关于公安机关管辖的刑事案件立案追诉标准的规定（二）》对内幕交易、泄露内幕信息罪和利用未公开信息交易罪“情节严重”规定了相同的追诉标准，《最高人民法院、最高人民检察院关于办理内幕交易、泄露内幕信息刑事案件具体应用法律若干问题的解释》（以下简称《内幕交易解释》）将成交额250万元以上、获利75万元以上等情形认定为内幕交易、泄露内幕信息罪“情节特别严重”。如前所述，利用未公开信息交易罪“情节特别严重”的，也应当依照《刑法》第180条第1款的规定，遵循相同的标准。马某利用未公开信息进行交易活动，累计成交额人民币10.5亿余元，从中非法获利人民币1883万余元，显然属于“情节特别严重”，应当在“五年以上十年以下有期徒刑”的幅度内量刑。其虽有自首情节，但适用缓刑无法体现罪责刑相适应，无法实现惩罚和预防犯罪的目的，量刑明显不当。

第四，该案所涉法律问题的正确理解和适用，对司法实践和维护我国金融市场的健康发展具有重要意义。自《刑法修正案（七）》增设利用未公开信息交易罪以来，司法机关对该罪是否存在“情节特别严重”、是否有两个量刑档次长期存在分歧，亟须统一认识。正确理解和适用该案所涉法律问题，对明确同类案件的处理、同类从业人员犯罪的处罚具有重要指导作用，对于加大打击“老鼠仓”等严重破坏金融管理秩序的行为，维护社会主义市场经济秩序，保障资本市场健康发展具有重要意义。

2015年7月8日，最高人民法院第一巡回法庭公开开庭审理此案，最高人民检察院依法派员出庭履行职务，原审被告人马某的辩护人当庭发表了辩护意见。最高人民法院审理认为，最高人民检察院对《刑法》第180条第4款援引法定刑的理解及原审被告人马某的行为属于犯罪情节特别严重的抗诉意见正确，应予采纳；辩护人的辩护意见不能成立，不予采纳。原审裁判因对《刑法》第180条第4款援引法定刑的理解错误，导致降格认定了马某的犯罪情节，进而对马某判处缓刑确属不当，应予纠正。

2015年12月11日，最高人民法院作出再审终审判决：维持原刑事判决中对被告人马某的定罪部分；撤销原刑事判决中对原审被告人马某的量刑及追缴违法所得部分；原审被告人马某犯利用未公开信息交易罪，判处有期徒刑3年，并处罚金人民币1913万元;违法所得人民币19,120,246.98元依法予以追缴,上缴国库。

该典型案例最终确立以下刑法解释规则——《刑法》第180条第4款利用未公开信息交易罪为援引法定刑的情形,应当是对第1款法定刑的全部援引。其中,“情节严重”是入罪标准,在处罚上应当依照该条第1款内幕交易、泄露内幕信息罪的全部法定刑处罚,即区分不同情形分别依照第1款规定的“情节严重”和“情节特别严重”两个量刑档次处罚。我国刑法分则“罪状+法定刑”的立法模式决定了在性质相近、危害相当罪名的法条规范上,基本采用援引法定刑的立法技术。该案对《刑法》第180条第4款援引法定刑理解的争议是刑法解释的理论问题。正确理解刑法条文,应当以文义解释为起点,综合运用体系解释、目的解释等多种解释方法,按照罪刑法定原则和罪责刑相适应原则的要求,从整个刑法体系中把握立法目的,平衡法益保护。

(二)内幕交易

我国《刑法》针对内幕交易、泄露内幕信息犯罪行为建构相对完整的刑事规范框架,最终确定于2009年2月28日第十一届全国人民代表大会常务委员会第七次会议通过的《刑法修正案(七)》。《刑法修正案(七)》对内幕交易、泄露内幕信息罪的犯罪构成进行了重要的补充与完善。

《刑法修正案(七)》之前的《刑法》第180条内幕交易罪的行为构成比较单一,主要是指内幕信息知情者或者非法获取者,在涉及证券的发行,证券、期货交易或者其他对证券、期货交易价格有重大影响的信息尚未公开前,买入或者卖出该证券,或者从事与该内幕信息有关的期货交易。《刑法修正案(七)》在内幕交易罪中增加了“明示、暗示他人从事相关交易活动”这种行为模式,完善了内幕交易犯罪行为的刑法规制。

经《刑法修正案(七)》完善后的《刑法》第180条第1、2、3款内幕交易、泄露内幕信息罪规定:“证券、期货交易内幕信息的知情人员或者非法获取证券、期货交易内幕信息的人员,在涉及证券的发行,证券、期货交易或者其他对证券、期货交易价格有重大影响的信息尚未公开前,买入或者卖出该证券,或者从事与该内幕信息有关的期货交易,或者泄露该信息,或者明示、暗示他人从事上述交易活动,情节严重的,处五年以下有期徒刑或者拘役,并处或者单处违法所得一倍以上五倍以下罚金;情节特别严重的,处五年以上十年以下有期徒刑,并处违法所得一倍以上五倍以下罚金。单位犯前款罪的,对单位判处罚金,并对其直接负责的主管人员和其他直接责任人员,处五年以下有期徒刑或者拘役。内幕信息、知情人员的范围,依照法律、行政法规的规定确定。”

2019 年修订后的《证券法》通过完善内幕信息、内幕信息知情人员的具体规定,实质性地对内幕交易、泄露内幕信息的构成要件进行了修改。《证券法》第 50 条规定:“禁止证券交易内幕信息的知情人和非法获取内幕信息的人利用内幕信息从事证券交易活动。”《证券法》第 51 条规定:“证券交易内幕信息的知情人包括:(一)发行人及其董事、监事、高级管理人员;(二)持有公司百分之五以上股份的股东及其董事、监事、高级管理人员,公司的实际控制人及其董事、监事、高级管理人员;(三)发行人控股或者实际控制的公司及其董事、监事、高级管理人员;(四)由于所任公司职务或者因与公司业务往来可以获取公司有关内幕信息的人员;(五)上市公司收购人或者重大资产交易方及其控股股东、实际控制人、董事、监事和高级管理人员;(六)因职务、工作可以获取内幕信息的证券交易场所、证券公司、证券登记结算机构、证券服务机构的有关人员;(七)因职责、工作可以获取内幕信息的证券监督管理机构工作人员;(八)因法定职责对证券的发行、交易或者对上市公司及其收购、重大资产交易进行管理可以获取内幕信息的有关主管部门、监管机构的工作人员;(九)国务院证券监督管理机构规定的可以获取内幕信息的其他人员。”《证券法》第 52 条规定:“证券交易活动中,涉及发行人的经营、财务或者对该发行人证券的市场价格有重大影响的尚未公开的信息,为内幕信息。本法第八十条第二款、第八十一条第二款所列重大事件属于内幕信息。”《证券法》第 80 条规定:“发生可能对上市公司、股票在国务院批准的其他全国性证券交易场所交易的公司的股票交易价格产生较大影响的重大事件,投资者尚未得知时,公司应当立即将有关该重大事件的情况向国务院证券监督管理机构和证券交易场所报送临时报告,并予公告,说明事件的起因、目前的状态和可能产生的法律后果。前款所称重大事件包括:(一)公司的经营方针和经营范围的重大变化;(二)公司的重大投资行为,公司在一年内购买、出售重大资产超过公司资产总额百分之三十,或者公司营业用主要资产的抵押、质押、出售或者报废一次超过该资产的百分之三十;(三)公司订立重要合同、提供重大担保或者从事关联交易,可能对公司的资产、负债、权益和经营成果产生重要影响;(四)公司发生重大债务和未能清偿到期重大债务的违约情况;(五)公司发生重大亏损或者重大损失;(六)公司生产经营的外部条件发生的重大变化;(七)公司的董事、三分之一以上监事或者经理发生变动,董事长或者经理无法履行职责;(八)持有公司百分之五以上股份的股东或者实际控制人持有股份或者控制公司的情况发生较大变化,公司的实际控制人及其控制的其他企业从事与公司相同或者相似业务的情况发生较大变化;(九)公司分配股利、增资的计划,公司股权结构的重要变化,公司减资、合并、分立、解散及申请破产的决定,或者依法进入破产程序、被责令关闭;(十)涉及公司的重大诉讼、仲裁,股东大会、董事会决议被依法撤销或者宣告无效;(十一)公司涉嫌犯罪被依法立案调查,公司的控股股东、实际控制人、董事、监事、高级管理人员涉嫌犯罪被依法采取强制措施;(十二)国务院证券监督管理机构规定的其他事项。公司的控股股东或者实际控制人对重大事件的发生、进展产生较大影响的,应当及时将其知悉的有关情况书面告知公司,并配合公司履行信息披露义务。"《证券法》第81条规定:"发生可能对上市交易公司债券的交易价格产生较大影响的重大事件,投资者尚未得知时,公司应当立即将有关该重大事件的情况向国务院证券监督管理机构和证券交易场所报送临时报告,并予公告,说明事件的起因、目前的状态和可能产生的法律后果。前款所称重大事件包括:(一)公司股权结构或者生产经营状况发生重大变化;(二)公司债券信用评级发生变化;(三)公司重大资产抵押、质押、出售、转让、报废;(四)公司发生未能清偿到期债务的情况;(五)公司新增借款或者对外提供担保超过上年末净资产的百分之二十;(六)公司放弃债权或者财产超过上年末净资产的百分之十;(七)公司发生超过上年末净资产百分之十的重大损失;(八)公司分配股利,作出减资、合并、分立、解散及申请破产的决定,或者依法进入破产程序、被责令关闭;(九)涉及公司的重大诉讼、仲裁;(十)公司涉嫌犯罪被依法立案调查,公司的控股股东、实际控制人、董事、监事、高级管理人员涉嫌犯罪被依法采取强制措施;(十一)国务院证券监督管理机构规定的其他事项。"

(三)操纵证券、期货市场

在2006年《刑法修正案(六)》操纵证券、期货市场罪立法完善过程中,中国证券期货犯罪刑法理论有关市场操纵的标准解读:1999 年《刑法修正案》修改后的操纵证券、期货交易价格罪的法律规范设计并不合理。证券、期货市场中的信号包括交易价格与交易量。[①] 市场操纵行为既可以是市场价格的操纵,也可以是交易量的操纵。[②] 非法控制证券、期货合约交易过程中的交易量同样具有非常严重的危害,《刑法修正案(六)》将交易量影响或者操纵行为纳入市场操纵的规制范围,是一项非常重要的阶段性立法优化措施。[③]

根据《刑法修正案(十一)》修改后的《刑法》第 182 条[④]的规定,市场操纵就是"操纵证券、期货市场"行为,主要包括连续交易、洗售、相对委托、信息操纵、蛊惑交易、"抢帽子"交易等"影响"或者"操纵"证券、期货合约交易价格或者交易量的具体操纵类型。但是,市场操纵的基本定义或者实质内涵究竟覆盖了哪些内容,法律条文并没有给出直接且确定的回答。

《刑法修正案(十一)》完善证券犯罪规定,其中最主要的内容之一体现为对《刑法》(2017 年修正)第 182 条操纵证券、期货市场罪的修改。2019 年修订《证券法》的立法目的是规范证券发行和交易行为,保护投资者的合法权益。《刑法修正案(十一)》联动与协调完善《刑法》操纵证券、期货市场罪,有助于惩治与震慑证券、期货交易领域严重危害投资者权益、阻碍资本市场信息效率的证券犯罪行为,从而为《证券法》的实施提供稳固的最后屏障保护,有效防控金融市场风险,保护国家金融安全,促进实体经济发展。

---

① 参见俞和明:《刑法中的操纵市场行为——兼议〈证券法〉相关条文的修改》,载《金融法苑》2005 年第 7 期。

② 参见何泽宏:《解读〈刑法修正案(六)〉》,载《现代法学》2006 年第 6 期。

③ 参见刘树德、喻海松:《从法治的立场解读〈刑法修正案(六)〉》,载《中国审判》2006 年第 6 期。

④ 《刑法》第 182 条规定:"有下列情形之一,操纵证券、期货市场,影响证券、期货交易价格或者证券、期货交易量,情节严重的,处五年以下有期徒刑或者拘役,并处或者单处罚金;情节特别严重的,处五年以上十年以下有期徒刑,并处罚金:(一)单独或者合谋,集中资金优势、持股或者持仓优势或者利用信息优势联合或者连续买卖的;(二)与他人串通,以事先约定的时间、价格和方式相互进行证券、期货交易的;(三)在自己实际控制的帐户之间进行证券交易,或者以自己为交易对象,自买自卖期货合约的;(四)不以成交为目的,频繁或者大量申报买入、卖出证券、期货合约并撤销申报的;(五)利用虚假或者不确定的重大信息,诱导投资者进行证券、期货交易的;(六)对证券、证券发行人、期货交易标的公开作出评价、预测或者投资建议,同时进行反向证券交易或者相关期货交易的;(七)以其他方法操纵证券、期货市场的。单位犯前款罪的,对单位判处罚金,并对其直接负责的主管人员和其他直接责任人员,依照前款的规定处罚。"

三、金融法治的功能定位与金融合规的发展方向

深入探究针对金融从业人员违法交易行为法律规制的立法价值，能够从宏观上把握违法交易行为的实质，不仅有利于指引构成要件与疑难问题的理论阐释，而且能够帮助实务人员深刻洞悉金融合规的实践价值。

1. 交易秩序

金融市场对于优化资本配置具有重大意义。公平、公正、公开的金融市场能够为实体经济发展筹措大规模资金，根据市场资本自由流动的实际效果反应金融资产的供求关系，实现价格发现功能，指导投资者理性配置资产。理论上，一个没有金融违法犯罪、秩序井然的基金市场能够最大限度地降低交易成本且最大程度地发挥金融体系融资、配置资源、服务实体经济等功能。但是，金融实践中始终存在金融从业人员实施的违法犯罪行为。金融从业人员违法犯罪的交易行为增加了金融产品发行者筹集资本与市场主体参与金融合约的成本，扰乱了金融交易秩序，从而阻碍了实体经济的增长。

从业人员在金融市场中扮演金融服务者、交易参与者等多重角色，且由于机构具有资金、信息优势，从业人员利用职务获取优势所实施的交易行为或者其他逐利行为，侵犯了基金市场金融交易的公平秩序。具有金融市场监管职能的部门制定金融政策、实施金融执法等行政行为更是会对具体或者整体证券期货交易价格产生系统性影响，监管部门工作人员利用职务便利获取未公开的政策信息、执法信息从事相关交易，对市场秩序扰乱程度更深。从业人员违法交易行为的法律规制正是对这些严重扰乱金融交易秩序行为的预防与惩罚，规范、指导、调整金融从业人员的行为与具体的合规管理规则。

2. 投资者信赖与财产权益

投资者之所以选择参与金融市场，其原因在于信任金融专业人士的能力与职业道德以及市场交易的公平性。而金融从业人员利用因职务获取的证券期货市场一般投资者所不掌握的重大未公开信息从事交易，甚至从事内幕交易、欺诈、操纵性交易等违法犯罪行为，不仅是利用不公正、不平衡的信息优势侵犯与其交易品种相同、交易方向相反的投资者权益，更背弃了投资者对金融机构、监管部门及整个金融行业从业人员的信赖。国际金融危机之后，美国于 2010

年实施《多德—弗兰克华尔街改革与消费者保护法案》(以下简称《金融改革法案》)。《金融改革法案》对公司治理、信用评级、资产证券化、银行监管、金融消费以及投资者保护、系统性风险控制等问题设置了全新的监管框架,其中最为重要的就是凸显金融产品消费者以及投资者权益的法律保护——《2010年投资者保护与证券改革法》(Investor Protection and Securities Reform Act of 2010)。这体现了全球证券期货市场在金融危机之后强化投资者保护的趋势。我国《刑法》增设利用未公开信息交易罪,完善《证券法》《刑法》规范体系,为金融市场投资者合法权益建筑最后且最为有力的一道保护屏障。

3. 金融从业诚信与金融机构声誉

金融从业人员应当根据其职责要求依照法律以及单位规章制度履职,禁止从事违背忠实义务或者损害金融机构利益的行为;监管部门或者行业协会工作人员接受单位授权对金融行业进行监督管理,不得利用职务便利非法谋取私利。根据美国联邦最高法院判例,从行为人利用职务掌握实质性未公开信息之时起,其对作为信息来源的公司承担忠实与守信义务,一旦利用该实质性未公开信息从事证券交易,则违背了忠信义务,构成证券欺诈。[①] 该判例内涵的忠信理论的启示是,无论是金融机构从业人员还是监管机构工作人员,其基于职务便利掌握的优势,应当运用于职务行为,而不能利用该优势为自己从事相关交易谋取利益。基金从业人员基于私利滥用市场机制,不仅损害整体市场秩序,而且侵害单位利益与声誉。金融机构能够接触此类信息的职务者应当具有更高的忠诚义务标准。因此,基金犯罪从刑法的高度设置禁止利用因职务便利获取的优势,从事个人交易或者欺诈行为,强化保护金融机构从业人员的职务忠诚。

四、合规管理

合规是近年来法律理论与实务中的重要且热点概念。但金融从业人员合规管理的理论与实务并未形成相对完整的探索与构造,这也是本书所意图着重解决的方面之一。

---

① See United States v. O'Hagan,521 U.S. 642 (1997).

1. 合规

合规在文义上具有合乎规定的内涵,当然,合规、刑事合规的实践含义主要源于美国的语境与法律实务。至少在金融市场中,金融从业人员合规是指金融机构及其从业人员对于利用金融市场职务行为或者滥用市场机制的违法犯罪问题的风险控制与规范遵从。

具体包括:(1)事前风控,即在从业人员发生违法犯罪交易行为之前,从法律规范自我解释、应用,并持续与监管机构进行法律理解沟通的角度,防范与控制行为风险。(2)事中监控,即通过在交易流程中设置风险控制机制,在从业人员进行违法犯罪交易行为过程中进行实时监督、管理介入,中断正在进行的违法犯罪行为,或者及时控制风险的进一步扩大。(3)事后遵从,即在发生从业人员违法犯罪交易行为之后,积极与监管机构、司法机关进行沟通,通过行政和解、刑事和解等一系列法律规定的程序机制,使得涉案从业人员获得相对较轻的法律处置,从而最大限度地保障金融机构等市场参与者的合规经营。

2. 刑事合规

在上述合规内容中,归属于第三部分的合规程序(compliance programs)显然是时下我国司法与金融市场实践最为关注的焦点问题。合规程序主要是刑事程序中的合规流程,即刑事合规,其来源于美国联邦司法实践——根据美国《联邦量刑指南》(Federal Sentencing Guidelines)第八章第二部分的规定,合规程序是公司为了监管、预防、控制经济犯罪所专门设计的内部犯罪风险控制机制,是公司治理极为重要的一部分内容。美国联邦检察官相当重视在暂缓起诉程序中贯彻《联邦量刑指南》的建议性规定,强制认罪公司雇用联邦行政人员担任内部监管职务,协助公司保证合规程序的正常运转,降低公司经济犯罪的案发可能。近年来,美国司法实践暂缓起诉程序中附加的强制性内部监管机制强化了联邦行政人员在公司内部的监管权限,使其有权在联邦检察官的指导下评估、建议、修改公司治理的规章,解雇违纪违法职员,直接以公司名义雇用审计人员,律师在公司内部针对审计、法律问题进行尽职调查。该项权利甚至可以延伸至暂缓起诉考察期限截止之后。

因此,金融市场刑事合规中的内部监管机制,非常有利于快速提高公司治理效率,并且实质性降低犯罪公司的刑事责任风险。监管人员不仅能够成为认罪公司财务上的监管者,而且可以深入公司内部管理流程全方位执行经济犯罪预防计划。不容忽视的问题是,检察机关要求建立的强制性内部监管机制所耗费的高管理成本在一定程度上对认罪公司造成经济压力。大型的涉案公司仅监管费用一项成本就平均高达600万美元。①以联邦检察机构为主导的监管人员以治理专员的身份介入公司事务亦存在正当性疑虑。因此,节省管理成本、明确法律监管与内部治理界限是美国联邦检察官在适用强制监管程序中不断思索的疑难问题,同样是我国探索建构刑事合规机制所要重点关注的问题。

五、从业人员违法犯罪交易行为规制与合规的问题意识与方法创新

本书专门研究金融从业人员违法犯罪交易行为的法律规制与合规管理,期待对于推动证券投资基金法、证券法、刑法理论发展具有理论意义,对于立法、司法,以及市场参与者合规管理实务的优化,具有实践价值。

1. 问题意识

本书秉持高度的问题意识。研究从业人员违法犯罪交易行为的法律规制与合规管理问题的选择,与《证券投资基金法》《证券法》《期货和衍生品法》《刑法》核心概念的布局都围绕着理论与实务中亟须深入研究的问题而展开。突出理论与实务中的争议性问题,不仅提出理论分歧与实务操作差异,更是纵深性地提出金融市场法治观念冲撞与现实断裂的根源性争议。在法律解释与反思中,不仅对基本问题进行理论与实务结合的观点阐释与论证,更强调通过对衍生问题的反思深化对争议问题提出不同分析视角。

对于当前理论与实务中分析较多的从业人员违法犯罪基本问题,本书不作赘述,而是直奔重大疑难问题,通过案例分析、理论阐释有效解决实务中的疑难问题——从业人员违法犯罪交易行为的实质是什么?违法犯罪交易行为在金融市场实务中是怎样操作的?法律规范如何评价违法犯罪交易行为内含的经济机制、金融行为与市场心理?如何区分犯罪行为、行政违法或者侵权行为、一般市场投机行为以及推动金融市场迅猛发展的竞争优势与创新机遇的正当策略应用?法律制度是否应当以刑罚方式控制最为严重的资本市场侵害行为?

---

① See Vikramaditya Khanna & Timothy Dickson, *The Corporate Monitor: The New Corporte Czar*, Michigan Law Review 1713 (2007).

如果金融刑法制度介入是理性的,如何富有效率地执行金融从业人员违法犯罪的惩治任务、发挥其预防功能?如何在刑事司法、行政制裁以及民事诉讼体系中协调刑罚震慑、行政监管及资本市场参与者平等法律对抗或通过市场交易机制公平竞争的边界?法律规范与司法规则如何根据金融市场、交易技术、信息竞争等外部条件的变化调整有效规制违法犯罪的制度安排?如何精确适用与完善司法解释?市场参与者如何针对既有的法律框架建构与健全有效的合规体系?

本书的理论与实践价值体现为,以上述问题意识为导向,通过理论性与实践性兼备的制度设计与安排,尝试回答这些困扰金融市场与制度规范的难题。

2. 实践价值

本书针对理论与实务中面临的重大难题与热点问题,充分运用市场、证券(期货、衍生品)法、刑法原理深入分析基金市场法律中的重要概念、争议问题、疑难判例、最新动向等,以期为理论界、实务界以及市场人士提供一种解决刑法理论、实践疑难问题,刑事合规难题的分析视角。本书所提出的一系列立法、司法、合规应对意见,有利于推进与保障金融市场公平竞争机制,有效规范从业人员职务行为,防范利益冲突,合理控制法律介入基金市场规范调控的度,有助于促进实务部门通过合法且合理地运用刑法、金融法等法律规范,实现金融市场从业人员违法犯罪交易的惩治与防控的理念转换、规则丰富、技术更新,确保法律规制实践与资本市场现实需要互相契合。

本书重点挖掘最新、疑难且具有特色的法律问题,有助于为实践部门提供一个可供参考的执法与司法适用规则标准。同时,本书对相关金融从业人员犯罪的实质、构成、认定等问题进行深度探讨,归纳当前刑事立法以及司法规则层面存在的缺陷,提出了立法、司法解释、合规的完善思路。

有效惩治与预防金融从业人员违法犯罪交易行为是提升金融市场整体效率的关键,是优化金融行业服务效率的重点,也是“零容忍”时代的必然。对金融机构来说,只有高效控制从业人员违法犯罪风险,做好合规,才能融入资本市场机制,实现金融助力于实体经济的功能。同时,只有高效防控风险,才能保护市场参与者的创新,保障中国金融市场参与国际竞争的发展模式,保护我国金融行业健康发展。这也是本书对于资本市场参与者的价值。

当然,以金融市场视角为导向,以从业人员违法犯罪交易行为规制与合规为核心与起点，以证券法、证券投资基金法、刑法原理为依托与基础，以法律与金融分析方法为工具，对金融从业人员的法律风险控制与金融刑法保护问题进行研究，是一种全新的尝试，本书只是一种初步的探索，相关分析也只是一家之言与学术探讨，显然还需要对该问题进行不断的深入分析。

第一编

金融从业人员利用未公开信息交易的规制与风控

第一章

金融从业人员利用未公开信息交易刑事案件实证调查

自2009年《刑法修正案(七)》针对金融机构从业人员利用未公开信息交易的行为入刑后,本罪的定罪量刑主要分为三个阶段:(1)2009年本罪设立至2015年12月马某案再审改判前为第一阶段,这一阶段对《刑法》第180条第4款的规定错误理解,对该罪的认定只有"情节严重"一档。(2)马某案再审改判后至2019年7月《最高人民法院、最高人民检察院关于办理利用未公开信息交易刑事案件适用法律若干问题的解释》(以下简称《利用未公开信息交易解释》)出台前为第二阶段,以成交额为首选标准、获利额为次选标准、其余情形为再次标准等区分"情节严重"和"特别严重"两档。(3)2019年《利用未公开信息交易解释》出台后至今为第三阶段,将获利额调整为首选标准的同时,将两档的数额标准也分别调整为100万元、1000万元,以适应本罪的社会危害性及过去刑事案件实际。

第一节　金融从业人员利用未公开信息交易刑事判例情况

2023 年 5 月，在“中国裁判文书网”，以“利用未公开信息交易罪”为关键词进行检索，显示共有 116 份文书，其中民事案由 2 份，刑事案由 97 份，执行案由 14 份，国家赔偿案由 2 份。在刑事案由的 97 份文书中，共有管辖案件 15 份，刑事一审 57 份，刑事二审 18 份，刑事审判监督 1 份，刑罚与执行变更 6 份。

前述一审、二审及刑事审判监督的 76 份文书中，扣除追缴违法所得、扣划银行账户资金的刑事裁定书 7 份后，有一审判决书 50 份，二审判决或裁定书 18 份，再审判决 1 份，若一审、二审文书涉及同一个案子则统计为一件，那么，76 份文书共涉及利用未公开信息交易罪案件 58 件。

为查漏补缺，在对威科先行数据库进行相同检索、去重后，又发现公开的利用未公开信息交易罪案件 8 件。因此，公开的该罪案件共有 66 件，涉及 94 个被告人。其中，作为金融中心的上海地区 24 件，其他地区 42 件。66 件中进入二审程序、再审的有 21 件，二审、再审改判的有 8 件（包含 1 件发回重审、1 件再审），二审维持、撤回上诉/抗诉的有 13 件（其中撤回上诉/抗诉的有 3 件）。相关具体数据参见图 1－1、1－2。

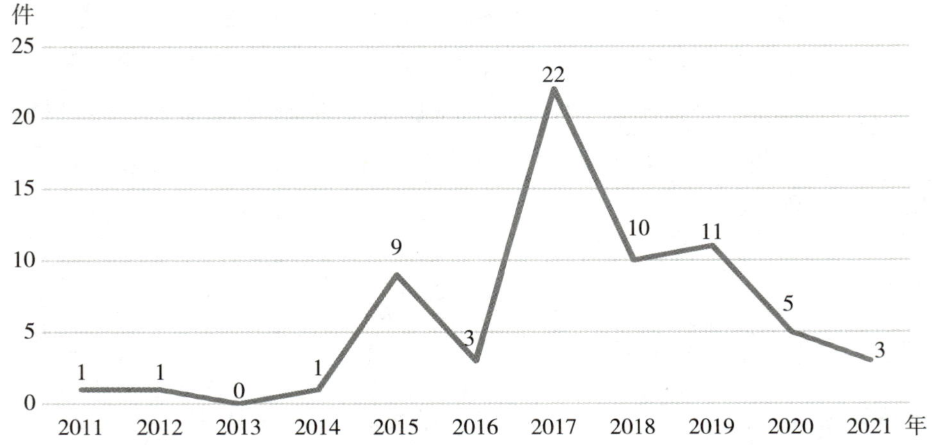

图 1－1　利用未公开信息交易罪案件数合计

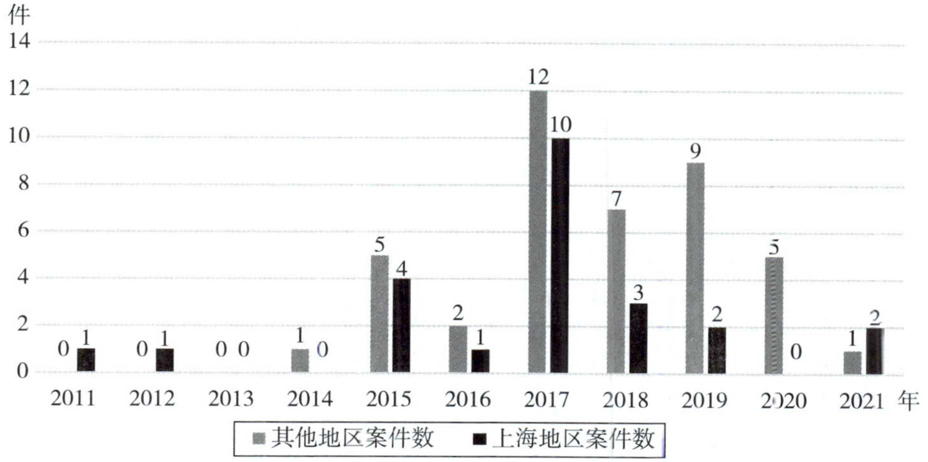

图 1 – 2　利用未公开信息交易罪案件数统计

一、案件数量及区域

从公开的案件数量来看，不论是上海还是全国其他地区，第一阶段只是零星发生，案件集中在第二阶段，后持续下降，这两年已经鲜有发生，这表明目前的刑事政策及量刑规则是行之有效的，对该罪起到了一定的遏制作用。

从发生的区域看，主要集中在北上广地区，这一方面是因为证券交易所所在地区涉及的管辖问题，另一方面也是因为北上广地区为金融中心，金融机构林立，更易发生此类犯罪行为。各地案件数量见表 1 – 1。

表 1 – 1　各阶段各地利用未公开信息交易罪案件数量

单位：件

年份	上海	北京	广东	重庆	山东	辽宁	江苏	湖北
2009 ~ 2013	2	0	0	0	0	0	0	0
2014 ~ 2018	18	9	10	7	4	2	1	1
2019 ~ 2023	4	4	0	3	1	0	0	0
小计	24	13	10	10	5	2	1	1

二、金融从业人员的具体身份

对前述66个案件进行统计,被告的身份可以分为两大类,一类是金融机构内部人员,主要为基金经理(或投资经理)、交易员、信息技术部主管、中国证券登记结算有限责任公司(以下简称中证登)管理岗位等;另一类为无身份的外部人员,主要为前述内部人员的亲朋好友。其中占比最大的为基金经理(或投资经理),且多来自公募基金,事实上,目前只有一件案件为公募与私募基金的基金经理共同犯罪(姜某君与柳某案),其次则是无身份的共犯,表明自行交易与明示、暗示他人交易的犯罪行为表现最多。具体数据参见表1-2。

表1-2 被告人身份类型

身份		人数	占比
内部人员	基金经理、投资经理等	56人	60%
	交易员	4人	4%
	中证登管理岗位	1人	1%
外部人员	无身份共犯	29人	31%
未公开、不清楚		4人	4%
总计		94人	100%

三、涉案金额(获利与成交额)

不论是司法解释出台前还是出台后,获利额均为主要量刑依据,交易量主要在亏损(如杜某江案)或达不到起刑点(如郭某刚案)的情况下予以重点考察。交易额的多少也并没有呈现持续增长或下降规律,它是相对随机的,其与获利额或个人利用程度高低并没有必然联系,可能是短线、超短线等交易风格所致。

具体而言,全国公开的案例获利达千万以上的共计20件,上海8件,其他地区12件,其中在《利用未公开信息交易解释》出台后判处的共3件。这表明在现行刑事政策的有效规制下,以获利额为标准,相对重大的案件数量急剧减少。

四、量刑实践

与内幕交易罪相同，本罪区分“情节严重”与“情节特别严重”，分别设置了5年以下及5～10年两档量刑，最高刑为10年，从判例上看，本罪量刑呈现轻刑化的特征，3年以下及缓刑为主，罚金刑主要为1倍。造成这一现象的一个重要原因是作为一类“精英犯罪”，案件发生后被告人为争取从宽处理，基本都会选择认罪认罚并且全额退出违法所得、全额预缴罚金。同时，由于本罪的刑事程序多在证监会的行政查处程序后，被告人在接受证监会的调查之后，会主动到公安机关自首，从而获得进一步的从宽处理。

具体而言，上海公开案例涉及被告共计34人，被判处缓刑21人，占比约62%，3年（包括3年）实刑8人，占比约23%，前述合计占比约85%，3年以上实刑5人，最高刑为5年，占比约15%；其他地区涉及被告共计60人，被处缓刑31人，免处1人，占比约53%，3年以下（包括3年）实刑17人，占比约28%，前述合计占比约81%，3年以上实刑11人，最高刑为7年，占比约19%。

在罚金刑上，以获利额的1倍为主，除去较为特殊的最高4.2倍（该案获利额极低，为2.4万，罚10万），相对最高的为3倍左右；获利额在千万以上的案件，最高为2.15倍（胡某夫案）。

第二节　金融从业人员利用未公开信息交易案法律适用争议焦点

受限于我国裁判文书的写作形式，以及本罪多为认罪认罚案件，控辩双方就犯罪指控争议较少等原因，公开的裁判文书并不能完全体现本罪的争议焦点，不考虑与量刑情节相关的内容，就本罪的定罪部分的争议焦点主要有：“未公开信息”的范围，明示、暗示行为的证据规则，自行交易下的证据规则，成交、获利数额的认定等。

一、"未公开信息"的范围

本罪《利用未公开信息交易解释》对未公开信息的认定有明确规定,包括证券、期货的投资决策、交易执行信息,证券持仓数量及变化、资金数量及变化、交易动向信息,及其他可能影响证券、期货交易活动的信息。而从判例上看,本争议焦点具体可包括股票和股市的基本面是否属于未公开信息,①基金公司公布季报、年报之后的交易持股信息是否属于未公开信息,②掌控的公司相关账户股票交易信息是否属于未公开信息,③基金出具资产管理报告并公开后相关股票配置信息是否属于未公开信息。④

二、明示、暗示行为的证据规则

《利用未公开信息交易解释》明确对明示、暗示他人交易的情形应当综合以下六个方面进行认定:行为人具有获取未公开信息的职务便利;行为人获取未公开信息的初始时间与他人从事相关交易活动的初始时间具有关联性;行为人与他人之间具有亲友关系、利益关联、交易终端关联等关联关系;他人从事相关交易的证券、期货品种、交易时间与未公开信息所涉证券、期货品种、交易时间等方面基本一致;他人从事的相关交易活动明显不具有符合交易习惯、专业判断等正当理由;行为人对明示、暗示他人从事相关交易活动没有合理解释等。

而在具体判例中,与本争议焦点相关的主要涉及:交流是否属于泄露,是否需要证明给予明确交易指令;⑤传递信息、指令他人交易的证据是否充足;⑥受明示、暗示的人是否对未公开信息知情;⑦关注相同行业研究员推荐股票或共同

---

① 参见(2018)鲁 02 刑初 50 号。
② 参见(2018)鲁 01 刑初 43 号。
③ 参见(2015)沪 01 刑初 17 号。
④ 参见(2016)粤 03 刑初 748 号。
⑤ 参见(2020)渝 01 刑初 24 号。
⑥ 参见(2018)沪 01 刑初 30 号;(2012)沪 01 刑初 114 号;(2016)渝 01 刑初 63 号。
⑦ 参见(2019)渝 01 刑初 71 号。

参加机构组织活动的辩解是否合理;[①]同案犯在前持有,继续买入或卖出相关股票的行为与其掌握的未公开信息是否具有关联性等。

三、自行交易行为的证据规则

目前的司法实践,在基金经理(或投资经理)具有身份、自行利用未公开信息交易的情况下,知悉并利用未公开信息似乎成为一个“不言自明”、不需要证据额外进行说明的构罪要件,再结合相关交易落在“前五后二”的区间内往往就已经可以认定行为构罪。而在目前的判例中,本争议焦点主要表现为:“前五后二”标准的科学性;[②]趋同率是否为定罪证据;[③]对行为人系“独立判断”的辩解是否合理;[④]个人交易是否必须在基金交易前先买、在后卖;[⑤]公开利好消息能否排除利用未公开信息的交易性质等。[⑥]

四、成交额、获利额的认定

本罪在认定犯罪数额的标准上主要采用的是“前五后二”标准,在基金交易日前 5 日至后 2 日共 8 日的时间内,个人账户有交易则该笔交易会被认定为趋同交易(包括买入趋同、卖出趋同、双向趋同),进而认定出犯罪金额,而犯罪金额与定罪量刑直接相关,因此被告多会以“前五后二”的标准是否科学、部分交易是否构罪(如对自己不知情的同案犯的交易行为是否承担责任、[⑦]代客理财账户是否应计入[⑧])作为辩护要点。无身份的共犯在犯罪金额的辩护上则主要落脚于是否利用、证明利用的证据是否充足等。

---

① 参见(2018)沪 01 刑初 30 号。

② 参见(2020)渝 01 刑初 24 号;(2017)京 02 刑初 134 号;(2015)二中刑初字第 209 号;(2015)沪 01 刑初 17 号;(2015)穗中法刑二初字第 138 号。

③ 参见(2018)渝 01 刑初 74 号。

④ 参见(2018)鲁 02 刑初 50 号;(2012)沪 01 刑初 114 号。

⑤ 参见(2012)沪 01 刑初 114 号。

⑥ 参见(2020)渝 01 刑初 24 号;(2016)渝 01 刑初 99 号;(2016)渝 01 刑初 53 号。

⑦ 参见(2018)鲁 02 刑初 50 号。

⑧ 参见(2020)京 02 刑初 1 号。

第三节　金融从业人员利用未公开信息交易案核心法律适用疑难问题

一、"前五后二"标准

"前五后二"标准是指以基金交易日为基准日(T 日),在基金交易前 5 日(T－5)及后 2 日(T＋2)共 8 天内,个人账户同向交易,则认为构成趋同交易,具体包括趋同买入、趋同卖出及双向趋同。"前五后二"标准并非法定标准,而是行业惯例,为证监会及司法机关在认定趋同交易额及获利额时所采纳。当然,该标准并非唯一标准,区分不同情况,也可单独选择"同日后二"等标准,例如在胡某夫案中,由于胡某夫是交易员,囿于其信息来源,以"同日后二"为标准更为科学。

该标准的科学性并非不言自明的,从判例上看,司法机关认可该标准的科学性主要基于下述两点理由:第一,该标准是行业惯例,且有利于被告人,①其背后的逻辑似乎是从"背信行为说"出发,基金的掌舵人利用个人账户进行交易本身已经是本罪的构罪行为,个人账户的所有交易都是非法的,仅将"前五后二"8 天的交易入罪已经是有利于被告人;第二,司法机关认为,"在此时间范围内,行为人掌握的信息一般不为普通投资者所知悉,符合信息未公开性的要求。同时,在行为人无相反证据证实其交易行为与掌握的未公开信息无关的情况下,可以推定上述时间范围内的交易与相关机构的交易就有关联性"②。

司法机关的理由并不能令人信服,首先,根据《证券投资基金法》第 17 条,公开募集基金的基金管理人的董事、监事、高级管理人员和其他从业人员,其本人、配偶、利害关系人进行证券投资,应当事先向基金管理人申报,并不得与基金份额持有人发生利益冲突。也就是说,首先,我国是允许相关从业人员有条件地利用个人账户交易的,个人账户的交易行为并不当然构罪;其次,本罪的未

---

① 参见(2020)渝 01 刑初 24 号。
② 参见(2015)沪 01 刑初 17 号。

公开信息应当具有价格敏感性，即该信息对于证券市场价格具有影响性，该种影响的有效期虽不能被准确量化，但也不能无限放宽，“前五后二”标准也只是一种相对科学的推定；最后，“前五后二”标准未能回应这样一种现实情况，该标准似乎推定在基金交易日前 5 日内基金经理就已经形成了某个交易决策并以此个人牟利，但经与一线基金经理沟通，在基金经理的实际工作中，尤其是在短线、超短线交易风格下，基金经理往往是在头天晚上，甚至是开市前才作出某个交易决策，在此前 5 日虽有交易，但未有此决策，甚至可能先后关系倒置，基金经理看个人账户交易该只股票表现不错，才选择基金账户也买入或卖出该股为基民牟利。此种情形下，“前五后二”标准的科学性存疑。

二、趋同率

首先，趋同率是作为监管机构的一种发现利用未公开信息交易的初筛标准，根据《〈关于办理利用未公开信息交易刑事案件适用法律若干问题的解释〉的理解与适用》，趋同度的高低，通常是由证券交易所等监管机构以两个账户相近时间、交易方向相同的品种重合度等客观方面，再结合概率统计等科学方法，以百分比的方式计算趋同度。司法实践中，“高度趋同”一般是以趋同度达到 60% 以上为标准。

其次，趋同率是认定他人利用未公开信息从事相关交易活动的重要客观依据。在指导案例“重庆王某案”中，在“零口供”且无直接证据的情况下，司法机关认定王某父母受王某明示、暗示交易的一个重要依据是王某父母账户与基金账户从之前的 30% 左右的趋同率陡增至 90% 左右。但客观依据并非唯一依据，如果行为人有合理辩解，那么趋同率再高也不能定罪，例如新股申购、重大利好消息等。

最后，趋同率在认定掌握未公开信息的基金经理本人是否构罪的情形下，似乎是作为一个考察行为恶性和主观恶意的标准，表明“监守自盗”的程度，即使趋同率再低，也不能否认行为的违法性。

三、构罪要素

根据《利用未公开信息交易解释》,本罪打击的是先行低价买入证券、期货等金融产品,然后用客户资金拉升到高位后自己率先卖出获得巨额非法利益的行为,也即“抬轿子”。一般来讲,为了达到“利用”的目的将具有价格敏感性的未公开信息“变现”,趋同交易内个人账户与基金账户应当是有持有某只股票的重合时间段的。此时需要考察的是这样一种情形:个人账户在前 5 日之内建仓买进又清仓卖出某股,其后基金账户建仓买进(此前不持有),个人及基金账户 8 日之内未有其他交易,在此情形下,主要有两点问题,一是个人率先买入时的交易决策和基金买入的决策是否是同一个决策或是否是同一个未公开信息?二是个人账户的交易行为客观上不可能利用未公开信息,目前已有案例涉及该问题。如果本罪以“抬轿子”为构罪要件,前述情形因为不存在犯罪行为,构罪存疑。

第二章

金融从业人员利用未公开信息交易法律规制的基本构造

利用未公开信息交易的行为对象是内幕信息之外的其他重大未公开信息,其实行行为包括行为人直接利用未公开信息从事相关证券期货交易和建议他人从事相关交易活动两种方式,行为主体主要是金融机构从业人员(当然也包括监管部机构工作人员),主观方面表现为故意。

第一节　未公开信息

《刑法》第180条第4款将利用未公开信息交易罪的犯罪对象规定为"内幕信息以外的其他未公开的信息"。未公开信息是证券期货犯罪体系中的一个崭新概念。在立法机关设置利用未公开信息交易罪之前,证券期货违法犯罪语境下的未公开信息并不是一个确定的法律概念。与内幕信息不同,未公开信息的司法认定并没有相关的前置性行政法律、法规、规章等规范基础可以作为判断依据。由于《刑法》条文仅对未公开信息的外延("内幕信息以外")进行了原则性规定,未公开信息的内容、范围、特征、实质等完全处于不确定状态,极易造成法律适用上的混乱,进而对合规管理造成障碍,所以有必要予以深入分析。

一、内幕信息以外的其他未公开的信息

理论上，对于未公开信息的定义主要有以下几种观点：第一种观点认为，“内幕信息以外的其他未公开的信息”，主要是指资产管理机构、代客投资理财机构即将用客户资金投资购买某个证券、期货等金融产品的决策信息。[①] 第二种观点认为，未公开信息，是指对证券、期货市场价格变动具有重要影响且在依法披露前限于少数人知悉的未来投资经营信息。[②] 第三种观点认为，未公开信息是指证券期货交易活动中，内幕信息以外的其他对证券、期货的市场价格有重大影响的尚未公开的信息。[③]

上述意见不同程度地对未公开信息的特征进行了概括，但在核心环节上均没有对未公开信息的实质特性进行重点把握。

第一种观点强调未公开信息是资产管理机构即将用客户资金投资金融产品的决策信息，不仅将其局限于客户资金对应的投资决策信息，而且认为未公开信息是即将产生的信息，具有“未然性”。实际上，未公开信息也可以是金融机构利用自有资金投资金融产品的信息，不必限制于客户资金的狭隘范畴。同时，更重要的是，未公开信息还可以是业已形成的信息，不能否定其亦可具有“实然性”的特点。

第二种观点突出未公开信息属于投资性经营信息的特点。但是，并非只有投资性信息才能被认定为内幕信息以外的其他未公开信息。例如，证券公司研究部工作人员在某公司证券投资分析报告已经制作完毕但尚未公开的情况下，利用职务便利获取其中的分析数据与研究信息，买卖相关公司的股票。此时，该份证券投资分析报告显然属于内幕信息以外的其他未公开信息，但其并不具

---

① 参见黄太云：《〈刑法修正案（七）〉内容解读（一）》，载《人民法院报》2009 年 4 月 8 日，第 6 版；卢勤忠：《基金犯罪研究》，北京大学出版社 2010 年版，第 279 页；卢勤忠：《利用未公开信息交易罪的认定》，载《政法论丛》2010 年第 1 期。

② 参见缑泽昆：《〈刑法修正案（七）〉中“老鼠仓”犯罪的疑难问题》，载《政治与法律》2009 年第 12 期。

③ 参见赵秉志：《简析〈刑法修正案（七）〉的若干热点罪名》，载《法制日报》2009 年 10 月 21 日，第 12 版；赵斌、曹云清：《利用未公开信息交易罪若干问题研究》，载《江西公安专科学校学报》2009 年第 4 期。

有投资性,而是属于研究性经营信息。故没有必要将未公开信息框定在投资性经营信息的范围内。此外,因为金融监管部门工作人员利用职务便利获取相关与证券期货相关的执法信息从事证券期货交易同样构成本罪,所以,未公开信息也不局限于经营信息,监管信息也应当纳入未公开信息的范围。

第三种观点模糊地归纳了未公开信息具有未公开性、价格敏感性等特征,实际上等于是重复了《刑法》条文的规定,属于简单的概念整合,对于司法实务分析判断基本没有指导价值。

二、其他未公开信息的规范解释

未公开信息既可以是金融机构开展金融业务过程中的经营信息,也可以是形成于上市公司内部但相关法律法规没有明文规定将其纳入内幕信息范围且对上市公司股票走向具有重大影响的价格敏感信息,更可以是金融监管部门、证券期货交易所以及行业协会在行政执法、业务指导、交易管理、行业自律监督过程中掌握的监管信息、管理信息或者行业信息,甚至可以是利率、汇率、税收等宏观调控政策信息等。

因此,利用未公开信息交易罪中的"内幕信息以外的其他未公开的信息"是指,不为公众所知悉,对相关证券期货交易价格有重要影响,金融机构、监管部门以及行业协会按照规定采取规范管理的投资经营、技术分析、监督管理、行业资讯、调控政策等信息。

第二节　利用未公开信息交易行为

根据《刑法》第 180 条第 4 款的规定,利用未公开信息交易罪的客观行为表现为,行为人实施了利用因职务便利获取的内幕信息以外的其他未公开的信息,违反规定,从事与该信息相关的金融交易活动,或者明示、暗示他人从事相关交易活动,情节严重的行为。

一、从事或者建议他人从事与未公开信息有关的金融交易

“违反规定,从事与该信息相关的证券、期货交易活动”,不仅包括《证券投资基金法》等法律、行政法规所规定的禁止金融机构的从业人员从事损害客户利益的交易等行为,而且包括所有证券期货市场监管法律法规以及证监会发布的禁止金融机构从业人员从事违背受托义务的利用未公开信息交易活动等行为。

利用未公开信息交易行为一般表现为,金融机构从业人员在市场一般投资者买入证券或者其衍生品、期货或者期权合约等金融产品前,自己先行买入,或者在市场一般投资者及其投资的基金卖出前,自己先行卖出等行为。同时,构成利用未公开信息交易罪还包括采用明示或暗示他人从事买卖证券、期货合约的行为。当然,利用未公开信息交易行为必须达到“情节严重”程度,才能构成犯罪。“情节严重”的标准应当根据司法解释规定的追诉标准加以确定。最为重要的是,利用未公开信息交易滥用了应排他性地基于客户利益而使用的信息的经济价值。

二、背信的实质

利用未公开信息交易行为的本质内容之一显然包括背信,即违背委托人对于受托人的信义义务,但利用未公开信息交易行为的内容中并不要求包括背信这一构成要素。这是利用未公开信息交易区别于其他背信犯罪的显著要点。例如,背信运用受托财产罪的行为方式表现为“违背受托义务,擅自运用客户资金或者其他委托、信托的财产”,这里的受托义务是明确的,而非原则性的,具体如何擅自运用客户资金或者其他委托、信托的财产却并未明确限定;而在利用未公开信息交易犯罪中,其最直接的行为方式是自己交易,或者明示、暗示他人从事交易,其虽然也可能违背受托义务,但这里的违背是原则性违背,即违背了忠实义务,而并非具体违背某一项受托的规则,而且在此过程中,其利用基金拉升自己建仓股票的行为,与背信运用受托财产罪重擅自运用客户资金存在明显差别,其利用客户资金购买股票的行为并不是擅自运用。

第三节 金融机构从业人员

根据《刑法》第180条第4款的规定，利用未公开信息交易罪的犯罪主体仅限自然人，具体分为两种类型：(1)金融机构从业人员。包括证券交易所、期货交易所、证券公司、期货经纪公司、基金管理公司、商业银行、保险公司等金融机构的从业人员。(2)监管机构工作人员。包括中国人民银行、证监会、国家金融监督管理总局等有关承担监管职责的部门的工作人员以及中国证券业协会、期货业协会、保险行业协会等承担自律性管理职能的协会的工作人员。司法实践中，触犯利用未公开信息交易罪的主要是金融机构从业人员。

由于我国金融市场运行机制正处于不断完善的阶段，金融机构从业人员的主体的定位、辨识、认定等存在一定的模糊与凌乱。有必要通过利用未公开信息交易的主体研究明确框定构成本罪的主体范围，同时在对利用未公开信息交易罪的主体进行类型化分析的基础上，深度透视此类犯罪形成与发展的核心环节。

利用未公开信息交易罪中的金融机构从业人员牵涉证券、期货、保险等各大金融行业及其从业人员管理制度，有必要框定金融机构的范围、对有关金融机构进行细化说明以及明晰从业人员判断标准。

一、金融机构的基本范围

《刑法》第180条第4款已经通过明示方式规定了证券期货交易所、证券期货公司、基金公司、商业银行、保险公司中的从业人员可以构成本罪的犯罪主体。但利用未公开信息交易罪中的“金融机构”显然并非严格局限于上述范围，有必要对其他金融机构进行梳理。实际上，在具体金融服务活动中生成与控制未公开信息的金融机构均可归入利用未公开信息交易罪中“金融机构”的范畴，除了本罪条文明确列举的金融机构之外，还包括信托公司与财务公司。

根据《信托法》的规定，信托公司是以营业和收取报酬为目的，以受托人身份承诺信托和处理信托事务的金融机构。信托公司从事证券信托、基金投资、证券承销等与证券期货交易有关的金融业务,掌握大量影响金融产品交易价格的未公开信息。信托公司从业人员利用信托资产管理、基金投资运作过程中获取的未公开信息从事个人牟利交易,损害信托权益人利益,属于典型的利用未公开信息交易犯罪行为。《刑法》第180条虽然没有明示性地罗列出信托公司,但其显然应当纳入利用未公开信息交易罪中的"等金融机构"范围。

根据《公司法》及有关金融监管部门规章的规定,财务公司是以加强企业集团资金集中管理和提高企业集团资金使用效率为目的,为企业集团成员单位提供财务管理服务的非银行金融机构。由于财务公司有权向国家金融监督管理总局申请从事证券投资业务,其从业人员利用证券期货市场未公开信息实施违规交易的,同样构成利用未公开信息交易罪。

实践中存在较大争议的是私募证券投资基金中的从业人员,利用重大且未公开的基金投资信息,同期或者先期从事相关证券、期货交易,是否构成利用未公开信息交易的行为主体。从执法实践情况来看,此类情况并未被认定为利用未公开信息交易。

例如,证券领域的王某方行政处罚案。①

经查明,王某方存在以下违法事实:

1. 王某方知悉海通期货——中南1号资产管理计划(以下简称中南1号)投资建议、交易执行等未公开信息。

2016年5月24日,中南投资与海通期货股份有限公司(以下简称海通期货)签署《投资顾问合作协议》。7月7日中南1号成立,中南投资负责中南1号的日常操作建议。中南1号存续期间,中南投资方面由王某方实际履行投资经理职责。

从双方投资顾问合同约定及实际操作过程看,海通期货根据合同约定的风控要素在中信证券提供的恒生PB系统中设定相应的风控阈值,中南投资在资产管理合同和投资顾问合同约定的投资范围内,通过恒生PB系统投顾端发出投资建议,系统风控端自动审核,符合风控指标要求的投资建议指令直接发送报单至券商柜台下单,王某方能够即时查询投资建议指令的执行情况。根据相关证据,中南1号实际在王某方前往海通期货洽谈后成立,劣后方为王某方募集,系统设定的投顾端用户名为"投资顾问－王某方",且实际由王某方负责投

① 参见中国证监会行政处罚决定书(2020)6号。

资决策及发送投资建议。综上,王某方知悉中南1号投资建议、交易执行等未公开信息。

2. 王某方控制使用“陈某初”“李某”“中南1号”证券账户。

(1)证券账户的开立情况。

“陈某初”证券账户于2016年8月1日开立于渤海证券上海大连路营业部。“李某”证券账户于2016年7月25日开立于太平洋证券长沙韶山路营业部。“中南1号”证券账户于2016年7月开立于中信证券上海环球金融中心证券营业部。

(2)证券账户的资金来源。

“陈某初”证券账户三方存管银行为尾号2370建设银行账户。账户资金来源为王某方向陈某初、杨某恩等的借款。2016年8月1日至2017年2月,“杨某春”“王某珩”“刘某凯”“杨某恩”“姜某平”“王某峰”等账户陆续向陈某初上述银行账户转入资金约2990万元,王某方向该账户转入保证金340万元,上述资金全部转入“陈某初”证券账户。

“李某”证券账户三方存管银行为尾号7905招商银行账户。根据李某提供的情况说明,其与王某方商议共同投资股票生意,按照出资比例共同承担相应的盈利与亏损,投资过程主要由王某方完成,2017年5月将资金全部撤出。2016年7月26日李某将3000万元资金全部转入“李某”证券账户,7月27日王某方向李某银行账户转入500万元,并于当日转入“李某”证券账户。

(3)王某方控制使用“陈某初”“李某”“中南1号”证券账户。

①王某方、陈某初、刘某凯、杨某恩、李某、王某松分别承认了王某方控制使用“李某”“陈某初”和“中南1号”证券账户。

②“陈某初”“李某”证券账户下单地址与“中南1号”下单地址存在重合。王某方主要使用笔记本电脑(配备多个无线网卡)下单操作“陈某初”“李某”“中南1号”证券账户,三账户存在下单交易地址重合。

综上,王某方控制使用“陈其初”“李某”“中南1号”证券账户。

3. 王某方利用未公开信息交易股票。

(1)“陈某初”证券账户与“中南1号”证券账户趋同交易情况。

自“陈某初”证券账户开立日2016年8月1日至中南1号到期日2017年7月6日,该账户共交易沪深两市12只股票,买入金额9665.47万元,卖出金额

10,248.71万元。“陈某初”证券账户与“中南1号”证券账户趋同交易“ST狮头”“ST亚太”“猛狮科技”“香梨股份”“精伦电子”等5只股票,占其账户交易股票数量的41.67%;趋同买入交易金额合计5832.78万元,占账户买入金额的60.35%,趋同交易获利677.23万元。

(2)“李某”证券账户与“中南1号”证券账户趋同交易情况。

自“李某”证券账户开立日2016年7月25日至中南1号到期日2017年7月6日,“李某”证券账户共交易沪深两市12只股票,买入金额13,379.21万元、卖出金额14,545.55万元。“李某”证券账户与“中南1号”证券账户趋同交易“猛狮科技”“ST狮头”“香梨股份”等3只股票,占其账户交易股票数量的25%;趋同买入交易金额5615.03万元,占账户买入成交金额的41.97%,趋同交易盈利655.89万元。

以上事实,有海通期货提供的相关协议、中南投资工商资料、相关证券账户交易流水、银行账户流水、中信证券提供的情况说明、相关人员询问笔录等证据证明,足以认定。

《证券投资基金法》第2条规定,“在中华人民共和国境内,公开或者非公开募集资金设立证券投资基金(以下简称基金),由基金管理人管理,基金托管人托管,为基金份额持有人的利益,进行证券投资活动,适用本法……”第31条规定,“对非公开募集基金的基金管理人进行规范的具体办法,由国务院金融监督管理机构依照本章的原则制定”。

王某方在担任中南投资实际控制人和实际经营管理中南投资期间,虽然名义为中南投资顾问,但实际履行投资经理职能,负责“中南1号”证券账户的投资决策和下单操作,知悉中南1号未公开的交易信息,于2016年8月1日至2017年7月6日使用“陈某初”“李某”证券账户,稍早于、同步于或稍晚于“中南1号”证券账户趋同交易有关股票,获利1333.12万元,王某方的上述行为违反《证券投资基金法》第123条第1款和《私募投资基金监督管理暂行办法》(中国证券监督管理委员会令第105号,以下简称《私募基金管理办法》)第23条第5项、第40条的相关规定,构成利用未公开信息交易股票违法行为。

王某方提出如下申辩意见:①买入股票以长期持有为目的,实际交易情况完全不同于一般的“老鼠仓”或利用非公开信息案的交易行为,并没有损害“中南1号”账户的利益。②不具有利用未公开信息的主观故意,仅是借用账户从事配资炒股。③中南投资不属于私募基金管理人。④王某方的主体身份是投资顾问的工作人员。王某方未有担任基金管理人职务的事实。⑤王某方行为不适用《证券投资基金法》第123条,应适用《私募基金管理办法》相关规定。

经复核,证监会认为:①相关人员询问笔录、交易地址等证据可以证明王某方控制使用“陈某初”“李某”证券账户,并在获悉了“中南1号”证券交易的未公开信息后,利用上述账户实施了趋同交易,该行为损害了“中南1号”其他持有人的利益。②配资炒股的说法不能解释其趋同交易的异常性,即使是配资炒股也不得利用未公开信息进行交易。③中南投资虽为“中南1号”的投资顾问,但实际负责“中南1号”的投资决策,并安排投资经理具体实施决策的制定和指令下达,从中南投资的工作内容实质看,其行为属于私募基金管理人行为。④王某方作为中南投资指派的投资经理,具体负责中南1号的投资决策和指令下达,本案中其行为实质为私募证券投资基金经理行为,应按照当事人实际履行职责的身份和行为进行认定和处罚。⑤首先,根据《证券投资基金法》第2条的规定,该法的适用范围不仅包括公开募集资金设立证券投资基金,也包括非公开募集资金设立证券投资基金。根据《证券投资基金法》第31条的规定,《私募基金管理办法》对非公开募集基金的基金管理人进行了具体规范,《私募基金管理办法》第23条第5项明确规定私募基金管理人及其从业人员不得利用未公开信息从事相关交易活动。《私募基金管理办法》第40条还明确规定,私募证券投资基金管理人及其从业人员违反《证券投资基金法》有关规定的,按照《证券投资基金法》有关规定处罚。其次,从上述《证券投资基金法》的调整范围看,《证券投资基金法》第123条中规定的“基金管理人”除包括公开募集基金的基金管理人外,还应包括非公开募集基金的证券投资基金管理人。再次,《证券投资基金法》第123条罚则指向的是基金管理人及其从业人员有该法第20条所列的行为,而非指违反该法第20条的规定,因此无论是公开募集基金的证券投资基金管理人及其从业人员,还是非公开募集基金的证券投资基金管理人及其从业人员,只要实施了该法第20条所列行为之一的,就应当适用第123条罚则。综上,《证券投资基金法》第123条既适用于公募证券投资基金管理人及其从业人员,也适用于私募证券投资基金管理人及其从业人员,在《证券投资基金法》第123条对私募证券投资基金管理人及其从业人员利用未公开信息交易证券行为有明确处罚规定的情况下,应适用该条进行处罚。

王某方的行为实质是私募证券投资基金经理利用未公开信息交易证券的行为，该行为破坏了资本市场三公原则，严重损害了“中南1号”其他持有人的利益，依据《证券投资基金法》进行处罚于法有据。

根据当事人违法行为的事实、性质、情节与社会危害程度，依据《证券投资基金法》第123条第1款和《私募基金管理办法》第40条的规定，证监会决定：对王某方责令改正，没收违法所得1333.12万元，并处以1333.12万元罚款。

又如，期货领域的杨某东行政处罚案。[①] 证监会作出行政处罚决定，认定时任中联金储（上海）投资管理有限公司（以下简称中联金储）期货投资总监及中联金储—国金证券—中联金储先锋组合1号私募证券投资基金（以下简称先锋组合1号）基金经理杨某东存在以下违法事实：先锋组合1号期货账户于2017年8月2日开立于海证期货有限公司，中联金储是该基金管理人，杨某东担任基金经理负责交易决策，日盘交易由中联金储交易员负责下单，夜盘交易经中联金储授权由杨某东本人下单操作。“王某才”期货账户于2016年11月23日开立于东航期货有限责任公司，王某才与杨某东系同学关系，该期货账户资金主要来源于杨某东，且开户后一直由杨某东实际控制使用，由杨某东决策并使用中联金储办公电脑或其个人电脑下单。2016年12月至2018年5月，“bu1809”“ag1809”“zn1809”“zn1810”“zn1812”“zn1904”“sn1809”“sn1901”“cu1812”“cu1902”“au1804”“pb1809”“pb1810”“ni1812”“ni1810”“sm1809”“sr1905”“j1901”“jd1808”“jd1810”“jm1809”“jm1901”等22个合约上，杨某东实际控制案涉账户于当日日盘交易时间建仓，然后于夜盘交易时间，利用其管理的账户从事方向相反的对向交易。从资金进出情况看，其个人实际控制账户在对向交易中获利，基金管理账户平仓亏损。上述期间，“王某才”与“先锋组合1号”对上述合约相互交易共918手，导致“先锋组合1号”账户亏损1,147,261.14元。证监会认定，杨某东的上述行为违反证券监管部门的监管规则，构成利益输送违法行为。

根据《私募基金管理办法》第2条的规定，私募基金是指在中华人民共和国境内，通过非公开方式向投资者募集资金设立的投资基金。私募基金财产的投

① 参见中国证监会行政处罚决定书（2020）2号。

资包括买卖股票、股权、债券、期货、期权、基金份额及投资合同约定的其他投资标的。根据《刑法》第 180 条第 4 款的规定,利用未公开信息交易犯罪的主体是证券交易所、期货交易所、证券公司、期货经纪公司、基金管理公司、商业银行、保险公司等金融机构的从业人员以及有关监管部门或者行业协会的工作人员。针对上述规定,我们可以从三个层面来理解,即金融机构的从业人员、有关监管部门的工作人员、有关行业协会的工作人员。私募基金从业人员不可能属于上述有关监管部门的工作人员或者行业协会的工作人员,其行为如果有可能入罪,即只可能属于第一部分的金融机构的从业人员。而金融机构是指证券交易所、期货交易所、证券公司、期货经纪公司、基金管理公司、商业银行、保险公司。基金管理公司应当仅指公开募集方式设立的证券投资基金公司即公募基金公司,而并不包含私募基金,也即私募资金从业人员不是法定的基金公司从业人员,进而无法构成利用未公开信息交易犯罪。[①]

二、金融机构的具体分析

虽然利用未公开信息交易的法律条文明确了作为行为主体的金融从业人员所属的各类金融机构,但由于金融机构体系与内容本身的复杂性,仍有必要对本罪实践中容易出现混淆、遗漏的若干金融机构类型进行具体说明。

一是关于“期货交易所”。2010 年我国证券期货市场推出沪深 300 指数期货交易品种。故除了传统的商品期货交易所之外,本罪中的期货交易所还包括金融期货交易所。

二是关于“证券公司”。利用未公开信息交易罪中的“证券公司”,不仅指根据《公司法》《证券法》等成立的经营证券(经纪、自营、承销、财务顾问、投资咨询、资产管理等业务)的券商,[②]还包括证券登记结算公司、证券资信评级公司以及各类国际投行等合格境外投资者(QFII)。

三是关于“期货经纪公司”。本罪《刑法》条文的表述是“期货经纪公司”,

① 参见刘宪权、林雨佳:《利用未公开信息交易共同犯罪的认定》,载《政治与法律》2019 年第 4 期。

② 有的证券公司将咨询业务、资产管理业务拆分后成立证券投资咨询公司、证券资产管理公司,其应当属于本罪中的证券公司。

单纯从刑法规范文义解释角度分析，只有期货经纪公司从业人员才能构成利用未公开信息交易罪的主体，从事投资咨询业务、资产管理业务的期货公司从业人员无法构成本罪主体。但是，《期货和衍生品法》明确规定期货业务还包括咨询业务以及期货监督管理机构规定的其他业务。同时，从事期货经纪业务之外的期货投资咨询业务、资产管理业务的期货公司人员掌握大量客户交易信息及与证券期货投资关联的未公开信息，此类期货公司从业人员显然应当被纳入利用未公开信息交易罪的主体范围。因此，在对“期货经纪公司”进行刑法解释的过程中，应当以延展性的视角将其内涵合理确定为所有期货公司而非局限于仅从事商品、金融期货经纪业务的期货公司。

三、从业人员的判断标准

作为利用未公开信息交易罪的行为主体，金融机构从业人员具有明确的规范性内涵，必须按照法律、法规、部门规章等规范性文件判断相关主体是否属于在依法从事金融业务的单位中从事具体金融业务的专业人员。

金融机构中与实际金融业务无关的非专业性工作人员不能构成利用未公开信息交易罪的犯罪主体。例如，金融机构中的文秘、复印员、保洁员、资料保管员等工作中可能接触重要信息的人员，可以成为内幕交易罪中的信息非法获取者，[①]但由于其显然不是金融从业人员，即使获取未公开信息且从事金融交易，也无法认定利用未公开信息交易罪，只能根据侵犯商业秘密罪进行法律评价。

金融机构从业人员的判断应当定位于实质性标准而非形式化尺度。我国对各类金融机构从业人员均设定了资格管理制度，必须通过考试取得证券、期

---

① 内幕交易刑法理论与司法实践对此问题仍有争议。肯定的意见认为，非法获取应作宽泛解释，其意指不该获得而获得，故上述“中性人员”属于内幕交易罪的主体。参见陈海鹰、朱卫明、叶建平：《泄露内幕信息罪、内幕交易罪的若干问题探析——由“杭萧钢构案”展开》，载《法治研究》2008 年第 3 期；刘宪权：《证券期货犯罪理论与实务》，商务印书馆 2005 年版，第 349 ~ 351 页。否定的意见认为，偶然、被动、消极地获取内幕信息的人员不属于内幕交易罪的主体，无论其是否进一步从事证券期货交易。参见最高人民检察院法律政策研究室、中国证券监督管理委员会法律部编著：《证券期货犯罪司法认定指南》，中国人民公安大学出版社 2009 年版，第 49 页；李宇先、贺小电：《证券犯罪的定罪与量刑》（修订版），人民法院出版社 2009 年版，第 159 ~ 160 页。

货、保险等行业的从业资格才能在金融机构中从事相关金融业务。[①] 但这并不意味着形式上的金融从业资格是金融机构专业人员构成利用未公开信息交易罪主体的必要条件。由于部分金融行业尚未建立起全面的从业资格管理制度，且有的金融机构存在无证上岗等违规操作问题，故实践中分析相关主体是否属于金融机构从业人员，必须进行实质判断，对于客观上从事专业性金融业务的人员，应当认定为金融机构从业人员。

四、从业人员的规则优化

根据《刑法》第 180 条第 4 款的规定，只有“金融机构”的从业人员可以构成利用未公开信息交易罪，非金融机构的从业人员不是本罪的犯罪主体。但是，在金融市场从业人员中，非金融机构从业人员本质上也是金融领域的从业人员，同样能够利用职务接触未公开信息进而利用该信息实施相关证券期货交易。例如，从事证券法律服务、证券审计服务的律师、会计师等不仅能够接触大量上市公司的内幕信息，而且其证券法律服务、审计服务范围包括证券投资基金募集管理，制订证券公司集合资产管理计划，出具证券公司、证券投资基金公司审计报告等多项能够接触内幕信息之外的其他未公开信息的业务。

因此，利用未公开信息交易罪的犯罪主体要件的范围，有必要根据金融行业各类结构及其从业人员的职务便利与未公开信息的接触程度进行设置。金融行业中能够接触未公开信息的主体均应纳入利用未公开信息交易罪的主体范围，没有必要局限于金融机构从业人员。

同时，利用未公开信息交易罪的犯罪主体还包括监管机构工作人员，但该工作人员必须隶属于“有关”主管部门或行业协会。在社会公众对于“有关”部门的用语规范性、明确性、合理性已经提出普遍质疑的背景下，利用未公开信息交易罪的主体要件仍然使用“有关”这一模糊限定，不仅在刑法规范用语明确性层面存在疑问，而且导致利用未公开信息交易罪的规范含义无法涵盖具有相当社会危害性的行为。

---

① 相关金融机构从业人员资格管理规定参见《证券基金经营机构董事、监事、高级管理人员及从业人员监督管理办法》、《期货业从业人员管理办法》等。

第四节 故 意

利用未公开信息交易罪属于故意犯罪。本罪行为主体的金融专业性以及金融行业合规管理的严密性决定了违法性认识司法推定的合理性,其故意的内容在于对明知的信息利益冲突禁止的违反。

我国刑法理论对内幕交易罪主观方面定位问题存在不同的认识,存在目的犯说、直接故意说、故意说、可以包括过失说等多达八种不同意见。[①] 利用未公开信息交易罪是否仍有必要延续主观方面归属问题的争议?

以利用未公开信息交易罪为代表的证券期货内幕交易犯罪本质上是以欺诈手段违规侵犯证券期货市场金融交易的公平性,其欺诈性、违规性的罪质特征决定了其当然地属于故意犯罪。故意犯罪的基本定位能够使利用未公开信息交易犯罪与利用未公开信息交易违法之间形成明确的界限。[②] 同时,区分直接故意与间接故意对于利用未公开信息交易罪来说并没有理论意义与实践价值。

一、明知

刑法规范没有限定利用未公开信息交易罪属于直接故意犯罪(以获取利益或者规避损失为目的),故其故意内容应当是一种相对宽泛的范围覆盖——行为人明知其利用职务便利获取未公开信息从事或者建议他人从事相关证券期货交易对证券期货市场公平交易秩序制造了不被允许的风险却仍然实施该种行为。实践中,获取利益或规避损失的主观目的往往在利用未公开信息交易犯

---

① 参见卢勤忠:《基金犯罪研究》,北京大学出版社 2010 年版,第 267 ~ 270 页;刘宪权:《证券期货犯罪理论与实务》,商务印书馆 2005 年版,第 351 ~ 355 页。

② 在英美刑法内幕交易犯罪理论中,犯罪故意(willfulness)甚至是内幕交易犯罪与违法(侵权)之间的唯一界限。参见 Kathleen F. Brickey, *Corporate and White Collar Crime: Cases and Materials*, Aspen Publishers, Inc., 2002, p. 204; Wendy G. Couture, *White Collar Crime's Gray Area: The Anomaly of Criminalizing Conduct Not Civilly Actionable*, 72 Alabama Law Review 1(2009)。

罪数额认定中客观体现,无须控方就主观目的(直接故意)进行证明。因此,在刑法理论上对利用未公开信息交易罪进行故意犯罪的基础定位依据充分且无深究直接或间接故意的必要,关键在于对违法性认识问题作进一步的刑法原理阐释。

由于金融法律规范体系极为庞杂,对于部分证券期货交易合规性问题,法律专业人士尚且存在争议,要求非法律专业的金融机构从业人员、监管部门或者行业协会工作人员对自身行为的违法性具备具体的认识,显然过于严苛。在刑法理论上,不知法律不免责原则已经在法定犯层面得以修正,法定犯中需要行为人具备违法性认识。① 在利用未公开信息交易罪中,金融机构从业人员、监管部门或行业协会工作人员对于自己行为的违法性应当具备认识,但不要求证明行为人认识到具体违反法律。因此,利用未公开信息交易罪的违法性认识具有概括性特征。

由于金融机构从业人员、有关监管部门或行业协会工作人员属于金融专业人员,且利用未公开信息交易罪属于职务型犯罪,行为主体的身份与职务特质决定了司法实践可以合理推定其对哪些利用未公开信息交易行为属于违反规定具有专业性认知。该种司法推定的合理性依据还在于,金融实务领域相对于其他社会经济活动环节来说,其合规性管理极为严格,金融机构、金融监管单位、金融行业协会等组织体系内建构了相对完备的合规实体规范与合规执行程序,利用未公开信息交易罪中规定的行为主体在实践中都需要按照单位合规管理的要求进行业务操作。故利用未公开信息交易罪违法性认识推定规则具有较强的合理性。

二、目的

需要注意的是,实践中一直有观点认为,利用未公开信息交易罪等证券期货犯罪属于目的犯,尽管在条文中没有明确表述,但“盈利”或者“减少、避免损失”作为条文的隐性要件暗含其中,如果没有“盈利”或“减少、避免损失”就不应该构成利用未公开信息交易罪。从司法实践中的实际情况来看,确实存在这

① 参见于洪伟:《违法性认识理论研究》,中国人民公安大学出版社2007年版,第31页。

样的事实,即证券交易所、期货交易所、证券公司、期货经纪公司、基金管理公司、商业银行、保险公司等金融机构的从业人员以及有关监管部门或者行业协会的工作人员利用未公开的信息从事与该信息相关的证券、期货交易活动,往往是为了使本人或者其亲友“盈利”或者“减少、避免损失”,但结果是不但没有盈利或者减少、避免损失,反而自己也被“套住了”。

从犯罪构成理论的角度分析,目的犯之目的是故意之外的主观要素,它与故意之内的目的是有所不同的,对此应当加以区分。[①] 此处“盈利”或者“减少、避免损失”是故意之内的目的,更确切地说是一种动机。相同的犯罪目的可能有不同的犯罪动机,相同的犯罪动机也可能产生不同的犯罪目的,进而实施不同的犯罪行为,符合不同的犯罪构成。因此,犯罪动机不是犯罪构成的必要要件。“盈利”或者“减少、避免损失”这一动机对是否构成本罪没有影响。另外,在证券期货市场中,决定是否实际盈利的因素多且复杂,除了自身的原因外,还受大盘、政策、市场资金充裕程度、欧美股市的走势等因素的影响。[②] 因此,尽管行为人以盈利或避免损失为目的而利用未公开信息进行交易,但由于诸多因素的影响,也可能出现与其主观预期相违背的结果。只要行为人的交易行为完成了,且达到了情节严重的程度,就应当以本罪追究其刑事责任。

---

① 参见陈兴良:《走向规范的刑法学》,法律出版社 2008 年版,第 213 页。

② 参见赵斌、曹云清:《利用未公开信息交易罪若干问题研究》,载《江西公安专科学校学报》2009 年第 4 期。

第三章

金融从业人员利用未公开信息交易合规管理的政策安排与原理指引

如何划定利用未公开信息交易规制界限,如何配置利用未公开信息交易执法、司法介入强度,前提在于《证券法》等有关资本市场与监管的法律规范禁止利用未公开信息交易行为,且单纯依靠此类法律制度不足以控制利用未公开信息交易行为对于金融市场机制的严重侵害。

尽管我国有关金融从业人员利用未公开信息交易监管制度在初创时间上滞后于资本市场及其配套制度的建构,但相对于其他成熟资本市场利用未公开信息交易监管制度沿革轨迹来说,仍然可以确认这样的历史解释观点,即中国在其资本市场发展的初期便以严厉的利用未公开信息交易违法犯罪刑事立法以及以《证券法》中的利用未公开信息交易行政责任条款试图控制利用未公开信息交易行为。①

---

① 财经评论、法律理论以及执法司法实践中比较常见的意见是将中国资本市场利用未公开信息交易泛滥归结为长期以来的法律控制不严厉、法律规范惩罚力度不强。参见谢杰:《完善证券法内幕交易防控制度的三项措施》,载《财经》2010 年 12 月 7 日;谢杰:《完善"老鼠仓"的司法应对》,载《财经》2011 年 11 月 7 日。这与本书关于中国资本市场利用未公开信息交易法律控制强度的解释观点存在比较大的分歧。但是,中国资本市场法治对内幕交易、泄露内幕信息罪、利用未公开信息交易罪的刑事责任的规定在整体上处罚较重,在刑事政策上仍较多地坚持重刑思想。关于中国资本市场法治利用未公开信息交易犯罪法律控制强度的分析,参见刘宪权、谢杰:《证券期货犯罪刑法理论与实务》,上海人民出版社 2012 年版,第 162 ~ 163、230 ~ 232 页。

但是,金融市场法律制度安排并非单纯地对市场融资与投资的公平与效率进行价值平衡,或者线性地通过对从业人员利用未公开信息交易等违法犯罪行为进行强化监管、保护投资者利益,而是优化资本市场公平与效率之间的结构性关系,基于不同经济问题的本质以及不同法律问题的根源有层次地建构资本市场法律刑事政策应对。① 真实资本市场中的公平与效率不是机械的价值平衡与内容兼顾,而是无时无刻的动态冲突,这就需要资本市场法律规范在制度安排上持续强调结构性调整的重要意义,通过制度安排建构能够维护资本市场诚信并在此基础上促进市场效率的公平的竞争性政策与规则。由于缺乏足够宽泛的分析视角与足够力度的解释工具,现有的利用未公开信息交易违法犯罪法律监管制度理论与实践总体上偏重于对资本市场制度公平性的评价与分析,在解释方法、内容与结论上无力洞察法律监管制度与资本市场效率之间互为影响的同时,又凸显出资本市场道德、伦理、公平正义等基本内容的阐释不足。作为资本市场法律监管制度中更为微观与具体构成的资本市场犯罪刑事法律制度,其介入利用未公开信息交易监管的是非选择与程度控制,应当超越传统的公平性、道德危害性、纯粹的经济损害性等固有逻辑基础,从资本市场竞争、资本市场违法犯罪行为本质、市场参与者自主协商竞争性规则、资本市场信息效率等各种互为关联的角度动态解释与发现资本市场法律监管制度对利用未公开信息交易犯罪行为进行政策调控的合理方式与规范边界。这种利用未公开信息交易监管政策的反思性建构就是对传统依赖于单纯规范控制、强化监管、严厉刑事处罚的理念、知识以及实践经验的一种超越,并在此基础上形成与真实金融市场以及生成于其中的利用未公开信息交易行为实际状况相契合的金融市场犯罪规制政策应对方略。

---

① 线性思维模式或者制度介入模式表现为利用未公开信息交易行为有效还是无效或者行为效率大于还是小于行为损害,利用未公开信息交易违法犯罪行为监管还是去监管化、犯罪化还是非犯罪化、强化监管还是弱化监管——从政治治理、市场信心维护、社会公众道德等层面来看,所有的利用未公开信息交易弱化管制线性分析模式之后的政策结论与导向都不可能被市场、公众、监管权力所有者接受。结构性思维模式或者制度介入模式表现为发现利用未公开信息交易行为效率的实质内容、行为损害的本质根源、制度介入与限制介入的动态边界等,在真实的资本市场条件下分析效率与公平的调整方案,同时评估制度安排与改革本身对资本市场的影响。

第一节 金融信息产权的协商政策

禁止所有类型的金融从业人员利用未公开信息交易对于资本市场法律制度建构来说是成本最低的政策选择。但是,持有重大未公开信息的从业人员是否选择实施利用未公开信息交易行为,归根结底是风险与收益评估问题,在违法犯罪责任风险不确定且没有其他经济激励促使行为主体选择更优的经济收益获取渠道的情况下,通过资本市场中的交易行为实现重大未公开信息的经济价值始终是经济上最优的选择。行政监管、国有资本等国家权力代理关系中不允许对国家权力运作过程中形成信息的经济价值进行合约安排,但在国家权力代理之外的市场性代理关系中,以代理成本形式客观存在的利用未公开信息交易违法犯罪行为不是绝对的法律禁止所能控制的。在不涉及金融市场整体效率损害的前提下,重大未公开信息经济价值的协商性政策与制度安排能够有效地化解利用未公开信息交易违法犯罪问题。

金融合规的本质并不完全在于明确法律规范并禁止特定行为、防范特定交易风险,更为重要的是,应当充分关注现行法律规范体系下的逻辑解释,以合法性为指导,通过充分的市场化安排解决规范问题、主动降低交易成本、主动排除交易风险。

一、代理成本的有效控制

刑事控制法律制度对规制作为代理成本的从业人员利用未公开信息交易违法犯罪行为来说在制度效率上很难取得实质效果。刑事控制制度能够被实际评估的效果局限于个案惩罚与市场普通投资者的安慰。就金融机构与经理人之间的代理关系而言,利用未公开信息交易犯罪刑事法律制度的现实介入,只能控制极少数的所谓利用未公开信息交易侵害行为,对于代理成本控制几乎没有影响。即使立法与司法体系有意识地提升个案处罚所能形成的震慑效果,法律实践也只能针对已经查处的利用未公开信息交易犯罪个案中的犯罪人刑罚措施进行不断“加码”,以求在利用未公开信息交易犯罪个案中强化惩罚力度与震慑效应。这不仅意味着个案中的利用未公开信息交易行为人承担了因为制度失控而强加的、不公正的责任,而且完全无法从根本上解决如何让经理人、金融专业人士不选择利益冲突行为,金融市场中的金融机构免受代理成本损失的问题。在真实的资本市场法律制度运作中,制度安排与执行资源都是有限的。

法律制度简单化地整体禁止利用未公开信息交易,在立法成本上缩减了规范技术优化成本,但在执法司法实践操作中无法实现法律禁止的落实,会对制度与市场产生多重损害。其一,资本市场法律权威的损害。一旦资本市场中形成利用未公开信息交易犯罪在大多数情况下都没有被作为犯罪处理的认识,立法、执法、司法的权威性则会显著降低。其二,过度安慰效果的释放反而导致投资者利益损害。形式上严格的利用未公开信息交易犯罪刑事控制规范在操作中事实上是无法涵盖绝大部分利用未公开信息交易犯罪行为的,而法律强化控制利用未公开信息交易犯罪的宣传会阶段性地传递至资本市场普通投资者,在短期提振市场参与者信心的同时,造成投资者风险意识落后与偏差。资本市场法律制度应当明确市场风险高、法律规范技术与监管实践的有限性,促进资本市场参与者通过各种自主性的合约安排规避风险。这才是保障资本市场投资者权利的现实路径。阶段性的强化立法与释放严打利用未公开信息交易犯罪政策导向只会非理性地提升市场信心,投资者最终面对的市场风险仍然不会出现实质的改变。其三,遏制制度创新与富有效率的市场化契约安排。以刑事法律制度为核心的利用未公开信息交易规范控制制度名义上的规制范围极广,在实际效果存在疑问的同时,其更重要的制度性危害在于挤压了以其他非强制性、禁止性规范为核心内容的制度安排空间,并且导致各种市场机制无法发挥作用或者没有释放效率的现实路径。

以刑事立法与刑事司法为核心的资本市场违法犯罪行为规制或者资本市场保护实践,在面对资本市场侵害行为问题时,毋庸置疑地会集中思考应当如何阻止资本市场侵害行为,即如何通过资本市场刑事立法与刑事司法惩罚、预防这类侵害行为。如果仅局限在法律制度的范畴反思资本市场外部性问题——资本市场侵害行为,即使刑事立法不断提高资本市场法治规范的明确性,刑事司法持续优化资本市场犯罪案件裁判规则的准确性,也只能尽可能地接近罪刑法定这一刑法制度内部的原则性要求以及孤立地维护资本市场的公平性，而无法通过刑法制度安排优化资本市场效率。刑事立法或者司法直接考虑禁止资本市场侵害行为，固然能够在法律条文、类型化案件以及社会心理层面控制资本市场投资者受侵害行为所产生的损失，但有可能对所谓的资本市场侵害行为人乃至整个资本市场机制造成损失。事实上，要使资本市场运行以及市场中的投资与融资行为效率最大化或者损耗最小化，合理的制度安排逻辑不应是思考是否有必要通过建构法律制度（显然更不应当是刑法制度）阻止资本市场侵害行为，而是应当考虑资本市场中的侵害行为实施者是否有权损害该侵害行为的承担者，或者该侵害行为的承担者是否有权要求实施者提供侵害行为的对价。对于作为代理成本问题的利用未公开信息交易刑事政策来说，解决问题的核心路径并不在于通过资本市场法律制度强行禁止基金、信托、保险等各种行业类型的金融机构中参与投资信息设计、制定与决策的高级管理人员等从业人员利用信息从事相关交易为个人谋取利益，而在于在承认代理成本对企业效率现实损害的基础上思考最大限度控制代理成本的政策选择。

二、金融信息产权协商的合规管理

科斯在《社会成本问题》中指出，假设定价体系顺畅运作（定价体系运作成本为零），若损害行为支付所有损失或损害行为无须承担责任，资源配置都将实现最优化。[①] 这意味着在不考虑交易成本的情况下，无论产权如何界定，市场机制都会推动资源配置效率最大化。

就解决利用未公开信息交易代理成本问题而言，在交易成本为零的条件下，金融机构与内部人员可以通过磋商的方式对重大未公开信息产权分配问题达成符合双方利益诉求与意思表示的合约，没有必要依靠法律制度介入利用未公开信息交易监管问题。金融机构是否许可内部人员基于尚未公开的投资决策信息从事金融交易并优化劳动合约与薪酬结构、内部人员通过让渡部分现金薪酬或者直接性收入换取实施利用未公开信息交易的机会是否能够获取实际利益，取决于公司与内部人员之间哪一方经评估认为重大未公开信息产权及其

---

① See Ronald H. Coase, *The Problem of Social Cost*, 3 The Journal of Law and Economics 1, 2 – 8 (1960).

使用价值对其来说更具有经济价值。无论信息产权最终归属于哪一方,合约协商中的当事人都可以通过磋商与交易实现信息产权配置最优效率,从而最大程度地控制代理成本。[①] 但是,在真实的市场条件下,交易成本在某些情况下非常高,这使得在零交易成本下的定价体系介入交易成本之后无法完成交易。这就决定了市场交易对法律界定的产权进行重新安排只有在这种配置具有优化性,即产权分配之后的收益超过交易成本的情况下,参与该市场交易的主体才会促使其产生,同时产权的初始界定对于协商效率与交易成本具有重大影响。[②]

利用未公开信息交易行为所依托的重大未公开信息在资本市场中具有价值实现的能力,应当构成金融信息财产。[③] 特定的市场参与者能否以及如何利用重大未公开信息从事相关金融交易本质上就是信息产权配置问题。法律禁止金融从业人员利用未公开信息交易同样是一种信息产权的解决方案——向知情人员配置重大未公开信息消极产权。重大未公开信息消极产权旨在剥夺使用对于资本市场有价值的信息的权利,设定了禁止信息知情人员使用信息产权消极权能。[④] 但是,信息产权保护具有明显的非排他性,即信息内容传导成本极低,即使法律对信息产权进行了制度性的限定,排除他人使用该信息或者对信息进行封闭保护的难度与成本相当高。同时,信息的生产、制造、分析、

---

① See David D. Haddock & Jonathan R. Macey, *A Coasian Model of Insider Trading*, 80 Northwestern University Law Review 1449,1450 (1986).

② See Ronald H. Coase, *The Problem of Social Cost*, 3 The Journal of Law and Economics 1,15 - 16 (1960). 法律与金融理论中反对科斯式信息产权自主配置的观点认为,交易成本为零的假设是不成立的或者不切实际的,产权优化配置只可能在交易成本为零的非现实条件下才可能实现最优分配效率;Zohar Goshen & Gideon Parchomovsky, *On Insider Trading, Markets, and "Negative" Property Rights in Information*, 87 Virginia Law Review 1229 (2001)。但这实际上是对科斯定律相关性与逻辑性的误解。科斯分析交易成本为零环境下资源配置均能够经过市场交易达到最优化的价值在于强调产权初始界定的意义。科斯在《社会成本问题》的后续论述中明确提出交易成本高企的现实环境下不同的产权界定制度对于交易成本的影响,且交易成本的提升或者降低是评价产权制度配置效率的核心。更为重要的是,科斯《社会成本问题》的价值并非局限于交易成本发现与产权制度改革,其宏观方法论意义在于解释问题的思维路径。真实的资本市场最大的问题是资源的有限性与成本的高耗费性。法律制度与市场效率之间的关系优化应当是根据资本市场的真实状况而非理论抽象解释制度选择与产权安排。

③ See Jonathan R. Macey, *Indsider Trading: Economics, Politics, and Policy*, American Enterprise Institute 66 - 67(1991).

④ See Zohar Goshen & Gideon Parchomovsky, *On Insider Trading, Markets, and "Negative" Property Rights in Information*, 87 Virginia Law Review 1229,1230 (2001).

获取人员耗费相当规模的成本掌握有价市场信息，如果没有适当的方法转让或者通过交易行为在资本市场中实现信息价值，将会降低其创造信息的驱动力，不利于提升市场整体利益、创新动力与活跃程度。此外，信息产权使用上的非冲突性意味着特定行为主体使用信息的过程中其他市场参与者同样可以对信息进行使用，这为信息在不同市场参与者之间进行分配与流转提供了现实条件。

当然，信息构成产权且存在配置可能的前提在于信息属于资本市场中的有价商品。如果信息完全不属于资本市场或者市场中的任何一方，而是政府在履行公共职能过程中形成的公共产品，则不能作为产权进行分配。① 即使重大未公开信息生成于私有市场，信息产权亦并非能够直接进入相关市场参与者分配阶段。只有对于资本市场整体效率没有直接影响的重大未公开信息可以在关联主体之间研究产权分配问题。②

在法律制度层面认可重大未公开信息构成产权类型之一具有重大的价值。信息产权的确立意味着生成市场有价信息的行为主体能够基于市场化的合约安排实现信息价值。但是，现有的法律制度直接向市场中的信息知悉人员配置信息消极产权既不符合信息产权保护非排他性的特征，也没有在经济效率层面经过深入论证。重大未公开信息的消极产权初始配置意味着金融机构与高级管理人员之间无法通过市场交易与协商对信息产权作出分配，也就无法解决作为代理成本的利用未公开信息交易。这对于资本市场中的整个资产管理行业、基金公司收益与资产管理规模，高级管理人员与金融人才个人收益回报、资产单元投资者利益最大化等都构成了发展的瓶颈。

所幸中国金融市场法律制度从一开始实际上就没有完全对利用未公开信息交易以及重大未公开信息产权问题作出绝对封闭的消极界定。《刑法》利用未公开信息交易罪条款中设置了“违反规定”这一违法性前置性判断要件。在

---

① 监管信息或者政府介入市场而主导生成的信息，是权力运作与介入市场的结果，其未公开之前必须按照保密法律制度进行“存储”，市场参与者、国家工作人员不得予以使用。

② 例如，基金公司与基金经理之间未公开信息产权分配问题。

我国《刑法》分则中，以“违反规定”形式出现的空白规范极少，[①]除了利用未公开信息交易罪之外，只有《刑法》第 188 条违规出具金融票证罪、第 408 条违法发放林木采伐许可证罪以及第 442 条擅自出卖、转让军队房地产罪采取相同的立法模式。有学者指出，违规出具金融票证罪中的“违反规定”显然不限于国家法律、行政法规，还应当包括部门规章以及银行或其他金融机构制定的相关规章制度和重要业务规则等行为规范。[②] 由于利用未公开信息交易罪与违规出具金融票证罪的刑法条文同属经济刑法规范体系，加之“违反规定”在法条文字表述上也确实明显区别于“违反国家规定”，按照上述经济刑法理论及逻辑展开的一种合理的解释是，利用未公开信息交易罪中的“违反规定”不应当局限于全国人大及其常委会制定的法律和决定、国务院制定的行政法规等规定，还应当覆盖国家有关部门规章，全国性行业协会规则以及相关金融机构、主管部门规章制度、规范指引等内部规范性文件。然而，更应当强调的是，金融机构、基金公司、私募投资机构等设置的内部规章制度或者合约等规定同样能够作为判断相关利用未公开信息交易行为是否“违反规定”的依据，利用未公开信息交易执法与司法实践部门在审查利用未公开信息交易行为的违法性时，不能直接否定资本市场从事资产管理业务的金融机构的内部制度与规定。这并非因为正式的法律、行政法规、证监会等部委规章、行业协会管理文件等对基于重大未公开信息从事金融交易谋取个人利益的行为的违法性判断规定得比较原则与模糊，而是因为“违反规定”的本意就是为金融机构与实施利用未公开信息交易的高级管理人员开启了信息产权配置协商的刑法制度“窗口”。金融机构规章制度、合

---

① 综观我国《刑法》分则的规定，大量个罪的成立以违反相关法律、法规等规范性法律文件为前提，其空白罪状的表述方式迥异：(1)有的概括地表述为“违反国家规定”(例如《刑法》第 137 条工程重大安全事故罪)。由于刑法第 96 条在总则部分对国家规定的范围进行了确定性的解释，“国家规定”的最低法律位阶为国务院制定的法规、决定、命令等。(2)有的直接提示了具体的法律(例如《刑法》第 330 条妨害传染病防治罪“违反传染病防治法”)，司法机关可以直接对相关个罪违法性的前置规范进行定位。(3)有的归纳了规范性法律文件的类别与位阶(例如《刑法》第 327 条非法出售、私赠文物藏品罪“违反文物保护法规”)，司法机关同样可以相对明确地确定相关个罪违法性的前置规范。(4)有的则仅规定了前置性规范的类别，但没有明确其法律位阶(例如《刑法》第 126 条违规制造、销售枪支罪“违反枪支管理规定”)。由于法律位阶的明确是司法机关对相关个罪进行违法性判断的前提与依据，刑法即使规定了相关规范性文件从属的类别，也难以清晰界定相关规定的范围。但是，综观上述前置性判断依据，模糊地表述为“违反规定”的极为少见。

② 参见顾肖荣：《论经济刑法中的几个基本问题》，载《法学》2008 年第 8 期。

约条文对于资产管理、投资决策过程中形成的信息的使用进行了规范化的设计，应当作为排除利用未公开信息交易行为犯罪性、赋予内部人员信息产权、许可基于重大未公开信息进行交易的“规定”依据。①

同时，我国《证券投资基金法》修正之后赋予了基金从业人员基于有价信息参与金融交易的制度空间。②《证券法》同样作了相似的规定。这意味着对于从业人员在向本机构申报的情况下实施包括利用本机构投资决策信息在内的金融商品交易，公募基金在向证监会备案之后可以与基金经理就其从事证券交易问题进行合约安排。

对于《证券投资基金法》明确创设金融机构与基金管理人员协商信息产权配置机制，法律、金融等理论与实务中出现了两种截然不同的意见：支持制度改革的观点认为，基金经理炒股合法化符合基金经理等从业人员意愿，能够通过放松管制的方式实现强化监管的目的，对基金经理金融交易行为进行透明化管理。③否定制度改革价值的观点认为，允许基金经理炒股是一个错误的制度开端，会加剧资本市场信息不对称，最终导致市场无法参与、没有投资者愿意参与。④

从金融机构运作基金过程中形成的投资决策、资产配置信息的产权属性与所有权归属的角度分析，《证券投资基金法》允许金融机构与基金经理协商基于重大未公开信息的金融交易行为具体实施规则，其合理性是非常明显的。我国《刑法》规定的利用未公开信息交易罪所禁止的基于重大未公开信息实施的相关金融交易，涉及代理成本问题的利用未公开信息交易信息，主要是各种金融机构的投资决策、资本配置信息，例如，基金管理机构等将要利用客户资金进行

---

① 《刑法》文本设计“违反规定”的“窗口”意味着利用未公开信息交易执法与司法实践的审查行为安排亦应当进行相应调整。对于举报或者发现具有利用未公开信息交易线索的，法律实践部门应当首先要求机构提供关于信息产权配置与安排的规定文本，分析机构内部规定或者合约是否对于信息产权进行了事先安排并满足了信息披露要求。符合规定内容的利用未公开信息交易行为并不构成违法或者犯罪。

② 《证券投资基金法》第 17 条规定：公开募集基金的基金管理人的董事、监事、高级管理人员和其他从业人员，其本人、配偶、利害关系人进行证券投资，应当事先向基金管理人申报，并不得与基金份额持有人发生利益冲突。公开募集基金的基金管理人应当建立前款规定人员进行证券投资的申报、登记、审查、处置等管理制度，并报国务院证券监督管理机构备案。

③ 参见皮海洲：《基金经理炒股要透明化》，载《证券时报》2013 年 6 月 3 日，第 A003 版。

④ 参见王明彬：《〈基金法〉允许基金经理炒股　这或许是个错误的开始》，载《重庆时报》2012 年 7 月 13 日，第 42 版。

巨额投资的决策信息。基金管理公司、全国性以及地方性社会保险基金管理机构、托管机构运作管理的基金数量巨大,其对于资本市场的影响深远,此类投资性决策信息,属于重大未公开信息。又如,商业银行、保险公司、信托公司等金融机构在从事与证券期货投资相关的经营活动中形成的投资决策、资金动向数据、投资咨询等综合性信息。商业银行中间业务包括了金融期货交易业务、证券投资分析业务、基金托管业务等与证券期货相关的业务,其中涵盖了大量影响证券期货交易价格的决策信息、数据信息、咨询信息;保险公司、信托公司从事的证券回购、基金投资、资产管理等业务涉及影响相关证券产品交易价格的投资信息。在金融实务中,金融机构在证券期货交易过程中形成的未公开信息,其保密要求只是阶段性的,相当部分未公开信息最终向市场予以公开。例如,基金公司依法定期公布季报、半年报、年报,向基金投资者披露极为详尽的投资信息。[①] 对于私募等金融机构来说,其持有相当数量的持续保密未公开信息,不存在按照规定进行披露与公开的问题。例如,保险公司、证券公司等金融机构利用自有资金进行证券投资,私募基金从事金融商品交易,此类投资经营性决策信息属于公司内部保密信息,在没有泄密的情况下,仅为公司特定人员所掌握,在保密期限内始终处于非公开状态。这些信息的产权均归属于金融机构,而不应当以全面禁止利用未公开信息交易的法律规范为依据将重大未公开信息产权解释为一种消极产权。

第二节　金融信息产权的权属安排

一、金融机构享有金融信息产权

对于上市公司从事经济行为过程中生成的重大未公开信息来说,现有的信

---

① 《证券投资基金法》第 76 条规定:"公开披露的基金信息包括:(一)基金招募说明书、基金合同、基金托管协议;(二)基金募集情况;(三)基金份额上市交易公告书;(四)基金资产净值、基金份额净值;(五)基金份额申购、赎回价格;(六)基金财产的资产组合季度报告、财务会计报告及中期和年度基金报告;(七)临时报告;(八)基金份额持有人大会决议;(九)基金管理人、基金托管人的专门基金托管部门的重大人事变动;(十)涉及基金财产、基金管理业务、基金托管业务的诉讼或者仲裁;(十一)国务院证券监督管理机构规定应予披露的其他信息。"

息披露法律制度决定了上市公司内幕信息的产权归属于整个市场，应当由上市公司高级管理人员根据信息披露规则及时向资本市场公开发布。尽管上市公司与内部管理人员、外聘中介服务人员之间存在代理关系，但上市公司运营管理活动中生成的重大未公开信息不仅涉及上市公司、上市公司股东以及高级管理人员的利益，而且影响证券等金融商品的定价、资本市场整体流动性、市场信息探索与分析等信息效率，不能通过上市公司与高级管理人员之间的合约安排对信息产权作出自主性的配置。对于金融市场中的各种金融机构从事投资行为过程中生成的重大未公开信息来说，各种研究报告、投资意见、资本配置决策信息等都是为了企业所管理的资产运作利益最大化而耗费成本制造与获取的，信息产权在法律上归属于企业，信息的使用应当以投资于金融机构或者相关投资单元的投资者利益为导向。①

信息产权配置决定市场交易成本，同时形成不同效率程度的资源配置结果。重大未公开信息消极产权配置意味着利用未公开信息交易代理成本无法控制与降低，而法律将重大未公开信息产权分配给金融机构，则为整个金融行业提供了解决代理成本问题的机会与途径。这种制度安排是在确立金融机构具有法律赋予的信息产权的基础上，以鼓励资本市场中的参与者创制、生成、交易具有价值的全新市场信息，优化资本市场定价效率为导向思考信息产权配置与代理成本控制问题。

二、金融机构与从业人员之间的金融信息产权分配合约安排

重大未公开信息产权被界定为金融机构所有之后，利用未公开信息交易代理成本问题不是是否禁止内部人使用重大未公开信息，而是转化为如何通过制度安排使得金融机构获得更优的资产管理规模与管理费、向金融机构投入资本

① 上市公司内幕信息与金融机构重大未公开信息形式上都是公司或者企业经营过程中形成的信息，似乎都应当将信息产权界定为公司或者公司全体股东所有。但是，内幕信息与重大未公开信息的属性是存在明显差异的。内幕信息属于上市公司重大事件的信息反射，其内容应当向整个资本市场公开，这意味着信息披露法律规范将这种事件性的信息产权界定给了市场。而重大未公开信息属于纯粹的经营信息产权，完全是以投资者利益最大化、金融机构收益最大化为导向，经公司员工研究、制造与分析而形成的，系归属于金融机构的信息产权。

的投资者利益如何进行保障、基金管理人员个人薪酬如何实现优化等效率安排问题。当然,信息产权配置于金融机构也意味着产生相应的交易成本——信息产权与利用未公开信息交易的合约安排至少存在协商与执行两种交易成本。[①] 契约协商效率以及支付协商成本之后是否能够达成合约,取决于协商双方对于成本、收益、磋商信息、履约条件等问题的确定性。企业与代理人对于是否许可与接受利用未公开信息交易的风险与收益实际上都处于相当不确定的状态,这种不确定性会造成信息产权与利用未公开信息交易契约的协商成本较高甚至最终无法达成合意。

同时,作为信息产权让渡方的企业考察代理人是否有效履行合约的成本相对较高。企业允许代理人从事利用未公开信息交易的前提在于其能够披露并按照事先的约定规则实施利用未公开信息交易,并以折损部分薪酬收益换取实施利用未公开信息交易与信息产权使用的权利。但是,利用未公开信息交易在实践中显然很难由监管机构之外的市场主体进行低成本的考察,加上代理人存在故意隐瞒利用未公开信息交易的可能性,企业执行信息产权与利用未公开信息交易合约必须支付高额成本。[②] 据此,法律与经济理论中有观点认为,信息产权分配在磋商、监督、执行等各个环节的交易成本高企意味着金融机构与经理人员很难达成协议,“科斯自由协商模式”或者自主化与市场化的重大未公开信息产权协商机制在现实中无法操作。[③]

信息产权协商无非是金融机构中的高级管理人员以降低固定薪酬为对价换取基于其开发、研究、领导、创造、分析的投资决策信息、资本配置信息从事相关金融商品交易的权利,金融机构降低薪酬成本,并以其与高级管理人员约定的信息披露规章、建仓时间与规模条件等合同条款完成信息产权分配与许可的知情交易计划。高级管理人员个人经济利益的不确定性主要在于其被许可参

---

① See Laura N. Beny, *Insider Trading Laws and Stock Markets around the World: An Empirical Contribution to the Theoretical Law and Economics Debate*, 32 The Journal of Corporation Law 237, 252 - 255 (2007).

② See Frank H. Easterbrook, *Insider Trading as an Agency Problem*, in John W. Pratt & Richard J. Zeckhauser eds., *Principals and Agents: The Structure of Business*, Harvard Business School Press, 1985, p. 91 - 93.

③ See Laura N. Beny, *Insider Trading Laws and Stock Markets around the World: An Empirical Contribution to the Theoretical Law and Economics Debate*, 32 The Journal of Corporation Law 237, 260 (2007).

与的知情交易所预期获取的利益是否能够超过放弃的部分固定薪酬利益。应当看到,信息产权分配给企业内部人员会影响企业创新能力。[①] 允许金融机构经理人基于重大未公开信息进行相关证券、期货交易,给予其高度的探索信息、提高投资信息质量的确定性激励,[②]能够极大地激励经理人参与、投入有价值投资信息的挖掘与分析,不仅有助于企业投资盈利能力上升,而且可以一并促进内部人员从信息价值中实现更高的获利水平。作为各种投资单元的实际管理人员,在资本市场中真正拥有强大专业研究水平、丰富投资经验的金融技术与领导素质兼备的复合型人才,其本身是有足够的能力为金融机构发现投资机会与创造资本财富的。金融人才在传统法律制度架构中受到经济激励不足的束缚,并没有充分的利益驱动其创造信息价值,只能诉诸需要承担违法犯罪风险的利用未公开信息交易行为填补其现实生活中的实际利益需求。通过金融机构与高级管理人员之间的协商寻求信息产权的灵活配置与高级管理人员参与信息利益实现的途径,完全可以激励管理人员创造更高的信息效率,从而折抵甚至超越其获取知情交易资格所支出的薪酬折扣对价。[③]

正如前文分析作为代理成本问题的利用未公开信息交易所述,中国现行资本市场法律制度禁止的利用未公开信息交易犯罪行为,涉及市场中的三方主体利益:具体负责基金运作的管理人员、基金公司等金融机构、将资本要素配置到金融商品投资单元中的投资者。重大未公开信息产权分配或者是否允许管理人员基于投资决策信息实施知情交易的制度安排,只影响这三方的经济利益。代理成本的控制与资本运作效率的提升都应当在三方利益框架下进行分析。金融机构经理人员领导、组织、直接参与创造的有价投资决策信息不仅使得企业为投资于资产管理单元的资金提供者获取了更高水平的收益、企业获取更多资产管理费用,而且能够让经理人员本人与投资单元的资金在同时建仓与平仓过程中获取相应的个人金融交易利润。这种经济利益丰厚的激励更好地绑定

① See Robert Cooter & Thomas Ulen, *Law and Economics*, Addison-Wesley, 2003, p. 120.

② See Dennis W. Carlton & Daniel R. Fischel, *The Regulation of Insider Trading*, 35 Stanford Law Review 857, 885 (1983).

③ 基于风险与收益评估不确定性而无法达成信息产权配置的高级管理人员确实也会在资产管理市场中大量存在。这部分行为主体仍然可以在传统的法律规范框架下禁止其基于企业重大投资决策信息实施相关金融交易。但显然不能是这部分不选择信息产权的代理人的客观存在整体推论协商成本、收益不确定性过高导致不存在信息产权市场交易的可能性。

了管理人员与金融机构以及投资者的利益,为金融机构与经理人员提供了稳定的收益预期。基于重大未公开信息而实施的知情交易对于管理人员来说获利空间很大,其参与创造的信息价值越高,获利数额越大,企业、投资者、管理人员个人的收益都比没有配置信息产权与知情交易约定之前高。同时,允许管理人员知情交易降低了企业薪酬成本,相应地压缩了投资者需要支付的管理费。因此,创造具有较高收益价值的信息能力是确保信息产权配置在实际操作中得以顺利运作并达成契约的现实基础。

当然,在具体建构信息产权配置与知情交易契约的过程中,金融机构应当重点控制利益冲突风险。典型的利益冲突表现为信息价值创造手段过激。信息价值创造手段过激是指管理人员在参与投资决策信息生成与运作过程中,基于知情交易所绑定的个人利益最大化的考虑,本人愿意承担高风险,从而获得更高的收益预期。但金融机构的利益表现为管理资产收益的稳定增长,倾向于厌恶高度风险与过于激进的投资决策。这就会出现管理人员以其所管理的资产承担极高投资(投机)风险为代价追求过于激进收益的情况。信息产权配置磋商过程中应当突出这种利益冲突风险的控制,并在日常资产管理业务中对此进行风险监控。

同时,在薪酬协商与经济激励安排层面,应当注意符合相关的监管规则与自律规则。薪酬制度是公司治理的重要内容,构建科学合理的薪酬制度是保持行业核心竞争力的基础,也是保持行业稳健可持续发展的基础。全球监管部门对薪酬激励相关制度近年来比较关注,目的是防范过度投机、过度激励引发的金融风险。金融稳定理事会(FSB)总结2008年金融危机教训时指出:“大型金融机构的高额薪酬基于短期的高额利润,忽略了金融企业的长期风险,是导致金融危机的主要因素之一。”欧美等地和国际组织先后对金融行业薪酬管理制定了相关监管制度和规则,如金融稳定论坛(FSF)出台《稳健薪酬做法原则》、欧盟出台《第四号资本要求指令》、美联储发布《金融企业薪酬政策监管方案》,对金融从业人员薪酬实施监管,避免高管为取得高薪而采取过度投机行为。为指导行业机构建立稳健的薪酬制度、健全薪酬激励约束机制,促进行业高质量发展,监管部门会同行业协会,在充分听取行业意见建议的基础上,由证券业协会、基金业协会分别发布了薪酬管理指引,体现出尊重市场基本规律、立足行业实际情况、压实机构主体责任、防范短期过度激励的基本思路,旨在夯实行业发展的治理基础、风控基础、合规基础、文化基础和人才基础,更好、更有效地服务实体经济、防范金融风险,并无设置薪酬限额,也不涉及薪酬总额和具体操作办法。核心制度包括强化长效激励约束机制,落实薪酬递延支付安排。明确不得通过包干、人员挂靠等方式开展业务,不将从业人员的薪酬收入与其承做或承揽的项目收入直接挂钩。建立完善经营管理层和基金经理等核心员工奖金跟投机制,实施违规责任人员奖金追索扣回制度。支持证券基金行业探索实施多样化长效激励约束机制,弱化规模排名、短期业绩、收入利润等指标的考核比重。

放弃信息产权配置市场交易并规避金融机构利用未公开信息交易监管所承载的极高风险(尽管这种风险实际造成处罚责任的概率并不大)与现实存在的免除这种风险的机会决定了信息产权配置执行成本在操作中并非完全无法控制,进而影响市场交易的缔结、履行与完成。金融机构经理人员选择较高的固定报酬并承诺不利用投资决策等重大未公开信息实施利用未公开信息交易,意味着其接受了消极信息产权的限制及相应的刑事法律责任。即使利用未公开信息交易犯罪刑事追究在实践中数量有限,并不一定最终会导致规避利用未公开信息交易监管的经理人员承担刑事责任,但相对于接受信息产权、主动披露知情交易、完全免除刑事犯罪责任风险的制度安排而言,经理人员所能获取的利用未公开信息交易或者知情交易收益是基本相当的,前者的成本是高度不确定但个人损失极为惨重的刑事犯罪风险,后者的成本却只是有限的固定报酬折让——金融机构经理人实际上并没有必要为了"节省"相对有限的薪酬减损成本支出而放弃免责获取高额知情交易收益或者承担极高的刑事责任风险。同时应当注意到,传统代理成本理论或者对信息产权分配的市场交易成本分析观点主要发生以及发展于信息网络与交易监测技术尚不发达的时期。就当前的金融交易监测技术而言,交易所实际上能够根据重大投资决策信息生成时间与账户交易动态数据监测或者锁定疑似利用未公开信息交易账户,金融机构与交易所完全可以通过信息联通的方式掌握高级管理人员规避利用未公开信息交易承诺的现实情况。所以,信息产权分配之后的执行成本仍然处于可以控制的范围,并不会颠覆信息产权与利用未公开信息交易代理成本市场交易的现实可能性。

三、针对质疑的回应

理论上还有一种质疑信息产权配置自主协商模式的观点认为,即使作为被代理人的金融机构与高级管理人员所约定的信息产权使用契约能够有效控制利用未公开信息交易行为可能对重大未公开信息客观经济价值产生的影响,企业事实上也很难在事先的制度安排中评估允许利用未公开信息交易行为对企业在整个资产管理行业竞争中的信誉损害。① 因为投资各类基金单元、资产管理池的市场参与者更倾向于不允许对信息产权进行自主配置的金融机构。金融机构与经理人之间的信息产权市场化交易会导致整个基金、金融资产投资市场缺乏持续的流动性注入、投资者信心不振。② 这种看法的片面性仍然在于其分析问题的工具、方法、视角桎梏于利用未公开信息交易绝对性地损害公平性、损害投资者利益以及法律应当强化利用未公开信息交易监管的传统思维框架之中,没有从真实的资本市场现状出发探索解决核心问题的路径。基金、资产管理等行业的市场信心高涨与资本资源的持续注入最主要的刺激因素是金融机构运作大额资金的盈利能力。以中国基金市场为例,在现有的绝对禁止利用未公开信息交易的法律实践架构下,2008 年至 2012 年中国基金行业资金运营收益为负 9589 亿元,而基金公司管理费收入达到 1442 亿元。③ 投资者巨额亏损但完全不影响基金公司营收意味着现有制度安排下的基金行业有价值信息创造效率显著低下、代理成本畸高是制约基金市场发展、打击投资者信心、抑制后续资本要素投入基金市场的核心问题。金融机构与经理人员之间就信息产权配置问题进行市场交易恰是激发有价值的投资决策信息创造、降低代理成本的重要制度创新而非损害市场流动性与投资者信心的一种改革探索。

曼勒提出,资本市场法律制度没有必要禁止任何形式的利用未公开信息交

---

① See Stephen M. Bainbridge, *Incorporating State Law Fiduciary Duties into the Federal Insider Trading Prohibition*, 52 Washington and Lee Law Review 1189, 1225 (1995).

② 中国大众媒体对基金法允许基金经理炒股通俗的质疑表述是“股市今后还该怎样玩? 谁来玩?”。参见王明彬:《〈基金法〉允许基金经理炒股　这或许是个错误的开始》,载《重庆时报》2012 年 7 月 13 日,第 42 版。

③ 参见李玲:《基金管理费改革将破冰》,载《深圳商报》2013 年 5 月 16 日,第 B3 版。

易,公共性的监管制度应当让位于私营部门的合规制度并由后者监视生成于企业内部的未公开信息的流动。[①] 纵然这种利用未公开信息交易去监管化意见过于绝对化,但其合理性在于质疑利用未公开信息交易监管制度的有效性,反思法律监管制度的效率水平是否一定优于市场化的制度与合约安排。当代金融市场中的利用未公开信息交易监管法律制度只是一种现实的存在,其并没有提供充分的证据表明法律制度及其执法、司法实践能够有效地控制利用未公开信息交易。资本市场中绝大多数的尚未披露的重大未公开信息实际上都在影响金融商品交易价格。与其盲目或者虚伪地坚守法律监管制度足以防控重大未公开信息在尚未披露之前不会被相关知情交易者使用的幻想,不如在制度上向具有信息产权使用意向的市场参与者放开具有责任风险的利用未公开信息交易,使其成为仅具有经济评价意义的知情交易,在不涉及权力腐败与损害金融商品发行与交易市场整体效率的前提下允许作为代理成本的利用未公开信息交易经过企业与代理人协商之后成为一种固定的薪酬制度或者其他经济利益安排。基于降低或者剔除代理成本的知情交易合约磋商机制能够向市场传达更为真实的信号:制度的价值在于维护市场的竞争性、信息的效率性、定价的准确性,公开与未公开的信息都通过各种交易行为反应在价格之中,投资(投机)者应当直接根据资本市场整体以及特定金融商品价格参与竞争、寻找利益实现机会。

第三节　金融市场信息竞争结构与信息披露规则优化

利用未公开信息交易存在通过价量"解码"机制传递市场信息的效率供给能力,利用未公开信息交易对市场以及投资者的影响并不直接表现为这种基于未公开信息优势实施交易行为本身的损害,而是利用未公开信息交易利润驱动的信息披露操控直接影响资本市场信息效率以及损害投资者实际经济利益。因此,控制损害市场信息效率的利用未公开信息交易行为的政策重点应当定位于信息披露时间与内容监管规则的优化,而非(在实际监管操作中也不可能)直

① See Henry G. Manne, *Insider Trading and the Stock Market*, Free Press, 1966, p. 59 – 75.

接惩治利用未公开信息交易违法犯罪行为。

对于一般情况下的上市公司利益与重大信息强制性披露权衡问题来说，由于其本身就涉及信息披露公正性与市场运作效率性的价值平衡，在没有证据证明打破原有制度安排与信息产权配置能够改进原有市场效率水平的条件下，没有必要对信息披露制度进行变革性修正。但是，就结构性的信息披露操控与利用未公开信息交易交织行为而言，这种以利用未公开信息交易利润为导向的信息操控行为严重影响市场信息效率，以信息控制为纽带造成了利用未公开信息交易牟利与投资者损失之间的因果关系，应当成为资本市场利用未公开信息交易犯罪防控政策的规制重点。

简单地提出强化信息披露规则是武断与倒退的，因为资本市场制度建构本身就是通过信息披露的折让提升市场效率。资本市场信息披露理论上最完美的状态是具有信息披露义务的融资者、金融商品发行人（如上市公司等）将所有与金融商品定价有关的信息即时性地向市场公开。因为市场价格反映与金融商品基础资产真实价值有关信息的程度决定了市场效率。所有的信息都在资本市场中流动，则市场价格与金融商品价值完全统一，实现理论上的效率最大化。但由于信息披露需要支付相当的成本，资本市场法律制度只能要求对部分重大未公开信息进行强制性披露，其他信息则由信息披露义务主体根据经济效益与商业判断进行自主性披露。同时，完全强制性信息披露制度成本过高会导致资本市场中的融资与投资交易在实际操作中无法完成或者难以有效运作，资本市场法律制度在建构信息披露制度过程中通过部分重大未公开信息强制性信息披露与选择性信息披露结合实现资本市场定价效率、透明度、流动性以及制度成本之间的平衡。强制性信息披露与自愿性信息披露边界模糊地带本身就是制度平衡的结果。这意味着法律预留了部分选择保障与提高市场效率之后必须承担的信息不对称问题由市场自行解决。正是这部分强制性与自愿性信息披露边界地带的内部人信息控制行为客观上能够成为配合内部人利用未公开重大信息从事知情交易谋取个体利润的现实条件与私有优势。影响资本市场信息效率的利用未公开信息交易问题实际上从一开始便是法律制度通过折损部分信息披露义务要求确保与提升市场效率的衍生性结果。利用未公开信息交易尽管损害市场信息效率，但同时是制度选择市场效率之后必须付出的社会成本。所以，控制影响信息效率的利用未公开信息交易不能简单地提出强化信息披露，否则就等于颠覆了资本市场法律制度初始安排对效率价值的追求并陷入无意义的循环论证——合理的政策改革路径应当是结构性地优化信息披露制度对基于利用未公开信息交易利益追逐而同步实施的信息披露操控监管，在确保强制性与自愿性信息披露平衡与市场效率的基础上针对性地重点控制联动操作的利用未公开信息交易与信息操控行为。

发现并锁定以利用未公开信息交易利润为导向的信息披露操控对资本市场信息效率以及投资者利益损害的价值在于引导资本市场法律制度安排跳出传统利用未公开信息交易直接控制的政策框架，集中制度成本与执行资源预防与控制市场中对效率损害最为严重的利用未公开信息交易违法犯罪行为类型与操作模式。同时需要看到，集中力量规制利用未公开信息交易与信息披露操控配合操作的市场滥用行为是从外部解构利用未公开信息交易与信息效率关系得出的政策性结论；更有必要进一步从利用未公开信息交易行为与信息市场效率之间的内部关系探索利用未公开信息交易对于信息效率损害的实质并准确把握真实的信息竞争与交易竞争市场环境下滋生利用未公开信息交易行为的现实根源。

一、信息竞争下的利益格局

从金融商品交易行为与市场信息之间的内部关系分析，交易行为可以被结构性地划分为知情交易、信息交易、流动性交易以及噪声交易。[①] 其中，知情交易是有能力接触未公开信息、评估该信息经济价值的上市公司大股东、实际控制人、高级管理人员、财务或者法律顾问等内部人员从事的相关证券及衍生品交易。信息交易是通过调查研究或者向他人购买金融服务的方式发现、分析、解释资本市场中尚未公开且具有价格敏感性的信息，并以此为基础作出金融投资决策的交易行为类型。从事信息交易的市场参与者缺少直接接触未公开信息的渠道，但其具有投资与分析市场信息资源的意愿与能力。资本市场中的信息交易者的主要是机构投资者、专业投资者或者具有信息投资能力的成熟个人

① See Zohar Goshen & Gideon Parchomovsky, *On Insider Trading, Markets, and "Negative" Property Rights in Information*, 87 Virginia Law Review 1229 (2001).

投资者,其通过下设投资研究部门或者购买金融分析服务,发现相关并未在金融工具交易价格中予以反映的信息。流动性交易是指实施金融商品交易的市场参与者并不收集与评估市场信息,其投资行为是个体资本配置的集中体现,金融交易主体在信息获取与分析层面并不进行资源配置,而是通过持有证券等金融工具组合实施其资本保值增值的策略。流动性交易主要是一种战略性投资或者价值投资行为,流动性交易者通常具有长线投资偏好而排斥短线交易。噪声交易是在误认其知悉市场有用信息或者对信息进行误判的情况下实施的金融投资行为。噪声交易者既不具有信息优势,也没有长线持有金融工具投资组合的计划,在噪声交易数量规模较大的资本市场中,其投资行为往往影响定价效率并造成市场价格困惑。

特定类型的金融交易行为对于流动性交易的影响程度较小。知情交易与信息交易都是通过金融交易兑现其信息优势所内含的价值,即依靠其发现并持有的新信息追踪金融商品价值与市场价格之间的价差。[①] 当知情交易者与信息交易者发现其持有的信息显示金融商品价格被低估时,均会选择买入金融商品,从而导致市场价格上升,反之,当信息显示金融商品价格被高估时,其卖出金融商品,导致市场价格下跌。流动性交易不考虑资本市场中的新信息,其基于获取现金流动性而卖出金融商品,基于储蓄等保值增值目的而购买金融商品。这种交易价值诉求决定了其不受知情交易或者信息交易的影响,即使在法律上构成利用未公开信息交易的行为也并不会损害流动性交易者的实际利益。流动性交易立足于其持有金融商品的期限获取平均市场收益,实施流动性交易的市场参与者实质上并不预期能够或者需要平等或者与知情交易、信息交易者同时接触市场信息,因为流动性交易的获利机制决定了短期信息劣势对于其长期受益并没有实质性影响。所以,资本市场法律制度通过限制短期性的利用未公开信息交易行为实现公平交易或者市场诚信等价值理念对于流动性交易者这样的市场投资者来说并不会产生有效的制度收益。

大量不具有专业金融知识与交易技术的个人投资者的存在决定了噪声交易是资本市场中一股相对活跃的经济力量。噪声交易行为内含的理性成分较

---

① 经济学理论将这个行为描述为信息整合于价格的过程。参见 Eugene F. Fama, *Random Walks in Stock Market Prices*, 21 Financial Analysts Journal 55(1965)。

少,其投资(投机)行为并不以特定市场信息与理性认识为基础。理论上,如果噪声交易整体性、随机性地进行资本配置,噪声交易会出现互为抵消的效应——无论资本市场中的金融商品定价如何波动,在概率平均层面所有噪声交易的获利与损失抵消,相对于具有一定损失风险的知情交易或者信息交易,其有可能在净收益层面战胜知情交易或者信息交易。

但是,真实资本市场中的噪声交易不可能以平均分布的形态实施相关金融交易,而是经常作为一个整体以欠缺理性的方式进行相同或者相似的资本配置,即同时作为一个非理性整体做空或做多特定金融商品或者看空或看多整个市场。噪声交易是否在市场竞争中落败于知情交易或者信息交易,其关键在于金融商品市场价格是否按照知情交易或者信息交易者基于信息优势预先估计的方向运行。例如,知情交易者或者信息交易者根据其掌握的重大未公开信息预期特定金融商品市场价格被高估,卖出该金融商品,如果金融商品市场价格最终下跌,在该时间区间购买该金融商品的噪声交易者就产生了经济损失。当然也不能排除在价格变动的全过程中噪声交易者获取阶段性的正收益——知情交易者或者信息交易者抛售金融商品时金融商品市场价格继续向上攀升,同时期买入金融商品的噪声交易者就会出现账面浮盈。

从长期收益的角度来看,噪声交易作为一个整体投资(投机)行为类型会在资本市场竞争中落败于知情交易与信息交易。因此,噪声交易在未公开信息具备价格敏感性期间从事与知情交易、信息交易方向相反的金融交易时会出现相当程度的经济损失,但这种利益折损并非知情交易与信息交易行为的法律结果,同时更为重要的是,噪声交易对于资本市场效率造成的现实干扰意味着这种类型的交易行为因为其本身与市场信息的关系而实际上没有必要从制度上对其进行特别的保护,即资本市场法律制度为了保护噪声交易者免受重大经济损失而设计一定的法律规范,禁止利用未公开信息交易并赋予与利用未公开信息交易从事相反方向金融商品买卖的噪声交易求偿权无助于提升资本市场效率。

资本市场中具备信息获取与分析专业技术与能力的参与者或者投资者(主要是机构投资者)通过金融交易获利、发布具有价值的研究报告等方式体现其投入成本所获取的信息优势。信息分析或者信息交易中的一部分专业金融技术人员向其特定的客户披露信息;另一部分则向市场公开一部分信息从而进行金融分析服务推广、提升市场影响等。资本市场及其参与者不仅可以根据信息专业人员披露的信息评价其专业能力,更可以使用各种金融专业机构或者人员提供的信息进行资本资源配置。作为资本市场重要内容与构成之一的信息市场便应运而生。

财经报刊、电视、电台、金融网站等属于向市场提供免费或者费用较低的金融信息的渠道、媒介或者网络。金融分析师通过访问、专栏、评论、有价转让等信息传播渠道与市场参与者分享其掌握的信息。金融专业机构与人员的信息竞争支撑与促进了信息市场的发展与完善,进而提高了资本市场效率。金融分析师披露的信息为其他专业人员或者机构投资者提供了资本配置的附加信息,能够帮助其进一步优化定价。信息市场提高了资本市场中各类投资行为的水平,使得更为广泛的市场公众能够接触财经或者金融信息,了解金融事件并对金融市场形成直观意见与获得熟悉环境。资本市场参与者投资水平的提升与金融信息知识的增加提振了市场信心与信任。完全不基于信息而实施金融商品买卖的噪声交易数量会逐步减少,越来越多的市场参与者作为流动性交易者(将资本市场作为储蓄的替代渠道)与信息交易者(通过采纳或者购买信息服务从事金融交易)介入资本市场。稳定且不断增长的投资行为提升了对金融信息及其分析的需求,优化了信息市场与金融信息行业竞争,以丰富的市场信息降低金融商品发行等各类融资成本。

知情交易者对于未公开信息及其获取优势具有天然的独占倾向,在缺乏竞争的市场条件下,上市公司重大未公开信息的知情人员缺少立即或者及时披露未公开信息的动力,同时又无法直接将其信息优势进行合法转让并获取收益,其只能从上市公司业绩增长中以职务或者工作报酬的形式获取上市公司发展过程中的间接利益或者附带收益。如果资本市场法律制度无法合理控制知情交易及突破法律限制所构成的利用未公开信息交易,利用未公开信息交易将持续地战胜信息交易。因为信息交易分析市场价格、对市场信息进行商业反应,而利用未公开信息交易创造并控制内生性市场信息,后者始终处于信息控制的优势地位,信息交易一直会处于劣势地位或者成为失败一方。① 利用未公开信息交易的信息无(低)成本与信息交易的信息客观成本耗费决定了在利用未公

① 例如,金融分析师基于其能够获取与验证的市场信息,认为特定金融商品的市场价格被低估而逐步买入,而此时利用未公开信息交易者基于重大未公开的利空信息做出卖出该金融商品的交易行为,并引起金融商品市场价格下降。在利空信息公开之后,金融分析师才会意识到其买入的金融商品实际上被高估。是利好信息时情况相同。

开信息交易盛行的市场环境下，信息交易很难相较于信息成本投入获取利益，从而导致市场中的信息交易逐步减少或者退出。利用未公开信息交易损害资本市场效率的内部表征就集中聚焦于其对信息市场存在与发展的破坏。如果资本市场法律监管制度有效限制利用未公开信息交易，市场效率会因为信息交易的大量存在而得以有效提升。以披露或者戒绝交易规则作为对利用未公开信息交易的限制规定为例，上市公司内部管理人员必须将其持有的重大未公开信息向市场披露，然后根据该信息，同资本市场中的其他参与者一样进行价格竞争，或者必须戒绝交易，直到相关法律规定对其提出信息披露义务，一旦信息披露，内部人员与信息交易者共同在市场中竞争，共同获取信息价值。在重大信息向市场传递或者被市场吸收的初期，只有一部分信息交易者能够获取信息成本投入之后的高额回报。在这个全新信息介入市场的转轨过程中，相对于利用未公开信息交易者能够直接基于重大未公开信息交易而言，市场效率并不高。然而，随着信息交易者增加，市场竞争会降低从信息投入中获取收益的数额，达到一个高度竞争的水平，进而创造一个有效的、具备充分流动性的市场。信息交易者所具备的信息优势决定了其会战胜流动性交易者，但流动性交易者会认可信息交易的信息优势而购买其专业的金融交易服务，信息交易者之间通过价格与技术竞争进一步提高市场的竞争深度，降低金融市场服务费用水平。[①]

因此，在具备实体经济支撑的市场条件下，流动性交易本质上不会因为知情交易或者利用未公开信息交易的客观存在而产生重大经济损失，因为流动性交易能够在平均收益层面战胜利用未公开信息交易。噪声交易因为其本身对资本市场效率造成的干扰而决定了其没有必要得到资本市场法律制度的特别保护。利用未公开信息交易设定了信息交易的市场空间并进而影响信息市场效率。当利用未公开信息交易被控制在一定水平时，信息市场能够通过合理竞争得以有序发展，这不仅保证信息交易者在信息竞争中获取合理收益，而且促进资本市场的信息传递与透明度提升。反之，当利用未公开信息交易处于相对高发态势时，信息市场受到损害、信息交易利益受到挤压，最终导致资本市场信息效率下降。

---

① 如果市场中只有一部分、有限的利用未公开信息交易，信息交易仍然能够有效运作。有限的利用未公开信息交易一定程度上减少了信息交易的获利，但信息交易仍然具有足够的运作空间，同时一定数量的利用未公开信息交易本身也是流动性供给的重要组成部分。

信息交易之间高度竞争促进市场中的流动性交易与噪声交易以更合理的成本获取更为准确的市场信息——价值投资者购买市场信息优化长期投资利益,噪声交易者在发现持续落败于市场平均水平的情况下部分转投信息交易群体并向其购买信息服务,或者将资金投向信息交易群体并由其进行管理——资本市场逐步发展为高度竞争的信息分析市场。从市场交易者结构及其与市场信息之间的内部关系分析,利用未公开信息交易法律监管制度直接保护的实际上就是信息交易利益以及以机构投资者为代表的信息交易者利益,并且这种制度安排本身确实能够通过提升信息市场效率而优化资本市场整体效率。得出这一结论的价值并不在于简单地肯定利用未公开信息交易法律监管制度的正当性,其更为重要的意义在于清晰且中肯地发现推进利用未公开信息交易监管制度最现实、最有力、最直接的动力或者市场力量实际上并不在于虚幻且空泛的中小投资者保护、市场公平性等宣示性、口号性的政策呼吁,而是由信息交易利益群体实际支撑并见机强化推动改革。这个利益博弈过程中并不存在纯粹的公正与否的问题,而只是信息质量、市场运作成本、资源配置是否合理的经济选择。①

二、加强监管选择性信息披露

上述利用未公开信息交易对流动性交易、噪声交易、信息交易的影响以及由此造成的对整个资本市场效率损害的分析,仍然停留于静态的理论阐释层面。在法律制度介入对利用未公开信息交易的规范控制之后,真实的资本市场

---

① 以美国资本市场现实为例,华尔街各大金融机构始终强力支持美国证券交易委员会严厉打击利用未公开信息交易。从 1980 年代美国证券交易委员会开始严厉打击利用未公开信息交易违法犯罪开始,美国机构投资者就构成了反利用未公开信息交易的重要支持性力量。See David D. Haddock & Jonathan R. Macey, *Regulation on Demand*: *A Private Interest Model*, *with an Application to Insider Trading Regulation*, 30 Journal of law and economics 311 (1987). 但是,实际上很难相信诸如华尔街"金融巨鳄"等这样的资本市场参与者是因为坚守市场诚信或者公平正义的价值理念而拥护利用未公开信息交易违法犯罪惩治与防范制度。资本市场中阶段性出现的严打利用未公开信息交易制度改革或者执法司法实践是政治博弈之后的法律行为表现,其本质上仍然是由背后的经济动因所决定与驱使的。金融机构、机构投资者等是具有信息攫取与分析专业技术优势的信息交易者,法律制度控制利用未公开信息交易意味着实质性地限制了上市公司内部人员利用职务所获取的信息优势在交易竞争中战胜信息交易者、挤压信息交易者获利空间。这种经济利益才是以金融机构为代表的信息交易者支持严打利用未公开信息交易的根本原因。

运作中会出现动态的交易行为调试——信息交易与知情交易在资本市场中具有天然联系与自然合作的利益驱动。

如果利用未公开信息交易监管制度缺失或者介入效率没有保障信息交易的利益,信息交易会选择与知情交易进行联合或者接触,通过选择性信息披露的渠道降低信息成本投入,提升金融交易利润。信息交易流动至知情交易或者两者互为契合之后,市场直接简化为知情交易者与非知情交易者,信息生产、分析、公布的成本投入与信息市场竞争强度随之降低。在信息交易与知情交易的联合关系体中,并不一定是掌握重大未公开信息的上市公司或者其他金融商品发行主体的内部人员处于绝对的主导或者控制地位,原来的信息交易者基于其在金融交易技术、市场操作手法、专业知识能力上的优势,同样可以激发、引导、积极推进知情交易的整体进程、核心环节以及关键细节。信息交易与知情交易天然的联系在资本市场法律规范介入利用未公开信息交易监管的制度条件下,集中体现为选择性信息披露。

资本市场中并非所有的上市公司都受到机构投资者、金融分析师等具有专业信息分析能力的市场参与者的关注。上市公司规模、行业、所处地域等均有可能成为信息分析人员对其缺乏关注的原因。市场关注度直接决定了特定上市公司证券等金融商品的交投活跃度——市场关注度低的证券流动性一般较低。市场中的专业信息分析人员或者信息交易者收集与处理此类上市公司的信息并据此从事相关金融交易,往往会消散在资本市场中而无法引发投资者关注并从事有针对性的交易行为,导致投入信息成本的信息专业分析人员无法获得足够的经济回报。上市公司出于提升本公司市场关注度或者金融商品流动性的经济考量,会主动向券商、投资咨询机构、对冲基金等机构投资者专门就公司业绩等问题进行信息披露。选择性信息披露本质上是市场关注度、流动性等经济需求驱使下的信息披露行为,在经济上并不存在合规疑问,但如果上市公司高级管理人员在尚未向市场披露之前向特定金融信息分析机构及其工作人员传递重大信息,就涉及利用未公开信息交易违法犯罪问题。

在不考虑利用未公开信息交易制度成本与违法犯罪风险成本的抽象市场条件下,包括利用未公开信息交易在内的所有知情交易直接损害的是市场中信息交易者的经济利益乃至整个信息市场的运作效率,资本市场不再通过信息竞争优化金融商品定价效率并维持稳定的市场流动性,而是表现为知情交易者利用职务或者市场地位等既有的非市场竞争性优势结果所积聚的信息力量挤压市场中最富效率供给能力的信息交易者的获利空间与机会。在上市公司中知悉重大未公开信息的内部管理人员禁止从事相关金融交易的真实市场制度环境下,内部人员会基于违法犯罪风险控制与分散、资金支持、技术协助等现实需求而向资本市场中特定的信息分析人员进行选择性信息披露,谋求风险规避、成本缩减以及通过相对间接的市场操作持续获取利用未公开信息交易利润,信息交易群体亦会寻求选择性信息披露渠道弱化信息交易与知情交易之间的直接竞争,在市场操作中借助利益捆绑机制控制内部人员直接交易对信息交易的利益损害、稳定信息交易的市场地位。

选择性信息披露是利用未公开信息交易与信息交易在市场竞争过程中进行利益权衡的博弈结果,也是资本市场法律制度介入利用未公开信息交易监管的信息自适性选择行为。从掌握信息优势的内部人员获得未公开信息的金融信息分析人员提前于市场初步掌握了市场定价与真实金融商品价值之间的潜在价差,配合专业的信息解释能力对该潜在价差进行验证,①自然能够通过本人从事相关交易获取利润或者从建议客户从事相关金融交易中获取高额信息服务报酬。作为对上市公司及其管理人员的回报,掌握选择性披露信息的特定市场分析人员利益群体会对上市公司进行充分关注与持续信息分析,从而为公司证券提供相对充沛的流动性与有效率的定价。在选择性信息披露与专业信息分析人员关注度提高的过程中,金融信息专业分析人员会为上市公司提供更富有效率的外部评估意见,从而促进公司治理与商业决策。更为重要的是,在选择性信息披露涉及重大未公开信息流转的情况下,知情交易与信息交易组成了形式上更为间接与模糊、查处难度更高的利用未公开信息交易利益联合体,能够通过复杂的信息流转与利益交换在金融交易中排他性地获取重大未公开信息的市场价值。

利用未公开信息交易违法犯罪法律监管制度是一种资本市场财富重新分配机制。既有的资本市场违法犯罪防控体系禁止上市公司内部管理人员等利用重大未公开信息从事相关金融交易只能在形式上或者规范层面设定行为规

---

① See Daniel R. Fischel, *Insider Trading and Investment Analysts: An Economic Analysis of Dirks v. Securities and Exchange Commission*, 13 Hofstra Law Review 127, 142 (1984).

范，资本市场中的重大信息肯定会流动至在现行制度框架下使用风险最低的市场参与者。真实的资本市场是信息竞争性、自适性流动的世界，具有价值的市场信息会根据制度环境的变化以消耗部分成本为代价从上市公司内部人员流转到机构投资者、金融分析专业人员等信息交易者。利用未公开信息交易者与信息交易者依然排他性地构成了在公众投资者之前接触并掌控着重大未公开信息的信息优势群体的绝对多数。亟须有效控制利用选择性信息披露机制将内部重大未公开信息系统化地传递至证券公司、基金公司等专业投资机构，[①]选择性信息披露禁止主要停留在规范条文层面。[②] 而事实上机构投资者、券商等通过所谓的调研掌握上市公司重大未公开信息并进而在二级市场牟利的情况比较普遍。因此，资本市场法律制度不仅需要在规范建构层面设置禁止利用未公开信息交易的行为规范，而且应当在政策实践上根据市场重大未公开信息自适性流动的特点确立监管选择性信息披露的执法与司法重点方向，在维持与优化信息市场竞争效率的基础上防控知情交易与信息交易联合为利用未公开信息交易利益共同体降低信息效率。

---

① 参见熊锦秋：《堵住上市公司信息选择性披露大漏洞》，载《上海证券报》2012 年 7 月 26 日，第 F11 版。

② 证监会《上市公司信息披露管理办法》第 3 条规定：信息披露义务人应当及时依法履行信息披露义务，披露的信息应当真实、准确、完整，简明清晰、通俗易懂，不得有虚假记载、误导性陈述或者重大遗漏。信息披露义务人披露的信息应当同时向所有投资者披露，不得提前向任何单位和个人泄露。但是，法律、行政法规另有规定的除外。在内幕信息依法披露前，内幕信息的知情人和非法获取内幕信息的人不得公开或者泄露该信息，不得利用该信息进行内幕交易。任何单位和个人不得非法要求信息披露义务人提供依法需要披露但尚未披露的信息。证券及其衍生品种同时在境内境外公开发行、交易的，其信息披露义务人在境外市场披露的信息，应当同时在境内市场披露。第 34 条规定：上市公司通过业绩说明会、分析师会议、路演、接受投资者调研等形式就公司的经营情况、财务状况及其他事件与任何机构和个人进行沟通的，不得提供内幕信息。

第四章

金融从业人员利用未公开信息交易的司法认定与信息风险管理

金融从业人员利用未公开信息交易的认定在司法实务中存在一系列疑难问题,其逻辑起点均为重大未公开信息。因此,有必要综合运用法律原理与金融原理论证与重大未公开信息有关的疑难问题的判断规则。这些具体问题的判断规则亟须在司法实践中予以明确,同时是合规管理需要相应调整的重要内容。

第一节　重大未公开信息的甄别与管理

未公开信息的认定无疑是利用未公开信息交易罪中最为重要的问题之一。“内幕信息以外的其他未公开的信息”这一表述在规范解释层面存在明显的不确定性,导致司法实务较难精准地认定从业人员从事相关证券期货交易所利用的是否属于未公开信息。因此,在刑法理论上有必要细致地分析未公开信息的特征,为司法实务部门认定未公开信息提供标准参考,同时,各类机构在管理中需要对未公开信息的内容、范围及其管理方式进行明确约束。

从《刑法》第 180 条第 4 款的规定来看,“未公开信息”应具备以下基本特性:一是差别性,即未公开信息必须是内幕信息之外的其他信息；二是未公开性，即“未公开信息”尚未通过法定渠道或其他为公众所熟知的方式向社会大众和广大投资者公布；三是关联性，即未公开信息必须是与证券、期货合约的市场价格有关的重大信息，而不能是其他一切信息；四是价格敏感性，即未公开信息对于证券、期货合约的价格具有重要影响；五是可利用性，即未公开信息被行为人所掌握后，行为人或其亲友可从中受益。在上述“未公开信息”的五个特性中，尤为值得探讨的是未公开性与价格敏感性。

一、信息的未公开性

未公开性是指，金融机构、监管部门以及行业协会按照规定采取规范管理的投资经营、技术分析、监督管理、行业资讯等信息未在公开市场上被公布或者尚未被证券期货投资者知悉。未公开信息处于秘密状态时，该信息的使用、管理等必须按照规定进行操作。此类信息一旦按照规定进行公布或者被市场人士通过技术分析合法公开，相关人员利用该信息从事相关的证券期货交易并不为法律所禁止，没有戒绝交易的法律义务。

未公开性实际上意味着相关信息处于一种秘密状态，此种状态具体可以分为依法保密与内控保密。依法保密主要是指金融监管部门、行业协会按照法律、法规等规定必须保证相关信息的未公开性，未经许可不得使用、披露相关信息。例如，根据《中国证监会工作人员行为准则》第 18 条、第 21 条的规定，证监会工作人员公开发表言论和文字材料时，不得涉及证券期货监管未公开信息；内容涉及证券期货市场信息的，应当真实、客观。非因工作需要，不得与他人谈论证券期货监管未公开信息。证监会工作人员应当遵守国家关于证券期货监管机构工作人员不得买卖股票和从事期货交易的规定。可见，金融监管机构、行业协会等单位在执法过程中形成的金融监管未公开信息依法处于保密状态。内控保密主要是指证券公司、期货公司、基金公司、保险公司等金融机构按照证监会内部风险控制指引、保守秘密规定等文件的规定保证公司相关经营信息处于秘密状态。例如，中诚信证券评估有限公司是经中国人民银行上海分行核准从事信用评级等业务的非银行金融机构，该公司的《信息保密制度》规定，公司或公司职员在开展证券评级业务活动中获取的国家秘密、关于项目或与项目有关的、关于客户或与客户业务相关的不被公众领域所知的信息、资料、文件，或客户声明必须保密的信息、资料、文件,不论是纸面形式、磁记录形式、光学记录形式、电子记录形式还是其他记录形式都属于保密对象。公司附属组织和分支机构以及职员都有保守前述秘密的义务。接触到前述秘密的员工,例如,管理人员、技术人员、财务人员、销售人员、秘书、保安人员等对保守前述秘密均负有责任。可见,证券公司、期货公司、保险公司等金融机构在开展业务、经营管理过程中形成的经营性信息按照内控规范处于保密状态。

二、信息的价格敏感性

价格敏感性是指,金融机构、监管部门以及行业协会按照规定采取规范管理的投资经营、技术分析、监督管理、行业资讯等信息对证券、期货交易价格有重大影响。对于未公开信息价格敏感性的判断与分析,实践中存在疑问的主要有以下问题。

(一)价格敏感性的必备性问题

《证券法》《刑法》均明确规定对证券、期货交易价格有重大影响的信息才能认定为内幕信息,而《刑法》第 180 条第 4 款并没有明确规定未公开信息必须具备价格敏感性的特征。但是,这显然并不意味着未公开信息不必具有价格敏感性。因为如果某金融机构工作人员利用职务便利非法利用不可能对证券期货交易价格产生重要影响或者影响极为有限的未公开信息从事相关交易,其不仅无法实现谋取利益或者规避损失的行为目的,而且不会对其所在金融机构以及相关客户的利益产生实际损害。此类行为的社会危害性不足以构成利用未公开信息交易罪。

因此,在利用未公开信息交易罪中,价格敏感性是认定未公开信息的重要客观标准。行为人只有在其利用的未公开信息达到可能对证券期货交易价格具有重大影响的客观标准才承担刑事责任。未公开信息可能会影响相关的证券期货的市场价格,进而对证券期货市场上的投资者是否愿意以当前的价格购买或者出售相关金融资产产生重要影响,并且,投资者的对应行为会再次反作用于证券期货交易价格。利用符合价格敏感性特征的未公开信息非法从事证券期货交易,才能适用利用未公开信息罪追究非法交易者的刑事责任。

（二）价格敏感性的确定性问题

未公开信息对于相关证券期货交易价格的重要影响存在可能性重要影响与确定性重要影响的区别。有的未公开信息对于有关证券期货交易价格的重要影响表现为一种合理预期，但这种预期会因为其他因素的介入导致对于证券期货交易价格没有产生重要影响；有的未公开信息对证券期货交易价格的重要影响通过客观交易数据确定地予以显现。这里存在的问题是，利用未公开信息交易罪中的“其他未公开的信息”是否以该信息对证券期货交易价格具有确定性的重要影响为必要？《刑法》第 180 条第 4 款对此问题没有进行规定，这就需要通过刑法解释理论予以明确。笔者认为，行为人利用的信息只有对相关证券期货交易价格产生确定性重要影响，才能认定为本罪中的未公开信息。

从刑法体系解释的角度分析，内幕信息与未公开信息在基本特征层面具有等同性，既然构成内幕信息以该信息对证券期货价格有重大影响为必要，则未公开信息应当与其保持一致。由于内幕交易罪与利用未公开信交易罪归属于刑法同一法条，两罪的社会危害性相当，内幕交易与利用未公开信息交易犯罪的行为样态、构成要件配置、法定刑设定等均相同，故在内幕信息与未公开信息的基本特征层面，不应当有超越刑法证券期货犯罪中内幕交易类犯罪体系一致性的明显差异。在《刑法》第 180 条第 1 款已经明确规定内幕信息是“对证券、期货交易价格有重大影响的信息”的情况下，构成未公开信息亦应以对证券期货交易价格产生确定性影响为必要。

从证券期货犯罪违法与犯罪界限的角度分析，利用未公开信息交易违法行为与犯罪行为之间应当有所区别，行为人利用可能对证券期货交易价格产生重要影响的未公开信息从事证券期货交易，可以构成违法，但不能认定为犯罪。构成未公开信息的前提是该信息对于证券期货交易价格具有确定性影响，这不仅是利用未公开信息违法与犯罪之间合理边界的重要体现，而且有利于有效控制利用未公开信息交易罪的刑事法网，避免本罪打击范围过大。

三、未公开信息与内幕信息的边界

证券期货犯罪刑法理论以及证券法理论通说将内幕信息核心特征概括为

秘密性与重大性。[①] 由于秘密性即指内幕信息未公开，重大性是指内幕信息对于证券期货价格有重大影响，故内幕信息的基本特征本质上与未公开信息的未公开性与价格敏感性并无二致。虽然未公开性与价格敏感性在概括的层面属于未公开信息与内幕信息共同具备的基本特征，但必须廓清两者的界限：首先，未公开信息与内幕信息基本特征上的共性只是处于抽象、静止的概括层面，在司法实践具体、动态的分析判断层面，未公开信息与内幕信息在未公开性、价格敏感性问题上的判断标准与法律依据截然不同。其次，未公开信息具有明显区别于内幕信息的独立性特征与差异化标志。在刑法理论上清晰地划定未公开信息与内幕信息之间的边界具有重大意义，其不仅能够精细化地解释"内幕信息以外的其他未公开的信息"的刑法规范含义，梳理未公开信息的外延，而且有利于在司法实务中丰富与深化未公开信息的认定标准。

(一) 信息具体内容的差异化表现

内幕信息以外的对证券期货交易价格有重要影响且不为公开市场知悉的信息才属于未公开信息，这就决定了未公开信息与内幕信息在具体内容上具有非此即彼的逻辑关系。

内幕信息的具体内容及范围具有明确的前置性行政法律、法规、规章、行业规则等作为规范依据，司法机关在实践中可以根据相对确定的行政法律、法规、规章、行业规则等规范所设定的具体要求填充《刑法》中内幕信息的具体内容。我国《证券法》、《公司法》、《期货交易管理条例》，证监会发布的《上市公司信息披露管理办法》、《上市公司重大资产重组管理办法》以及上海及深圳证券交易所发布的最新版的股票上市交易规则等一系列法律、法规、规章、行业文件等，对各类法定内幕信息，有关公司分配股利或者增资的信息，有关公司债务担保、相关资产重大变动的信息，有关公司收购的信息等不同种类的内幕信息进行了具体规定。上述内幕信息范围之外的其他对证券期货交易价格具有重大影响且不为公开市场所知悉的信息均为未公开信息。可见，利用未公开信息罪中的

---

① 参见刘宪权：《证券期货犯罪理论与实务》，商务印书馆 2005 年版，第 320～328 页；刘宪权：《内幕交易、泄露内幕信息罪若干疑难问题探析》，载《犯罪研究》2003 年第 2 期；刘宪权、卢勤忠：《金融犯罪理论专题研究》，复旦大学出版社 2002 年版，第 436～441 页；范健、王建文：《证券法》（第 2 版），法律出版社 2010 年版，第 358～360 页。

未公开信息与内幕交易罪中的内幕信息在具体内容上形成的非此即彼的逻辑关系，在刑法证券期货犯罪体系内共同搭建了互为补充的“未公开的信息”的逻辑范畴与概念结构，使得原本在解释上不甚明确的内幕信息兜底性规定“其他对证券、期货交易价格有重大影响的信息”能够用未公开信息进行填充，强化了证券期货犯罪核心概念刑法解释的明确性。

与内幕信息的具体内容具有规范明确界定性截然相反的是，未公开信息的具体内容基本没有前置性法律、法规、规章等规范性文件进行明确规定。因此，具体哪些内容可以被划入《刑法》规定的未公开信息的范畴，是一个需要通过对主要信息内容进行列举的开放性问题。笔者认为，以下对于证券期货交易价格有重要影响的信息可以被纳入《刑法》规定的未公开信息的范围：一是证券、期货交易所，证券、期货公司的非公开交易业务数据信息。例如，在证券交易中，证券交易所将行情信息、证券指数、成交概况、证券交易排名、会员交易排名等基本数据信息予以公开，但是，对于机构投资者的持仓量、新近建仓量、加仓减仓量、资金进出量等具体交易数据以及相关清算数据按照严格的信息数据管理制度进行保密。此类未公开交易业务数据中对证券期货交易价格有重大影响的信息，属于《刑法》中的未公开信息。二是证券公司、期货公司在从事自营业务、资产管理业务、投资咨询业务等过程中形成的经营性信息。例如，证券公司在利用自有资金从事自营业务时，证券公司自营业务账户动态、交易席位情况、自营业务规模、资产配置决策等经营过程中形成的信息，实际上对于该信息所指向的证券期货供求关系具有实质性影响，此类信息按照证监会有关证券期货公司业务风险管理指引的规定必须采取信息保密措施进行信息风险控制，属于《刑法》中的未公开信息。三是基金管理机构等将要利用客户资金进行巨额投资的决策信息。基金管理公司、全国性以及地方性社会保险基金管理机构、托管机构运作管理的基金数量巨大，其对于证券期货市场的影响深远，此类投资性决策信息，属于《刑法》中的未公开信息。四是商业银行、保险公司、信托公司等金融机构在从事与证券期货投资相关的经营活动中形成的投资决策、资金动向数据、投资咨询等综合性信息。例如，商业银行中间业务包括了金融期货交易业务、证券投资分析业务、基金托管业务等与证券期货相关的业务，其中涵盖了大量影响证券期货交易价格的决策信息、数据信息、咨询信息；保险公司、信托公司从事的证券回购、基金投资、资产管理等业务涉及影响相关证券产品交易价格的投资信息。五是证券业、基金业、期货业、保险业、银行业等监管部门以及相关行业协会在行政执法与行业管理中形成的执法监管信息、政策信息、经济态势数据信息以及行业管理信息等。例如,中国人民银行调整利率、存款准备金率,或者统计局每月公布物价指数信息等,此类对证券期货交易价格具有极为重要影响的行政部门政策信息与数据信息在公布之前均严格按照国家保密法律规定执行信息数据保密,属于《刑法》中的未公开信息。

(二)信息是否公开的区别化判断

利用未公开信息交易罪侵犯法律所保护利益的手段本质上是一种证券期货市场信息的非法获取与使用——行为人利用职务便利获取内幕交易以外的其他"未公开的信息"从而在证券期货市场中获得不正当信息优势,在信息配置不公平的情况下通过相关证券期货交易攫取巨额利益。故信息是否公开直接决定了利用相关信息从事交易行为是否具有犯罪性。在如何认定对证券期货交易价格具有重要影响的信息是否公开的问题上,利用未公开信息交易罪与内幕交易、泄露内幕信息罪具有不同的司法判断规则。

证券发行人、上市公司必须严格按照《证券法》、证监会《上市公司信息披露管理办法》等规定依法真实、准确、完整地披露信息,所以,在证券发行、交易过程中对证券价格有重大影响的内幕信息的披露规则具有明确的法律规定性。根据《证券法》的相关规定,对于可能对上市公司股票交易价格产生较大影响的内幕信息,上市公司应当按照规定将有关该重大事件的情况向国务院证券监督管理机构和证券交易所报送临时报告,并予公告,说明事件的起因、目前的状态和可能产生的法律后果。信息公告应当在证券交易场所的网站和符合国务院证券监督管理机构规定条件的媒体发布,同时将其置备于公司住所、证券交易所,供社会公众查阅。基于《证券法》关于信息披露的规定,刑法理论上一般主张适用内幕信息的形式公开标准,即尚未被公众知晓的重大信息在规定的媒体予以发布之时,应当认定内幕信息业已公开。[①] 实践中也有观点认为应当采纳实质公开标准,即内幕信息按照法定形式披露之后,必须经过一定时间被市场

① 参见张小宁:《论内幕交易罪中"内幕信息"的界定》,载《昆明理工大学学报(社会科学版)》2009年第3期;顾肖荣、张国炎:《证券期货犯罪比较研究》,法律出版社2003年版,第403~404页。

消化,才能认定为内幕信息已经公开。① 但是,无论是形式公开还是实质公开,判断内幕信息是否公开必须严格围绕重大信息披露的法定时间节点进行法律分析。

相对于内幕信息具有明确的法定披露时间节点,未公开信息没有持续信息公开的法定要求,甚至关于未公开信息本身能否公开问题,刑法理论上仍然存在较大争议。有学者认为:“内幕信息是应该到时公开的,而基金从业人员掌握的投资信息则是自始至终都不能公开的,相当于商业秘密,这是两者的根本区别。”②不同意见认为:“在金融市场中,根据相关法律法规,经相关机构采取保密措施的各种信息,有的要求必须对外公布,而有的则要求定期或定时对外披露。”③

未公开信息本身具体内容的复杂性意味着其披露规则具有不同的法律要求,这也决定了司法实务中判断未公开信息是否公开必须综合不同的分析标准并结合不同的信息特点予以认定。

首先,对于按规定进行披露的未公开信息,应以其公布时间作为未公开信息业已公开的初步判断基点。未公开信息显然具有披露的要求。虽然在条文结构与文字表述上,《刑法》第 180 条第 4 款并没有采取与第 180 条第 1 款相同的方式明确规定在信息“尚未公开前”从事相关证券期货交易的行为构成本罪,但这并不代表未公开信息不存在公开的问题。在金融实务中,金融机构以及相关监管部门在证券期货交易以及执法过程中形成的未公开信息,其保密要求只是阶段性的,相当部分未公开信息最终向市场予以公开。典型适例:基金公司依法定期公布季报、半年报、年报,向基金投资者披露详尽的投资信息;④国家统

---

① 参见陈海鹰、朱卫明、叶建平:《泄露内幕信息罪、内幕交易罪的若干问题探析——由“杭萧钢构案”展开》,载《法治研究》2008 年第 3 期;刘宪权:《内幕交易、泄露内幕信息罪若干疑难问题探析》,载《犯罪研究》2003 年第 2 期。

② 卢勤忠:《利用未公开信息交易罪的认定》,载《政法论丛》2010 年第 1 期。

③ 蜍泽昆:《〈刑法修正案(七)〉中“老鼠仓”犯罪的疑难问题》,载《政治与法律》2009 年第 12 期。

④ 《证券投资基金法》第 76 条规定:“公开披露的基金信息包括:(一)基金招募说明书、基金合同、基金托管协议;(二)基金募集情况;(三)基金份额上市交易公告书;(四)基金资产净值、基金份额净值;(五)基金份额申购、赎回价格;(六)基金财产的资产组合季度报告、财务会计报告及中期和年度基金报告;(七)临时报告;(八)基金份额持有人大会决议;(九)基金管理人、基金托管人的专门基金托管部门的重大人事变动;(十)涉及基金管理人、基金财产、基金托管业务的诉讼;(十一)依照法律、行政法规有关规定,由国务院证券监督管理机构规定应予披露的其他信息。”

计局定期公布宏观经济数据；央行宣布调整利率、存款准备金率；等等。此类信息对于证券期货交易价格具有显著影响，超过保密期限后即向市场公开。故未公开信息的正式公布日期可以作为判断该信息是否公开的时间基准。

其次，在正式公布之前未公开信息已经实际公开的，应当将实际公开日期认定为公开时间。未公开信息并不仅是静态的概念表达与资讯堆砌，其具有明显的动态执行性。未公开信息被执行后所产生的实际效果很可能已经对证券期货市场的交易价格产生深刻影响。价格的显著变动会引起市场分析人士的关注，从而将信息概括地传递至整个证券期货市场。例如，2010 年二季度，各大基金调仓后新近大量购入的股票中，中天科技、远兴能源和 S 仪化于 2010 年 7 月 19 日分别大涨 6.13%、4.96% 和 4.61%。同时，基金大幅加仓的浙江龙盛、东方航空和信达地产的当日涨幅也分别达到 5.76%、4.85% 和 3.59%。各大证券媒体对此投资讯息进行了广泛的报道。[①] 基金新建仓位的信息经由媒体传播已经被公众所知晓。因此，如果相关信息在有关金融机构、金融监管部门按照法律规定的形式正式公布之前，已经通过价格波动规律被市场分析人士以及投资者所消化，不能以信息正式公布之日作为公开时间，而应当认定在实质公开时未公开信息也已公开。

最后，对于金融机构持续保密的未公开信息，不存在按照规定进行披露与公开的问题。保险公司、证券公司等金融机构利用自有资金进行证券期货投资，此类投资经营性决策信息属于公司内部保密信息，在没有泄密的情况下，仅为公司特定人员所掌握，在保密期限内始终处于非公开状态。

综上，判断未公开信息是否已经公开，应当根据未公开信息的不同性质及其披露要求，综合以下标准进行认定：是否已经定期按照规定的时间与约定的方式通过公众媒体（新闻发布会、网络、报纸、期刊等）向社会公开；未公开信息执行之后相关证券期货交易价格是否明显异常波动，是否已被市场消化公开；证券期货专业分析人员是否通过技术分析推断相关信息，向客户或者公众公开分析结论；等等。在未公开信息公开之后从事相关证券期货交易的，不构成利用未公开信息交易罪。对于自始至终不公开的未公开信息，不存在信息正当公开问题，除了未公开信息非法泄露并公开之外，利用此类信息从事证券期货交

---

① 参见吴倩：《基金骑“牛股”散户慎追捧》，载《广州日报》2010 年 7 月 24 日，第 A17 版。

易的,符合利用未公开信息交易罪的构成要件。

第二节 金融从业人员利用未公开信息从事交易的法律判断与行为管理

金融机构从业人员利用因职务便利获取的未公开信息,自己从事相关证券期货交易,是利用未公开信息交易罪典型的实行行为。实践性难点问题集中体现为利用未公开信息与本人从事证券期货交易的认定。

一、金融从业人员利用未公开信息的证明规则

由于《刑法》第 180 条第 1 款内幕交易、泄露内幕信息罪只规定了证券期货交易行为必须发生在内幕信息公开之前,证券期货犯罪理论对于利用内幕信息这一要素的必备性问题存在争议。[①]《刑法修正案(七)(草案)》征求意见时,理论上就有观点建议取消"利用"要件。[②] 但是,最后《刑法》(2009 年第一次修正)第 180 条第 4 款利用未公开信息交易罪仍明确规定构成本罪必须"利用"未公开信息。实践中普遍性的观点是,在证券期货内幕交易犯罪案件中,直接证明行为人利用未公开信息、内幕信息具有相当难度,应当通过推定方式进行认定。[③] 内幕交易刑事案件审判实践已经对推定行为人利用内幕信息的有效性予以确认,但是,司法实务中不乏反对推定的意见。[④] 在利用未公开信息交易罪的语境下,能否对"利用"这一要素进行推定?如果认可推定,则在完成基础事实证明的情况下,控方即完成证明责任;如果不认可推定,则控方必须对利用行为

---

① 参见卢勤忠:《基金犯罪研究》,北京大学出版社 2010 年版,第 262 ~ 265 页;刘宪权:《证券期货犯罪理论与实务》,商务印书馆 2005 年版,第 333 ~ 338 页。

② 参见顾肖荣:《对〈刑法修正案(七)〉(草案)三个条文的修改建议》,载《政治与法律》2009 年第 1 期。

③ 参见赵斌、曹云清:《利用未公开信息交易罪若干问题研究》,载《江西公安专科学校学报》2009 年第 4 期;杨冬:《证据推定 监管层严打内幕交易》,载《证券时报》2011 年 1 月 24 日,第 A2 版;最高人民检察院法律政策研究室、中国证券监督管理委员会法律部编著:《证券期货犯罪司法认定指南》,中国人民公安大学出版社 2009 年版,第 54 页。

④ 参见苏江:《涨停王高淳陶瓷内幕交易真相》,载《21 世纪经济报道》2011 年 1 月 5 日,第 13 版。

进行直接证明。两种不同的判断规则直接影响交易行为合规管理的强度与细则。

在行为人始终不承认利用未公开信息从事相关证券期货交易的情况下,根据一系列形成证据链条的环境证据推定其实际上利用了未公开信息是合法且合理的。

根据证据法原理,刑事推定本身就是一种证明规则。① 在基础事实客观确实的情况下,可以据此作出推定。推定行为人基于未公开信息实施证券期货交易并不意味着在利用未公开信息交易刑事案件中放弃了无罪推定原则。在没有明显的否定性解释、经验所认可的范围内,司法机关可以通过推定对刑事案件的相关事实作出留有余地的保守估计。②

根据利用未公开信息交易违法犯罪的实际情况分析,具有接触未公开信息职务便利的金融机构从业人员以及监管部门工作人员本身就具有禁止买卖与未公开信息相关的证券期货的戒绝交易义务,故完全可以基于其违背法定义务的交易事实推定其利用未公开信息。以证券从业人员、证券监管部门工作人员为例,根据《证券法》第 41 条的规定,证券交易场所、证券公司、证券登记结算机构、证券服务机构及其工作人员应当依法为投资者的信息保密,不得非法买卖、提供或者公开投资者的信息。证券交易场所、证券公司、证券登记结算机构、证券服务机构及其工作人员不得泄露所知悉的商业秘密;根据《证券公司信息隔离墙制度指引》的规定,证券公司已经或可能掌握内幕信息的,应当将该内幕信息所涉公司或证券列入观察名单。观察名单属于高度保密的名单,仅限于履行相关管理和监控职责的工作人员知悉。观察名单不影响证券公司正常开展业务。证券公司应当对与列入观察名单的公司或证券有关的业务活动实施监控,发现异常情况,及时调查处理。可见,证券行业从业人员与证券监管工作人员具有绝对的证券交易戒绝义务;对于其他投资产品的买卖,必须严格按照内控规定进行操作。所以,在证券从业人员、证券监管工作人员掌握未公开信息、从事相关证券期货交易的基础上,推定其交易行为系利用未公开信息实施的结

---

① See Michael H. Graham, *Burden of Proof and Presumptions in Criminal Cases*, 45 Criminal Law Bulletin 6 (2009).

② 参见邓子滨:《刑事法中的推定》,中国人民公安大学出版社 2003 年版,第 115 ~ 118 页。

论,不仅处于常理范围之内,而且能够得到合规管理制度的验证。

因此,控方提供证据证明存在符合下列要素的证券期货交易行为,可以推定行为人实际利用了未公开信息:(1)行为主体依职责或者经授权,掌握或知悉可能对证券期货交易价格产生重大影响的尚未公开的信息;(2)行为主体在掌握或知悉上述信息期间、该信息公开之前买卖相关证券期货。必须重视的是,推定可以反驳,当反驳的合理性强度超越推定强度时,可以认定行为主体并非基于未公开信息从事相关证券期货交易。行为人有足够证据证明存在以下情形之一的,推定其利用未公开信息的意见不能成立:(1)在掌握或者知悉未公开信息之前,已经凭借对市场公开资料、数据等信息的分析作出相关投资判断与交易策略;(2)有正当理由相信行为人虽然依职责或经授权能够掌握但客观上确实没有接触未公开信息;(3)根据证券期货市场有关状况、操作规律、发展趋势,按照经验法则与证券期货知识,结合证券期货监管部门组织的专家委员会或者证券期货交易所的专业认定意见,能够得出行为人从事的证券期货投资品种与未公开信息无关等。

二、金融从业人员本人从事交易

金融机构从业人员以其个人的证券期货交易账户、资金账户自行或者委托经纪人实施金融交易,或者以其近亲属、情妇(夫)等具有共同利益关系人员的交易账户、资金账户从事相关证券期货买卖,当然应当认定为本人从事相关证券期货交易。但是,上述交易样态通过直观判断就能够加以认定,显然属于"低端"的利用未公开信息交易违法犯罪形式,在金融从业人员或者监管工作人员违规案例中较为罕见。

实际上,利用职务便利获取未公开信息的行为主体本人实施相关金融交易,本质上是对与未公开信息有关的证券期货交易行为的一种控制,其不仅是形式控制(以本人名义直接或者委托他人买卖证券、期货合约),而且表现为实质控制(控制他人或者利用他人账户从事相关交易)。以实质控制作为形态表征的利用未公开信息交易行为多发且较难认定,更有必要研究判断标准。

笔者建议,具有以下情形之一的,可以认定相关证券期货交易受到行为人的实际控制:(1)向他人提供购买证券、期货合约的资金,且他人买卖证券、期货合约的利益或者损失，全部或者部分由本人占有或者承担；(2)对他人的证券期货交易账户、资金账户或者他人所持有的证券、期货合约具有使用、管理、收益、处分等权限；(3)本人的近亲属、情妇(夫)等具有共同利益关系的人从事相关证券期货交易。上述认定标准决定了实务部门在查处利用未公开信息交易案件时，决不能遗漏任何有关资金走向、人际关系、异动账户等要点的分析。

三、利用未公开信息从事跨市场交易

2010 年 4 月起，随着上海证券交易所推出《沪深 300 股指期货合约》，我国证券期货市场正式进入了金融期货时代。但是，股指期货交易在丰富金融交易品种的同时，对利用未公开信息交易的规范应对提出了全新挑战。由于《证券法》、《证券投资基金法》及相关配套行政法规、规章等文件明确禁止证券公司、基金公司等从业人员从事证券交易，相关从业人员本人或者利用他人名义从事证券交易必须承担相应的法律责任。同时，根据《期货交易管理条例》《期货从业人员管理办法》等法律文件的规定，期货公司管理人员和技术人员等从业人员不得参与期货交易。但是，现有的法律、法规、规章等文件均没有规定证券公司、基金公司从业人员能否从事股指期货交易。由于沪深 300 指数期货涨跌直接与证券市场多空信息挂钩，证券公司、基金公司等的直接接触证券交易市场的从业人员显然有条件利用其在公司的职务行为掌握的未公开信息，判断沪深 300 指数期货的涨跌走向，通过多空选择进行套利。尤其是规模庞大的基金公司管理人员，其利用投资者基金从事大盘股的操作，对于股指具有实质性影响，其利用基金公司未公开的证券投资信息，在股指期货市场上建仓谋取个人利益，在金融实践中是完全存在实现可能的。

对于利用证券市场未公开信息从事金融期货交易的行为是否构成利用未公开信息交易违法犯罪，实践中有的观点持肯定的态度，但也有不少反对意见认为，沪深 300 指数期货合约指数标的的广泛性实际上已经在技术上控制了部分证券公司、基金公司等的从业人员利用未公开信息从事股指期货交易的非公平性交易风险，利用证券现货市场的未公开投资信息在股指期货市场进行跨市场的交易，虽然具有利用未公开信息交易的行为特征，但基于证券现货市场与股指期货市场的关联度难以论证，这种行为不宜作为犯罪处理。

笔者认为,证券、基金公司,证券交易所等的从业人员存在利用未公开信息从事股指期货交易谋取个人利益的行为风险,有必要通过刑法规范进行震慑与规制。在股市呈单边下挫状态时,这种利用未公开信息交易的行为具有严重的社会危害性,容易引发系统性风险。在市场行情不利时,券商、基金公司等的从业人员,特别是主要负责人员利用证券现货市场的抛售信息,选择在股指期货交易中做空,容易获取巨额利益。其主要原因在于,此类证券市场从业人员的职务行为决定了其具有交易信息优势,在证券市场通过职务行为抛售股票,同时自己在股指期货做空套利,交易的公平性荡然无存。所以,坚持股指期货指数标的广泛性能够消解证券从业人员利用未公开信息从事股指期货交易套利风险有待商榷。

同时,我们应当看到,在金融期货交易领域,应当完善相关交易制度,对利用未公开信息交易行为制定完备且一致的法律规制体系。《刑法修正案(七)》全新设置了利用未公开信息交易罪,证券交易所、期货交易所、证券公司、期货经纪公司、基金管理公司、商业银行、保险公司等金融机构的从业人员以及有关监管部门或者行业协会的工作人员,利用因职务便利获取的内幕信息以外的其他未公开的信息,违反规定,从事与该信息相关的证券、期货交易活动,或者明示、暗示他人从事相关交易活动,情节严重的,构成犯罪。对于利用未公开信息从事股指期货交易且情节严重的行为,其显然构成利用未公开信息交易罪。在《刑法》已经明确规定利用未公开信息交易罪的情况下,有必要对此类利用未公开信息交易行为进行规范震慑。当然,由于前置性行政法律、法规、规章等文件没有对股指期货市场中证券公司、基金公司、证券交易所等的从业人员利用职务行为获取的未公开信息从事交易行为作出具体的禁止性规定,实际上造成了法律体系一致性阙如。这也是证券期货法律规范完善的方向。

在明确利用未公开证券市场信息从事金融期货交易行为具有刑事可罚性的基础上,我们也应当注意到,证券现货市场与股指期货市场毕竟只是关联市场而非同一市场,跨市场的利用未公开信息交易行为在司法认定上,显然应当与同一市场的利用未公开信息交易行为有所区别。《刑法》重在震慑而非积极介入证券期货市场的监管。关键在于要求证券公司、基金公司、证券交易所等建立有效的内控机制,切实消除证券从业人员利用未公开信息从事股指期货交易谋取个人利益的风险。在监管部门尚未出台规范从业人员从事股指期货交易的具体细则之前,相关证券业机构应当率先建立严格的内部交易报告制度,要求核心业务部门工作人员以及技术人员全面向本单位披露其从事的股指期货交易内容;对于高级管理人员,其从事股指期货交易应当接受合规部门的审查,在核准之后才能进行股指期货交易。特别是基金公司,应当通过严格的内控机制防止从业人员违背信义义务利用交易权限,无视基金投资者利益,通过相关股指期货交易谋取私利的行为。

第三节 金融从业人员利用未公开信息建议他人交易的认定与行为管理

根据《刑法》第 180 条第 4 款的规定,行为人利用基于职务便利获取的未公开信息明示、暗示他人从事相关金融交易,同样构成利用未公开信息交易罪。然而,建议他人从事相关金融交易本质上是一种言语的表达,根据维特根斯坦的"语言游戏"理论,同样的言语完全可以具有截然不同的用法与意义,必须通过静态语言符号发现背后动态人类活动的建设性内容;[①]建议他人从事相关证券期货交易不可避免地牵涉金融技术性判断问题;刑法规范没有对泄露未公开信息、被建议者实际从事相关交易的必要性问题进行明确规定。这都对实务部门精准认定建议行为制造了障碍,有必要在厘定相关疑难问题的过程中明确"明示、暗示他人从事相关交易活动"的内涵,从而明确信息流转行为的具体合规路径与管理规则。

一、交易行为的必备性

行为人建议他人从事相关证券期货交易之后,有的被建议者按照意见对相关证券期货品种进行了买卖,有的被建议者却没有实际从事相关金融交易。对于后一种情况,能否认定未公开信息知悉人符合利用未公开信息交易罪"明示、

---

① 参见[英]维特根斯坦:《哲学研究》,汤潮、范光棣译,生活 · 读书 · 新知三联书店 1992 年版,第 75 页。

暗示他人从事相关交易活动”的行为标准？

利用职务便利获取未公开信息的行为人明示、暗示他人从事相关金融交易，他人没有从事相关交易的，一般情况下不能认定其构成利用未公开信息交易罪。因为不管是利用未公开信息交易罪，还是内幕交易罪，本质上都属于证券期货市场中的内幕交易犯罪，既然在整个案件的犯罪行为体系中没有客观体现交易属性，就不能认为相关行为符合了利用未公开信息交易罪的罪质。同时，由于利用未公开信息交易罪的成立必须符合“情节严重”的标准，而知悉未公开信息的行为人建议他人从事相关交易，他人没有实施证券期货交易行为，客观上不会扰乱证券期货市场的交易秩序。如果建议行为没有造成未公开信息泄露，建议他人交易行为所产生的恶劣影响处于可控状态，不符合利用未公开信息交易罪“情节严重”的实质标准；如果造成未公开信息泄露甚至大规模泄露，对于利用职务便利获取未公开信息并建议他人从事相关金融交易的行为主体，可以按照侵犯商业秘密罪、故意泄露国家秘密罪等泄密类犯罪进行定罪处罚，没有必要强行通过利用未公开信息交易罪处理。

二、泄露未公开信息的责任

行为人在获知未公开信息的情况下，明示或者暗示他人买卖相关证券、期货合约构成利用未公开信息交易罪，是否以实际向对方泄露未公开信息为必要？

刑法理论上有观点认为，明示或者暗示他人买卖相关证券、期货合约，本质上均使他人在一定程度上了解了有关未公开信息；如果金融机构从业人员、监管部门工作人员单纯提供不确定的交易意见，他人没有知悉未公开信息，也不能认定其行为属于明示或者暗示他人买卖相关证券、期货合约。① 可见，上述意见主张没有透露未公开信息具体内容的建议行为意味着证券期货交易意见并不确定，故明示或者暗示他人买卖相关证券、期货合约必须以向他人透露未公开信息为前提。

但是，明示或暗示他人买卖相关证券、期货合约构成利用未公开信息交易

① 参见缑泽昆：《〈刑法修正案（七）〉中“老鼠仓”犯罪的疑难问题》，载《政治与法律》2009 年第 12 期。

罪,不以向对方泄露未公开信息为必要。因为刑法体系解释可以证明透露未公开信息的非必要性。利用未公开信息交易罪行为要件体系中包含了两种实行行为,一是本人利用未公开信息从事相关金融交易,二是本人在知悉未公开信息的基础上建议他人从事相关金融交易。既然两种行为同属于利用未公开信息交易罪的实行行为,其在要素配置上应当具有等量性,即"知悉未公开信息+基于未公开信息发生相关金融交易";在危害结果层面也应具有等量性,即基于未公开信息产生的内幕交易扰乱了相关证券期货交易市场的公平秩序。两种行为模式的差异性仅仅在于,前一种实行行为中违规交易的原因是未公开信息知悉人自己直接实施,后一种实行行为中违规交易的原因是未公开信息知悉人建议他人实施。因此,未公开信息是否透露并不具有构成要件要素的实体意义,充其量只能作为进一步判断行为人通过何种具体方式建议他人从事相关交易活动的客观情形。

行为人向特定对象透露未公开信息,应当将其认定为明示行为,还是暗示行为,抑或单纯的透露未公开信息不符合利用未公开信息交易罪建议行为的特征?

有学者指出,内幕交易罪中的明示就是内幕信息知情人员在知悉内幕信息后直接明确将内幕信息告诉交易者,提示其从事相关证券期货交易;利用未公开信息交易罪中的明示具有相同的含义。[①] 不同意见认为,金融机构从业人员、监管部门工作人员等故意告知特定对象未公开信息,此种行为本质上属于暗示他人从事相关交易。[②] 更有意见认为,只要具备建议他人从事相关证券期货交易的目的,向他人透露未公开信息,不区分明示与暗示,均构成利用未公开信息交易罪。[③]

在利用未公开信息交易罪的语境下,知悉未公开信息的行为人向特定对象透露未公开信息,属于明示还是暗示抑或两者皆非,无法设置一个封闭性的认定标准,必须根据个案中未公开信息的特质进行具体判断。

利用未公开信息交易罪不同于内幕交易罪,在后者的刑法规范与犯罪行为

---

① 参见卢勤忠:《基金犯罪研究》,北京大学出版社2010年版,第260、279页。

② 参见缑泽昆:《〈刑法修正案(七)〉中"老鼠仓"犯罪的疑难问题》,载《政治与法律》2009年第12期。

③ 参见赵斌、曹云清:《利用未公开信息交易罪若干问题研究》,载《江西公安专科学校学报》2009年第4期。

框架中,绝大部分内幕信息都属于上市公司并购重组、资产增减、利润走向等影响特定证券交易价格的重大消息,内幕人员告知特定对象内幕信息的内容,等同于提供一个确定且可信的交易策略。因此,在内幕交易罪中,告知特定内幕信息就是明示他人从事相关证券期货交易。利用未公开信息交易罪则不然。有的未公开信息能够直接锁定对应的证券期货交易对象与方法。例如,基金公司对某只特定股票大量建仓或者加仓。有的未公开信息无法明确框定证券期货交易品种,甚至连操作方向都无法确定。例如,金融机构一年期存贷款基准利率上调若干百分点,可能引起股价齐跌,完全也可能属于"利空出尽"反而引发股价齐涨。行为人即使将此信息明确告知特定对象,如果没有告知其在股指期货市场中的操作方向(买还是卖),实际上无法认定其行为属于明示;同时,由于此类金融政策性信息没有对应的证券交易品种,更不可能认定其明示他人从事相关证券交易。因此,判断行为人向特定对象透露未公开信息的行为性质,应当在一个原则性与开放性的基本尺度下结合个案情形与当时的证券市场状况作具体分析——未公开信息具有确定的证券期货交易品种指向与操作方向的,向特定对象透露未公开信息可以认定为明示;根据未公开信息结合证券期货市场知识,基本能够确定交易品种与操作方向的,向特定对象透露未公开信息可以认定为暗示;向特定对象透露未公开信息之后,根据证券期货市场一般投资者知识标准无法确定证券期货交易策略的,不能认为其透露行为符合利用未公开信息交易罪"明示、暗示他人从事相关交易活动"的特征。

三、明示、暗示

明示他人从事相关证券期货交易是指,未公开信息知悉者明确告知相关证券交易品种及操作方向,或透露未公开信息内容且该信息能够明确指向相关证券交易品种及操作方向,或既告知未公开信息又提示相关证券交易品种及操作方向。

暗示他人从事相关证券期货交易具有间接性与互动性,前者表现为未公开信息持有人没有直白地告知确定的证券期货交易策略,后者决定了需要被建议者通过主观能动性的一定发挥来理解如何从事相关证券期货交易。因此,司法实践中认定暗示行为具有一定难度。笔者认为,暗示行为的本质在于心照不宣。根据当时证券期货市场的实际状况与发展规律、证券期货常识以及经验法则进行判断,未公开信息知悉人间接提出的倾向性意见("不宣")能够使证券期货市场正常投资者领悟相关证券期货交易活动("心照"),可以认定为未公开信息知悉者暗示他人从事相关证券期货交易。

第五章

金融从业人员利用未公开信息交易违规性与关联性的法律判断与行为合规管理

在利用未公开信息交易案件中，与违规性、关联性有关的问题同样属于重点难点问题，有必要在深度规则解释的基础上明确证券合规的重点举措与路径。

第一节 违规性判断与交易合规管理

根据《刑法》第 180 条第 4 款的规定，金融机构工作人员利用通过职务便利获取的未公开信息从事相关证券期货交易或者建议他人从事相关证券期货交易，只有在“违反规定”的前提下才构成利用未公开信息交易罪。刑法为利用未公开信息交易罪明确设置“违反规定”的构成要件，决定了违规性分析是司法机关判断涉案行为是否构成本罪极为重要的工作。利用未公开信息交易的违规性判断主要涉及“违反规定”的范围界定、前置性规范的内容分析以及“违反规定”的判断依据等具体问题。

一、违规的范围

利用未公开信息交易罪中的“违反规定”，是指违反法律、法规、部门规章、国家政策、全国性行业规范。

犯罪的违法性始终被认为是理所当然的特征。[①]“违反规定”只是对利用未公开信息交易罪客观违法行为判断的一种特别提示，而并非刻意强调本罪只须根据具有一定规范形式的文件而不需要根据规范性法律文件对涉案行为进行违法性判断。由于证券期货犯罪合法与违法的界限认定非常困难，必须通过对“违反规定”的细致分析实现利用未公开信息交易违法与犯罪界限的清晰界分。犯罪的成立应当具有统一性，故法律、法规、部门规章等国家统一性规范性法律文件显然可以是认定利用未公开信息交易罪的前置性规范。国家关于证券期货等金融行业的政策是制定相关法律、法规、规章的指导基础，其也可以作为判断相关利用未公开信息交易行为是否违反规定的规范依据。证券、期货、基金、信托、保险、银行等的全国性行业协会，是相关法律、法规、规章授权对行业进行管理与业务指导的组织，其制定的行业规范具有指导效力，同样应当作为判断利用未公开信息交易行为是否违反规定的基础。

刑法只允许保护法律所预先设定的利益。[②]对于利用未公开信息交易罪等证券期货犯罪，其违法性判断依据必须通过明显的方式被吸收到犯罪构成的罪状表述之中，故利用未公开信息交易罪必须具有明确的形式违法性。“违反规定”就不可能是一种违规性的、宽泛的、松散的范围指向，而应当是一个违法性的判断问题。根据犯罪二次违法性理论，刑法具有二次性规范的属性，犯罪具有二次性违法的基本特征。[③]在认定犯罪的过程中，涉案行为的违法性依据根

---

① 参见[德]李斯特著、[德]施密特修订：《德国刑法教科书(修订译本)》，徐久生译，法律出版社 2006 年版，第 202 页。

② 参见[德]克劳斯·罗克辛：《德国刑法学总论(第 1 卷)：犯罪原理的基础构造》，王世洲译，法律出版社 2005 年版，第 12 页。

③ 参见杨兴培：《“许霆案”的技术分析及其法理思考》，载《法学》2008 年第 3 期；杨兴培：《犯罪构成的三个层面分析》，载《法学》2005 年第 5 期；杨兴培：《一起夫妻争吵引起自杀案的刑法思考和伦理思考》，载《华东政法学院学报》2004 年第 6 期；杨兴培：《犯罪的二次性违法理论探究》，载《社会转型时期的刑事法理论》编委会编：《社会转型时期的刑事法理论》，法律出版社 2004 年版。

植于前置性规范，违法行为只有在超越其他法律规范的情况下，才能通过刑法规范进行二次评价与检讨。这种违法性判断应当是一种根据广义的法进行的法律评价，而非根据各式各样的规定进行的违规性分析。违法性判断的依据应当具有明显的外部性，单位的内部规章制度不能作为违法性判断的前置性规范基础。因此，利用未公开信息交易罪中“违反规定”的范围不能延展至金融机构、有关主管部门的内部规章制度。

虽然金融机构、相关主管部门、行业协会的内部规章制度不能作为判断相关利用未公开信息交易行为是否“违反规定”的依据，但这并不意味着司法机关在对涉案行为进行违法性分析的过程中可以完全忽略内部规章制度。因为法律、法规、规章等对于金融机构、主管部门、行业协会工作人员利用未公开信息提前进行证券期货交易牟利行为的违法性规定，通常是一种原则性、概括性、宣示性的禁止，司法机关很大程度上只能根据此类前置性法律规范对行为的违法性进行一般化的把握。而单位内部规章制度或者合同约定是一种具体化的规则设计，可以成为司法机关在办案过程中细致分析利用未公开信息交易行为违法性的重要参考资料。在具体适用过程中，司法机关可以先行分析单位内部规章以及合同约定是否与前置性法律规范相抵触。如果单位内部规章及合同约定是前置性法律文件框架下的细化解释与应用，不属于对法律没有明确禁止的违法交易行为设置内部约束，则司法机关可以充分运用内部规定具体性的优势更加精确地分析涉案交易行为的违法性，从而实现利用未公开信息交易罪违法性司法审查的精确化。

二、违规的内容

在明确了“违反规定”的范围之后，应当进一步考察“规定”的具体内容。司法机关只有在搜索到“规定”具体内容的基础上，才能根据前置性规范判断利用未公开信息交易行为的违法性。然而，证券、期货、银行、保险、基金等领域的法律、法规、规章、行业规则等前置性规范对于利用未公开信息交易行为的违法性规定实际上处于不完善的状态。

在法律这一位阶层面，《证券法》《保险法》《社会保险法》《商业银行法》没有对证券公司、证券交易所、保险公司、商业银行、社保基金投资管理机构等的工作人员利用未公开信息从事证券期货交易的违法性作出明确规定。《证券投资基金法》《信托法》从禁止背信行为的角度规定基金管理人、受托人不得利用基金财产或者信托财产为基金份额持有人或者信托人之外的其他主体谋取利益,没有明确禁止利用未公开信息交易行为。[①] 在法规这一位阶层面,《期货交易管理条例》规定了禁止内幕交易,没有设置未公开信息的法律概念,没有禁止利用未公开信息交易行为的任何规定。在部门规章这一位阶层面,证券、期货、保险、基金、银行等金融部门规章对于各类金融机构及其工作人员的行为规范进行了细致的规定,却在利用未公开信息交易禁止性规定的内容设置上,仍然存在规范缺位问题。尽管修订后的证监会《基金管理公司投资管理人员管理指导意见》第 21 条明确规定,投资管理人员应当严格遵守公司信息管理的有关规定以及聘用合同中的保密条款,不得利用未公开信息为自己或者他人谋取利益,这为司法机关根据行政部门规章认定基金公司管理人员利用未公开信息交易行为是否违反规定提供了重要的规范依据,但是,其他金融领域的部门规章存在空白。

可见,现阶段司法机关不可能根据法律、法规、规章等前置性规范设置的相关内容来判断涉嫌利用未公开信息交易的行为是否"违反规定",因为此类前置性法律规范处于阙如状态。利用未公开信息交易罪违法性判断的前置性规范内容真空的原因在于:《刑法修正案(七)》采取能动的立法进路应对证券期货市场中具有严重社会危害性的行为——金融机构、金融主管部门工作人员利用职务地位优势及其产生的获取未公开信息优势攫取证券期货市场投资者利益行为。而刑法能动的结果是:在行政性法律、法规、规章等规范性法律文件没有就利用未公开信息交易行为的违法性设置具体的内容规定之前,利用未公开信息交易罪很大程度上只具有刑法规范的宣示意义,处于无法进行司法适用的法条虚置状态。

前置性规范具体内容真空问题反映了利用未公开信息交易罪存在逆向立

① 《证券投资基金法》第 20 条规定,基金管理人不得利用基金财产为基金份额持有人以外的第三人牟取利益;《证券投资基金法》第 73 条规定,基金财产不得用于从事内幕交易、操纵证券交易价格及其他不正当的证券交易活动。《信托法》第 26 条规定:"受托人除依照本法规定取得报酬外,不得利用信托财产为自己谋取利益。受托人违反前款规定,利用信托财产为自己谋取利益的,所得利益归入信托财产。"

法问题。对于一般证券期货犯罪等经济刑法立法来说,前置性行政法律法规的具体规范先行设置证券期货违法行为的禁止性规定,刑法将其中最为严重的部分行为纳入"犯罪圈"。刑法理论上将这种证券期货犯罪立法模式归纳为"以证券期货法律法规为刑事立法基础原则"①,按照这种正向的刑事立法思路,前置性行政法律法规应当在禁止性规定中明确利用未公开信息交易行为的违法性,或者在罚则中规定利用未公开信息交易行为行政责任与刑事责任的基本条款,刑法随后跟进,配置利用未公开信息交易罪的构成要件。但是,在利用未公开信息交易罪中,《刑法修正案(七)》先行提出证券期货交易中的未公开信息的概念,并设置利用未公开信息交易犯罪行为的罪状,而相关的行政法律法规在《刑法修正案(七)》施行后的较长时间内没有及时调整。"刑法先行"与"行政未变"的立法现状使得利用未公开信息交易罪具有明显的逆向立法特征。由于《刑法修正案(七)》增设的出售、非法提供公民个人信息罪和非法获取公民个人信息罪也具有刑法反逼行政法律法规设置前置性规范的特点,②故以利用未公开信息交易罪逆向立法为代表的非典型经济犯罪立法模式实际上已经成为一种不容忽视的趋势。

在传统刑法理论中,无论是大陆刑法理论强调的法益保护的"辅助性"③,还是英美刑法认可的刑法的"最后手段性"④,都一致性地主张刑法只能在民法、行政法等损伤性较弱的制裁手段不足以保护法益的情况下才能够予以适用。⑤ 利用未公开信息交易罪逆向立法、倒逼前置性法律规范保护法益的刑法能动现象似乎在合理性层面存在疑问。

但是,刑法在前置性规范具体内容缺位的情况下,先行设置利用未公开信息交易罪,是刑法在风险社会中对传统刑法谦抑性原则的一种微调,是在合理的限制中对于经济生活中出现的严重危害证券期货市场秩序行为的能动反应。这不仅是理性的呼唤,而且在更高的层次上符合传统刑法理论的实践性思考。

---

① 刘宪权:《证券、期货犯罪的刑事立法及其完善》,载《法学》2004 年第 5 期。

② 参见陈晓英:《刑法亮剑"倒逼"个人信息保护法出台》,载《法制日报》2008 年 9 月 8 日,第 5 版。

③ [德]克劳斯·罗克辛:《德国刑法学总论(第 1 卷):犯罪原理的基础构造》,王世洲译,法律出版社 2005 年版,第 23 ~ 24 页。

④ See Douglas Husak, *The Criminal Law as Last Resort*, 24 Oxford Journal of Legal Studies 207 – 235 (2004).

⑤ 参见[德]约翰内斯·韦塞尔斯:《德国刑法总论》,李昌珂译,法律出版社 2008 年版,第 6 页。

随着经济迅猛发展,金融市场与金融创新已经成为经济社会生活中极为重要的组成部分。风险刑法的政策重心,正从原来的危害公共安全犯罪带来的危险应对,逐渐转置为证券期货犯罪等金融犯罪带来的风险反应。金融创新的指数级增长模式决定了金融违法犯罪行为千变万化。面对金融违法犯罪行为推陈出新及其对证券期货市场产生的严重风险,刑法在民法、行政法没有及时跟进的情况下迫不得已进行提前反应,促使法律体系全面保护证券期货市场安全稳定,对具有严重社会危害性的金融违法犯罪行为进行整体性的规范控制。

同时,根据李斯特的违法性理论①,作为不法的犯罪是一种违法行为,对犯罪的法律评价包括形式违法与实质违法。形式违法指向违反法律的禁止性规定;实质违法意味着一种社会危害性或者反社会性。形式违法与实质违法之间可能出现矛盾,即有关行为没有违反现有法制的要求却具有严重的反社会性。对于司法适用来说,司法机关必须严格按照现有的规定认定其是否构成犯罪,包括严格审查前置性规范判断犯罪行为的违法性,没有违反前置性法律法规,就不存在构成相关证券期货犯罪的基础。对于刑法修改来说,可以超越现有民法、行政法的制裁范围对危害社会的行为进行理性应对。

通过上述理论分析可知,虽然刑法在前置性规范尚未对利用未公开信息交易行为的违法性进行明确规定的情况下提前设置了利用未公开信息交易罪的罪状,但其本质上符合风险刑法应对证券期货市场危害社会行为的现实要求与传统刑法的违法性理论。利用未公开信息交易罪超前立法及采用"违反规定"的空白罪状,强调利用未公开信息交易罪的犯罪性仍然应当以前置性法律规范规定的违法性为前提。这与金融犯罪具有行政违法与刑事违法双重性特征相吻合,也符合经济法律法规与经济刑法之间规范协调性与一致性的要求。② 以利用未公开信息交易罪为代表的金融犯罪逆向立法为今后刑法修正应对实践挑战树立了具有重要意义的标杆。对于司法实践来说,《证券投资基金法》《信托法》等法律已经对背信行为设定概括性禁止规定,证监会《基金管理公司投资管理人员管理指导意见》在基金部门规章层面明确禁止利用未公开信息交易行

---

① 参见[德]李斯特著、[德]施密特修订:《德国刑法教科书(修订译本)》,徐久生译,法律出版社 2006 年版,第 200 ~ 201 页。

② 关于证券期货行政规范与证券期货刑法规范之间关系的详细论述,参见刘宪权:《证券、期货犯罪的刑事立法及其完善》,载《法学》2004 年第 5 期。

为，司法机关可以将此类前置性规范的具体内容作为考察其违法性的依据。故基金公司、信托公司工作人员利用本单位投资信息从事相关证券期货交易谋取利益的，可以认定为利用未公开信息交易罪。但是，对于《证券法》《期货交易管理条例》《商业银行法》《保险法》等大部分没有对“违反规定”的具体内容进行填充的金融法律、法规等规范，必须尽快制定禁止利用未公开信息交易行为的规定。

三、违规的依据

利用未公开信息交易罪中的“违反规定”并不是一个孤立的构成要件要素，其本质上是对利用未公开信息交易行为违法性问题设定一个整体性的法律规格。故“违反规定”的司法认定不能仅仅是对相关规定的援引，而必须对整个利用未公开信息交易过程中行为的违法性进行全面的证明，即通过严格的司法审查论证利用未公开信息交易行为的违法事实及其规范依据。

在当前的证券期货犯罪司法实践中，对于涉案行为违法性判断的依据主要是证监会的行政处罚决定书、违法行为认定函等行政法律文书以及证监会在行政程序中搜集的书证、物证、证言等证据。例如，在非法经营类证券期货犯罪案件中，司法机关通常将证监会对非法经营证券期货业务的性质所出具的书面结论、复函等作为认定行政违法性的核心依据甚至是唯一依据。但是，理论界普遍认为，证监会行政程序中形成的处罚决定、书面复函、调查笔录等文件材料，在刑事司法程序中不具有司法效力，不应以此为依据认定证券期货犯罪行为具有违法性。①

实际上，“违反规定”是利用未公开信息交易罪的构成要件，这就决定了司法机关必须对金融机构、相关主管部门等单位的工作人员利用未公开信息从事金融交易行为的违法性进行独立且全面的司法审查与判断，行政处罚决定书、行政复函等只能作为司法审查的参考材料而非判断依据。证监会对利用未公开信息交易行为违法性进行确认的行政法律文件具有的既定效力仅覆盖行政

① 参见吕蕾：《资产注入遭遇“暗礁”行政认定函能否推定其罪——专家热议证券内幕交易的“罪与非罪”》，载《上海法治报》2010 年 7 月 9 日，第 A8 版。

程序环节。这意味着司法机关不得以节省司法资源、金融技术性知识能力低于证券期货执法部门等理由直接将行政法律文件作为认定相关利用未公开信息交易行为“违反规定”的依据。

司法实践中，证券期货犯罪案件通常由行政执法部门在调查结束后移送司法机关。利用未公开信息交易罪的司法审查必然滞后于行政调查。一些能够证明利用未公开信息交易行为违法性的证据势必都由证监会等行政执法部门先行调取、采集、固定、制作。[①] 证券期货犯罪涉及大量交易数据、资金流动、账户信息等证据材料，司法机关只能在经过审查认可这些证据合法性的基础上，对涉案行为的违法性进行判断，不可能作为取证主体重新采集证券期货犯罪的证据。因此，认定利用未公开信息交易罪“违反规定”的具体依据应当是证券期货执法部门移送公安机关的证据。此类能够证明利用未公开信息交易行为违法性的依据进一步可以区分为直接依据与间接依据：(1)证券期货执法机构向证券期货公司、证券期货交易所等机构调取的记录证券期货交易流水数据、资金走向、账户资料等信息的书证、物证、电子证据等客观性材料，经司法机关确认具备证据合法性的，可以直接作为判断利用未公开信息交易行为违法性的依据。(2)证券期货执法机构在办案过程中形成的涉案人员供述、证人证言、调查笔录等主观性材料，在刑事司法中不具有证据合法性，必须经过司法机关依法转换为刑事诉讼证据，从而成为判断利用未公开信息交易行为是否违法的间接依据。

第二节 关联性判断与交易行为管理

关联性判断是利用未公开信息交易执法司法实践中极为重要的问题。因为如果从业人员利用不是通过职务便利获取的未公开信息从事相关交易活动，或者违规从事的证券期货交易与未公开信息没有关联，则不能构成利用未公开

① 例如，在朱某明操纵证券市场犯罪案件中，涉案的交易行为涉及全国 48 家证券营业部、273 个资金账户、6509 个证券账户，证监会总共制定了 58 卷证据材料移送公安机关，办案工作量极大。参见吴卫军：《操纵证券市场罪的理论与实务难点分析》，载陈辐宽主编：《金融证券犯罪疑难问题解析》，中国检察出版社 2009 年版。

信息交易罪。所以，明确利用未公开信息交易行为的关联性判断规则对于本罪来说具有重大意义。

一、职务便利与未公开信息的关系

根据《刑法》第180条第4款的规定，行为人从事违规交易所利用的未公开信息，必须“因职务便利获取”。对于如何理解“因职务便利获取”，刑法理论上有观点提出如下认定规则：一是利用工作地点、工作环境的便利条件获取的内幕信息以外的其他未公开的信息，如基金管理公司的工作人员趁总经理办公室无人之际看到公司拟建仓的证券品种的决定；二是利用职务身份、影响的便利条件获取的内幕信息以外的其他未公开的信息，如某甲基金管理公司的经理和某乙基金管理公司的经理通过告知对方自己所在基金管理公司拟建仓的证券品种，从而获悉对方公司拟建仓的证券品种。①

应该看到，上述观点侧重对利用职务便利的两种方式即“直接利用”和“间接利用”的论述，并没有揭示“职务便利”与“未公开信息”的关系。为了更好地打击和预防犯罪，笔者认为，利用未公开信息交易罪中的职务便利，应当是指证券交易所、期货交易所、证券公司、期货经纪公司、基金管理公司、商业银行、保险公司等金融机构的从业人员以及有关监管部门或者行业协会的工作人员，主管、管理机构事务，从事本职工作、履行义务或者其他一切与职务有关的便利条件。在此基础上，“职务便利”与“未公开信息”之间必须具有因果关系，也就是说行为人获取“未公开信息”必须是利用“职务便利”获取。这意味着未公开信息的获取路径具有严格限定性，其必须与职务便利具有因果关系。职务便利与未公开信息之间的因果关联性要求决定了金融机构从业人员、有关监管部门或行业协会工作人员利用基于工作便利等获取未公开信息从事违规交易，不受利用未公开信息交易罪的法律规制。

之所以强调两者之间必须具备因果关系是因为司法实践中存在无意获取“未公开信息”的情形，如某基金公司职员在饭馆会客时，无意中听到自己公司

---

① 参见赵斌、曹云清：《利用未公开信息交易罪若干问题研究》，载《江西公安专科学校学报》2009年第4期。

的领导谈论本公司将重仓持有某支股票的信息并加以利用的情形。笔者认为，在此种情形下，行为人并不是利用职务便利而获取到信息的，两者之间没有因果关系，故应该被排除在刑法规制范围之外。强调“职务便利”与“未公开信息”之间的因果关系，也是罪刑法定原则的精神要旨所向。

应当注意，刑法理论业已对职务便利的规范内涵进行深度解读，相关贪污贿赂犯罪司法解释也为实务部门提供了职务便利的判断标准。目前刑法理论对利用未公开信息交易罪“职务便利”的解读基本沿用了传统职务犯罪理论的内容与结构。[①] 实际上，在利用未公开信息交易罪中，无须继续静止性地诠释何谓职务便利，但仍有必要结合证券期货交易、金融业务、金融监管、未公开信息及本罪行为主体等特点，梳理职务便利与未公开信息的因果关联。

金融机构的职务范围具有广泛性。刑法规范明确规定“因职务便利获取的内幕信息以外的其他未公开的信息”，这意味着职务便利必须具有管理未公开信息的属性。根据金融机构与金融监管的实践特点，未公开信息管理主要涵盖以下内容：(1)金融单位、有关监管部门、行业协会及其相关派出、分支机构高级管理职务。金融机构中的董事、经理、监事以及监管部门、行业协会中的主要负责岗位承担金融单位中的整体管理任务，在主管、分管范围内对于未公开信息进行管理，显然属于获取未公开信息的职务便利途径。(2)金融机构中负责证券期货交易经纪、自营、投资管理、研究咨询、证券承销、交易结算等具体金融业务的职务。上述职务在各自负责的金融业务环节对生成的未公开信息承担管理职能，应当属于获取未公开信息的职务便利途径。(3)金融机构中负责合规管理、信息隔离、跨墙监督、金融信息技术管理等综合性金融业务的职务。虽然上述职务运作过程中不会主动生成未公开信息，但职责内容是对金融机构中的未公开信息进行监管管理，其履行职务的前提必然是知悉未公开信息。

---

① 参见徐春：《利用未公开信息交易罪的司法认定》，载《南昌大学学报(人文社会科学版)》2010 年第 6 期；赵斌、曹云清：《利用未公开信息交易罪若干问题研究》，载《江西公安专科学校学报》2009 年第 4 期。

二、交易与未公开信息的关系

根据《刑法》第180条第4款的规定，行为人构成利用未公开信息交易罪，必须是从事与该信息“相关”的证券、期货交易活动，或者明示、暗示他人从事“相关”交易活动。实践中如何认定交易活动与未公开信息之间的关联性？刑法理论尚未对未公开信息与交易行为的相关性问题进行论证，故有必要综合金融实务与刑法理论设定相关性判断规则。

行为人买卖与未公开信息直接对应的证券期货交易品种的，可以认定为交易行为与未公开信息具有关联性。例如，证券公司自营业务负责人员利用公司拟卖空A股票的未公开决策信息建议他人提前卖出A股票；又如，成品油定价政策制定部门工作人员在成品油涨价信息公布之前做多燃料油期货合约。未公开信息内容的覆盖面与影响力各不相同，交易品种与未公开信息之间的直接关联性并不局限于“一对一”的对应关系。一条未公开信息可以形成多项与之直接关联的金融交易。例如，房产调控政策信息对于证券期货交易具有广泛影响，行为人利用此类未公开信息买卖地产行业股票、螺纹钢期货合约、沪深300股指期货均可认定为与未公开信息直接关联。

由于证券期货市场中的资金、交易品种、信息等要素之间具有高度的交互性，行为人完全可以规避与未公开信息具有直接关联的交易品种，转而选取直接或者形式上关联性不明显却实质相关的交易品种进行买卖牟利。例如，基金管理公司经理基于职务便利知悉公司计划使用基金资金大量买入中国石油H股，如果其抢先使用自己控制的账户买入中国石油H股，则该交易行为与未公开信息直接相关，如果其抢先使用控制账户购买中国石油A股，或做多沪深300股指期货，虽然交易行为指向的证券期货产品与未公开信息指向的证券标的仅具有间接关联，但由于H股与A股联动，中国石油权重股的定位决定了其股票价格攀升带动股指期货上升，故其仍可以获取巨额利益。美国证券犯罪理论将此类行为称作“替代性交易”（substitute trading）。[①] 但并不是所有的替代性交易均具有刑事可责性，这就需要实务部门在交易行为与未公开信息间接关

① See Ian Ayres & Joe Bankman, *Substitutes for Insider Trading*, 54 Stanford Law Review 235(2001).

系中准确筛选出具有刑事犯罪性质的关联性情形。笔者认为,司法机关无法按照一个固定的原则对间接关联是否具有犯罪性进行判断,而应根据证券期货市场正常投资者所具备的证券期货常识以及经验法则进行个案分析。如果根据证券期货常识能够认为行为人所从事或者建议他人从事的证券期货交易与未公开信息实质相关且所获利益明显违背证券期货交易公平性准则,可以认定该交易活动与未公开信息“相关”。

第二编

金融从业人员内幕交易的规制与风控

第六章

金融从业人员内幕交易法律规制的构成要素

由于内幕交易、泄露内幕信息各个构成要素与金融实务具有紧密联系，从法律规制的角度进行准确把握存在一定的疑难，故有必要对内幕交易的构成特征进行论证与分析，为执法司法实践提供一个精准的内幕交易、泄露内幕信息法律认定的规格，同时为金融合规实践指引明确的防控要点，即信息、人员、交易行为互为统一的防控体系。

第一节 内幕信息

内幕信息知情人员、非法获取内幕信息的人员只有利用内幕信息进行证券、期货交易或者泄露内幕信息，才能构成内幕交易、泄露内幕信息罪。证券法并不禁止金融从业人员进行任何证券、期货交易，也即在没有利用内幕信息的情况下，内幕人员与其他投资者一样也应该具有从事证券、期货交易的权利。

一、法律依据

究竟何谓内幕信息,各国的法律有不同的规定。美国《证券法》、《证券交易法》以及证券交易委员会监管规则等均没有对内幕信息概念进行明确的界定。在美国,内幕信息的定义是从判例法中发展起来的,具体包括实质性(materiality)和秘密性(confidentiality)这两个核心要素。内幕信息是指任何可能对某一(或某些)上市公司的证券价格产生实质性影响的,尚未公开的信息。其中,所谓秘密性是指该信息尚未被普通投资者所知悉,其相对的是有效公开的信息。有效公开是指向证券监管机关或证券交易所报告,或在公共媒体上公布。向足够多的投资分析师披露也等同于公开。在投资者大众获得某项信息之前,该信息仍然是非公开的。因此,信息在公开过程中,在传播过程中,未传播到广大投资者时,属于未得到有效公开,该信息仍应被视为内幕信息。所谓实质性是指该信息公开后,会影响投资者是否愿意以当前的价格购买或出售该证券,也就是说,判断某个信息是否具有"实质性",应当以该信息能否影响包括"投机"和"保守"投资者的合理的投资判断为标准。① 美国联邦最高法院在 TSC v. Northway 案②与 Basic v. Levinson 案③的法院意见中指出:一项未经公开的信息是否属于内幕信息,关键在于判断作为一位理性的投资人,在知道该项信息之后是否非常有可能认为此项信息对其投资决定产生重要影响;机械且缺乏弹性的内幕信息认定标准无法根据实际需要作出判断;从整体上判断,内幕信息的认定应当根据事情发生的概率与其在上市公司整体活动中的影响程度两项因素综合分析。

欧盟《市场滥用指令》对内幕信息进行了相对明确的定义:内幕信息是指那些尚未公开披露的,与一个或几个可转让证券的发行人,或与一种或几种可转让证券的准确情况有关的信息。如果该信息被公开披露的话,可能会对该证券的价格产生影响。在该定义中,内幕信息应当具有以下四个特征:一是信息尚

---

① 参见顾肖荣、张国炎:《证券期货犯罪比较研究》,法律出版社 2003 年版,第 277 页。

② See TSC Industries, Inc. v. Northway, Inc. ,426 U. S. 438 (1976).

③ See Basic, Inc. v. Levinson, 485 US 224 (1988).

未公开披露。二是信息真实、准确。这一要件可将内幕交易与利用谣传的其他欺诈行为区别开来。对"真实、准确"信息应有一个比较广义的理解,即只要不是谣传或不是凭空想象和印象,只要它是关于正在发展中的事物的准确信息,尽管尚未实现,尚未构成事实,都必须考虑进去。三是信息必须与可转让证券发行人或可转让证券的情况有关。对此,各国法律也有不同的规定。有些国家的法律将其范围规定得较小,仅限于上市公司内部的(有关公司内部事务的)信息,而不包括上市公司子公司或母公司的信息,即使这些信息具有价格敏感性,如丹麦和西班牙的法律就作了这样的规定。有些国家采取逐项列举的方法,如德国和英国,但也仅限于上市公司内部的信息。而多数国家采取范围比较大的做法,即认为任何种类的任何信息,不论是上市公司内部的还是外部的,只要是与上市公司证券价格有关的,都可作为内幕信息对待。如有关市场行情、利率的变化,外汇政策、金融政策的改变等的信息。甚至有关政治方面的重大信息也应包括在内。四是信息必须可能造成证券市场的价格波动。①

在亚洲国家相关证券法律规定中,日本《金融商品取引法》对内幕信息进行了相对明确的规定:所谓内幕信息,是指与上市公司业务或者其他问题有关的重要事实,具体包括上市公司业务执行决策机关决定的重要事实,有关上市公司销售额、经常性利润以及纯利润变动的重要事实,有关上市公司运营、业务、财产且对投资者判断有显著影响的重要事实等。②

根据我国《刑法》第180条内幕交易、泄露内幕信息罪的规定,内幕信息的范围,依照法律、行政法规的规定确定。因此,同上述世界各国有关内幕信息的法律规定一样,我国《刑法》规定的内幕交易、泄露内幕信息罪的犯罪对象也是由相关证券期货行政法律法规进行具体界定。

《证券法》对证券内幕信息的范围进行了明确规定。《证券法》第52条规定:"证券交易活动中,涉及发行人的经营、财务或者对该发行人证券的市场价格有重大影响的尚未公开的信息,为内幕信息。本法第八十条第二款、第八十一条第二款所列重大事件属于内幕信息。"《证券法》第80条规定:"发生可能对

① 参见张军主编:《破坏金融管理秩序罪》,中国人民公安大学出版社1999年版,第254~266页。
② 金融商品取引法(きんゆうしょうひんとりひきほう、昭和二十三年四月十三日法律第二十五号)第百六十六条会社関係者の禁止行為。

上市公司、股票在国务院批准的其他全国性证券交易场所交易的公司的股票交易价格产生较大影响的重大事件，投资者尚未得知时，公司应当立即将有关该重大事件的情况向国务院证券监督管理机构和证券交易场所报送临时报告，并予公告，说明事件的起因、目前的状态和可能产生的法律后果。前款所称重大事件包括：（一）公司的经营方针和经营范围的重大变化；（二）公司的重大投资行为，公司在一年内购买、出售重大资产超过公司资产总额百分之三十，或者公司营业用主要资产的抵押、质押、出售或者报废一次超过该资产的百分之三十；（三）公司订立重要合同、提供重大担保或者从事关联交易，可能对公司的资产、负债、权益和经营成果产生重要影响；（四）公司发生重大债务和未能清偿到期重大债务的违约情况；（五）公司发生重大亏损或者重大损失；（六）公司生产经营的外部条件发生的重大变化；（七）公司的董事、三分之一以上监事或者经理发生变动，董事长或者经理无法履行职责；（八）持有公司百分之五以上股份的股东或者实际控制人持有股份或者控制公司的情况发生较大变化，公司的实际控制人及其控制的其他企业从事与公司相同或者相似业务的情况发生较大变化；（九）公司分配股利、增资的计划，公司股权结构的重要变化，公司减资、合并、分立、解散及申请破产的决定，或者依法进入破产程序、被责令关闭；（十）涉及公司的重大诉讼、仲裁，股东大会、董事会决议被依法撤销或者宣告无效；（十一）公司涉嫌犯罪被依法立案调查，公司的控股股东、实际控制人、董事、监事、高级管理人员涉嫌犯罪被依法采取强制措施；（十二）国务院证券监督管理机构规定的其他事项。公司的控股股东或者实际控制人对重大事件的发生、进展产生较大影响的，应当及时将其知悉的有关情况书面告知公司，并配合公司履行信息披露义务。”《证券法》第81条规定：“发生可能对上市交易公司债券的交易价格产生较大影响的重大事件，投资者尚未得知时，公司应当立即将有关该重大事件的情况向国务院证券监督管理机构和证券交易场所报送临时报告，并予公告，说明事件的起因、目前的状态和可能产生的法律后果。前款所称重大事件包括：（一）公司股权结构或者生产经营状况发生重大变化；（二）公司债券信用评级发生变化；（三）公司重大资产抵押、质押、出售、转让、报废；（四）公司发生未能清偿到期债务的情况；（五）公司新增借款或者对外提供担保超过上年末净资产的百分之二十；（六）公司放弃债权或者财产超过上年末净资产的百分之十；（七）公司发生超过上年末净资产百分之十的重大损失；（八）公司分配股利，作出减资、合并、分立、解散及申请破产的决定，或者依法进入破产程序、被责令关闭；(九)涉及公司的重大诉讼、仲裁；(十)公司涉嫌犯罪被依法立案调查，公司的控股股东、实际控制人、董事、监事、高级管理人员涉嫌犯罪被依法采取强制措施；(十一)国务院证券监督管理机构规定的其他事项。"

同时，《期货和衍生品法》对期货内幕信息的范围进行了全新的规定。《期货和衍生品法》第 14 条规定："本法所称内幕信息，是指可能对期货交易或者衍生品交易的交易价格产生重大影响的尚未公开的信息。期货交易的内幕信息包括：(一)国务院期货监督管理机构以及其他相关部门正在制定或者尚未发布的对期货交易价格可能产生重大影响的政策、信息或者数据；(二)期货交易场所、期货结算机构作出的可能对期货交易价格产生重大影响的决定；(三)期货交易场所会员、交易者的资金和交易动向；(四)相关市场中的重大异常交易信息；(五)国务院期货监督管理机构规定的对期货交易价格有重大影响的其他信息。"

二、法律特征

从《刑法》第 180 条内幕交易、泄露内幕信息罪的规定来看，刑法禁止的是内幕信息知情人员或非法获取内幕信息的人员在涉及证券的发行，证券、期货交易或者其他对证券、期货交易价格有重大影响的信息尚未公开前，从事相关证券期货交易或者泄露内幕信息。可见，刑法文本中对内幕信息进行特征限定的要素集中表现为"对证券、期货交易价格有重大影响"与"尚未公开"。

同时，从《证券法》《期货和衍生品》等法律的规定分析，这些前置性法律规定同样是明确地从对证券期货交易价格的重大影响与信息本身尚未公开两个角度对内幕信息的特征进行限定。结合特征表述法定性、简洁性与金融实务惯例的考虑，作为内幕交易、泄露内幕信息罪犯罪对象的内幕信息，具有两个特征：未公开性与价格敏感性。信息管理活动中应当紧密结合内幕信息的特征进行信息风险控制。

三、信息内容

内幕信息是内幕交易认定的前提与核心,内幕信息的内容应当严格遵循《证券法》的具体类型界定。例如,一般情形下,上市公司并购策略转变无法归入重大的投资行为和/或重大的购置财产的决定或者其他具体的重大事件类型,但仍存在被认定为重大事件的可能性。实践中应当严格区分上市公司的并购策略转变与具体收购行为,并依此路径区分重大信息的形成时间,否则可能导致内幕信息及其形成时间的双重混淆。执法司法实践中应当注重内幕信息界定的精细化表达,从而促进中国资本市场法制的长足发展。

从实践中的案例切入:2019 年 7 月 31 日,证监会作出中国证监会行政处罚决定书(2019)75 号(阳某某内幕交易案),认定阳某某的行为构成《证券法》(2014 年修正)第 202 条所述的内幕交易行为,决定没收阳某某违法所得 197, 188, 114. 7 元,并处以 197, 188, 114. 7 元的罚款。涉案金额巨大、历时漫长、刑事与行政程序认定结果冲突,诸多特殊因素使得阳某某内幕交易案在“中国过于宽泛的内幕交易执法制度”[①]下受到法律与金融界实务和学术人士的普遍关注。

不仅如此,在阳某某内幕交易案行政处罚决定书中,证监会认定“中青宝转变投资策略,明确要收购业务成熟、有一定利润规模的优质游戏公司的决定,属于 2014 年《证券法》[②]第六十七条第二款第二项规定‘公司的重大投资行为和重大的购置财产的决定’的重大事件,该信息公开前属于《证券法》第七十五条第二款第一项规定的内幕信息”,首次将上市公司并购策略的转变认定为重大事件和内幕信息,并以此为前提对内幕信息的形成与公开过程、内幕交易知情人、内幕信息获取及内幕交易行为进行了事实认定与法律适用。因此,上述重大事件和内幕信息的界定在阳某某内幕交易案中可谓至关重要。

---

① 郝山、陶永祺、卫绮骐:《中国过于宽泛的内幕交易执法制度——法定授权和机构实践》,载《交大法学》2014 年第 2 期。

② 本部分相关案例的分析均适用行为时法即 2014 年《证券法》。

但无论是在《证券法》(2014 年修正)第 67 条第 2 款规定的 11 种具体重大事件,还是在第 75 条第 2 款规定的其余 6 种具体内幕信息中,均不存在包含“转变投资策略”的表述,因此如何对上市公司“转变投资策略”——更细致地说是并购策略——信息类型归属进行界定,从而具体认定该案中青宝的并购策略变化是否属于内幕信息,进而在此前提下讨论该案是否应当对并购策略变化与具体收购方案的重大信息形成时间进行区分,均构成阳某某内幕交易案关于内幕信息界定的关键问题,我们尝试对上述具体问题进行分析。

(一)上市公司并购策略转变的重大事件类型归属

1. 内幕信息与重大事件的类型及其关系

内幕信息的法律界定存在定义式、列举式、定义加列举式以及判例规则式四种不同的模式。[①] 我国采用的是定义加列举式。具体来说,我国《证券法》(2014 年修正)第 75 条通过“定义 + 列举 + 兜底”的方式对内幕信息的内容进行了界定,在第 2 款列举的内幕信息内容的具体类型中又采用“援引 + 单独列举”的方式,援引了第 67 条第 2 款规定的重大事件,从而将重大事件纳入了内幕信息的范畴。重大事件包括 11 项具体类型和 1 项兜底条款,内幕信息包括 7 项具体类型和 1 项兜底条款(见表 6 - 1)。

表 6 - 1　《证券法》(2014 年修正)中重大事件与内幕信息的类型

条款	重大事件与内幕信息的类型
第 75 条第 2 款第 1 项(第 67 条第 2 款的重大事件)	公司的经营方针和经营范围的重大变化
	公司的重大投资行为和重大的购置财产的决定
	公司订立重要合同,可能对公司的资产、负债、权益和经营成果产生重要影响
	公司发生重大债务和未能清偿到期重大债务的违约情况
	公司发生重大亏损或者重大损失
	公司生产经营的外部条件发生的重大变化
	公司的董事、1/3 以上监事或者经理发生变动

① 参见肖伟:《内幕信息的法律界定模式》,载《证券法苑》2014 年第 4 期。

续表

条款	重大事件与内幕信息的类型
	持有公司5%以上股份的股东或者实际控制人,其持有股份或者控制公司的情况发生较大变化
	公司减资、合并、分立、解散及申请破产的决定
	涉及公司的重大诉讼,股东大会、董事会决议被依法撤销或者宣告无效
	公司涉嫌犯罪被司法机关立案调查,公司董事、监事、高级管理人员涉嫌犯罪被司法机关采取强制措施
	国务院证券监督管理机构规定的其他事项
第75条第2款第2项至第8项	公司分配股利或者增资的计划
	公司股权结构的重大变化
	公司债务担保的重大变更
	公司营业用主要资产的抵押、出售或者报废一次超过该资产的30%
	公司的董事、监事、高级管理人员的行为可能依法承担重大损害赔偿责任
	上市公司收购的有关方案
	国务院证券监督管理机构认定的对证券交易价格有显著影响的其他重要信息

此外,根据第67条第1款和第75条第1款对重大事件和内幕信息的定义,重大事件指的是"可能对上市公司股票交易价格产生较大影响的"事件,而内幕信息指"涉及公司的经营、财务或者对该公司证券的市场价格有重大影响的尚未公开的信息"。从两者的定义可以看出:

其一,内幕信息与信息披露的重大事件在性质上具有相同之处,均应具备重大性,即应当对公司股票或证券价格产生较大或重大影响,但重大事件本身的定义并未要求必须具备非公开性。

其二,虽然内幕信息除价格影响重大性外还包括"涉及公司的经营、财务"的信息,而重大事件条款未明确该等信息,但结合第67条第2款和第75条第2款的具体内容可以看出,第67条第2款的重大事件具体类型实际上已经包含部分与公司经营和财务相关的内容,而内幕信息所谓"涉及公司的经营、财务"信息本身也应当具备重大性。因此,重大事件与内幕信息不仅在具体内容上呈现交叉关系,在不考虑未公开性要件的前提下,甚至还可能在广义上范围相同。

鉴于此,《证券法》(2019 年修订)第 52 条第 2 款干脆放弃对内幕信息的单独列举,直接规定“本法第八十条第二款、第八十一条第二款所列重大事件属于内幕信息”。上述对信息披露章重大事件条款的援引,不仅有力地揭示了内幕信息与需进行信息披露的重大事件在重大性上的等同,更显示出内幕信息与重大事件的内容在不考虑未公开性要件的前提下亦应当具备范围上的一致性。

2. 上市公司并购策略转变的重大事件类型归属

(1)上市公司并购策略转变可否归入某一具体的重大事件类型

如前所述,《证券法》(2014 年修正)第 67 条第 2 款具体的重大事件类型中均未出现投资策略或并购策略的表述,因而需要对该款各项规定进行具体内涵的考察。阳某某内幕交易案行政处罚决定书认定“中青宝转变投资策略,明确要收购业务成熟、有一定利润规模的优质游戏公司的决定”属于《证券法》(2014 年修正)第 67 条第 2 款第 2 项“公司的重大投资行为和重大的购置财产的决定”规定的重大事件。该行政处罚决定书的认定使得上市公司并购策略转变的重大事件类型归属看似已尘埃落定,但实际上该认定在理论和实践层面上至少仍存有两大疑问。

一是如果认同上述行政处罚决定书的观点,那么上市公司并购策略转变究竟属于第 67 条第 2 款第 2 项中的重大投资行为还是重大的购置财产的决定抑或是两者均已涵盖,行政处罚认定对此并未予以明确。

二是如果认为上述认定的事实不属于第 67 条第 2 款第 2 项的范畴,能否将其归入其他重大事件的具体类型中。

对于第一个问题,首先,从文义解释的角度看,重大投资行为是指公司进行数额较大的投资、对有较大影响的项目进行投资或者对对于公司的经营将产生重大影响的项目进行投资等行为。重大的购置财产的决定是指公司作出的、以较大数额的资金去购买、置备某一财产的决定或者购买、置备某一有较大影响的财产的决定。因此,从文义上理解,无论是重大投资行为还是重大的购置财产的决定均应指向具体的投资项目或者财产,而无法涵摄并购策略等并非涉及具体的项目或财产的模糊概念。

其次,从行政执法惯例上看,在 2004 ~ 2019 年这 16 年发生的总共 321 起内幕交易行政处罚案件中,177 起案件适用了《证券法》(2014 年修正)第 67 条第

2 款第 2 项，且所涉事项大多为并购重组项目。但上述所涉重大事件的内容无一例外均为具体项目，例如在证监会（2019）102 号行政处罚决定书中，证监会认为“邦宝益智收购格灵教育事项构成上市公司重大投资行为”，又如在证监会（2017）17 号行政处罚决定书中，证监会认为“益盛药业拟发行股份购买资产的事项属于公司重大的购置财产的决定”。[①] 因此这一认定亦明显不符合监管部门的执法惯例。行政处罚决定书明确为重大投资行为或重大的购置财产的决定的情形见表 6－2。

表 6－2 行政处罚决定书明确为重大投资行为或重大的购置财产的决定的情形

文号	认定事实	认定类型
（2019）102 号	邦宝益智收购格灵教育事项	公司的重大投资行为
（2018）92 号	金一文化收购捷夫珠宝 100% 股权事项	公司的重大投资行为
（2018）84 号	长盈精密与三环集团共同投资设立合资公司的事项	公司的重大投资行为
（2017）17 号	益盛药业拟发行股份购买资产的事项	公司重大的购置财产的决定
（2015）29 号	齐星铁塔拟非公开发行股票募集资金，用于购买非关联方持有的南非金矿项目、金矿扩产建设项目以及补充流动资金	公司重大的购置财产的决定
（2011）57 号	三爱富的控股股东动议、酝酿、论证、决定将其核心业务以定向增发方式置入上市公司，实现整体上市的有关情况	公司重大的购置财产的决定

最后，从行政处罚决定书的内容上看，该行政处罚决定书亦未明确界定重大事件的内容究竟为公司的重大投资行为还是重大的购置财产的决定，而是先认为“转变投资策略……的决定”属于重大事件，随后又认为“中青宝的收购行为”属于重大事件，出现这一反复可能正是出于并购策略转变本身的模糊性。然而，如果行政处罚决定书认为并购策略转变属于重大投资行为或者重大的购置资产的决定或者两者兼备，则应当就符合其中任一情形或者均符合两种情形进行具体的论证，上述具体论证的匮乏表明并购策略的转变难以明确为重大投

① 2007～2016 年数据参见张翕：《中国证监会内幕交易行政处罚案例综述》，载《法律与新金融》2017 年第 7 期。

资行为或者重大的购置资产的决定，更进一步凸显了并购策略转变本身并不属于该具体类型的重大事件或者内幕信息。

综上所述，上市公司并购策略转变与重大投资行为和重大的购置财产的决定存在本质上的不同，因而不宜适用《证券法》(2014 年修正)第 67 条第 2 款第 2 项的规定。

不仅如此，对于第二个问题，综观《证券法》(2014 年修正)第 67 条第 2 款及《上市公司信息披露管理办法》等法律法规，仅仅是上市公司并购策略的变化尚不足以构成其他具体的重大事件，从而亦难以归入其他具体的重大事件类型。

(2)上市公司并购策略转变可否归入重大事件的兜底或定义条款

虽然上市公司并购策略转变无法归入具体的重大事件类型，但能否适用《证券法》(2014 年修正)第 67 条第 2 款第 12 项“国务院证券监督管理机构规定的其他事项”呢？证监会《上市公司信息披露管理办法》第 30 条确实依据授权通过列举规定了其他重大事件的具体类型，以补充《证券法》(2014 年修正)第 67 条第 2 款的规定，但在该管理办法及证监会其他文件中均无法找到针对上市公司并购策略转变的规定。

然而，如果无法满足包括授权事项在内的《证券法》(2014 年修正)第 67 条第 2 款具体的重大事件类型，是否意味着就不可能构成第 67 条第 1 款定义的重大事件？对此，笔者认为，由于《证券法》采用的是价格重大性标准，因而即便无法归入具体的重大事件类型，只要在具体情形下“可能对上市公司股票交易价格产生较大影响的”事件仍然有可能构成第 67 条第 1 款定义上的重大事件，第 67 条第 2 款并未排除第 67 条第 1 款在重大事件认定上的适用。

但必须注意的是，由于缺乏量化标准和具体事件类型的指引，为避免行政执法的随意性和不确定性，行政执法部门在认定无法归入具体类型的重大事件时不仅应当更为慎重，而且应当进行更加详细的事实陈述、证据列示和逻辑论证，以通过个案积累的方式建立更明确的执法规则和市场预期。

(二)阳某某内幕交易案中上市公司并购策略变化是否属于内幕信息

如前所述，一般情形下，上市公司并购策略的转变难以归入具体的重大事件类型，在特定情形下，如欲将上市公司并购策略转变认定为内幕信息，则需根据具体事实情形判断是否符合内幕信息未公开性和重大性的构成特征，只有同时符合上述两项特征，方能构成内幕信息。

1. 阳某某内幕交易案中上市公司并购策略的变化是否具备未公开性

未公开性又称为秘密性，指的是信息尚未公开，尚未被证券、期货投资者所知悉。法律规制内幕交易的目的，在于排除投资人因取得投资信息机会的不平等而造成的在证券市场上交易的不平等。内幕信息公开性标准主要有以下两种模式：形式标准与实质标准。① 前者指的是内幕信息的公开需要具备一定的法律形式才能认定为信息公开，后者指的是信息是否公开，以市场是否实际消化为准。② 具体判定上，根据证监会《证券市场内幕交易行为认定指引（试行）》（已失效），公开是指信息“在中国证监会指定的报刊、网站等媒体披露，或者被一般投资者能够接触到的全国性报刊、网站等媒体揭露，或者被一般投资者广泛知悉和理解”。因此，欲探求本案中上市公司并购策略变化是否属于公开信息，首先需对相关事实按时间顺序梳理（见图6－1）。

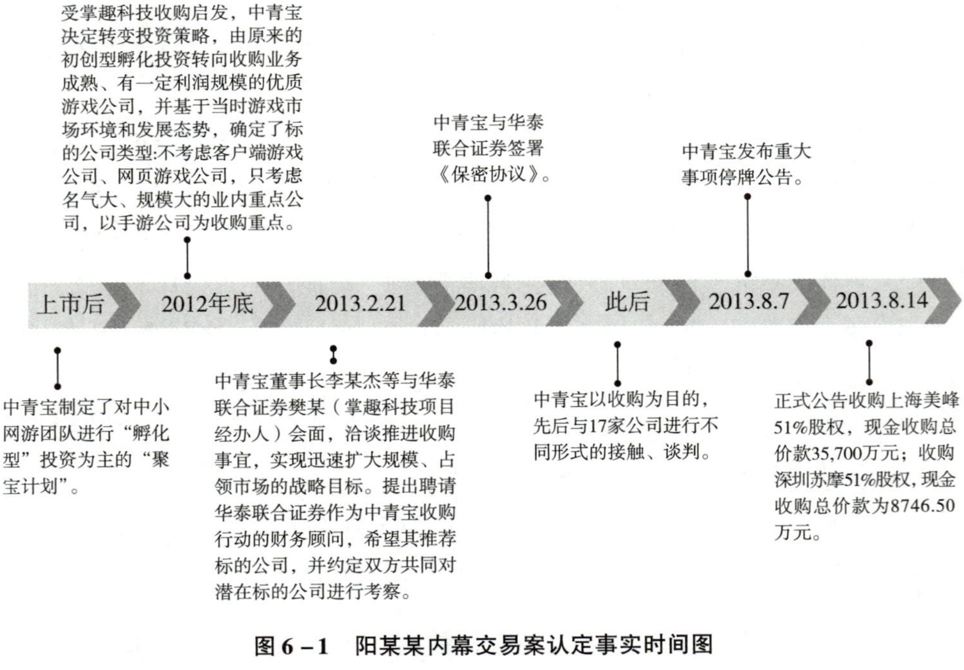

图6－1 阳某某内幕交易案认定事实时间图

① 参见李有星、徐鹏炯：《内幕信息重大性标准探讨》，载《浙江大学学报（人文社会科学版）》2017年第3期。

② 参见黄伟文、李晓郛：《内幕信息秘密性要素的探讨》，载《金融法苑》2018年第3期。

根据上述事实，阳某某内幕交易案行政处罚决定书认定“内幕信息形成时间不晚于2013年2月21日，公开于2013年8月14日”，也就是认为2013年8月14日公告收购上海美峰及深圳苏摩事项方构成内幕信息的公开，内幕信息自2013年2月21日起至该日前处于秘密状态。

然而实际上，早在2012年3月28日公开披露的《中青宝2011年年报》第7页即已载明：“……公司继续稳健推进‘聚宝计划’的实施，开展对外投资收并购的对外扩张战略。随着计划的实施，公司参控股公司不断增多……”第18页载明“2.收并购战略实施计划　报告期内继续以稳健的方式推进对外收并购战略……公司将继续实施对外投资的开展，……公司希望通过投资收购兼并优秀的产品和团队，迅速提升公司的产品研发及运营能力，加速公司用户基础及市场份额的扩张，通过收购对象的研发及客户积累，迅速提升公司的竞争实力”。2013年2月27日公开披露的《中青宝2012年年报》第17页载明“较为充裕的现金储备，为公司快速实现自身的规模化运营以及业内并购举措，提供了强有力的资金后盾”，第25页载明“2.并购战略实施计划　报告期内公司在高度把控风险的前提下继续以稳健的方式推进对外并购战略”。

上述事实可以证明，早在行政处罚决定书认定的内幕信息形成日之前，中青宝即已全面具体地公布关于并购战略及并购方向等公开信息，包括方向性调整、并购扩张、战略调整、对外投资现金充足、集中聚焦“网页游戏”和“手机游戏”等业务、加强优质平台和团队的搜索评估等。

由此可见，阳某某内幕交易案行政处罚决定书在事实梳理和认定上出现了明显的遗漏和缺失，投资者完全可以从前述公司报告等事实中获知关于上市公司并购策略的信息，且该等信息与行政处罚决定书认定的内幕信息在内容上完全重合，无论是适用形式标准还是实质标准，上市公司并购策略信息均已经处于公开状态，而事实上证监会也并未因为“泄露”上述信息而对中青宝董事长李某杰作出处罚，这也佐证了上述信息并非秘密的未公开信息。因此，阳某某内幕交易案中上市公司并购策略的转变并不具备非公开性。

2. 阳某某内幕交易案中上市公司并购策略的变化是否具备重大性

重大性又称为价格敏感性、重要性，指的是信息对公司证券的市场价格有重大影响。从《证券法》(2014年修正)第75条第1款的文义上看，“有”一字并不能确定是“可能有”还是“实际有”，但对第75条第2款及第67条进行体系考察,并结合执法实践,可以看出重大性实际涵盖了两种情形,即可能对公司证券的市场价格有重大影响,以及实际上已经对公司证券的市场价格产生重大影响。①

《证券法》(2014 年修正)第 75 条第 2 款列出了具体的内幕信息类型以及一项兜底条款。从证明要求上看,如果涉案信息符合具体的内幕信息类型,则可直接适用第 2 款具体的法条项目,而无须就符合第 1 款定义再作出特别说明。如果案件所涉信息不在该款列举的具体内幕信息范围内,则由证监会根据立法授权认定涉案信息是否属于内幕信息,此时需通过具体的事实、证据及论证证明涉案信息符合第 1 款对内幕信息的定义。但证监会在其处罚决定书中除依照《证券法》(2014 年修正)第 75 条所列举的特定信息予以判断外,并未确定内幕信息重大性的认定标准。②

具体到本案重大性的认定,根据前述讨论,上市公司并购策略转变难以归入具体的内幕信息类型,因此必须由证监会根据立法授权进行认定。但从论证过程来看,一方面,本案行政处罚决定书中未列出任何事实和证据,也未展开任何逻辑论证,以揭示中青宝并购策略的转变实际上已经对公司证券的市场价格有重大影响;另一方面,阳某某内幕交易案行政处罚决定书没有对中青宝并购策略的转变可能对公司证券的市场价格产生重大影响进行任何合理和具体的论证。实际上,如前所述,中青宝实施并购战略是长期以来的公开信息,公司在年报中已经多次明确并购方向,因此此次并购策略的变化具有极强的延续性,仅为公司并购战略的延伸,符合一般投资者的合理期待,不可能对投资者决策造成重大影响。

不仅如此,从内幕信息与信息披露的关系上看,内幕信息与信息披露的重大事件均具有重大性的要件要求,《证券法》(2019 年修订)更是统一了临时信息披露与内幕信息的事件范围。本案中上市公司中青宝并未主动就并购策略转变进行临时信息披露,但并没有因为未公开披露该事项受到行政机关或自律监管机构的任何处罚。由此可见,在上市公司及监管机构看来,中青宝根本无

---

① 参见李有星、徐鹏炯:《内幕信息重大性标准探讨》,载《浙江大学学报(人文社会科学版)》2017 年第 3 期。

② 参见主力军:《欧盟禁止内幕交易制度的立法实践及启示》,载《政治与法律》2009 年第 5 期。

须仅就并购策略的变化进行信息披露，从而实际上承认了该并购策略变化的信息不具备重大性。

综上所述，阳某某内幕交易案中，中青宝并购策略的变化不具备未公开性和重大性，不满足内幕信息的构成要件，因此该信息不属于内幕信息。

（三）并购策略变化与具体收购行为的重大信息形成时间是否应当区分

1. 并购策略变化与具体收购行为的区别

并购重组、借壳上市、债务重组等类型信息往往由多个阶段构成，涉及多个行为，证监会对此主要采用了“分拆式”与“复合式”两种处理路径，分拆式路径即将独立的事实分拆认定为不同的内幕信息，复合式路径则将多个事实整体认定为内幕信息。①

虽然阳某某内幕交易案并未涉及多项不同类型的内幕信息，但本案行政处罚决定书似乎仍然受到上述既有路径的影响，在整体认定与分拆认定之间徘徊不决。本案行政处罚决定书首先将并购策略变化及具体收购行为均列为内幕信息形成和公开过程的事实，从整体上认定“中青宝转变并购策略……的决定”为重大事件。但随后讨论的行为又发生了根本变化，转而认为“中青宝的收购行为”这一独立行为属于重大事件，“该信息公开前属于《证券法》规定的内幕信息……”这一方面忽视了两者之间的区别，从而在内幕信息的内容认定上将中青宝并购策略的变化与收购上海美峰51%股权和深圳苏摩51%股权的具体收购行为相混淆；另一方面也体现出本案行政处罚决定书面对复合型信息的混乱处理思路。

应当注意的是，尽管并购策略的变化与具体收购行为存在一定的联系，并购策略在某种程度上指导着具体的收购行为，但从内幕信息认定的意义上来说，两者存在着本质的区别。并购策略的变化仅仅是一种原则性和方向性的变化，存在较大的不确定性，一般情形下难以构成重大事件，因此亦缺乏内幕信息的重大性。而具体的收购行为指向明确，具有较大的确定性，存在构成重大事件和内幕信息的可能。强行将并购策略变化等同于具体的收购行为存在逻辑

---

① 参见樊硕：《证监会内幕信息认定思路及“重大性”标准的实证研究》，载《法律文献信息与研究》2017年第1期。

上的根本障碍，不仅使得两者之间清晰的界限模糊化，也将不可避免地损害行政处罚决定书的论证逻辑和说服力。

2. 并购策略变化与具体收购行为的重大信息形成时间是否应当区分

依据《证券法》(2014 年修正)第 67 条之定义，只有当某一事实信息发展到具备重大性时方有可能被认定为内幕信息，因此计算内幕信息敏感期的起算点(形成时间)，实际上是对内幕信息重要性的判定，[①]内幕信息的形成时间与内幕信息的内容认定之间进而属于相互衔接、逻辑统一的关系。

然而在现实中，包括并购重组事项在内的内幕信息从萌芽到发展形成往往经历不同阶段的事实，其尚未发展至具备确切的重大性时即可能已经为人所利用，因此司法和执法实践基于我国资本市场现实对内幕信息形成时间进行了适当提前。《内幕交易解释》第 5 条第 3 款规定“影响内幕信息形成的动议、筹划、决策或者执行人员，其动议、筹划、决策或者执行初始时间，应当认定为内幕信息的形成之时”。具体到并购重组类信息，我国上市公司并购重组环节内幕交易案件判例基本上将上市公司及相关并购重组方等拟交易主体确定的时间认定为内幕信息形成之时，因为并购本质上是上市公司股东或其实际控制人与特定交易对手间的资产交易，股东或实际控制人出让部分股份或整体退出上市公司，交易对手方支付对价，故并购拟交易双方到位或确定之时，可认定为内幕信息形成。[②]

阳某某内幕交易案行政处罚决定书认定“内幕信息形成时间不晚于 2013 年 2 月 21 日”。这显然是将“2013 年 2 月 21 日，中青宝董事长李某杰、董事会秘书郑某芳、手游部门负责人朴某杰与华泰联合证券有限责任公司(以下简称华泰联合证券)樊某(掌趣科技项目经办人)、郑某在深圳会面，洽谈推进收购事宜，实现迅速扩大规模、占领市场的战略目标。提出聘请华泰联合证券作为中青宝收购行动的财务顾问，希望其推荐标的公司，并约定双方共同对潜在标的公司进行考察”的事实发生时间作为内幕信息形成的时间。上述信息形成时间是依据《内幕交易解释》第 5 条第 3 款作出，即将 2013 年 2 月 21 日延伸为执行人员“影响内幕信息形成的动议、筹划、决策”的初始时间。但从法律适用的角

① 参见彭冰：《内幕交易行政处罚案例初步研究》，载《证券法苑》2010 年第 2 期。

② 参见谢杰：《内幕信息形成时间判断规则研究》，载《证券市场导报》2013 年第 8 期。

度来看，上述认定不无疑问。

其一，虽然李某杰系中青宝控股股东、实际控制人、董事长，对内幕信息的动议、策划决策等有足够的影响力，但上述信息本质上仍然属于公司的并购策略等公开信息，并不符合《证券法》(2014 年修正)重大事件与内幕信息的规定。如前文分析，本案中的内幕信息应当限于具体的收购行为，因此亦只有实际控制人基于具体收购事项作出动议、筹划、决策时才有可能被界定为内幕信息的形成时间。

其二，既然本案认定的内幕信息为上市公司转变并购策略的决定，但为何又将内幕信息形成时间认定为上市公司董事长与中介机构接洽的 2013 年 2 月 21 日，而非中青宝决定转变并购策略的 2012 年年底？这一认定是否意味着本案行政处罚决定书认为上市公司并购策略转变这一非具体事项本身于决定时无法构成内幕信息，而至 2013 年 2 月 21 日上市公司董事长与中介机构接洽时方可能构成内幕信息？

其三，即便是将 2013 年 2 月 21 日上市公司董事长与中介机构接洽认定为具体收购事项的延伸，亦欠缺合理性。我国上市公司并购重组环节内幕交易案件判例基本上将上市公司及相关并购重组方等拟交易主体确定的时间认定为内幕信息形成之时，但该次接洽内容仅为洽谈推进战略目标和聘请财务顾问，并没有任何实质性操作和进展，上海美峰和深圳苏摩等并购拟交易相对方此时更无从确定。因此，将 2013 年 2 月 21 日认定为内幕信息形成时间与证监会执法惯例亦明显不符。

其四，本案行政处罚决定书后文载明“2013 年 8 月 7 日，中青宝发布重大事项停牌公告，并于 2013 年 8 月 14 日正式公告收购上海美峰 51% 股权，现金收购总价款为 35, 700 万元；收购深圳苏摩 51% 股权，现金收购总价款为 8746. 50 万元”，并认为内幕信息“公开于 2013 年 8 月 14 日”，从而将内幕信息的公开时间认定为具体收购事项公开的时间，而非并购策略变化这一信息公开的时间，更佐证了行政处罚决定书未区分并购策略与具体收购事项形成时间的不当认定。

综上所述，由于并购策略变化与具体收购行为属于本质上不同的两种信息，因此在认定内幕交易形成时间时亦应当注意两者区分，具体收购行为适当提前延伸的形成时间不应当与并购策略变化信息的形成时间相混淆。

一般情形下,上市公司并购策略的变化无法归入重大的投资行为和重大的购置财产的决定或者其他具体的重大事件类型,但仍存在被认定为重大事件的可能性。应当严格区分并购策略变化与具体收购方案,否则容易导致在重大信息的形成时间认定上产生混淆,从而导致论证逻辑上的混乱。内幕交易执法实践应当严格遵循内幕交易界定的类型区分,实现内幕信息界定的精细化表达,从而避免实践中行政机关自由裁量权存在的宽泛性、行使的随意性及事后监督的不可及性,①促进中国资本市场法制的长足进步。

第二节　内幕信息滥用行为

根据证券法、刑法的规定,内幕信息的滥用行为要素可以进一步解构为两大部分:一是行为条件,即内幕交易、泄露内幕信息行为的实施前提和基础是内幕信息形成且尚未公开;二是行为模式,具体包括本人或者由本人实际控制的人实施相关证券、期货交易,或者泄露内幕信息,或者建议他人实施相关证券、期货交易。

一、利用内幕信息

在内幕交易罪客观行为特征的实践把握上,最突出的疑难问题体现在如何理解行为条件要素,即证明行为人实施内幕交易犯罪行为,控方是否必须证明行为人"利用"内幕信息?这里所谓的"利用",就是指行为人在涉及证券、期货的发行、交易或者其他对证券、期货交易价格有重大影响的信息尚未正式公开前,利用自己所知道的内幕信息,掌握有利的条件和时机,进行证券、期货的买入或者卖出。

对于利用内幕信息是否为构成内幕交易罪的必要要件,美国证券期货法律立法与司法实际上存在一定的分歧。从美国联邦法律的规定分析来看,指控内

① 参见陈洁:《内幕交易事实认定中自由裁量权的适用及其规制——以内幕交易"知悉"要件的推定为视角》,载《清华法学》2018 年第 6 期。

幕交易犯罪无须证明“利用”内幕信息。例如，美国《证券法》《证券交易法》《内部人交易与证券欺诈执行法》都建筑在戒绝交易理论的基础之上。根据戒绝交易理论，内幕消息知情人员或者非法获取人员完全不能从事与内幕信息相关的任何证券期货交易。① 因此，上述美国联邦法律均否定“利用”要件是构成内幕交易的必备要件，内部人员只要在交易时知道“内幕信息”，无论交易是否利用了这些信息，都应受惩罚。但是，美国判例实践中坚持禁止私用理论。根据禁止私用理论，内幕信息知情人员或者非法获取者，禁止利用内幕信息进行证券期货交易谋取私利，但刑法并不绝对地禁止不以利用内幕信息进行相关交易的行为。② 所以，美国联邦法院的相关判例依然要求控方对利用内幕信息进行证明。

对于内幕交易行为是否必须具有“利用”要件，我国相关法律法规的规定并不完全一致。例如，《上市公司信息披露管理办法》第 4 条规定：在内幕信息依法披露前，内幕信息的知情人和非法获取内幕信息的人不得公开或者泄露该信息，不得利用该信息进行内幕交易。可见，《上市公司信息披露管理办法》明确禁止利用内幕信息从事相关证券交易，内幕交易客观行为明确包括“利用”这一法律要素。但是，现行《刑法》第 180 条的规定中则并未出现“利用”的提法。在刑法理论上，对于本罪的构成是否必须具备利用内幕信息要件的问题，各方面的观点也存在较大的分歧。

“利用”要件肯定论认为，从刑法规范的表面文义进行分析，只要内幕信息知情人员或者非法获取者在内幕信息公开之前进行了与该信息相关的证券期货交易，就已经符合了内幕交易罪的构成要件，不需要实际利用内幕信息的证明。例如，有学者认为，利用内幕信息并不是构成内幕交易、泄露内幕信息罪的必要条件。③ 因为，如认定内幕交易、泄露内幕信息罪的成立必须以内幕信息的利用为前提必将给指控带来极大困难。在实践中，很难证明内幕交易者的哪笔交易利用了内幕信息，哪笔交易又未利用内幕信息。在很多情况下，只要行为人否认利用内幕信息，即使其已进行了交易，也会使指控搁浅。相反，免去控方

---

① See Nasser Arshadi, Insider Trading Liability and Enforcement Strategy, 27 Financial Management 2 (1998).

② See United States v. O'hagan, 521 *U. S.* 642 (1997).

③ 参见庞良程：《证券内幕交易罪的构成及认定》，载《中央检察官管理学院学报》1998 年第 1 期。

的一些证明责任,对内幕交易、泄露内幕信息罪的指控将大为有利。我国《刑法》规定,证券、期货交易的内幕信息的知情人员,在获悉内幕信息后,买入或者卖出证券、期货合约,即可定罪科刑。这实质上是一种严格责任。禁止知情人员在信息未公开前买入或卖出证券、期货合约。只要知情人员在知情后进行交易,就构成犯罪。应当指出的是,如果有确凿的证据证明知情人员所知悉的内幕信息与其所为的交易行为并无必然联系,对其交易行为也不能定罪。①

"利用"要件否定论认为,行为人必须实际利用内幕信息从事相关交易活动,才属于内幕交易罪的实行行为。利用内幕信息进行证券、期货交易是成立内幕交易并构成犯罪的必要条件之一。② 是否利用内幕信息进行证券交易是划分罪与非罪的标准之一。因此,在认定某一行为是否构成内幕交易、泄露内幕信息罪时,应首先确定其是否利用或依据内幕信息。即使是内幕人员,如果没有利用内幕信息或依据内幕信息所作的买卖或建议行为,均不构成该罪。在实践中应摒弃法定内幕人员中心论,即只要是内幕人员实施的诸如买卖、建议等行为,均认为是内幕交易的片面做法。③ 有学者进一步指出,《刑法》第 180 条虽然没有明文规定"利用内幕信息"的文字,但其表述方法实际上包含"利用内幕信息"之意。只要对内幕信息"知情",或非法获悉内幕信息,又在信息未公开前买卖或使人买卖该证券,也就是利用内幕信息进行交易,则不需要再规定利用内幕信息,以免产生歧义。其主要理由是:首先,从本条的立法精神来看,法律之所以要禁止证券内幕交易行为,其根本原因就在于防止内幕信息的知情人员以及非法获取内幕信息的人员在该信息公开之前,利用其持有内幕信息的优势进行证券、期货交易,非法获取利益或避免损失。因为这种交易违反了市场经济及证券、期货交易的公开竞争规则,是对上市公司以及其他不知情的投资者的一种证券、期货欺诈,具有明显的非公开性和不正当性。如果知悉内幕信息的人员并没有利用该信息优势进行交易,则属于正当合法的公平交易,是资本市场的健康运行状态,法律也就失去了对其进行规制的基础和必要性。其次,

---

① 参见邢怀柱:《资本市场犯罪及其立法评述》,载陈兴良主编:《刑事法评论》(第 3 卷),中国政法大学出版社 1998 年版。

② 参见周道鸾等主编:《刑法的修改与适用》,人民法院出版社 1997 年版,第 396 页;孙际中主编:《新刑法与金融犯罪》,西苑出版社 1998 年版,第 145 页。

③ 参见薛瑞麟主编:《金融犯罪研究》,中国政法大学出版社 2000 年版,第 268 页。

从法条的表述上看，第一，本条对犯罪主体表述为“证券、期货交易内幕信息的知情人员或者非法获取证券、期货交易内幕信息的人员”。对于第一类主体，即知情人员，《刑法》及《证券法》都没有指明是“应当知情人员”抑或“实际知情人员”，如果没有“利用内幕信息”这一实质条件的限制，则“应当知情”而实际上却因某种特殊情况的确不知情的人员在内幕信息公开之前买卖证券、期货合约的行为也会被认定为内幕交易罪、泄露内幕信息罪，对行为人来讲，法律岂非过于苛刻？同样，对于第二类主体中通过亲友关系或同事关系而被动接受内幕信息者来说，法律也失之于严酷。另外，以非法手段获取证券、期货内幕信息的人员，其不惜代价非法获取内幕信息的目的当然在于利用内幕信息进行证券、期货交易，从而非法牟利或避免损失。第二，在行为的时间条件上，本条将证券、期货交易行为限制在“涉及证券的发行，证券、期货交易或者其他对证券、期货交易价格有重大影响的信息尚未公开前”，这一规定实质上也隐含着行为人掌握并利用持有内幕信息的优势，从而通过该信息公开的时间差进行不公开交易，以非法牟利或避免损失，表明了内幕信息和内幕交易之间具有一定的因果关系，否则，有违刑法立法之基本精神。① 理论上也有相关观点在否定“利用”要件的基础上，特别强调知悉内幕信息与进行证券、期货合约买卖之间的因果关系的重要性。例如，有学者指出，在我国有关内幕交易的行政法规中，比较强调利用内幕信息这个要件。这说明内幕交易罪与利用内幕信息是不可分的。但是，在刑法中这一点并未得到明显体现。根据《刑法》第 180 条的规定，知悉内幕信息的人员，在内幕信息尚未公开前买卖证券、期货合约的，即构成内幕交易、泄露内幕信息罪。法律禁止内幕交易的目的，在于维护公开、公平的资本市场秩序和公众投资人的平等交易权，防止以不公平的方式获取利益或者避免损失。若行为人虽然知悉内幕信息，但并非基于该信息买卖证券、期货合约，这时的交易行为与其他投资人的交易行为性质相同，没有不公平的事实存在。如果有事实证明知悉内幕信息的行为人买卖证券、期货合约，不是因为知道了内幕信息，而是出于其他原因或目的，则不能认定已构成内幕交易、泄露内幕信息罪。当然，要查清行为人是利用内幕信息，还是基于其他原因买卖证券、期货合

---

① 参见董丽静、龚卫：《证券内幕交易、泄露内幕信息罪的司法认定》，载赵秉志主编：《新千年刑法热点问题研究与适用》，中国检察出版社 2001 年版。

约,是相当困难的。在这种情况下,一般只要证明其在买卖证券、期货合约时是知悉内幕信息的,即可认定构成本罪,除非行为人能够证明买卖证券期货合约没有利用内幕信息。①

从我国《刑法》第180条的规定分析,我们不难发现该条文并未将利用内幕信息作为构成要件,其一方面是因为司法实践中判断行为人是否利用内幕信息确实有相当大的困难,如果将此作为必要要件,可能给许多实施内幕交易的行为人提供一个逃避刑事责任的借口,同时也必然会又制造一个司法认定的难题。从资本市场犯罪司法实践的现实角度分析,查证内幕信息知情人员、非法获取、在特定的时间节点从事相关证券期货交易等事实已经存在极大的操作障碍,如果还需要控方进一步举证证明行为人主观上具有利用内幕信息的故意,客观上实施了利用内幕信息从事交易的行为,则内幕交易罪的定罪难度过大,严重影响刑法规范的适用效率。另一方面,《刑法》之所以规定内幕交易、泄露内幕信息罪无非是想从根本上禁止知情人员或者非法获取内幕信息的人员从事证券、期货交易,从而使资本市场的"三公"原则得以真正实现。因为,只要有知情人员或者非法获取内幕信息的人员从事证券、期货交易,就不可能有真正的"三公"环境存在。正因如此,《刑法》第180条才只是从时间上(在涉及证券、期货的发行、交易或者其他对证券、期货的价格有重大影响的信息尚未公开前)对本罪的构成作出规定,而没有从是否"利用内幕信息"上提出要求,这显然也是刑事立法的初衷。从实践中的案例分析,同样是不需要控方证明被告人存在利用行为。因此,对于内幕信息风险防控来说,应当严格从时间管理层面对相关证券期货交易进行风险防控,杜绝在内幕信息形成与公开的时间区间从事与该信息有关的证券期货交易。

当然,由于本罪的构成是以情节严重为前提的,所以,尽管利用内幕信息并非本罪的构成要件,但这并不意味着行为人的交易行为和泄露行为可以与内幕信息无关,相反,行为人如果构成犯罪,其交易和泄露行为应该与内幕信息具有关联性。

从证券期货交易信息平等、内幕信息人对上市公司承担的信义义务等角度分析,内幕交易罪对涉案交易行为的司法认定不能忽略行为人利用内幕信息与

---

① 参见周振想主编:《金融犯罪的理论与实务》,中国人民公安大学出版社1998年版,第346~347页。

买卖证券期货之间的关联性。内幕信息知情人员或者非法获取者利用内幕信息从事交易，损害了证券期货投资与交易的公平性，具有刑事可罚性。但是，如果行为人并没有实际利用内幕信息，即使其属于内幕信息知情人员或者非法获取者，只要其确实按照事先制定的证券期货交易计划、既定的投资习惯或者对市场的判断分析进行证券期货交易，就不存在相对其他投资者的不平等的信息优势，不能认定其符合内幕交易罪行为要件的法律特征。因此，虽然《刑法》第180条并没有直接列出实际利用内幕信息买卖证券期货这一要件，但要求内幕信息知情人员、非法获取内幕信息人员从事的相关证券、期货交易必须与内幕信息具有关联，应当是符合刑法规范目的界限的解释论意见。内幕信息知情人员或者非法获取者必须以该内幕信息作为决定其是否买卖证券期货的重要因素，才符合以内幕交易罪进行刑事处罚的规范目的。

二、抗辩

“利用”内幕信息不是内幕交易犯罪的构成要件，但是，这并不意味着分析行为人是否利用内幕信息本身对于本罪的司法实践没有意义。因为辩方提供证据证明其没有利用内幕信息从事相关证券期货交易是内幕交易犯罪重要的抗辩事由。如果内幕信息知情人员或者非法获取人员，在内幕消息尚未公开期间，掌握利好消息时购买证券期货，掌握利空消息时卖出证券期货，必须举证证明买卖证券期货的交易行为并非基于内幕信息实施。行为人无法通过证据切断其持有内幕信息与买卖证券期货行为之间的关联性的，推定其实际使用内幕信息，承担不利的刑事诉讼后果。对于内幕交易罪实际利用内幕信息从事交易这一行为来说，在个罪举证责任分配合理性原则的视野下，由行为人承担举证责任属于刑法对其的合理期待与公平要求。对于控方有证据表明买卖证券期货的行为人于相关交易之前掌握内幕信息的，对于在这样极度敏感的时间阶段实施的相关证券期货交易行为，刑法应当可以合理推定该节买卖证券期货的交易行为利用了内幕信息。行为人有义务提出未实际利用内幕信息这一免除内幕交易罪刑事归责的证据。

2011年最高人民法院《关于审理证券行政处罚案件证据若干问题的座谈会纪要》第5条以司法解释性文件的形式认可了内幕交易行政诉讼中被处罚人对

其未利用内幕信息从事相关证券交易承担证明责任:“监管机构提供的证据能够证明以下情形之一,且被处罚人不能作出合理说明或者提供证据排除其存在利用内幕信息从事相关证券交易活动的,人民法院可以确认被诉处罚决定认定的内幕交易行为成立:(一)证券法第七十四条规定的证券交易内幕信息知情人,进行了与该内幕信息有关的证券交易活动;(二)证券法第七十四条规定的内幕信息知情人的配偶、父母、子女以及其他有密切关系的人,其证券交易活动与该内幕信息基本吻合;(三)因履行工作职责知悉上述内幕信息并进行了与该信息有关的证券交易活动;(四)非法获取内幕信息,并进行了与该内幕信息有关的证券交易活动;(五)内幕信息公开前与内幕信息知情人或知晓该内幕信息的人联络、接触,其证券交易活动与内幕信息高度吻合。”由于利用内幕信息并非《刑法》第180条规定的内幕交易罪构成要件,因此,刑事诉讼中完全可以将上述法律要素作为控方证明内幕信息知情人员、非法获取内幕信息人员从事内幕交易的基本法律规格。

第三节　行为主体

世界各国在立法上禁止内幕交易、泄露内幕信息行为的实质,在于禁止内幕人员利用基于其身份所取得的信息便利谋取不正当利益或减少自己的损失。由此而言,内幕交易、泄露内幕信息罪的犯罪主体认定,也即确认行为人是否属于内幕人员,是认定内幕交易、泄露内幕信息罪的关键所在。

最早的内幕人员仅指发行证券的上市公司内部人员,因为他们是最有可能接触到发行公司商业秘密的人员。但在司法实践中发现除公司内部人员外,其他人也有可能预先获取内幕信息并以此获利,且此类人员的范围远远大于公司内部人员,行为涉及的范围及效果的严重性也绝非传统内部人员可比。因此,世界各国和地区的相关法律中基本上都规定内幕人员包括一切可能优先接触内幕信息,且对此信息负有不得私自泄露或利用得利责任的人员。理论上一般认为,之所以要将这些非上市公司内部人员的暂时性内幕人员包括在内幕交易罪的主体之内,主要是因为:公司为了本身的最大利益,往往会将公司的“内部消息”告诉他们,以便他们为公司提供尽可能好的服务。因此,这些人虽然不是公司的职员，但在前述情况下，对公司和股东亦负有“信月义务”。因为他们与公司已经建立了一种特殊关系，而将重要的内情告知他们，因此，这些人不得滥用因工作关系所获悉的消息。

我国《刑法》把内幕交易、泄露内幕信息罪的主体分为两类：内幕信息知情人员和非法获取内幕信息人员。对于内幕信息知情人员，我国《刑法》第180条规定，证券、期货交易内幕信息的知情人员的范围，依照法律、行政法规的规定确定。我国法律对于证券内幕人员的界定也不仅仅局限于上市公司内部人员，而实际上包括了有可能优先接触公司内幕信息，且对于该信息负有不得私自泄露或利用得利的其他人员，即对于内幕人员的界定，关键并不在于其是否为内部人员，而在于其是否能够通过合法途径接触或获得内幕信息。对于期货内幕信息知情人员来说，我国期货和衍生品法律更强调禁止期货管理机构、交易所等行政管理活动中接触重大政策信息、期货交易信息的人员从事相关期货交易活动。这主要是由于期货交易价格主要受到大宗商品、债券、外汇等现货市场管理信息、期货合约供求关系信息、产业政策信息、外汇管理信息等未公开信息的影响，法律有必要对与这些领域与环节中从事信息管理或有权接触相关信息的人员设定禁止内幕交易的义务。

一、知情

理论上一般认为，法定的内幕人员并不是在任何情况下都被禁止从事内幕交易。只有在同时具备以下三个条件的情况时，法律才予以禁止。这三个条件主要包括：其一，知悉特定交易中所利用的内幕信息。如果法定内幕人员并不知悉特定交易中的内幕信息，其也就不负有披露或者不披露该信息的义务，因而也就不能令其对所进行的证券、期货交易行为承担法律责任。其二，对内幕信息的知悉与其职务或者业务有关。如果因亲友等非因职务或者业务关系而知悉内幕信息，则不属于内幕人员。其三，内幕信息是在合法的职务或者业务关系中，而不是非法利用职务之便而知悉的。如果某人的职务范围不包括知悉内幕信息，而他利用熟悉其他岗位上的工作人员或工作环境的方便条件而超越权限获取内幕信息,就不是内幕人员了。[①]

二、非法性

非法获取内幕信息人员是指上述内幕信息知情人员以外,通过非法方法或途径从内幕人员处获取内幕信息的人员。其所获取内幕信息的非法方法或途径,包括盗窃、骗取等,也可能采取私下交易、贿取或套取等手段取得内幕信息。[②]

具体而言,非法获取内幕信息的方法包括:(1)以骗取、窃取、窃听、监听等非法手段获取内幕信息;(2)利用行贿等非法方法获取内幕信息;(3)从"知情人员"处索取或者刺探内幕信息,或者利用胁迫"知情人员"的方式获取内幕信息;(4)通过私下交易等不正当途径获取内幕信息等。[③] 这些方法手段本身是积极的且具有违法性。但是,刑法理论上对于本身是消极的且并不具有违法性的获取内幕信息的手段(例如,如获取的内幕信息系内幕人员主动告知的,或者行为人无意中听见的,或者行为人拾得他人遗失的内幕信息资料等)是否属于"非法获取"的问题颇有争议。有学者认为,通过消极且不违法的行为获取内幕信息,不属于内幕信息的知情人员,又不属于非法获取内幕信息的人员的所谓的"中性人员",中性人员就是通过既不违法也不合法的中性方式获取了内幕信息并利用该内幕信息获利的人。[④] 也有学者认为,非法获取内幕信息的人员仅指"直接接受或接触第一手情报的人",法律要求这些人负有保密义务,而那些从"直接接受或接触第一手情报的人员"处得到"第二手""第三手"传来信息的人,他们没有保密义务,不能成为内幕交易罪的主体。[⑤] 但是,不同意见认为,"非法获取内幕信息的人员"不仅是指行为人故意地采取非法的手段获得内幕信息,主要是指一种客观上的不法,即除了法律规定的内幕信息的知情人员以

---

① 参见张军主编:《破坏金融管理秩序罪》,中国人民公安大学出版社 1999 年版,第 286 页。
② 参见赵秉志、黄京平主编:《刑法学(下册·刑法各论)》,中央广播电视大学出版社 2003 年版,第 91 页。
③ 参见王作富主编:《刑法分则实务研究》(下册),中国方正出版社 2003 年版,第 546~547 页。
④ 参见喻福东:《证券内幕交易罪概念的重新界定》,载《求索》2006 年第 2 期。
⑤ 参见章惠萍、徐安住:《论内幕交易罪》,载《河北法学》2002 年第 1 期。

外的任何人只要知悉该内幕信息就是"非法"。从理论上来看,刑法理论中向来有主观的不法与客观的不法之争,现在刑法学界一致同意客观的不法说,即不法行为纵非出于故意或过失,或仅系无责任能力人之所为,在客观上亦不免于违法之评价,足以影响行为人之法律地位。如果将这里的"非法"限定为故意的非法,将大大增加指控非内幕人员犯本罪的难度,因为"故意地偷听"和"偶尔地听到"在实践中根本无法区分,司法机关难以取得相应的证据区分两者。①

对"非法获取"的理解不能过于狭窄,仅仅将其限于积极的且具有违法性的方法手段,而应从较为宽泛的角度加以解释。从"非法获得"的内涵分析,实际上应指"不该获得而获得"的情况,其中"不该获得"是指行为人与内幕信息之间并无职务或业务上的信赖关系,也即行为人属于被相关法律法规禁止接触或获取证券、期货交易内幕信息的人员。由此可见,这里的"不该获得而获得"本身就是对特定范围内幕信息知情权的违背。当然,这里的"不该获得而获得"本身并不就可以构成犯罪,行为人如果构成犯罪还需要进一步实施内幕交易或再泄露行为,否则不能构成内幕交易、泄露内幕信息罪。正是因为如此,对于"非法获得"作宽泛理解和解释(不管非内幕信息知情人员是采取什么样的方式,只要最终的结果是获得了其不该知悉的内幕信息,就属于非法获取),并不会扩大内幕信息、泄露内幕信息罪的打击面。

---

① 参见王政勋:《证券、期货内幕交易、泄露内幕信息罪问题研究》,载《中国刑事法杂志》2003 年第 4 期。

第七章

内幕信息的法律判断与风险管理

内幕信息的认定一直是内幕交易、泄露内幕信息罪执法司法实践中的疑难问题,其难点集中于内幕信息未公开性与价格敏感性这两大特征的具体认定。刑法理论有必要结合法律规定与相关案例,在细致地分析内幕信息信息特征的基础上,针对内幕信息认定疑难问题提出司法适用规则与合规建议。

第一节　内幕信息的核心属性

一、未公开性

内幕信息未公开性是指该信息尚未公开,尚未为资本市场上的有关证券、期货投资者所获悉。根据《刑法》第 180 条的规定,内幕信息知情人员、非法获取内幕信息的人员只有在涉及证券的发行,证券、期货交易或者其他对证券、期货交易价格有重大影响的信息尚未公开这一时间节点之前本人、建议他人从事相关证券期货交易或者泄露内幕信息,才构成内幕交易、泄露内幕信息罪。可见,任何信息一旦被公开披露,便由内幕走向公开,内幕人员利用这种信息进行证券、期货交易就成为法律所容许的行为。因此,明确一个信息是否属于未公开的信息就成为界定内幕信息的关键所在，而内幕信息是否公开的认定问题又直接决定着相关行为是否构成犯罪的判断结果。

对于如何判断相关内幕信息是否实际公开，国外学者提出了一种非常重要的理论，即有效资本市场理论（efficient capital markets theory）。根据有效资本市场理论的观点，在一个有效的资本市场中，价格充分地反映了与上市公司有关的市场上的可获取信息。① 由于资本市场中所有的有价值信息都体现在证券价格上，因此，以最快的速度对这些价格反应信息进行操作，可以实现利润最大化。② 特定证券价格等同于投资者对信息的观察结果。③ 某项消息一旦被相当数量的投资者知悉时，相关公司的证券、期货价格便会很快地发生变动，或涨或跌，从而来反映证券、期货公司对市场这种消息的感受与反应。也就是说，当某项消息对资本市场能产生有效影响时，该消息便被认为已经属于公开的消息，反之，则仍属于尚未公开。由此可见，有效资本市场理论强调从市场信息实际公开的角度判断内幕信息是否仍旧处于秘密状态，将这种理论应用于内幕交易犯罪的司法实践，必须在对涉案证券特定时间段内的交易价格、交易量以及历史交易数据进行统计与比对的基础上。美国证券期货法律实践中比较倾向于运用有效资本市场理论，有的联邦巡回上诉法院的判例中明确采用经济学分析方法，对涉案的证券进行数据分析，从证券价格反应的角度判断涉案内幕信息是否实际公开。④ 由于我国资本市场犯罪理论与实践对于有效资本市场理论的理解尚不深入，同时，对于该理论所依托的经济分析，金融理论上仍然存在一定的认识分歧，直接应用于司法实践并不稳妥，所以，我国法律规定以及司法解释并没有采纳有效资本市场理论的观点判断内幕信息是否实际公开。

我国证券法理论中有观点认为，信息公开的标准有三个：其一为在全国性

---

① See Eugene F. Fama, *Efficient Capital Markets: A Review of Theory and Empirical Work*, 25 Journal of Finance 383, 384 (1970).

② See Eugene F. Fama, *Foundations of Finance: Portfolio Decisions and Securities Prices*, Basic Books, 1976, P. 136.

③ See Ronald J. Gilson & Reinier H. Kraakman, *The Mechanisms of Market Efficiency*, 70 Virginia Law Review 549, 552 (1984).

④ See United States v. Nacchio, 573 F. 3d 1062, (10th Cir. 2009).

的新闻媒介上公布该信息；其二为通过新闻发布会公布信息；其三为市场消化了该信息，即市场对该信息已作出反应。[①] 在上述时间节点之前的内幕信息始终处于尚未公开的状态。我国资本市场犯罪理论中有较多观点指出，从信息公布时起到市场传播、消化、分析，从而引起资本市场价格变动的一段时间内，都应认为信息尚未达到公开化的程度。内幕人员在此期间利用该信息进行相关证券、期货合约买卖或建议未知该信息的他人买卖相关证券、期货合约，也应当认定为内幕交易罪。[②] 实际上，我国《证券法》对于信息公开进行了明确规定。《证券法》第 86 条规定："依法披露的信息，应当在证券交易场所的网站和符合国务院证券监督管理机构规定条件的媒体发布，同时将其置备于公司住所、证券交易场所，供社会公众查阅。"我国法律对于证券二级市场信息公开的标准采取的是形式公开的标准。未经合法途径向公众披露的仅为内幕人员知悉的信息，均为内幕信息。所以，只要证实行为人的交割单所载日期先于其交易行为所利用的信息的合法公开日期，就可认定为利用的信息属于"未公开"的信息。

当然，采用形式公开的标准在公平性上确实存在一定的疑问。因为资本市场上的内幕信息一旦公布于众后，一般的投资者事实上需要一定的时间进行消化和理解，而在此之前，掌握内幕信息的人员可能已经早已提前消化和理解了信息的内容。如果有关信息一公布就允许知情人员进行证券、期货交易，对措手不及的广大投资者来说，同样是不公平的。[③] 这里存在的问题便是，内幕信息公开之后多久才算是实际公开？对此，美国司法实践提出了一些具体标准，例如，"新闻发布会后十分钟内""股票行情信息出现在股票行情显示器上之后二分钟内"等。目前我国有关证券法律中对此没有专门规定。我国刑法理论上有观点认为，应当根据本地社会实际情况作出相应的规定。凡是发行人内部人员或者其他知悉内幕信息的内幕人员，必须在重大信息通过相关网站或媒体公布

---

① 参见陈晓：《论对内幕交易的法律规制》，载梁慧星主编：《民商法论丛》第 5 卷，法律出版社 1996 年版。

② 参见董丽静、垄卫：《证券内幕交易、泄露内幕信息罪的司法认定》，载赵秉志主编：《新千年刑法热点问题研究与适用》，中国检察出版社 2001 年版；孙昌军、易建华《关于内幕交易罪几个问题的研究》，载赵秉志主编：《新千年刑法热点问题研究与适用》，中国检察出版社 2001 年版；张军主编：《破坏金融管理秩序罪》，中国人民公安大学出版社 1999 年版，第 267 页。

③ 参见刘宪权：《金融犯罪刑法学专论》，北京大学出版社 2010 年版，第 346 页。

一定时间以后才被允许进入该种股票的交易，否则，或者其利润归公司所有，或者构成内幕交易。[①] 也有学者认为，可以 5 日为限，即规定消息公布后经过 5 日，就认为市场已消化了该信息。[②] 随着信息披露技术的发展，于当前而言，内幕信息的公开问题实际上变得更为明确。根据司法解释的规定，内幕信息的公开，是指内幕信息在国务院证券、期货监督管理机构指定的报刊、网站等媒体上披露。

二、重大性

内幕信息的重大性，又称价格敏感性，其判断问题一直是中外内幕交易犯罪司法实践中一个相当疑难的问题。从国外关于内幕信息价格敏感性的判断实践来看，比较有代表性的是欧盟与美国的法律标准。根据欧盟《市场滥用指令》的规定，价格敏感性是指信息一旦公开将对金融工具交易价格或者交易量造成重大影响。[③] 美国的判例法实践将内幕信息价格敏感性称为实质性（material）。在内幕信息实质性的具体判断上，美国联邦最高法院是以理智投资者作为认定标准，即如果一个理智的投资者在作出投资时，可能认为这个被忽略的事实是重要的，那么它就是重要的。换句话说，这个被忽略的事实公开后，极有可能被理智的投资者看成是改变了自己所掌握的信息的性质，那么，这些事实也就是重要的。如果投资人知道这些消息时，非常可能会认为该信息对他们作出投资决定有重要影响。从投资人的角度看，如果他们将这条消息与他们已经获知的其他消息合并在一起，便会对相关股票的价格给予重新评价。美国法院经常就是以这种理智投资者的可能决定为标准来判断某项消息是否属于“重要消息”。[④]

在我国，有关法律中均规定了内幕信息价格敏感性要素。《刑法》内幕交

---

① 参见张军主编：《破坏金融管理秩序罪》，中国人民公安大学出版社 1999 年出版，第 270 页。

② 参见魏东：《关于内幕交易、泄露内幕信息罪司法认定的若干问题再研究》，载赵秉志主编：《新千年刑法热点问题研究与适用》，中国检察出版社 2001 年版。

③ Directive 2003/6/EC of The European Parliament and of The Council of 28 January 2003 on Insider Dealing and Market Manipulation（Market Abuse），Article 1.

④ See Basic，Inc. v. Levinson，485 U.S. 224（1988）.

易、泄露内幕信息罪的法律规定将之具体表述为"对证券、期货交易价格有重大影响"。我国采用列举的方式具体规定具有价格敏感性信息的内容,具有明确性与相当的可操作性,符合罪刑法定原则的要求,但是,这种列举不可能穷尽一切,尽管《证券法》《期货和衍生品法》《上市公司信息披露管理办法》等设置了一定的兜底条款,但由于缺乏"对证券、期货交易价格有重大影响"中"重大影响"的实质定义,反而又造成内幕信息价格敏感性缺乏一定的可操作性。可见,仍然有必要对有"重大影响"的信息进行实质界定,辅之以列举形式规定的价格敏感性信息类型,从而保证对内幕信息价格敏感性进行科学与准确的认定。

内幕信息不是单纯的静态内容,而是一个从信息萌芽、发展、形成,持续影响证券、期货交易价格直至最后公开的动态过程。如何具体地认定内幕信息形成时间与公开时间,即如何确定内幕信息价格敏感期,在司法实践中存在较大难度。从理论上对规范文本进行分析,内幕信息价格敏感性就是信息对价格的重大影响性,即能够影响理性投资者的投资行为,从而影响证券、期货交易价格。但是,从实践角度对内幕交易行为进行动态分析,我们可以看到,证券期货法律法规所规定的各种类型的内幕信息是上市公司在业务经营、公司治理等企业实践活动以及期货交易、监管、政策制定过程中形成的重大信息,其本身具有从可能性向现实性转化的特点,这种处于变动中的不确定状态决定了在发展过程中的信息是否影响证券、期货交易价格也处于可能性状态。内幕信息价格敏感期时间范围判断的难点在于内幕信息形成时间的确定。由于内幕信息具有复杂性与发展性,司法实践中无法静态地确定一个内幕信息形成时间的判断规则,只能在充分掌握内幕交易法律原理的基础上,采取类型化认定的思路予以具体分析。

第一,只有真实的信息才可能形成内幕信息,但内幕信息的形成并不要求达到具有确定性的程度。

证券市场是信息市场,信息是投资决策的基本依据。谣传、猜测和无根据的信息都不是内幕信息,据此进行的交易也不能认定为内幕交易。处于发展中的真实且确切的信息,尽管尚未实现或构成事实,都应认定其具有真实性。以我国证券市场内幕交易最为多发的资产重组环节①为例,上市公司接受资产注入或进行股权重组,相关信息成为内幕信息的前提在于有证据予以证实。一般而言,资产重组涉及上市公司与资产交易对手方,其运作过程包括资产重组交易对手方的重组设想形成、咨询财务顾问、形成可行性方案、上市公司与交易对手方初步接洽与沟通、形成初步重组方案、就重组协议进行反复协商、形成一致性意见、向证监会进行初步报告、提交正式的资产重组报告、公开重组协议等一系列环节。只要上市公司与资产重组交易对手方就资产重组计划进行实施与推进,就能够证明该信息所指向的重组事项是确实存在的,具备了内幕信息的真实性条件。资产重组推进最终能否确定地转化为事实,实际上还需要视交易双方的谈判与监管层的审核情况而定,但资产重组最终未能实现或者正处于发展阶段,并不影响此前内幕信息的确切存在。因此,在证券内幕信息价格敏感期的认定中,不能根据相关信息未能实现,或相关信息始终处于不确定状态,推论内幕信息始终没有形成。

第二,有关信息发展到可能对证券交易价格产生重大影响的程度实际上就属于法律规定的"有重大影响",即可构成内幕信息,证券交易价格现实的关联性变动可以作为相关信息重大影响的一种有效验证但非必要条件。

影响证券交易价格的可能性是指根据证券市场理性投资者与基本证券常识的判断,有关信息一旦公开,上市公司证券的交易价格在一段时期内与市场指数或相关分类指数会发生显著偏离。例如,有关上市公司收购问题的未公开信息属于内幕信息,相关投资者拟通过定向增发、现金购买股权、股权置换等方式收购上市公司资产,涉及上市公司股权结构、资产的重大变化,其未公开之前显然是与公司重大财务活动有关的内幕信息。根据基本证券常识足以判断相关投资方拟收购上市公司这一信息可能影响该上市公司股票交易价格,属于内幕信息,该信息一旦公开或者泄露,上市公司市值波动势必明显异于同期市场指数波动。

刑法理论上的不同观点认为,内幕信息不能以对资本市场价格有重大影响为构成要件,就如内幕交易并不以交易者是否达到了牟利或避损的目的或在多大程度上达到了该目的为构成条件一样。利用某一尚未公开的重大信息进行

---

① 参见李竞:《我国A股市场资产重组中的内幕交易》,载《经济论坛》2010年第10期。

证券交易时,该信息是否会对证券价格产生重大影响,除了该消息本身外,还取决于许多因素,而且其影响往往要经过一段时间才能显示出来。如果将“对资本市场价格有重大影响”作为认定内幕信息并进而作为认定内幕交易的前提条件或必要条件,那么内幕信息只有在内幕交易行为发生一段时间以后才能认定,并且还会出现这种情况,即某一重大信息在这项交易中可认定为内幕信息,而在另一次交易中则不能被认定为内幕信息,因为它没有对价格产生重大影响。这样,利用尚未公开的重大信息,只要价格未发生重大变化,将不构成内幕交易,禁止证券内幕交易的法律制度,对内幕人员交易行为的限制以及作为这些制度依据的公开、公平、公正原则将难以存在或失去存在的意义。① 有的学者则认为,对证券、期货价格有重大影响的信息必定是重大信息,而重大信息由于其他因素的作用并不都会对证券、期货价格产生重大影响。《刑法》之所以规定内幕信息必须以对资本市场价格有重大影响为构成要件,正是为了强调内幕交易违法行为与内幕交易犯罪行为的区别,也即对于内幕交易违法行为只要利用了《证券法》所列的内幕信息买卖证券、期货即可构成违法;而对于内幕交易犯罪行为则要求较高,必须以对证券、期货价格有重大影响为必要要件,如果行为人只是利用了内幕信息进行证券、期货交易,但并未对证券、期货价格产生重大影响,就不能构成犯罪而只能作为违法处理。对于违法行为与犯罪行为的构成要件作出不同的要求,且构成犯罪的要求严于构成违法的要求,是完全必要的。特别是对于资本市场犯罪的规定更应该如此,如果不强调一些较严格的构成要件要素,实践中就很可能扩大打击面,这样当然不会有利于市场经济的发展。②

然而,我国《刑法》认定某个内幕交易行为是否构成本罪主要采用的是行为无价值论,并以情节严重作为构成犯罪的条件,也就是说只要行为人基于内幕信息进行交易,并符合《刑法》规定的“情节严重”标准,即可构成内幕交易罪。因此,只要行为人实施的内幕交易行为符合上述追诉标准,即使内幕信息最终并没有对证券或期货价格产生重大影响,也可以对行为人以内幕交易罪定罪处

① 参见穆津:《我国禁止证券内幕交易立法与执法的若干问题》,载《深圳大学学报(人文社会科学版)》1997 年第 3 期。

② 参见刘宪权:《金融犯罪刑法学专论》,北京大学出版社 2010 年版,第 350 页。

罚，而并不会出现利用尚未公开的重大信息，只要价格未发生重大变化，将不构成内幕交易的情况。内幕交易、泄露内幕信息罪并不以相关内幕信息对证券、期货价格实际产生重大影响为必要要件。因为对价格是否产生影响取决于证券市场而不取决于这种信息的本身。所以，当相关重大事件发展到可能影响证券、期货交易价格的程度时，就应当认定内幕信息已经形成。

第三，内幕信息本身所具有的类型复杂性特点决定了司法实践中无法设定统一的内幕信息形成时间判断规则，应当根据判例总结各种典型类型的内幕信息形成时间判断经验，合理判断内幕信息是否形成。

在"杭萧钢构"内幕交易案中，内幕信息表现为上市公司签订重大合同，该种内幕信息属于双方的法律行为。司法机关以谈判双方就项目的价格、数量、工期等内容基本达成一致意见之日作为内幕信息形成时间。[①] 这应当是一种合理的认定结论。因为交易双方就合同基本要素达成共识决定了合同成立与生效已经具备了现实的基础，如果将该项可能签订重大合同的信息披露，足以引发上市公司股价波动。虽然无法绝对性地排除谈判双方最终无法签订合同的可能，但信息能否转化为事实并不影响内幕信息的形成时间认定。

在"广发证券"内幕交易案中，内幕信息指向借壳上市，即非上市公司通过将资产注入市值较低的上市公司，得到该上市公司一定程度的控股权，利用其上市公司地位，使非上市公司的资产得以上市。根据证券市场常识与理性投资者标准进行分析，非上市公司确定借壳上市方案之日意味着资产运作行动即将全面展开，可能影响目标上市公司的证券交易价格。司法机关以广发证券内部制作"广发证券股份有限公司借壳上市"方案为基础，确定以辽宁时代、延边公路为备选壳的借壳上市方案之日为内幕信息形成时间，[②]同样是合理的。

在"天山纺织"内幕交易案中，内幕信息指向上市公司资产重组，即由被告人姚某江担任总经理的凯迪投资公司重组上市公司天山纺织。召开非正式会议拟定天山纺织重组之日为内幕信息形成之日。[③] 该项资产重组安排系国有资

---

① 参见陈海鹰、朱卫明、叶建平：《泄露内幕信息罪、内幕交易罪的若干问题探析——由"杭萧钢构案"展开》，载《法治研究》2008 年第 3 期。

② 参见詹志强：《中国"券商内幕交易第一案"内幕》，载《检察日报》2009 年 1 月 22 日，第 6 版。

③ 参见周浙玲：《天山纺织重组内幕交易详情曝光》，载《中国证券报》2011 年 1 月 18 日，第 A8 版。

本主导、引入民营资本,因此,无论会议形式是否正式,会议是否形成重组具体方案,国有资本认可的具体民营资本确定且介入重组之时实际上就可以认为重大资产重组信息已经形成。在"高淳陶瓷"内幕交易案中,内幕信息同样指向上市公司资产重组,即由中国电子科技集团第十四研究所通过资产置换及非公开发行等方式对上市公司高淳陶瓷进行重大资产重组。司法机关将资产重组合作框架第一次书面化的时间认定为内幕信息形成时间。① 虽然重组上市公司高淳陶瓷并非国有资本主导,而是各类市场资本通过交易、安排等措施完成资产重组,但仍然应当以资产交易方的实质性确定这一节点作为内幕信息的形成时间。从高淳陶瓷的重组情况分析,重组框架文件在第一次书面化之后即使经历了不断的修改与完善,但作为重组交易方的中国电子科技集团第十四研究所的内幕自始至终予以保留。故中国电子科技集团第十四研究所重组高淳陶瓷的资产交易总思路一经确定,重组信息事实上就已形成。

从上述对证券内幕交易判例的分析可知,内幕信息类型多样,不同的内幕信息有其特定化的形成逻辑。上市公司重大合同的成立具有双方性与博弈性,只有在合同双方就核心要素达成共识时,才能够认定内幕信息形成。非公众公司借壳上市的主动性集中于今后可能控制上市公司的母公司,非公众公司选定壳意味着其后续采取的措施单方面即可影响上市公司股价,故确定壳公司就代表此类内幕信息形成。上市公司资产重组实际上是上市公司控股股东或实际控制人选择特定对手及其提出的方案,退出上市公司并获取对价的交易过程。上市公司控股股东或实际控制人对于是否进行资产重组具有选择性,因此,只有在其确定交易对手时才能认定内幕信息业已形成。任何脱离上市公司内幕信息的具体类型、发展特点、公司业务实践等判断内幕信息形成时间的意见均不能为司法实践所采纳。

第四,内幕信息价格敏感期截止于信息实际公开之日,即有关信息被证券市场的所有投资者以及社会公众了解与知悉之时。

证券发行人、上市公司必须严格按照《证券法》、证监会《上市公司信息披露管理办法》等规定依法真实、准确、完整地披露信息,所以,在证券发行、交易过程中对证券价格有重大影响的内幕信息的披露规则具有明确的法律规定性。

① 参见苏江:《涨停王高淳陶瓷内幕交易真相》,载《21 世纪经济报道》2011 年 1 月 5 日,第 13 版。

根据《证券法》的规定，对可能对上市公司股票交易价格产生较大影响的内幕信息，上市公司应当按照规定将有关该重大事件的情况向国务院证券监督管理机构和证券交易所报送临时报告，并予公告，说明事件的起因、目前的状态和可能产生的法律后果。信息公告应当在证券交易场所的网站和符合国务院证券监督管理机构规定条件的媒体发布，同时将其置备于公司住所、证券交易所，供社会公众查阅。

基于《证券法》关于信息披露的规定，理论上一般主张适用内幕信息的形式公开标准，即尚未被公众知晓的重大信息在规定的媒体予以发布之时，应当认定内幕信息业已公开。[①] 但也有观点认为应当采纳实质公开标准，即内幕信息按照法定形式披露之后，必须经过一定时间被市场消化，才能认定为内幕信息已经公开。[②] 笔者认为，一般情况下，应以上市公司按照规定的时间与约定的方式通过公众媒体（新闻发布会、网络、报纸、期刊等）向社会公开或者向证监会、证券交易所报告作为内幕信息公开的时间。但是，内幕信息形成之后、尚未通过正式形式公开之前，相关证券交易价格明显异常波动，已被市场消化公开，或者证券专业分析人员通过技术分析推断相关信息，向客户或者公众公开分析结论等，应以市场价格异常波动、公布分析结论等实际公开之日作为内幕信息公开时间。

第二节　内幕信息的形成动态

根据《刑法》第180条的规定，证券、期货交易内幕信息的知情人员或者非法获取证券、期货交易内幕信息的人员，在涉及证券的发行，证券、期货交易或者其他对证券、期货交易价格有重大影响的信息尚未公开前，从事、建议他人从事、泄露内幕信息导致他人从事相关证券、期货交易，情节严重的，构成内幕交易、泄露内幕信息罪；内幕信息的范围，依照法律、行政法规的规定确定。我国

---

① 参见顾肖荣、张国炎：《证券期货犯罪比较研究》，法律出版社2003版，第403页。

② 参见刘宪权：《内幕交易、泄露内幕信息罪若干疑难问题探析》，载《犯罪研究》2003年第2期。

《证券法》第 80 条[①]、第 52 条[②],《期货交易管理条例》第 85 条第 12 项[③]对内幕信息的概念和范围进行了界定。可见,法律禁止特定行为主体在内幕信息形成之后至公开之前从事相关证券、期货交易,故内幕信息的司法判断是准确认定内幕交易犯罪的首要问题。

但内幕信息、上市公司重大事件等内容不是单纯且静态的表达,而是一个从信息萌芽、发展、形成、持续影响证券、期货交易价格直至最后公开的动态过程。如何判断内幕信息价格对证券、期货合约交易价格的重大影响性,即价格敏感性,是内幕信息司法实践判断的最大难题。由于《刑法》《证券法》等均以内幕信息形成与公开作为禁止内幕交易行为的时间节点,故实践中分析相关信息是否具有影响理性投资者的投资行为进而影响证券、期货合约交易价格的特性,实际上就是内幕信息价格敏感期判断问题。《内幕交易解释》第 5 条第 1 款与第 4 款分别以司法解释的形式正式将"内幕信息敏感期"的概念界定为内幕信息自形成至公开的期间,并明确将内幕信息公开标准规定为内幕信息在国务

---

① 《证券法》第 80 条规定:"发生可能对上市公司、股票在国务院批准的其他全国性证券交易场所交易的公司的股票交易价格产生较大影响的重大事件,投资者尚未得知时,公司应当立即将有关该重大事件的情况向国务院证券监督管理机构和证券交易场所报送临时报告,并予公告,说明事件的起因、目前的状态和可能产生的法律后果。前款所称重大事件包括:(一)公司的经营方针和经营范围的重大变化;(二)公司的重大投资行为,公司在一年内购买、出售重大资产超过公司资产总额百分之三十,或者公司营业用主要资产的抵押、质押、出售或者报废一次超过该资产的百分之三十;(三)公司订立重要合同、提供重大担保或者从事关联交易,可能对公司的资产、负债、权益和经营成果产生重要影响;(四)公司发生重大债务和未能清偿到期重大债务的违约情况;(五)公司发生重大亏损或者重大损失;(六)公司生产经营的外部条件发生的重大变化;(七)公司的董事、三分之一以上监事或者经理发生变动,董事长或者经理无法履行职责;(八)持有公司百分之五以上股份的股东或者实际控制人持有股份或者控制公司的情况发生较大变化,公司的实际控制人及其控制的其他企业从事与公司相同或者相似业务的情况发生较大变化;(九)公司分配股利、增资的计划,公司股权结构的重要变化,公司减资、合并、分立、解散及申请破产的决定,或者依法进入破产程序、被责令关闭;(十)涉及公司的重大诉讼、仲裁,股东大会、董事会决议被依法撤销或者宣告无效;(十一)公司涉嫌犯罪被依法立案调查,公司的控股股东、实际控制人、董事、监事、高级管理人员涉嫌犯罪被依法采取强制措施;(十二)国务院证券监督管理机构规定的其他事项。"

② 《证券法》第 52 条规定:"证券交易活动中,涉及发行人的经营、财务或者对该发行人证券的市场价格有重大影响的尚未公开的信息,为内幕信息。本法第八十条第二款、第八十一条第二款所列重大事件属于内幕信息。"

③ 《期货交易管理条例》第 85 条第 12 项规定:"内幕信息的知情人员,是指由于其管理地位、监督地位或者职业地位,或者作为雇员、专业顾问履行职务,能够接触或者获得内幕信息的人员,包括:期货交易所的管理人员以及其他由于任职可获取内幕信息的从业人员,国务院期货监督管理机构和其他有关部门的工作人员以及国务院期货监督管理机构规定的其他人员。"

院证券、期货监督管理机构指定的报刊、网站等媒体披露，在一定程度上解决了部分与内幕信息认定有关的理论分歧与实践争议。①

然而，《内幕交易解释》第5条第2款与第3款②规定的内幕信息形成时间司法认定规则在实践适用中仍然存在较多争议与困惑。笔者认为，未公开信息是对与证券、期货交易价格具有重大影响的事件或者行为发展过程与程度的反映，其动态地展现重大事件或者行为逐步从高度不确定性向可能性乃至现实性的转化。内幕信息是上市公司在业务经营、公司治理等市场活动中或者期货市场政策调整、交易监管中形成的重大未公开信息，内幕信息形成时间认定本质上是对尚未公开信息何时对证券、期货交易价格产生重大影响的量化判断问题。所以，有必要通过基本原理与类型化阐释相结合的方式建构司法判断规则，并通过发布指导性案例细致阐释例外情况，补充司法规则文本解释个案中内幕信息形成时间问题时出现的空缺与不足。

一、法律原则

内幕信息形成时间的司法判断应当秉持分析问题贯通全面性与兼容性的理念，既要根据资本市场现实对内幕信息形成时间进行适度的提前认定，又要在准确评估高风险信息基础上排除其具有重大性的可能。

首先，在判断信息是否对证券、期货交易产生重大影响时，应避免内幕信息

① 在《内幕交易解释》发布前，理论与实践中对内幕信息公开标准的意见并不一致。有的观点主张适用形式公开标准，即尚未被公众知晓的重大信息在证券监管机构指定的媒体予以发布之时，应当认定内幕信息业已公开。参见张小宁：《论内幕交易罪中"内幕信息"的界定》，载《昆明理工大学学报（社会科学版）》2009年第3期；顾肖荣、张国炎：《证券期货犯罪比较研究》，法律出版社2003年版，第403~404页。但也有观点认为应当采纳实质公开标准，即内幕信息按照法定形式披露之后，必须经过一定时间被市场消化，才能认定为内幕信息已经公开。参见陈海鹰、朱卫明、叶建平：《泄露内幕信息罪、内幕交易罪的若干问题探析——由"杭萧钢构案"展开》，载《法治研究》2008年第3期；刘宪权：《内幕交易、泄露内幕信息罪若干疑难问题探析》，载《犯罪研究》2003年第2期。《内幕交易解释》采取了形式公开标准，避免了实质公开标准的不确定性。

② 根据《内幕交易解释》第5条第2款与第3款的规定，一般情况下，内幕信息形成时间与可能对证券、期货价格产生重大影响的上市公司"重大事件"、"计划"、"方案"以及期货市场"政策"、"决定"的形成时间是一致的；特殊情况下，由于影响内幕信息形成的动议、筹划、决策或者执行人员对其行为所带来的市场影响具有较高的确信度，其动议、筹划、决策或者执行的初始时间，应认定为内幕信息形成之时。

重大性认定标准成为保障资本市场投资者权益的障碍。

尚未公开的信息发展到会对证券、期货交易价格产生重大影响的程度即形成内幕信息,信息所对应的事件是否发生以及交易价格现实的关联性变动可以作为信息重大影响的有效验证但非必要条件。例如,有关上市公司收购的未公开信息并不需要等到收购方案成型或者收购交易实施才能认定内幕信息形成,在上市公司收购交易双方启动磋商时,根据基本证券常识足以判断相关投资方拟收购上市公司这一信息可能影响该上市公司股票交易价格,该信息一旦公开或者泄露,上市公司市值势必明显波动,故早在收购磋商初期之前,完全可以得出内幕信息形成的判断。所以,与证券、期货发行与交易有关的事实所蕴含的信息是否具备重大性,应当就该事实的现实发展情况进行分析,而不能机械地将信息具有重大性的时点固定在证券期货法律规范规定的特定重大事件、事实确定发生之时。

其次,内幕交易中未公开信息重大性判断原则上不能与虚假陈述中的未公开信息重大性判断问题进行混同理解。

全球资本市场法律规范对证券欺诈监管设置了一项相同的标准:利用上市公司内部信息从事证券交易,或者违规披露、不披露上市公司信息,只有在该信息具有重大性时,才可能构成内幕交易或虚假陈述。理论上有观点认为,虚假陈述与内幕交易中的信息重大性判断问题适用相同法律规则。① 但在实践中,虚假陈述与内幕交易往往又适用不同的信息重大性判断规则。例如,理性投资者规则与市场影响规则是美国联邦法院系统判断虚假陈述案件中信息是否具有重大性的两大重要标准。根据理性投资者规则,信息重大性应当考察虚假陈述的事实对于理性投资者的价值。理性投资者会认为相关事实对于决定如何实施投资行为是重要的,或者对于理性投资者来说,披露相关事实很可能会显著地改变中所能够获取的信息总和所反映的市场认知,则构成重大信息。② 相关信息具备重大性并不意味着理性投资者必定会基于该信息的介入而改变投资决策,③而是指上市公司内部人控制的与证券投资有关的重大信息,如果被资

① See Thomas Lee Hazen, *The Law of Securities Regulation* (*5th ed.*), West Group, 2005, p. 284.

② See TSC Industries, Inc. v. Northway, Inc., 426 U. S. 438, 449 (1976).

③ See S. E. C. v. Mayhew, 121 F. 3d 44, (2d Cir. 1997).

本市场中的其他理性投资者掌握，并结合市场中其他与该上市公司有关的信息，该理性投资者可能对证券进行重新估价。① 根据市场影响规则，重大性是判断虚假陈述违法犯罪案件是否成立的首要条件，信息重大性应根据信息披露之后上市公司证券交易价格的即时变动或合理时间范围内的变动予以分析。② 尽管这两大信息重大性判断标准在司法判断客观性尺度把握层面存在内在冲突，但其均强调构成虚假陈述的前提，即未公开信息的重大性，应当着眼于信息之于市场或者市场参与者的现实或者可预期的效果。而在美国内幕交易判例实践中，尚未公开的信息重大性（也就是内幕信息形成时间）判断主要适用“发生概率—影响程度”规则：相关信息是否具有重大性取决于对特定时间该信息所反映的事件的发生概率以及该事件发生对于上市公司的预期影响程度的具体权衡，即若某项尚未披露的信息与法律规定的重大事件等相关，则该信息在特定的时间节点是否对于证券交易价格具有重要影响，应该结合该项事实的发生概率与重大事件实际发生时对上市公司经营活动的影响程度这两个因素进行判断。③ 可见，内幕交易案件信息重大性判断明显突出信息所对应的事实的质④与量⑤对于信息是否具有价格敏感性的直接影响，并且这种影响性的判断更侧重于从市场经验与投资心理的主观角度进行衡量。

笔者认为，上市公司重大事件、重大经营行为等是一个持续演进与不断发展的过程，相关信息在反应事件或者行为进程时具有多个发展阶段。在信息发展过程中，禁止从事内幕交易的时间起点，即信息具备重大性的时间，与应依法披露的信息具备重大性的时间，应适用不同司法判断标准——内幕信息形成时间应当早于开始具有披露重大信息义务的时间。因为较早地认定信息具有重大性而强制上市公司进行披露可能会损害上市公司利益（例如，在并购交易初

---

① See Stefan Padfield, *Who Should Do the Math? Materiality Issues in Disclosures that Require Investors to Calculate the Bottom Line*, 34 Pepperdine Law Review 927, 933 (2007).

② See In re Merck & Co. Inc., Securities Litigation, 432 F. 3d 261 (3d Cir. 2005). 基本案情：原告对默克制药公司及其高管提起证券欺诈集团诉讼，声称被告在2002年首次公开发行过程中通过不恰当的财务手段对子公司资产剥离问题进行误导性陈述。美国联邦第三巡回上诉法院认为，默克制药公司重新披露子公司资产问题后证券交易价格并未立即或者及时变动，故不能认定该项信息具有重大性。

③ See SEC v. Texas Gulf Sulphur Co., 401 F. 2d 833, 849 (2d Cir. 1968).

④ 例如，事实的具体性质是并购重组还是财务变化。

⑤ 例如，事实的发生概率是25%、50%还是75%。

期就要求对磋商情况进行披露,会刺激市场反应,导致投资者或投机者大量购买目标公司证券,从而推高收购成本,甚至造成交易价格所依赖的证券市场价格畸高而取消并购计划),或者误导投资者(例如,披露并购初期信息后,市场预期并购最终将会发生从而大量做多目标公司证券,但由于并购初期磋商远未涉及并购交易核心问题,在后续谈判中由于双方无法达成一致意见、执行困难等原因而出现并购失败,目标公司证券价格暴跌,投资者产生重大损失)。而在上市公司重大事件、经营行为发展阶段的早期就将反应事件内容的信息界定为重大信息,不仅与市场交易行为总是对信息进行提前反应的现实相契合,而且能够通过内幕信息形成时间的提前认定压缩内部人交易时间,相对有效地提升知情人员在未公开信息性质模糊的存续时间进行内部人交易的成本。因此,内幕交易中的重大性标准显然低于虚假陈述,实践中应确立内幕信息形成时间显著早于重大信息披露义务生成时间的基本原理。

最后,与上市公司重大事件、期货交易政策等有关的信息确实处于高度不确定状态的,基于该信息而实施的金融交易具有高度风险,知情人员从事的此类高风险投机交易不应构成内幕交易。

实践中,上市公司可能从事的重大行为或者可能发生的重大事件,早在内幕信息形成之前,通常就已经处于信息保密的范畴,只有一定范围内的内部人员才有可能接触,市场外部投资者对并购最前期的信息无从知晓。这固然是信息掌控上的客观不平等。但是,反内幕交易法律规范与司法实践没有必要过度放大上市公司内部人与外部投资者之间的信息获取与判断能力落差,从而忽视了内部人员利用高度不确定信息进行交易本身所具有的风险性。资本市场应允许、甚至必须坚持信息能力的差异,否则,如果市场信息评估结论完全一样,就不存在价格分歧,资本市场资源优化配置的功能也就受到了根本性冲击。反内幕交易制度规制的应当是利用理性投资者认为会影响证券价格的未公开信息从事交易的行为,因为这种交易被广泛认定为没有风险或风险极低且不公平地局限于内部人员才能进行操作。信息尽管与会引发证券价格波动的重大事件相关,但若其处于前期高度不确定状态,这意味着基于此类信息所从事的交易同样蕴含着高度风险,不应认定此类尚未公开的信息已经发展为内幕信息。因此,不应规制资本市场中基于此类信息实施的高风险投资或投机。

二、信息类型化判断规则

内幕信息本身所具有的类型复杂性特点决定了必须选择典型内幕信息归纳类型化内幕信息形成时间判断规则。信息重大性应根据个案中交易行为的特征以及相关事实的进展模式进行具体分析，判断上市公司运作过程中的相关信息何时具备重大性事实上并不存在一元化的法律标准。[①] 这种意见正确地强调了信息重大性判断必须建筑在大量事实分析的基础之上，但在内幕信息形成时间判断实践中，并非不能选择特定的内幕信息类型化特征抽象出一些核心规则。相反，在并购重组、财务信息披露等典型、高发、市场共识较为集中的环节，完全可以对内幕信息形成时间的规律进行类型化阐释。

1. 并购重组内幕信息形成时间判断

并购重组环节是我国内幕交易犯罪案件的重灾区。[②] 2008 年至 2011 年，在证监会调查或者移送公安机关的内幕交易案件中，近一半为并购重组过程中的内幕交易。由于一些并购重组项目决策环节多，直接涉及的知情人员多，内幕信息保密具有相当难度。[③] 故当前实践中行为人主要是利用并购重组过程中形成的内幕信息进行非法交易。在美国资本市场中，SEC 早期查处的比较著名的内幕交易案件[④]基本上都是在并购环节发生的。在近几十年的金融实务中，由于并购交易中的收购方通常会向目标公司股东支付较高的溢价，并购信息对于目标公司证券交易价格上升预期具有极为重要的价值，从中实施内幕交易的利益可观，故并购环节的内幕交易是全球资本市场以及司法实践极为关注的主要违法犯罪类型。所以，有必要重点分析并购重组中内幕信息形成的现实规律与判例经验，建构类型化规则，并以此为经验与逻辑基础，逐步研究与重大合同、业绩发布、经营变化等有关的其他内幕信息类型的司法规则。

---

① See Radiation Dynamics, Inc v Goldmuntz, 464 F2d 876, 888, (2d Cir 1972).

② 参见郑晓波：《内幕交易势头得到一定程度遏制》，载《证券时报》2011 年 4 月 6 日，第 A2 版。

③ 参见许志峰：《内幕交易颠覆股市根基》，载《人民日报》2012 年 5 月 25 日，第 10 版。

④ 当时比较有影响的案件是 Ward La France 卡车公司内幕交易案。Ward La France 公司在没有披露其正在进行的公司股权转让磋商的情况下，于磋商首日直至并购双方就交易价格达成口头一致性意见，在场外市场购买本公司证券。SEC 认定上市公司未公开的控制性股权溢价转让或者重大资产交易磋商信息构成内幕信息。参见 Ward La France Truck Corp, 13 SEC 373 (1943)。

我国上市公司并购重组环节内幕交易案件判例基本上将上市公司及相关并购重组方等拟交易主体确定的时间认定为内幕信息形成之时：(1)在“延边公路”内幕交易案中，非上市公司广发证券拟通过资产注入的方式控股上市公司。广发证券确定收购对象意味着上市公司收购计划即将全面展开，会对收购对象的股票运行价格产生重要影响。该案内幕信息形成时间被认定为广发证券制作借壳上市方案并拟定以辽宁时代、延边公路为备选收购对象之日。[①] (2)在“天山纺织”内幕交易案中，被告人姚某江任总经理的凯迪投资拟对上市公司天山纺织进行资产重组。召开非正式会议拟定天山纺织重组之日被认定为内幕信息形成之日。[②] 以国有投资主体为主导的引入民营资本重组上市公司，国有资本确认上市公司交易对手方之时，意味着上市公司重大资产重组即将展开。(3)在“高淳陶瓷”内幕交易案中，中国电子科技集团第十四研究所拟通过资产置换及非公开发行等方式对上市公司高淳陶瓷进行重大资产重组。资产重组合作框架第一次以书面化的形式确认中国电子科技集团第十四研究所作为上市公司资产重组交易方之日被认定为内幕信息形成时间。[③] (4)在“创兴科技”内幕交易案中，上市公司创兴科技实际控制人上海祖龙公司董事长陈某生计划将其控制的上海振龙房产公司有关资产注入创兴科技。由于上市公司资产重组交易双方都处于单一行为主体的实际控制之中，重组是否进行完全取决于实际控制人的意志，故被告人陈某生会同创兴科技高管以及证券中介商讨资产注入方案之日被认定为内幕信息的形成时间。[④] (5)在“中山公用”内幕交易案中，上市公司中山公用科技股份公司的控股股东中山公用事业集团股份公司计划将中山公用事业集团股份公司整体资产注入中山公用科技股份公司从而实现集团公司整体上市。由于中山公用事业集团股份公司系国有资本控股，中山公用事业集团股份公司重大资产处置需要经过行政审批程序，故中山公用事业集团股份公司董事长向原中山市委书记陈某楷汇报集团公司资产注入中山公

---

① 参见詹志强：《中国“券商内幕交易第一案”内幕》，载《检察日报》2009 年 1 月 22 日，第 6 版。

② 参见周浙玲：《天山纺织重组内幕交易详情曝光》，载《中国证券报》2011 年 1 月 18 日，第 A8 版。

③ 参见苏江：《涨停王高淳陶瓷内幕交易真相》，载《21 世纪经济报道》2011 年 1 月 15 日，第 13 版。

④ 参见吕蕾：《资产注入遭遇“暗礁”行政认定函能否推定其罪——专家热议证券内幕交易的“罪与非罪”》，载《上海法治报》2010 年 7 月 9 日，第 A8 版。

用科技股份公司计划之时被认定为内幕信息的形成时间。①

可见,并购本质上是上市公司股东或其实际控制人与特定交易对手之间的资产交易,股东或实际控制人出让部分股份或者整体退出上市公司,交易对手方支付对价,故并购拟交易双方到位或确定之时,可认定为内幕信息形成。② 司法实践在理解该类型化规则时,应注意以下要点。

其一,具有并购意向的公司一般只有在互相直接接触或者通过投行等中介机构协助接触的基础上才有可能确定拟交易对象并进行初步磋商。

从逻辑上分析并购交易的行为过程,接触事实发生在前,交易主体确定在后。因此,原则上不能认为处于"过于初始阶段的接触信息"③具有重大性。因为目标公司与收购方的管理层均极有可能在接触之后直接否定展开初步磋商的必要性,即排除对方成为拟交易对手。并购的自然过程通常最先表现为寻求收购或者被收购的行为,即收购方(被收购方)或者其委托的公司管理人员主动接触被收购方(收购方),在基本排除接触环节相关事实所形成的信息具有重大性的前提下,后续环节中的被接触方的反应对信息重大性认定显得极为关键。一旦被接触方开始对主动接触方的收购提议表现出部分认同倾向时,可认定交易主体已经确定。

其二,结合阶段性市场热点、潜在并购双方股东的持股情况、上市公司股价波动、内部人交易行为等要素,在部分情况下,即使没有证据显示并购重组意向的公司之间有过直接接触,也可根据收购方确定目标公司的事实判断并购重组交易双方已经到位,进而认定内幕信息已经形成。

资本市场不时会出现阶段性的并购交易热点行业或者公司。在对并购重组充满欲望的资本市场或者阶段性市场背景下,任何单方面的并购重组计划都极有可能成为市场关注焦点,并购意向或者规划方案中确定的潜在交易对手即

---

① 参见黄建屏、梁美:《李启红等内幕交易、泄露内幕信息案》,载最高人民法院刑事审判一至五庭主办:《刑事审判参考》第83集,法律出版社2012年版。

② 参见谢杰:《内幕交易罪若干疑难问题的实践认定》,载《吉林公安高等专科学校学报》2011年第5期。

③ See Mill Bridge V., Inc. v. Benton, 2010 WL 5186078 (E.D. Pa. 2010). 该案所涉及的信息由于处在过于初始的并购接触阶段而被法院认定为不具有重大性。

使处于交易流程的初步阶段,也不能阻碍该信息具有重大性的判定。① 即使潜在的并购交易双方尚未进行明显的或者有证据表明的接触,上市公司证券价格可能已经出现显著波动。同时,潜在并购双方具有同一股东或实际控制人,并且内部人员已经开始从事内部人交易的,尚未公开的并购信息即使处于早期阶段,仍可基于知情人员的态度以及交易行为,推论该信息具有重大性。因为如果信息知情人员纷纷从事内部人交易并导致证券价格产生异动,意味着内部人已经认识到了信息重大性,这显然可以作为推论信息具有重大性的关键要素。②在这种市场环境、证券价格、股权关系、内部人交易情况等各项指标已经显示并购重组迹象的情况下,并购交易中具有主动权的一方锁定一个或者多个交易对手方时,可以认为交易双方已经到位或者确定。③ 对于由上市公司启动的并购重组来说,这种资产交易实际上是上市公司控股股东或实际控制人选择特定对手及其提出的方案,退出上市公司并获取对价的交易过程。上市公司控股股东或实际控制人对于是否进行资产重组具有主动性与选择性。在其通过并购可行性论证等确定主要交易对手的方案时,并购对手方已经处于相对确定状态,可以认为拟交易主体就位。相应地,非公众公司收购上市公司的,其主动性集中于今后可能控制上市公司的母公司,非公众公司通过方案论证等选定借壳上市的壳资源,意味着其后续采取的措施单方面即可影响上市公司股价,故确定壳公司就代表并购重组的交易双方已经确定。

其三,在上市公司与并购交易对手方为同一主体实际控制的情况下,所谓的并购交易双方的接触、确定、启动初步磋商等都是实际控制人的主观意志,客观上难以分理出明显且独立的选择、确定交易对手的事实,只能将内幕信息形

---

① 分析资本市场阶段性地高度关注并购交易这一市场环境对于认定内幕信息形成时间影响问题的判例,参见 U. S. v. Teicher,987 F. 2d 112,(2d Cir. 1993)。

② See S. E. C. v. Geon Industries,Inc. ,531 F. 2d 39,47,48 (2d Cir. 1976).

③ 在上述“延边公路”内幕交易案中,广发证券于 2006 年 5 月 10 日形成“广发证券股份有限公司借壳上市”这一内部方案,明确将辽宁时代和延边公路作为备选的借壳上市目标公司且制定了详尽的借壳上市推进计划。尽管上市公司延边公路于当日晚间公告称其主要股东和管理层未与广发证券就借壳上市事项有过任何接触,股改工作尚处前期筹备阶段。但从股权关系来看,吉林敖东药业集团股份公司分别为广发证券的股东与上市公司延边公路的控股股东。当时正值券商借壳上市这一市场热点的阶段性爆发阶段。延边公路自 2006 年 4 月 25 日至 5 月 10 日收盘,7 个交易日累计涨幅达 74%;其中,4 月 26 日尾盘触摸涨停之后,4 月 27 日至 5 月 10 日连拉 5 个涨停板。参见余风:《延边公路暴涨谜团深交所彻查广发证券》,载《第一财经日报》2006 年 8 月 2 日,第 A1 版。

成时间顺位推移至与之相隔最近的时间节点——实际控制人、上市公司及相关资产管理人员、证券交易中介等初步磋商的开始时间。[①]

根据《内幕交易解释》第 5 条第 3 款的规定,影响内幕信息形成的动议、筹划、决策或者执行人员,其动议、筹划、决策或者执行初始时间,应当认定为内幕信息的形成之时。但对于完全由实际控制人操控的并购重组项目来说,实际控制人是影响且参与整个内幕信息发展过程的最终决策者,并购程序中的未公开重大信息是否形成,只能着眼于实际控制人的行为而非其他动议者、筹划者或者执行者的行为。美国纽约南区法院[②]在新近的内幕交易判例中指出,在参与计划进行并购的公司管理者本身是公司实际控制人的情况下,由于其有权决定是否使交易程序继续进行、是否推进交易计划等,其实际态度及行动对于判断并购概率具有直接的效果。[③] 然而,具体如何判断实际控制人的"实际态度及行动",该判例并未给出更为细致的规则。笔者认为,实际控制人全局主持下的并购重组本质上是将其本人实际控制的其他资产与上市公司资产在二者之间进行再度配置,实际控制人之外的行为主体进行动议或者筹划,其确定性存在很大的疑问,而实际控制人本人的动议或者筹划,很大程度上是一种主观性的思考,一般不具有外部的、直观的表征。因此,只有在客观化的初步磋商启动时才能确认实际控制人控制下的上市公司的交易对手方。这种认定结论的规则依据仍然是并购重组的交易主体到位,并且是《内幕交易解释》上述原则性条款的具体化。

2. 财务类内幕信息形成时间判断

与证券发行人有关的财务信息对于证券交易价格均具有影响,财务报告等信息披露事项是资本市场投资者最为关注的资讯,而财务预期则是在财务信息尚不完全确定时投资者进行资本配置决策的核心参考要素。在财务报告尚未制作完毕之前,基于财务资料形成的上市公司财务预期具有现实的不确定性,但由于财务预期与上市公司盈利与亏损具有直接联系,财务预期对于证券定价

---

① 在实际控制人为国有资本投资主体的情况下,所谓的初步磋商实际上等同于将并购计划向行政负责人进行汇报。

② 美国纽约南区法院是联邦一审法院中最活跃与最重要的单位,其审理的金融案件通常具有标杆价值。这主要是由于其管辖范围覆盖了纽约的主要金融中心。

③ See S. E. C. v. Wyly, 788 F. Supp. 2d 92 (S. D. N. Y. 2011).

来说具有重要参考价值。因此，涉及财务的未公开信息形成时间判断同样是需要重点研究的类型化规则。

我国《证券法》规定了证券交易活动中涉及公司财务的重大未公开信息构成内幕信息，列举了各种构成内幕信息的重大事件以及其他对证券交易价格具有重大影响的信息类型，但并未就涉及公司财务的内幕信息进行内涵界定与类型归纳。对于涉财务内幕信息界定问题，理论上有观点认为，与证券发行公司资产、获利有关的发行公司本身内部变化或者营运情形的未公开信息，属于涉及公司财务的内幕信息，上市公司内部人在此类信息未公开时在相关证券交易中加以利用的，构成内幕交易。[①] 这种广义的界定模式将除上市公司重大人事变动之外的，包括公司经营、资产、股权变动等在内的几乎所有重大信息均归类为涉财务内幕信息，对财务信息进行了宽泛的理解，即将以非财务资料形式呈现的与上市公司经营业绩有关的非财务信息纳入财务信息的范畴。而上市公司财务信息实际上是以货币性数据资料为核心的、呈现公司资本动态的运动的信息，主要包括资产负债表、全面收益表、股东权益变动表、现金流量表。[②]

因此，笔者认为，涉及财务的内幕信息应当是与上市公司经营业务的收益与亏损直接关联的、以财务资料形式呈现的重大未公开财务信息。结合《证券法》有关内幕信息范围界定的规定、证监会或证券交易所关于财务信息披露的规章与规则以及反内幕交易法律实践[③]，我国资本市场中的上市公司涉财务内幕信息类型具体包括：(1)上市公司年度报告、中期报告、季度报告以及业绩预告[④]；(2)重大收益、亏损；(3)债务担保，资产抵押、报废的重大变更；(4)重大债务以及违约未能清偿到期重大债务。

---

① 参见林俊宏、黄鉌淳、许碧真：《从讯谍案谈内幕交易民事赔偿责任之相关问题》，载《法官协会杂志》(第7卷第2期)2012年12月。

② International Accounting Standard 1 (ISA 1), Presentation of Financial Statements, International Accounting Standards Board.

③ 应当看到，上市公司资产出售、股权变更、收购以及重大合同签订等均与上市公司资产负债表直接关联，此类信息在尚未公开时显然应当属于涉财务内幕信息，但由于反内幕交易法律实践对涉及并购重组、重大合同的内幕信息认定问题已经积累了长期、相对稳定、类型化的法律经验与规则逻辑，基于资本市场监管现实的考量，需要对此类内幕信息类型进行独立分析。

④ 我国《证券法》《公司法》并未就上市公司季度报告与业绩预告问题作出规定。有关上市公司季报与业绩预告信息披露的规定，参见中国证券监督管理委员会《上市公司信息披露管理办法》以及《深圳证券交易所上市公司信息披露工作指引第1号——业绩预告和业绩快报》等。

利用与证券或者证券发行人财务有关的重大未公开信息从事内幕交易主要表现为两种行为模式:一是通过财务信息造假的方式违规披露重大信息,利用该信息从事相关证券交易。例如,在财务报告中虚构营收等,在财务利好信息发布后卖出相关证券。二是通过不披露重大财务信息或者滥用已知的未公开重大财务信息,从事相关证券交易。例如,明知上市公司月度营收显著降低、明显减产、库存激增、重大亏损,在季报公开前卖出证券避损或者卖空证券获利。对于前一种行为模式来说,虚假、伪造的财务信息生成时间实际上就是内幕信息形成时间,在法律适用上并不存在过多障碍。在后一种行为模式中,由于各种财务资料逐渐累积为财务报告或者重大盈利、亏损结论是一个量变到质变的动态发展进程,判断特定时间节点的财务资料或者信息集合具备重大性存在相当困难,需要进行具体分析:

其一,根据我国证券法律、法规、规章以及交易所规则的规定,上市公司定期报告(年度、中期报告)应当披露对证券投资决策和价值判断具有重大影响的信息,[①]财务信息披露范围[②]基本覆盖了与上市公司经营与财务有关的所有资讯。相关报告制作完成之时即为内幕信息形成时间,直至报告披露,均应当禁止泄露或者基于该信息从事相关证券交易。应当强调的是,定期财务信息强制性披露只是在特定的时间节点上对已经客观存在的财务事实所进行的事后揭示,无法监管发生在各个定期财务报告公布日期间[③]发生的重大财务信息披露

---

① 《上市公司信息披露管理办法》第 12 条规定:"上市公司应当披露的定期报告包括年度报告、中期报告。凡是对投资者作出价值判断和投资决策有重大影响的信息,均应当披露。年度报告中的财务会计报告应当经符合《证券法》规定的会计师事务所审计。"第 13 条规定:"年度报告应当在每个会计年度结束之日起四个月内,中期报告应当在每个会计年度的上半年结束之日起两个月内编制完成并披露。"

② 《上市公司信息披露管理办法》第 14 条规定:"年度报告应当记载以下内容:(一)公司基本情况;(二)主要会计数据和财务指标;(三)公司股票、债券发行及变动情况,报告期末股票、债券总额、股东总数,公司前十大股东持股情况;(四)持股百分之五以上股东、控股股东及实际控制人情况;(五)董事、监事、高级管理人员的任职情况、持股变动情况、年度报酬情况;(六)董事会报告;(七)管理层讨论与分析;(八)报告期内重大事件及对公司的影响;(九)财务会计报告和审计报告全文;(十)中国证监会规定的其他事项。"第 15 条规定:"中期报告应当记载以下内容:(一)公司基本情况;(二)主要会计数据和财务指标;(三)公司股票、债券发行及变动情况、股东总数、公司前十大股东持股情况,控股股东及实际控制人发生变化的情况;(四)管理层讨论与分析;(五)报告期内重大诉讼、仲裁等重大事件及对公司的影响;(六)财务会计报告;(七)中国证监会规定的其他事项。"

③ 例如,上市公司上年度财报披露之后、本年度季报制作完成之前;中期报告披露之后、第三季度报告制作完成之前;本会计年度结束、年度财报制作完成之前等。

与内幕交易问题。根据相关信息披露法律规范要求,定期报告空档期出现财务情况重大变动,应当通过业绩预告①、临时报告②等方式进行财务信息披露,但对于财务信息知悉人员何时应当禁止从事相关证券交易问题,在认定规则层面仍是空白。③ 笔者认为,在所有涉及财务的内幕信息类型中,上市公司债务(违约)、担保等重大财务变动情况信息具有明显的事件指向性,即系列事实以一元化的线性态势按照时间顺序逐步发展为特定事件。故实践中完全可以直接根据事实进程时间轴上的特定节点确定内幕信息形成时间与重大信息披露时间——此类重大财务事件发生后,上市公司应当立即披露;出现明显的债务违约、承担担保义务、担保责任等事实(例如,被担保人资不抵债等)之时,应当认定为内幕信息形成时间,在信息披露之前禁止知悉该信息的人员从事相关证券交易。

其二,对于上市公司重大担保、债务违约之外的其他未公开财务信息,例如,上市公司出现重大亏损或者相对于上一次定期报告出现大幅度盈利增长,由于其并不具有事件指向性或者特定性,是各种交易累计基础上的经营数据信息,确实难以勾勒出信息初步生成、具备重大性、最终确定发生的线性发展流

① 《上市公司信息披露管理办法》第 17 条规定:"上市公司预计经营业绩发生亏损或者发生大幅变动的,应当及时进行业绩预告。"第 18 条规定:"定期报告披露前出现业绩泄露,或者出现业绩传闻且公司证券及其衍生品种交易出现异常波动的,上市公司应当及时披露本报告期相关财务数据。"

② 《上市公司信息披露管理办法》第 22 条第 1 款规定:"发生可能对上市公司证券及其衍生品种交易价格产生较大影响的重大事件,投资者尚未得知时,上市公司应当立即披露,说明事件的起因、目前的状态和可能产生的影响。"第 24 条规定:"上市公司应当在最先发生的以下任一时点,及时履行重大事件的信息披露义务:(一)董事会或者监事会就该重大事件形成决议时;(二)有关各方就该重大事件签署意向书或者协议时;(三)董事、监事或者高级管理人员知悉该重大事件发生时。在前款规定的时点之前出现下列情形之一的,上市公司应当及时披露相关事项的现状、可能影响事件进展的风险因素:(一)该重大事件难以保密;(二)该重大事件已经泄露或者市场出现传闻;(三)公司证券及其衍生品种出现异常交易情况。"

③ 典型情形表现为:2011 年 3 月 18 日,汉王科技发布 2010 年年报,全年总收入突破 12 亿元,较 2009 年增长 112.71%,实现净利润 8790.16 万元;汉王科技股价当日最高涨幅逼近 6%。在紧随其后的一个交易日(3 月 21 日),汉王科技 9 名高管合计减持 120 万股该公司股票,股价在 75 元左右。然而,4 月 18 日,汉王科技股价暴跌 6%,收盘 66.61 元。汉王科技随即公布利空信息,一季报预亏 4000 万至 5000 万元;4 月 19 日,汉王科技逼近跌停。4 月 28 日汉王科技转增 10 股后,股价下跌 4.78%,收盘 25.7 元。4 月 30 日,汉王科技发布第一季度业绩报告,半年预亏 9000 万元,股价最低跌至 23.90 元。截至 5 月 20 日收盘,汉王科技股价跌至 19.89 元。在 2010 年报公布之后、第一季度巨亏以及中报预期预亏之前,汉王科技高管紧急且精准减持,资本市场哗然以及法律人士指出汉王科技高管涉嫌虚假陈述、内幕交易之余,并未及时出现针对上市公司及其高管的虚假陈述民事诉讼以及内幕交易行政调查。参见孙勇杰:《内幕交易撞枪口　汉王科技退市疑云》,载《时代周报》2011 年第 51 期。

程,只能将信息披露义务与内幕交易禁止中的信息重大性实质标准进行同一化处理,即未公开的财务资料或者经营数据反映出上市公司重大财务变动时为内幕信息形成时间或者信息披露义务生成时间。① 对于如何具体把握“重大”财务变动,内幕交易司法实践中有观点认为,由于上市公司内部人能够掌握销售业绩、月度营收、市场动态、税前损益等信息,就上市公司内部对于其证券交易价格具有影响的财务变动情况而言,上市公司内部人主观上处于确知或者应知的状态。在诸如月度营收等财务信息变化之后、财务报告定期发布之前,信息知悉人员从事相关证券交易的,应当以内幕交易进行定罪处罚。这种观点实际上忽略了财务情况变动“重大性”的量化尺度。

笔者认为,上市公司出现对财务有一定影响的信息(例如,订单数量下降、营收减少),信息知悉人员便不能买卖相关证券,或者上市公司应当立即披露该信息,这显然会过度突出信息对于证券定价的价值或者引起资本市场中的投资者对财务信息进行过度反应。同时,上市公司盈利或者亏损是一个财务数据的累积过程而非事件发展进程,盈利增长或者出现亏损完全可能是暂时的(例如月度亏损),难以涵盖上市公司阶段性的财务结论(例如季度、半年财务报告),财务信息定期披露时可能被其他经营数据所稀释。此外,出于维护上市公司商业利益的需要,严格地限制内部人交易或者积极地披露短期经营数据,可能导致上市公司在业务开展上出现不利的连锁反应(例如,上市公司披露本月订单数量大幅下降是因为某重要采购商不再续订,可能会引起其他采购商紧张、恐慌甚至直接撤单等)。所以,仅仅出现订单撤销、营收减少等财务动向并不能认为相关信息已经具备了重大性,对于证券交易价格具有重大影响的财务信息应当是重大亏损或者重大盈利信息。而亏损与盈利都是以数据形式出现的财务发展趋势或者财务结论,故关键在于设定一个合理的趋势指标或者数值范围,以此为基础并结合当时资本市场中有关该证券定价的具体认识,确认亏损或盈利信息对于证券交易价格的影响是重大的。

笔者建议,经营数据反映出上市公司财务出现以下情形的,应当认定该数据信息具有重大性,应当禁止知悉人员从事相关证券交易,并及时披露该重大

① 由于上市公司出现重大亏损、扭亏为盈、盈利增速等并不具有事件性,故上市公司应当以业绩预告的形式“及时”(而不需要“立即”)披露该重大信息。内幕交易禁止期间为该预期形成时至披露时。

信息:预计本期财务报告期实现扭亏为盈;上期财务报告期盈利,预计本期财务报告期亏损;预计较上年同期相比利润出现超过50%的大幅变动。同时,应注意分析当时的证券交易价格动向、市场预期等因素具体验证财务变动信息对股价的具体影响。如果证券价格等已经在上一轮行情中对盈利或者亏损趋势进行了提前或者超涨(跌)反应,实际上已经形成了利多(空)出尽的市场格局,则原本能够影响证券交易价格上涨或者下跌的未公开财务信息实际上已经钝化,即使达到上述量化标准,也不应认定其具备重大性。

三、个案例外

内幕信息形成时间司法判断的基本原理与类型化规则并不具有绝对的排他效力,应允许在个案中适用例外情形。因为内幕信息形成时间原则性的判断原理较难针对个案特点进行直观分析,同时,即使是实践中比较成熟的类型化规则,例如并购重组型内幕信息,也不可能绝对地适用于所有与上市公司收购、资产重组有关的内幕信息形成时间判断问题,所以实践中应正视基本原理与类型化规则的局限性,以更为接近个案情形与专属特征的指导性案例呈现例外性适用规则。①

仍以并购重组以及生成于该环节的内幕交易为例,并购一般表现为具有收购或者出售资产的意向方在市场中寻找交易对手,而从事内幕交易的基本上是并购双方公司中的内部人员。然而,部分并购项目并非由交易方为主进行前期接洽,而是由财务顾问牵线搭桥、撮合配对、协助磋商等。以颇受关注的谢某华、安某梅内幕交易犯罪案②为例,其尽管属于并购重组中的内幕交易,却因主

---

① 最高人民法院、最高人民检察院在联合发布《内幕交易解释》的同时,还公布了黄某裕、杜某库两起内幕交易犯罪典型案例。参见张先明:《最高人民法院公布两起内幕交易犯罪典型案例》,载《人民法院报》2012年5月23日,第3版。这种具有创新性质的资本市场犯罪指导性案例探索,有必要通过制度化运作将之明确化、固定化、常规化。在具体操作上,不仅仅是整体公布案件事实与法律适用意见,更应当凸显个案中具体疑难问题的司法规则;不仅仅是完整地发布内幕交易犯罪指导性案例,还可以是归纳司法解释文本无法覆盖但个案判决意见有效解决的疑难问题及其相应规则,并将多个此类案件以"组案"的形式进行发布,强化对司法实践中特别疑难问题的权威论证与分析。

② 参见(2011)浦刑初字第2738号;许峰:《保代"神叼侠侣"内幕交易第一案吹响民赔号角》,载《证券时报》2012年2月4日,第A4版。

体身份及其与上市公司的关系而具有显著的差异性特征——实施交易的行为主体是知悉该信息的财务顾问而非并购公司内部人员。但证监会向法院提交的认定函并未关注到该项差异而仍将内幕信息形成时间界定为重组交易双方主体确定之时。①

由财务顾问作为证券中介协调并购各方接洽,虽然在形式上出现了确定的并购交易主体,但上市公司或其实际控制人以及交易对手方对于是否以及与何方进行收购、资产重组等问题,具有单方面选择权,不应直接认定经过财务顾问协调确定交易主体的信息会对上市公司证券价格产生重大影响。② 就并购重组环节内幕信息形成时间判断而言,在个案认定中必须区分资产交易主体不同的确定途径予以具体分析。

在以财务顾问为主导确定并购重组交易主体的资本操作启动阶段,通常先由财务顾问牵头,撮合具有收购或者出售上市公司股份意见的交易双方并约定初步商谈时间,随后由资产交易双方工作人员进行初步接洽,最终由上市公司控股股东或者实际控制人与资产交易方负责人就并购重组事宜展开初步磋商。在这种证券交易模式中,资产交易双方是完全独立或者不受任何外部资本力量控制的资本市场行为主体,并购重组存在诸多不确定因素。财务顾问拟定资产交易双方时,只能认识到相关公司存在并购重组意向,或者根据经验判断相关公司的财务状况与重组意愿比较契合,具有实施并购的现实条件。至于是否启动初步磋商程序、何时进行磋商、磋商规格、谈判框架结构等内容,则处于不明朗状态。资产交易双方实现合作的可能性尽管可以基于专业能力与经验进行预估,但财务顾问对于这种可能性的掌控程度较弱,不确定性较大。故不能将经过证券中介引荐并确定上市公司并购重组交易主体之时认定为内幕信息形成之时,而应将信息具备重大性的时间节点适当延后,界定并购重组意向双方在证券中介撮合下进入初步磋商阶段之时。财务顾问等证券中介掌握上市公司并购重组有关信息的职务便利,在其引荐资产交易双方之后、相关主体尚未开展初步磋商之前从事相关上市公司股票交易的,由于无法合理预估该阶段的

---

① 谢某华、安某梅内幕交易犯罪案中的一节事实是谢某华利用财务顾问职权获取的与上市公司并购重组(天宝矿业借壳万好万家)有关的信息实施相关证券交易。参见(2011)浦刑初字第2738号。

② 参见谢杰:《最新内幕交易犯罪司法解释的缺陷与规则优化》,载《法学》2012年第10期。

信息是否会对证券交易价格产生重大影响,内幕信息尚未形成,不能认定其构成内幕交易。

我国资本市场中并购重组环节的内幕交易行为,一般表现为知悉重大未公开信息的行为主体大量买入目标公司证券,在并购信息公开进而引发目标公司证券交易价格大幅上涨之后卖出谋取巨额利润。这种典型的并购环节内幕交易行为在交易模式上可以归纳为做多目标公司股票。但是,全球资本市场中还广泛存在着其他类型的并购环节内部人交易:其一,做多收购方公司股票。行为人在获悉与并购有关的未公开信息之后,看好收购方公司的预期收益,买入收购方公司的股票。其二,做空收购方公司股票。行为人在获悉与并购有关的未公开信息之后,看空收购方公司的预期收益,融券卖空收购方公司的股票。

由于收购方向目标公司股东支付溢价获取股权在全球资本市场中极为普遍,作为资产交易主体的收购方与目标公司一旦确定,此类信息的公开显然会引起目标公司证券价格的上升。因此,并购交易主体确定这一未公开信息对于目标公司证券交易价格具有重大影响,应当认定内幕信息形成。并购交易主体确定时,目标公司证券交易价格上涨固然具有显著的可预期性,但收购公司的证券价格并不能据此推论将会上涨,实践中并购声明发布后收购公司的证券价格出现显著下跌的情形比较常见。① 在确定的并购信息公开后市场仍然会出现收购方公司证券涨跌分歧的情况下,更难以认定并购双方初步接触与磋商信息会对收购方公司证券交易价格产生重大影响。

我国内幕交易司法实践中尚未出现知情人员利用并购环节未公开信息买卖收购方公司证券的案例。美国具有代表性的联邦法院判例意见是:证券市场价格对未公开信息所对应的重大事件潜在反应的不确定性,并非判断未公开信息重大性的必要指标。并购交易中的未公开信息应当在初步磋商这种早前环

---

① 资本市场通常对收购方的预期比较谨慎。因为收购意味着扩张,在积极谋求扩张的情况下,收购势必会给收购方带来包括财务风险、公司治理等多方面的更多不确定因素。如果市场认为收购之后没有协调效应或者收购价格过高,收购方股价就会下跌。例如,2012 年 7 月 23 日,中信证券宣布其全资子公司中信证券国际拟以 12.52 亿美元收购里昂证券 100% 股权,其中 19.9% 股权收购已完成交割,双方有意于 2013 年 6 月 30 日前完成所有资产交易程序。当天中信证券港股跌 5.23%,在日本上市的中信股价更是暴跌 20% 左右。参见刘畅:《中信证券:收购里昂反而暴跌》,载《北京晨报》2012 年 7 月 24 日,第 B7 版。

节就具备重大性。[①] 可见,美国内幕交易判例规则并不认同并购交易主体确定这类早期信息对于收购方公司证券交易价格可能不具有重大影响的观点,或者说不认为收购方证券交易价格在并购初期信息发展过程中的极度不确定性应当影响信息重大性的判断。对此,笔者持不同意见。

其一,将并购交易主体确定这类早期并购信息认定为具有重大性的市场前提不成立。对于发生在并购重组中的内幕交易案件,在信息发生阶段初期就认定其具有重大性,主要是基于资本市场对于并购信息典型的积极反应。并且,资本市场中广泛存在的"噪声交易者"基于对并购信息过度反应而实施的"噪声交易"会进一步炒作或者放大市场交易价格与实际价值之间的短期偏离。[②] 但这种积极或者过度反应的对象实际上只限定于目标公司的证券价格。就收购方公司证券交易价格而言,市场对于并购交易与收购方证券价格之间的关系客观上存在的认识分歧,造成初步磋商阶段存在着各种投机性的做空或者做多的市场反应,并购信息对于收购方公司证券交易价格的影响会淹没在各种市场分歧或者方向相反的投机交易之中,从而弱化了并购初期信息与收购方证券价格的关联性。因此,之所以将并购交易中的内幕信息形成时间节点提前确定在交易双方确定之时,就是考虑到这一初期信息对于目标公司证券价格影响的重要性,既然这个市场前提对于收购方公司证券价格并不成立,就有必要针对知情人员买卖收购方公司证券的行为确定独立的内幕信息形成时间的判断标准。

其二,基于并购交易主体等早期未公开并购信息从事收购方公司证券交易具有高度风险,其属于向市场提供流行性的投机行为而非应承担责任的内幕交易行为。未公开信息只有在对证券交易价格具有重大影响时,才能被认定为内幕信息。在并购交易双方均为上市公司的情况下,判断内幕信息是否形成应当坚持相对性,即应分别分析相关信息对收购方或者目标公司证券的影响。与并购有关的未公开信息的重大性对于收购方与被收购公司来说各有不同。收购方以明显高于市场的价格收购目标公司,对于目标公司的股价具有重大意义,

---

① See U. S. v. Mooney, 425 F. 3d 1093 (8th Cir. 2005).

② 参见 Fischer Black, *Noise*, 41 Journal of Finance 529 (1985); J. Bradford De Long et al., *Noise Trader Risk in Financial Markets*, 98 Journal of Political Economy 703 (1990)。

但对于收购方公司的证券价格并非必然具有重大性,反而应当强调此类早期并购信息对于收购方公司证券价格判断的风险性。由于无法预估并购交易主体确定、相关公司管理人员接触、启动初步磋商等信息对于收购方公司证券交易价格的影响,基于此类未公开信息做多或者做空收购方公司股票存在着显而易见的风险,不能认为与并购有关的初期信息相对于收购方公司证券具有重大性,因而也不能认定内幕信息在上述阶段已经形成。

可见,在个案中判断并购重组环节内幕信息的形成时间,除了应当考察并购交易过程中是否存在证券中介的实质参与外,还应进一步分析知悉未公开并购信息的行为主体所具体从事的金融交易行为,针对的是目标公司证券还是收购方公司证券。如果个案中的交易行为表现为做多或者做空收购方公司证券或相关金融衍生产品,则分析内幕信息是否形成不能以并购交易主体是否确定为标准,而应当显著地延后至初步磋商结果形成之时,即并购交易双方就交易价格与交易结构两大要素[①]达成原则性共识(合约)。尽管并购交易具体情况千差万别,但交易价格和交易结构始终是所有并购项目中的本质性内容。价格与结构上的共识是并购交易磋商双方互为理解的确定性证据。并购交易磋商双方就价格和结构达成原则性共识固然并非对目标公司证券交易价格产生重大影响的起始时间,却为判断该信息是否开始对收购方公司证券交易价格产生重大影响提供了一个具体的适用标准。在交易价格和交易结构业已确定的情况下,有关并购交易的信息已经充分且明确,并购交易最终宣布撤销或者误导投资者进行投资决策的可能性都比较小,可以对收购方公司的证券交易价格进行稳定的预估。在信息未公开的条件下,知情人员相对市场外部投资者在交易风险控制上具有明显的优势。因此,并购双方就交易价格与结构达成共识时,可以认定对收购方公司证券具有重大影响的内幕信息形成,知情人员据此做多或做空收购方公司证券的,构成内幕交易。

---

① 其中,交易价格要素具体是指并购所需要支付的现金或者股权价值。实践中,如果不存在固定数字化的价格,价格的计算一般是基于目标公司证券预期时间的市场价格、收益、净资产进行测算。交易结构主要是指并购交易的法律形式(例如,双方公司合并、子公司合并、资产买卖、现金收购、换股等)以及收购方支付对价的类型(现金、普通股、优先股、权证、信用债券等)。有关并购重组项目磋商中价格与结构要素的详细判例判断,参见 Greenfield v. Heublein, Inc., 742 F. 2d 751, 757, (3d Cir. 1984)。

所以,内幕交易犯罪个案中的核心事实差异实质上影响着未公开信息是否具备重大性的判断,在进行内幕信息形成时间司法判断时,应运用指导性案例填补基本原理与类型化规则无法覆盖的例外情形。

判断未公开信息何时对证券、期货交易价格产生重大影响就能准确认定内幕信息的形成时间。然而,"重大影响"这一表述抽象,对于内幕信息形成时间的判断仍较为模糊,并未把握内幕信息形成的本质特征。法院在内幕交易行政诉讼案件中给出了一条更为具体、有可操作性的判断规则,即当其事实的发生能够表明相关重大事项已经进入实质操作阶段并具有很大的实现可能性时,该事实的发生时点即为内幕信息的形成时点。必须体现出"相关重大事项已经进入实质操作阶段并具有很大的实现可能性",因为只有这样的信息才会对证券、期货的交易价格产生重大影响,才能据此认定内幕信息的形成。①

在颜某明内幕交易案②、马某峰内幕交易案③、苏某鸿内幕交易案④、张某光内幕交易案⑤中,北京市第一中级人民法院在针对内幕信息形成时间的争议焦点说理部分均用到了上述判断规则,其要点为相关重大事项已经进入实质操作阶段;如果仅仅是主观上的想法、思路,根本未进入实质操作阶段,不能够认定为内幕信息已经形成。

由于案情多样化、复杂化,不同案件内幕信息形成之时的认定必然存在差异。并购重组型内幕信息从形成到公开,是一个动态、连续、有机关联的发展过程,其发展过程的复杂性决定了认定实质操作阶段的困难,尤其是在收购方接触多方标的公司的并购重组时,如何判断并购已经进入了实质操作阶段?

在张某光内幕交易案中,任子行网络技术股份有限公司(以下简称任子行)考虑以并购推动公司发展,因此委托国信证券寻找目标公司。此后,任子行的重组商谈对象始于深圳市天拓立方通讯科技有限公司(以下简称天拓立方),终于苏州唐人数码科技有限公司,其间还与上海游唐网络技术有限公司、联创投

① 参见王涛:《内幕信息敏感期的司法认定》,载《中国刑事法杂志》2012 年第 11 期。
② 参见(2017)京 01 行初 148 号。
③ 参见(2017)京 01 行初 24 号。
④ 参见(2017)京 01 行初 570 号。
⑤ 参见(2016)京 01 行初 643 号。

资管理有限公司、吴某丰投资的游戏企业等进行了商谈。在该案中，行政处罚将内幕信息的形成时间界定为任子行主要决策人与天拓立方主要决策人见面谈判的时间。行政处罚决定书认为，由于上述并购重组商谈均出于同一目的，统一筹谋，且行动连贯，因此，只要任子行与天拓立方的具体商谈情形符合内幕信息的形成条件，则该案内幕信息即已形成，商谈的成功与否或与其他重组对象的商谈情况均不再是该案内幕信息形成的认定因素，而只能视为内幕信息的进展；并购重组型内幕信息并不需要并购重组核心条件达成一致才认定为内幕信息形成，任子行和天拓立方的重要决策人员于2014年1月15日商谈并购事宜已表明任子行并购行为已进入实质操作阶段并具有很大的实现可能性。[①] 法院对此进行了认可，法院认为在该时点双方主要决策人进行会面商谈，商谈活动已进入实质操作阶段并具有较大的实现可能性。

因此，在收购方接触多方标的公司的并购重组情形时，应当将内幕信息形成时间点定位在与标的公司进行具体谈判的时间，而非委托证券中介机构寻找目标公司的时间点。具体谈判时间也并非首次接触时间，虽不要求谈判后并购重组成功，但至少该谈判的内容具体可操作，能够证明具有较大实现可能性。对关于并购、重组等需要多轮磋商的事件的信息，要看对并购、重组有实质影响一方的内部人员的态度和意向。[②]

在阳某某内幕交易案中，特定时点相关事项并未进入实质操作阶段，该认定与司法实践中作出的内幕信息形成时间的判断规则并不一致。该案行政处罚书认定“内幕信息形成时间不晚于2013年2月21日”，该日是中青宝表达聘请华泰联合证券担任财务顾问的意向、首次接洽见面的时间，属于寻找合作机会。在这个时间点，无论是中青宝还是财务顾问，都处于非常初步的就聘请财务顾问问题表达意向环节，相关信息属于主观上的想法和思路，与并购行为、购置资产等实质事项相差甚远，并购事项并未进入实质操作阶段。在2013年2月21日的会面中，中青宝公司如何表达意向，后期如何与证券公司开展具体合作，证券公司后续如何给中青宝推荐合适并购标的，均存在相当变数。这就意味着很难认定2013年2月21日并购事项已经进入实质操作阶段。

---

① 参见(2016)京01行初643号。

② 参见杜晶：《论内幕信息“重大性”的一般判断和个案判断》，载《证券法律评论》2015年第00期。

因此，将 2013 年 2 月 21 日认定为内幕信息形成时间不符合内幕信息形成时间的核心判断规则。

中青宝在并购前接触了多个游戏公司，行政处罚决定书中提到“中青宝先后与上海美峰、深圳苏摩等 17 家公司进行了不同形式的接触、谈判，最终成功收购上海美峰 51% 股权、深圳苏摩 51% 股权”。① 根据上述分析，即使将内幕信息形成时间推进到中青宝接触各类游戏公司的节点，也不能简单认定为接触第一个游戏公司的时点即为内幕信息的形成时间，而需要具体分析与各个游戏公司接触时的具体情况。只有与目标公司进行实质性的谈判，该谈判的内容具体可操作，能够证明具有较大实现可能性时才能认为并购事项已经进入实质操作阶段。

上市公司内幕信息一般包括并购重组信息、财务信息、非公开发行信息等，而上述不同信息的形成方式不同，导致对于不同类型的内幕信息，在认定其形成时间时需要具体分析，判断该相关信息何时具备重大性特征。在大量分析证监会作出的与上市公司收购有关的内幕交易行政处罚案件的基础上，我们大致可以看到，在并购拟交易双方到位或确定的时间节点，可以认定内幕信息形成（见表 7－1）。

表 7－1　行政处罚决定书关于上市公司并购重组环节内幕信息形成时间的认定汇总

文号	并购重组行为产生及发展	内幕信息形成时间
（2019）4 号	2016 年 6 月 12 日，并购意向双方在上海会面，当天双方形成了收购的初步意向[1]	2016 年 6 月 12 日
（2019）18 号	2016 年 9 月 24 日，收购方董事长看过被收购方资料后，认为机会很好，基本确定了收购的想法，此后开始进行工作分工、报价研究；2016 年 10 月 13 日，收购方通过邮件向被收购方顾问发出非约束性报价函，收到报价后被收购方表示同意[2]	2016 年 10 月 13 日

① 参见中国证监会行政处罚决定书（2019）75 号。

续表

文号	并购重组行为产生及发展	内幕信息形成时间
(2019)21号	2016年以来,上市公司总裁与董秘、副董事长一直在讨论由上市公司总裁通过资产置换持有上市公司股份的途径,直到2017年3月,发现合适的收购标的,计划先由上市公司总裁安排主体收购,再由上市公司发行股份购买该主体股权;2017年初,双方谈妥价格;2017年3月7日,上市公司总裁与上市公司董秘讨论项目收购方案[3]	不晚于2017年3月7日
(2019)23号	2016年3月上旬,上市公司董秘所领导团队成员与被收购方董秘开始接触;2016年3月下旬,被收购方内部达成一致,并与上市公司签订《框架协议》,开展下一步工作[4]	不晚于2016年3月31日
(2019)24号	2016年春节后,上市公司董事长与被收购方董事长沟通了收购事宜;2016年2月19日,双方在酒店正式就收购事宜进行会谈[5]	不晚于2016年2月19日

[1]参见中国证监会市场禁入决定书(2019)4号。
[2]参见中国证监会行政处罚决定书(2019)18号。
[3]参见中国证监会行政处罚决定书(2019)21号。
[4]参见中国证监会行政处罚决定书(2019)23号。
[5]参见中国证监会行政处罚决定书(2019)24号。

一般而言,一个并购重组的谈判可能经历起意、接触、初步谈判、尽职调查、达成初步意向、内部批准、外部批准、签订协议、执行等一系列过程。监管部门一般认为,在并购重组信息基本确定时,其才具有重要性,相应时间被视为内幕信息敏感期的起算点。① 综观相关内幕交易行政处罚,并购重组信息基本确定具体表现为交易主体到位或确定。该时点的表现形式一般包括双方进行会晤(如召开会议、进行谈判),或者开始制定文件甚至已形成过程文件(如方案、保密协议、框架协议、财务报表、公函等)等。而其中较难认定的情况为收购意向双方进行商议谈判应当达到何种程度才能认为双方主体确定,并购信息具备重大性。

原则上,不能认为处于初始阶段的接触信息具有重大性。因为目标公司与收购方的管理层均极有可能在接触之后直接否定展开初步磋商必要,即排除对方成为拟交易对手。并购的自然过程通常最先表现为寻求收购或者被收购的

① 参见彭冰:《内幕交易行政处罚案例初步研究》,载《证券法苑》2010年第2期。

行为,即收购方(被收购方)或者其委托的公司管理人员主动接触被收购方(收购方),在基本排除接触环节相关事实所形成的信息具有重大性的前提下,后续环节中的被接触方的反应对信息重大性认定显得极为关键。一旦被接触方开始对主动接触方的收购提议表现出部分认同倾向时,可认定交易主体已经确定。具体来说,可以认为收购意向双方进行会晤并至少达成继续商议的合意才能认为内幕信息形成。

因此,根据并购重组内幕信息形成时间的判断规则以及证监会执法惯例,在阳某某案中,较难认为中青宝与华泰联合证券接触之日为内幕信息形成之日,因为该时点是中青宝表达聘请华泰联合证券担任财务顾问的意向、首次接洽见面的时间。该时点下,并不涉及并购的相对方,只能表明中青宝希望并购重组的意图,不足以影响一般理性投资者的投资决策,因此在该时点内幕信息尚未形成。并且,即使将时间推进到中青宝接触各类游戏公司的节点,这些信息同样并未具备重大性,不能认定为内幕信息形成时间。这段时间对于上市公司来说,就是在市场寻找目标公司的过程,在该过程中,上市公司与目标公司的接触也只是初始阶段的接触,只有在目标公司表现出继续商谈的合意,对部分收购提议表现出认同倾向,双方进入具体谈判阶段,才能认为内幕信息形成。

同时,由中介协调并购各方接洽的事件中,应特别注意不能将内幕信息形成时间认定为初始接触阶段。在个案中判断并购重组环节内幕信息的形成时间,应当考察并购交易过程中是否存在证券中介的实质参与。由中介协调并购各方接洽模式下,中介撮合具有收购或者出售上市公司股份意见的交易双方并约定初步商谈时间,随后由资产交易双方工作人员进行初步接洽,最终由上市公司控股股东或者实际控制人与资产交易方负责人就并购重组事宜展开初步磋商。在这种证券交易模式中,资产交易双方是完全独立或者不受任何外部资本力量控制的资本市场行为主体,并购重组存在诸多不确定因素。

中介拟定资产交易双方时,只能认识到相关公司存在并购重组意向,或者根据经验判断相关公司的财务状况与重组意愿比较契合,具有实施并购的现实条件。至于是否启动初步磋商程序、何时进行磋商、磋商规格、谈判框架结构等内容,则完全处于不明朗状态。故不能将经过证券中介引荐并确定上市公司并购重组交易主体之时认定为内幕信息形成之时,而应将信息具备重大性的时间节点适当延后,界定在并购重组意向双方在证券中介撮合下进入初步磋商阶段之时。在初步磋商之前，由于无法合理预期该阶段的信息对证券交易价格会产生重大影响，内幕信息尚未形成，不能认定其构成内幕交易。

判断并购重组环节内幕信息的形成时间，还应分析知悉未公开并购信息的行为主体所具体从事的金融交易行为针对的是目标公司证券还是收购方公司证券。并购交易主体确定时，目标公司（若属于上市公司）证券交易价格上涨固然具有显著的可预期性，但收购公司的证券价格并不能据此推论将会上涨，实践中并购声明发布后收购公司的证券价格出现显著下跌的情形比较常见。①

收购意味着扩张，在积极谋求扩张的情况下，收购的信息并不一定会给收购方带来价格上涨的优势。一方面，并购重组可能存在失败的概率，如果并购重组失败，低于市场投资者的预期，很有可能导致股票价格有所下降；另一方面，若被收购公司存在发展空间较小、基本面较差、负债较高等问题，反而给收购方带来包括财务风险、公司治理等多方面的更多不确定因素，上市公司很有可能因为这样的收购而股票价格下跌。对于市场理性投资者来说，如果认为收购之后没有协调效应或者收购价格过高，那么收购方股价就会下跌。例如，2012 年 7 月 23 日，中信证券宣布其全资子公司中信证券国际拟以 12.52 亿美元收购里昂证券 100% 股权，其中 19.9% 股权收购已完成交割，双方有意于在 2013 年 6 月 30 日前完成所有资产交易程序。当天中信证券港股跌 5.23%，在日本上市的中信股价更是暴跌 20% 左右。② 因此，即使并购信息公开，市场仍然会出现收购方公司证券涨跌分歧，在该种情况下，更难以认定并购双方初步接触与磋商信息会对收购方公司证券交易价格产生重大影响。

如果个案中的交易行为表现为做多或者做空收购方公司证券或相关金融衍生产品，则分析内幕信息是否形成不能以并购交易主体是否确定为标准，而应当显著地延后至初步磋商结果形成之时。内幕信息知情人只有在了解到磋商结果时，才能对并购重组的现状进行判断，分析该事项给收购方带来何种影响。此处初步磋商结果至少应当是并购交易双方就交易价格与交易结构两大要素达成原则性共识。

其一，交易价格和交易结构是任何并购项目中的本质性内容。在交易价格

---

① 参见谢杰：《内幕信息形成时间判断规则研究》，载《证券市场导报》2013 年第 8 期。

② 参见刘畅：《中信证券：收购里昂反而暴跌》，载《北京晨报》2012 年 7 月 24 日，第 B7 版。

和交易结构业已确定的情况下，有关并购交易的信息量已经充分且明确，并购交易最终宣布撤销或者误导投资者进行投资决策的可能性都比较小，可以对收购方公司的证券交易价格进行稳定的预估。在信息未公开的条件下，知情人员相对市场外部投资者在交易风险控制上具有明显的优势。

其二，在并购重组事项中，市场投资者对收购方的预期建立在并购的交易价格和交易结构上。只有确定了并购的交易价格和交易结构，市场投资者才能大致了解此次并购给收购方带来的影响是正面的还是负面的。因此，在该时点下，磋商信息才会对收购方公司证券交易价格产生重大影响。

其三，在并购实践中，交易双方在进行会晤谈判时，首先需要达成合意的内容即交易价格和交易结构。一般情况下，并购谈判时交易双方会有一个预估价位以及能够接受的交易结构，只有双方在这两点上达成一致才会继续商谈具体的操作方式等具体细节。如果双方在并购方式和报价两方面都存在重大分歧，那么基本无继续谈判的可能性。因此，将该时点认定为内幕信息形成时点也符合资本市场实践操作情况。

可见，在阳某某内幕交易案中，虽然收购的目标公司并非上市公司，但是对于收购方来说，依然会带来股价上涨和下跌的不确定性。

个案中，上市公司收购事项涉及多个公司之间的复杂交易，在上市公司收购中确定信息的重大性是一个很复杂的问题，可从以下几个方面把握。

其一，上市公司收购进程中判断信息重大性时，要关注上市公司收购行为的不确定性对信息重大性的影响。若某时点信息处于高度不确定状态时，基于该信息实施的交易具有高度风险，不应将相关时间认定为内幕信息形成。在阳某某案中，行为人作出投资决定的基础信息蕴含高度风险，其从事的投资属于高风险投资，因此该时点不应成为内幕信息形成时间。

其二，要坚持收购事项发展到实质操作阶段才能认定内幕信息具有重大性这一核心规则。对于收购方接触多方标的公司的收购情形，内幕信息形成时间点并非委托证券中介机构寻找目标公司的时间点，而是与目标公司进行具体谈判的时间，该谈判虽不要求必须成功，但至少该谈判的内容具体可操作，能够证明具有较大实现可能性。在阳某某内幕交易案中，将 2013 年 2 月 21 日认定为内幕信息形成时间并不符合内幕信息形成时间的核心判断规则，应当界定在上市公司与目标公司进行具体谈判的时间。

其三，对内幕信息形成时间进行数据分析后，得出并购拟交易双方到位或确定的时间节点，才能认定内幕信息形成。具体要求目标公司开始对收购方的收购提议表现出部分认同、双方进行会晤并至少达成继续商议的合意才能认为内幕信息形成。在阳某某内幕交易案中，2013 年 2 月 21 日为收购方接触证券中介的时间，并购拟交易双方并未明确，提前了内幕信息认定时间，应当将其推迟至与标的公司进行谈判且双方合意表示认同部分提议时。

其四，需要特别关注上市公司收购系列信息对于收购一方证券市场价格影响这一特殊情形下内幕信息重大性的判断。由于并购事项并非必定给收购方带来优势，因此在行为人买卖收购方公司证券的情形下，将内部信息形成时间推迟至并购双方就交易价格和交易结构达成原则性共识时可能更为合理。

第三节　重大事件与内幕信息管理

一、事件发展与信息时间节点

2019 年《证券法》第 80 条对上市公司重大事件作出了具体规定："发生可能对上市公司、股票在国务院批准的其他全国性证券交易场所交易的公司的股票交易价格产生较大影响的重大事件，投资者尚未得知时，公司应当立即将有关该重大事件的情况向国务院证券监督管理机构和证券交易场所报送临时报告，并予以公告，说明事件的起因、目前的状态和可能产生的法律后果。前款所称重大事件包括：(一)公司的经营方针和经营范围的重大变化；(二)公司的重大投资行为，公司在一年内购买、出售重大资产超过公司资产总额百分之三十，或者公司营业用主要资产的抵押、质押、出售或者报废一次超过该资产的百分之三十；(三)公司订立重要合同、提供重大担保或者从事关联交易，可能对公司的资产、负债、权益和经营成果产生重要影响；(四)公司发生重大债务和未能清偿到期重大债务的违约情况；(五)公司发生重大亏损或者重大损失；(六)公司生产经营的外部条件发生的重大变化；(七)公司的董事、三分之一以上监事或者经理发生变动，董事长或者经理无法履行职责；(八)持有公司百分之五以上股份的股东或者实际控制人持有股份或者控制公司的情况发生较大变化，公司的实际控制人及其控制的其他企业从事与公司相同或者相似业务的情况发生较大变化;(九)公司分配股利、增资的计划,公司股权结构的重要变化,公司减资、合并、分立、解散及申请破产的决定,或者依法进入破产程序、被责令关闭;(十)涉及公司的重大诉讼、仲裁,股东大会、董事会决议被依法撤销或者宣告无效;(十一)公司涉嫌犯罪被依法立案调查,公司的控股股东、实际控制人、董事、监事、高级管理人员涉嫌犯罪被依法采取强制措施;(十二)国务院证券监督管理机构规定的其他事项。公司的控股股东或者实际控制人对重大事件的发生、进展产生较大影响的,应当及时将其知悉的有关情况书面告知公司,并配合公司履行信息披露义务。"

可见,上市公司重大事件虽然是一种客观结果,但其内含着显著的动态发展过程。而信息则是对上述重大事件内容的一种动态表达——从信息萌芽、发展、形成、持续影响证券交易价格直至最后公开,覆盖了一个完整的动态过程。如何在信息对于重大事件的表达发展到特定时间节点时,就赋予信息披露义务人披露的义务,便是信息重大性的法律判断问题。

《上市公司信息披露管理办法》第 24 条规定:"上市公司应当在最先发生的以下任一时点,及时履行重大事件的信息披露义务:(一)董事会或者监事会就该重大事件形成决议时;(二)有关各方就该重大事件签署意向书或者协议时;(三)董事、监事或者高级管理人员知悉该重大事件发生时。在前款规定的时点之前出现下列情形之一的,上市公司应当及时披露相关事项的现状、可能影响事件进展的风险因素:(一)该重大事件难以保密;(二)该重大事件已经泄露或者市场出现传闻;(三)公司证券及其衍生品种出现异常交易情况。"同时,交易所对具体行业也涉及了不同的披露规则。

然而,既要根据资本市场现实对信息重大性形成时间进行适度的提前认定,又要在准确评估高风险信息基础上排除其具有重大性的可能,在实践中是非常复杂的,亟须设计有针对性的法律规则,同时可以给予上市公司信息风险管理更为准确的合规指引。

二、内幕信息形成的金融机理

在判断信息是否对证券交易产生重大影响时,应避免信息重大性认定标准成为保障资本市场投资者权益的障碍。

尚未公开的信息发展到对证券交易价格产生重大影响的程度即可具备重大性，信息所对应的事件是否发生以及交易价格现实的关联性变动可以作为信息重大影响的有效验证但非必要条件。例如，有关上市公司收购的未公开信息并不需要等到收购方案成型或者收购交易实施才能认定重大信息形成，在上市公司收购交易双方启动磋商时，根据基本证券常识足以判断相关投资方拟收购上市公司这一信息可能影响该上市公司股票交易价格，该信息一旦公开或者泄露，上市公司市值势必明显波动，故早在收购磋商初期之前，完全可以得出重大信息形成的判断。所以，有关事件所蕴含的信息是否具备重大性，应当就该事实的现实发展情况进行分析，而不能机械地将信息具有重大性的时点固定在证券法律规范规定的特定重大事件、事实确定发生之时。同时，虚假陈述案件中未公开信息重大性判断不能与内幕交易中的未公开信息重大性判断问题进行混同理解。

第四节　信息挖掘的性质与风控

一、问题与争议

金融市场中存在的一种现象与行为是，在内幕信息未公开前，有些投资者（投机者），尤其是机构投资者中的金融分析师，利用资本市场公开的信息、资料、对上市公司或其管理人员进行调查所获知的信息等，对资本市场作出分析预测，或者以这种预测结果为依据进行交易，而相关分析结果与未公开的内幕信息相一致，从而使相关人员在证券、期货交易中获取了巨额利润。国外资本市场通常将这种行为称为信息挖掘（information snatching）。金融从业人员基于其专业优势，信息挖掘的能力与机会显然更大、更多。

对于信息挖掘行为能否构成内幕交易或者泄露内幕信息，理论上存在一些不同的看法。肯定的观点认为，行为人运用公开的信息和资料，对证券市场作出预测和分析，如果这种预测一向被证实非常准确，并且对市场价格造成严重的影响或者危害，按内幕交易处理不无道理。[①] 相反意见认为，内幕交易、泄露内幕信息行为之所以为世界各国法律所禁止，其根本原因就在于，这种行为使得内幕交易的行为人与普通投资者所进行的交易不是建立在平等的基础上，而是处于“一明一暗”的交易状态。内幕交易的行为人对于某种股票价格的走势因其对内幕信息的知悉而“心中有数”，而普通投资者则只能借助于一般的技术分析和财务分析乃至于自己的猜测进行交易。借助没有确切消息的猜测显然是投机行为，而这也正是资本市场危机四伏的原因所在。而无论基于这种猜测进行交易所导致的结局如何，这种行为显然是不能论之以内幕交易、泄露内幕信息罪的。而实际上，股评文章的性质也同样如此。股评文章本质上也是一种猜测，只不过由于这种猜测是由具有丰富证券专业知识，熟悉证券市场运行规律的证券专家，运用科学的分析手段对分开的信息资料进行分析研究所得出的结论，因而，其正确性一般远高于普通人所做出的猜测。但无论这种预测的准确度多高，都改变不了“猜测”的实质。显然，法律不能因为一个人的预言相当精确就剥夺其发表意见的权利，这是现代法治社会公民享有言论自由的必然结论。[②] 在现实生活中，具有一定社会危害性的行为是很多的，法律没有必要、也不可能将所有具有社会危害性的行为，都用法律尤其用刑法加以调整。对于股评文章，尽管它可能对证券交易价格有一定的影响，但这种影响小于法律规定的内幕信息的影响。因为它所依据的材料、信息已经公开，这种已经公开化的材料、信息对证券价格已经施加了影响，因此，通过这种信息作出的股评实质上就是对已公开的信息进行消化和再消化的过程，已不符合内幕信息的特征。另外，如果将类似的信息都作为内幕信息，势必扩大内幕信息的范围和内幕人员的范围，不符合刑法的立法本意。[③]

二、法律解释与合规风控

对于内幕信息未公开前，利用已经公开的信息资料对市场作出分析和预

---

① 参见白建军：《证券欺诈及对策》，中国法制出版社 1996 年版，第 29 ~ 30 页。

② 参见张军主编：《破坏金融管理秩序罪》，中国人民公安大学出版社 1999 年版，第 269 ~ 270 页。

③ 参见薛瑞麟主编：《金融犯罪研究》，中国政法大学出版社 2000 年版，第 263 页。

测，并从事有关证券、期货交易的行为，不应该纳入刑法调整的范围之内，但也不应当完全忽视以信息收集、攫取为名义实际非法获取内幕信息行为存在的可能。

首先，应当明确的是，市场投资者（投机者）的分析和预测行为，无论对市场有多大的影响，无论与内幕信息本身的内容如何接近甚至完全相同，这毕竟是利用已经公开的市场信息、资料得出的预期，而不是利用尚未公开的内幕信息得出的结果。内幕交易的前提条件是必须有内幕信息存在。如果对利用并非内幕信息的信息进行交易的行为加以惩治显然违背了刑法立法的原意。

其次，资本市场本身需要有人对市场的发展等作出一定的分析和预测，这些分析和预测纯粹是个人的见解，从某种意义上说，只要有资本市场存在，就必然有人们对资本市场的分析和预测存在。而且，在资本市场上交易者不可能不对市场进行分析和预测，尤其是机构投资者，基于其专业能力与信息收集实力，其对市场进行分析和预测往往能够为一般投资者提供重要的决策参考。应该承认，有关的分析和预测当然会对市场和人们的交易行为产生一定的影响，这是不可避免的，如果对作出分析和预测并进行交易的行为也要加以惩治不符合市场发展的客观要求和规律。

最后，需要高度重视的是，信息挖掘行为与内幕交易、泄露内幕信息行为之间的界限存在一定的模糊。在当前的资本市场操作中，包括证券公司、公募基金以及私募基金在内的很多投资机构或者个人投资者，无视内幕交易、泄露内幕信息的违法性，部分机构投资以上市公司调研为名，实际则是将市场公开信息挖掘行为异化为非法获取内幕信息行为。对于市场分析人员、投资者等主体通过各种手段从上市公司及其内部人员处“拉”“搞”“套”内幕信息的行为，实践中应当引起关注，对于以信息调研为形式而实质上属于非法获取内幕信息的行为，应当认定为内幕交易或泄露内幕信息，相关机构在业务实施过程中应当予以重视，避免法律风险。

第八章

金融从业人员传递内幕信息的法律规制与风险管理

金融从业人员在处理与上市公司经营、财务、重大事件等有关的事务过程中，可能基于职务、职责而获取内幕信息，从而成为内幕信息知情人员。同时，也有可能基于职务、工作等要求而将相关内幕信息传递至其他人员。在内幕信息的传递过程中，有的是正当的信息交互，有的则存在内幕交易、泄露内幕信息的法律风险。因此，有必要分析传递内幕行为的法律责任并建构针对性的风险管理策略。

第一节　泄露：内幕信息的直接传递

一、第一层次内幕信息传递

理论上一般认为，泄露内幕信息的行为是指行为人将处于保密状态的内幕信息公开化，通过明示、暗示、书面或口头等方式，透露、提供给不应知悉该信息的人员，使信息受领人据此而进行证券、期货买卖。泄露内幕信息的行为既包括公开范围上的泄露，即将内幕信息告知不应或无权知道该信息的人员；也包括时间范围上的泄露,即在保密期届满前解密,让可以知悉或有权知悉的人员提前知悉。泄露的内容是使受领人得知可以作为证券、期货交易依据的内幕信息的全部或主要事实,如果只是透露一点风声,不能作为受领人进行证券、期货交易依据,就不构成泄露行为。

"泄密"是指内幕信息知情人员直接将其掌握的内幕信息泄露给他人,即第一层次的内幕信息传递。对于泄露内幕信息行为应从法律上加以惩治,其中严重者应按犯罪处理,这已经成为世界各国和地区的共识。之所以将泄露内幕信息作为犯罪处理,原因在于与掌握内幕信息者直接进行证券、期货交易相比,虽然泄露内幕信息者本人不一定有直接的证券、期货买卖行为,但通过为他人提供内幕信息,完全可能间接地参与了证券、期货交易,并从中获得利益或避免损失。

另外,与掌握内幕信息者直接进行证券、期货交易相比,泄露内幕信息的行为对资本市场、投资者及发行人所造成的损害往往更为严重。因为,内幕信息的知悉人员一般范围较小,其人数较少而且财力有限,他们买卖证券、期货的数量不会太大;而泄露内幕信息则可能导致在受领人之间辗转告知,使得参与证券买卖的人数和交易量剧增,从而引发严重后果。同时,只要相关证据能够进行合法且准确的固定,"泄密"行为在司法实践中一般不存在认定上的疑难。

二、内幕信息继续传递

"再泄密"是指非内幕人员在获取内幕信息后,又将该内幕信息泄露给他人。应该看到,在传播面广泛的内幕交易中,"再泄密"往往扮演相当重要的角色。

美国"IBM 收购莲花公司内幕交易案"是全球内幕交易判例史上"再泄密"最"经典"的案例。1995 年,IBM 是当时全球最大的 IT 公司,而莲花公司(LOTUS)是美国最优秀的软件公司之一,其在办公软件市场占据统治地位。IBM 看中了莲花公司的技术优势,于 1995 年 3 月向莲花公司提出友好兼并的建议。不过莲花公司 CEO 吉姆 · 曼兹坚信莲花公司的困难是暂时的,不必出售公司,故资本市场对此一直无法作出判断,在合并消息公布前,莲花公司股价一直徘徊在 30 至 35 美元。IBM 与莲花公司经过谈判,最后对合并达成了共识,1995 年 6 月 5 日,IBM 宣布正式收购莲花公司,收购价高达每股 60 美元。6 月 11 日,IBM 最终以每股 64 美元收购了莲花公司 97% 以上的股票,总金额达 35. 2 亿美元,消息令人震惊。在收购的过程中,内幕信息实际上一直处于泄露的状态。1995 年 4 月底,IBM 公司的一位女秘书劳瑞娅 · 卡萨诺在复印材料时,得知 IBM 正考虑收购莲花公司,于是她一直关注着事态的进展。IBM 与莲花公司达成原则协议后,劳瑞娅知道收购项目已成功,IBM 公司将于 6 月 5 日左右对外宣布。劳瑞娅便将此信息告诉了丈夫罗伯特 · 卡萨诺。但是,夫妇俩此前从未进行过证券交易,没有股票账户,便将消息告诉好友格林,格林购买了一些莲花公司的股票和期权,在消息公布后抛出,共获利 1. 7 万美元,并付给女秘书夫妇 3500 美元作为提供内幕消息的报答。与此同时,罗伯特曾打电话给其另一好友杰瑞 · 曼佐尼,后者根据内幕信息购买了莲花公司的股票和看涨期权,净赚 2. 75 万美元,并以 4000 美元作为回报。杰瑞 · 曼佐尼又将该内幕信息告知其表弟彼德 · 曼佐尼和两位同事理查德 · 科夫兰斯克与约翰 · 麦佳利。理查德 · 科夫兰斯克又将内幕信息告知其亲属多梅尼克 · 阿尔巴和三个商业伙伴詹姆斯 · 里贝里诺、杰拉德 · 威尔斯以及拉尔夫 · 塞佩。其中,多梅尼克 · 阿尔巴再将信息告知朋友约瑟夫 · 德斯科以及商业伙伴斯皮涅利,斯皮涅利进一步将信息告知其哥哥克劳迪奥。这一内幕信息通过上述人员进行的信息传递共有 6 层之多,相关人员都购买了一定数量的莲花公司股票或看涨期权。美国证监会最终发现,共有 25 人根据 IBM 公司女秘书的内幕消息在 6 月 2 日购买了莲花股票和期权,共获利超过 100 万美元。这起内幕交易案件中涉及的 25 名被告,只有一人是内幕信息的直接来源者,即劳瑞娅 · 卡萨诺,其他人均通过再泄密获得内幕信息。最终,上述被告全部被法院判决构成证券欺诈或者以证券欺诈与美国证券交易委员会达成和解。①

我国刑法理论对于非内幕人员获取内幕信息后建议他人买卖或“再泄密”的行为如何处理的问题颇有争议。

有观点认为,对非内幕人员获取内幕信息后建议他人买卖和再泄密不作区分,只要有建议他人买卖或再泄密的行为都有可能构成犯罪,区分是否构成犯

---

① See Securities and Exchange Commission v. Lorraine K. Cassano, et al. , Civil Action No. 99 – CV – 3822 (S. D. N. Y.).

罪的标准是非内幕人员获取内幕信息究竟是主动的还是被动的。如果非内幕人员自己积极、主动地获取内幕信息,不论行为人采取的具体手段是自己盗取,还是设法从内幕人员那里探听(例如通过向内幕人员行贿而获取内幕信息),不管行为人事后根据该信息是建议他人买卖证券、期货合约,还是向他人泄露该内幕信息从而使他人利用该信息买卖证券、期货合约,都一律按内幕交易认定。如果证实非内幕人员是被动的信息接受者,不论后来实施了建议行为还是泄露内幕信息行为,都不宜认定为内幕交易罪。这是因为,在主动获取的情况下,非内幕人员对获取的内幕信息负有不得利用该信息并保密的义务,不论是事后建议还是泄露内幕信息,都是对该义务的违反,承担责任理所应当;在被动知悉的情况下,非内幕人员因为是消极的内幕信息的知情者,不承担保密的义务,因而即使第三人根据该信息进行了交易,也不应当认定为内幕交易。①

但也有不同意见认为,应对非内幕人员获取内幕信息后建议他人买卖证券、期货合约与再泄密进行区分,认为非内幕人员获取内幕信息后建议他人买卖证券、期货合约的构成犯罪,但再泄密的,不应作为犯罪。因为,根据我国《刑法》第180条的规定,内幕信息知情人员的范围,依照法律、行政法规的规定确定。由此可以推出,法律、行政法规没有限制的行为,即使行为具有社会危害性,也不应用刑罚加以制裁。② 理论上还有观点认为,非内幕人员获取内幕信息,有的很难判定到底是合法获取还是非法获取。因为在合法获取和非法获取中间可以有一个中性情形——既不合法也不非法的情形。对这种行为也应犯罪化。因为内幕交易、泄露内幕信息的可责性表现在这种行为对市场和投资者存在危害,这种危害是从交易行为中体现出来。不论什么人,只要从事这样的利用、泄露行为,特定的社会危害性就已体现出来。③

非内幕人员在获取内幕信息后建议他人买卖或再泄密的行为是否有可能构成犯罪,应该严格根据《刑法》规定具体问题具体分析。对于非内幕人员在获取内幕信息后再泄密的情况,有可能构成犯罪。理由是,《刑法》第180条规定,非法获取证券、期货交易内幕信息的人员(也就是指非内幕信息知情人员)泄露

① 参见张军主编:《破坏金融管理秩序罪》,中国人民公安大学出版社1999年版,第277~278页。

② 参见薛瑞麟主编:《金融犯罪研究》,中国政法大学出版社2000年版,第269页。

③ 参见郦毓贝:《内幕交易、泄露内幕信息罪主体特征研析》,载赵秉志主编:《新千年刑法热点问题研究与适用》,中国检察出版社2001年版。

该信息，情节严重的，应构成泄露内幕信息罪。可见，刑法条文并未将非内幕人员再泄密行为排除在犯罪之外。非内幕人员再泄密行为之所以可以构成泄露内幕信息罪，最重要的三点理由在于：其一，不应知悉内幕信息的人员从获取内幕信息的那时起就应承担保密的义务。因为不管其获取内幕信息的途径怎样，最终的结果是得知了内幕信息的内容。当得知了内幕信息后，相关人员也就具有了保密的义务。其二，从行为人的主观故意来看，当行为人在明知自己通过非法手段获得的是证券、期货交易内幕信息之后，还故意泄露给他人，其主观恶性程度与证券、期货交易内幕信息的知情人员的泄露行为并无不同。其三，从泄露内幕信息罪的后果来看，这一犯罪的后果主要是泄密行为引起的，没有行为人的泄密行为，也就不可能产生其后的内幕交易后果。

第二节　建议他人交易：内幕信息的间接传递

一、法律规则

《刑法》（2006 年修正）第 180 条内幕交易、泄露内幕信息罪明确规定了两种行为方式：其一，内幕交易行为；其二，泄露内幕信息行为。《刑法修正案（七）》为《刑法》第 180 条增加了一种行为模式：建议行为，即行为人在其获知内幕信息的基础上，通过明示或暗示的方式建议他人进行证券、期货交易的行为。

刑法理论上有观点认为，建议行为属于内幕交易、泄露内幕信息罪的行为方式。本罪的客观行为应该表现为三个方面：一是行为人利用内幕信息进行证券、期货买卖。二是行为人泄露内幕信息。三是行为人根据内幕信息建议他人进行证券、期货买卖，即内幕信息的知悉者根据内幕信息对他人的证券、期货交易提出有倾向性的意见。[①] 还有意见认为，将建议他人买卖证券不作为犯罪处理的观点是不妥的。因为从理论上讲，内幕交易中的买卖证券、期货合约应该包括知情人员自己买卖证券，期货合约和建议他人买卖证券、期货两种情况；从

① 参见张军主编：《破坏金融管理秩序罪》，中国人民公安大学出版社 1999 年版，第 264 页。

实践中看,这种行为具有社会危害性,对于情节严重的,应以犯罪论处。[①] 当然,理论上也有意见指出,对建议行为需要区别对待。若接受建议者不知情也没有依据该建议进行证券、期货交易,则建议者不构成内幕交易、泄露内幕信息罪。除此之外,行为人明确将内幕信息告知他人,并建议他人买卖该种证券、期货合约,或者行为人虽未明确将内幕信息告知他人,但其建议他人买卖证券、期货合约的方式却能使他人心领神会该建议与内幕信息有关的,则构成泄露内幕信息罪。[②]

然而,对此持否定意见的学者认为,作为行政处罚对象的内幕交易行为并非都会成为犯罪行为。《刑法》第 180 条规定的作为犯罪的内幕交易行为,并没有包括行政法规所指的所有内幕交易行为,而只是部分行为。其只是限于内幕人员利用内幕信息自己买卖证券、期货合约或者非法获取内幕信息的人员自己买卖证券、期货合约,没有包含行政法规中的其他内幕交易行为。如内幕人员根据内幕信息建议他人买卖证券、期货合约及非内幕人员通过其他途径获得内幕信息,并根据该信息买卖证券、期货合约或者建议他人买卖证券、期货合约的行为,不能作为犯罪认定,只能作行政处罚。内幕人员向他人泄露内幕信息,使他人利用该信息进行内幕交易的行为,只能以泄露内幕信息罪认定。[③]

应该看到,在《刑法修正案(七)》实施之前,尽管我国《证券法》明确将建议他人买卖证券的行为纳入内幕交易罪,但是,当时的刑法并未将建议行为纳入犯罪规制范围,虽然《刑法》颁布在先,而《证券法》颁布在后,但是在有关刑事责任的问题上,《刑法》当然要比《证券法》效力强。可见,将建议他人买卖证券的行为纳入内幕交易罪中并非刑事立法的原意,没有将建议行为纳入内幕交易罪也并非刑事立法的疏漏。在当时的资本市场现实条件下,我国《刑法》之所以作如此规定,究其原因无非是:如果将建议行为纳入犯罪范围,可能涉及面太广,同时,由于建议行为本身较为复杂,当时的司法实践尚未积累起一定程度的反内幕交易犯罪经验,立即将建议行为纳入内幕交易、泄露内幕信息罪的规制

---

① 参见魏东:《关于内幕交易、泄露内幕信息罪司法认定的若干问题再研究》,载赵秉志主编:《新千年刑法热点问题研究与适用》,中国检察出版社 2001 年版。

② 参见董丽静、垄卫:《证券内幕交易、泄露内幕信息罪的司法认定》,载赵秉志主编:《新千年刑法热点问题研究与适用》,中国检察出版社 2001 年版。

③ 参见胡启忠等:《金融犯罪论》,西南财经大学出版社 2001 年版,第 268 页。

体系并不符合当时的司法实务现实。

然而,不容置疑的是,建议行为利用的是行为人掌握的未公开的内幕信息,这在客观上完全应当成为一种纵使或促使他人利用内幕信息进行相关证券、期货交易的行为。在通常情况下,由于实施建议行为者是在掌握内幕信息的情况下建议他人进行证券、期货交易的,因此,行为人的建议往往起到鼓励、推动和指导的作用。这种情况中虽然行为人可能自己并没有直接从事证券、期货交易,有些甚至可能没有直接从中获利,但是,从实质上分析,建议者客观上是借他人之手进行相关证券、期货交易,这必然导致利用内幕信息进行证券、期货交易范围的扩大并对资本市场造成更加严重的破坏,其实质上就是内幕信息的一种间接传递,其社会危害性是显而易见的。

因此,《刑法修正案(七)》将建议行为作为内幕交易、泄露内幕信息罪的一种行为方式,具有合理性。当然,从动态的刑法规范适用层面考察,《刑法修正案(七)》增加了明示、暗示他人从事内幕交易的行为要件 确实容易导致司法认定困难与混乱。这主要是由于内幕信息知情人员或非法获取人员明示、暗示他人从事相关交易的行为本身具有特殊性,并不像内幕交易罪中典型的内幕信息知情人员或者非法获取者直接进行的证券期货交易行为一般容易认定。

二、行为模式

从司法实践中的情况来看,通过明示、暗示的方式建议他人从事相关交易的行为具有多种模式:(1)信息获悉者明示、暗示他人从事相关交易,被对方采纳并实施;(2)信息获悉者进行的明示、暗示,没有被他人采纳并实施;(3)在透露内幕信息内容的基础上,信息获悉者明示、暗示他人从事交易;(4)在没有透露信息内容的情况下,信息获悉者建议他人从事交易,他人基于其专业金融知识及相关从业背景等,无须信息获悉者提供进一步的信息内容与交易理由;等等。

正是由于明示、暗示他人从事相关交易行为及其后续结果的复杂性,以及行为与结果排列组合后样态的进一步复杂化,决定了在判断内幕交易罪明示、暗示他人进行相关交易这一行为要件的同时,必须查实并明确以下问题是否影响建议他人从事相关交易行为要件的认定:(1)在内幕信息知情人员、非法获取内幕信息人员仅仅提出建议,被建议者没有采纳信息获悉者的意见进而从事相关证券期货交易,能否成为阻却内幕交易、泄露内幕信息罪成立的事由?(2)明示、暗示他人从事相关交易构成犯罪是否以透露内幕信息为必要,即建议者没有透露内幕信息,被建议者接受其明示或者暗示而从事相关证券期货交易,能否成为阻却内幕交易、泄露内幕信息罪成立的事由?

对于上述第一个问题,即被建议者是否从事相关证券、期货交易行为是否阻却纯粹建议行为的犯罪性,笔者持肯定的观点。因为单纯的明示、暗示行为既没有泄露内幕信息本身的内容,也没有进一步产生后续的内幕交易行为,与内幕交易打击利用内幕信息从事非法证券期货交易行为的本质存在较大距离,不应当成为本罪打击的对象。主要理由是:其一,他人没有依据内幕信息获悉者的明示或者暗示从事相关交易的,已经缺失了内幕交易罪语境下行为的"交易性",不应当认为其符合内幕交易罪的行为要件;其二,内幕信息知情人员、非法获取人员没有透露任何内幕信息的内容,显然也不构成泄露内幕信息罪。

对于上述第二个问题,即内幕信息的知情人员或非法获取人员是否必须将内幕信息告知被建议者,才能构成《刑法》第180条规定的明示、暗示他人从事相关交易,刑法理论上的一种具有代表性的观点认为,构成建议行为不以告知被建议者内幕信息为前提。因为在现实生活中,内幕信息知情人员往往受过严格的法律、金融等专业知识的培训,对自己所实施的行为性质以及由此所可能造成的后果,一般都是明知的。而相当一部分内幕人员,为规避法律,在知悉某一证券、期货交易的内幕信息后,不是将内幕信息直接告知其亲朋好友,而仅仅对其亲友所进行的证券、期货交易提出倾向性的意见。由于行为人职务或者地位的特殊性,使得其根本无须说明提出这一建议的理由,其亲友也是心领神会的。依此建议行事,虽然其亲友不知道内幕信息,但在其所进行的证券、期货交易中所处的地位与其知道内幕信息并进行证券、期货交易几无二致,而后一种情况显然是典型的内幕交易行为,既然如此,与后一种情形神似而仅仅形不同的前一种情形,有何理由不将其认定为内幕交易呢?如果认为内幕人员仅建议买卖而并未将内幕信息的具体内容告知被建议者可以不构成内幕交易、泄露内幕信息罪,无疑给犯罪分子留下相当大的隙漏,使相当数量的内幕交易行为难以被纳入刑事制裁的视野,从而在一定程度上宽纵了犯罪分子,不利于证券市场的健康发展。[①] 对此,笔者认为,在透露内幕信息的基础上建议他人从事相关证券、期货交易的行为是否具有刑事可罚性,刑法规范本身实际上已经给出了答案。《刑法》第180条已经规定了泄露内幕信息的行为属于犯罪,完全可以结合被建议者是否实际从事相关证券、期货交易的事实提出定性规则:(1)告知他人内幕信息,并明示或者暗示其从事相关交易行为,被建议者没有进行相关证券、期货交易的,应当认定为泄露内幕信息罪;(2)被建议者实际进行相关证券、期货交易的,其行为同时符合泄露内幕信息、内幕交易的构成特征,直接认定行为人构成内幕交易、泄露内幕信息罪。

三、明示、暗示

《刑法》第180条内幕交易、泄露内幕信息罪并没有直接使用“建议”的表述,而是将建议行为更为明确地规定为“明示、暗示”。“明示、暗示”也就是向他人做出提示或建议,“明示”和“暗示”的行为其实就是对不同表现形式的“建议”行为的表述,两者并无本质区别。[②] 其本质上都是指行为人提示或者建议他人从事证券、期货交易活动,具体是指提示或建议他人买入或者卖出该证券,或者从事与该内幕信息有关的期货交易。[③] 在早前的司法实践中,有关内幕交易和泄露内幕信息的犯罪都很难取证,而且,内幕人员一般具有较强的反侦察能力,往往自己不从事交易,而是以明示或暗示的方式让他人操作,之后参与分成,而《刑法修正案(七)》新增“明示、暗示他人从事上述交易活动”构成内幕交易犯罪行为的规定,相对来说降低了司法取证的难度,有利于提高执法效率,加强了《刑法》对资本市场的保护力度。[④]

从明示与暗示具体的行为内容上分析,所谓“明示”,就是清楚明白的指示,即通过书面或口头的方式明确告知他人买入或者卖出与该内幕信息有关的证券或者期货合约,指示的手段没有限制,可以是命令,也可以是利诱,还可以是

---

① 参见张军主编:《破坏金融管理秩序罪》,中国人民公安大学出版社1999年版,第276页。

② 参见刘宪权:《金融犯罪刑法学专论》,北京大学出版社2010年版,第352~353页。

③ 参见谢望原:《简评〈刑法修正案(七)〉》,载《法学杂志》2009年第6期。

④ 参见葛磊:《新修罪名诠释:〈刑法修正案(七)〉深度解读与实务》,中国法制出版社2009年版,第27~28页。

胁迫,总之是通过直接表意的方式唆使对方从事交易;所谓“暗示”,就是不明确表示意思,而用含蓄的言语或示意的举动使人领会,这里主要是指行为人以使对方能够推知的方式间接指示,既包括以积极的行为暗示,也包括通过消极的不作为甚至是沉默来暗示。只要该言行能让相对人领会到该交易具有内幕信息背景且能够通过交易相关标的获得利益即可构成“暗示”。因为从事金融交易,尤其是短线交易的市场主体对于此类信息往往十分敏感,对一些含蓄的言行也能够心领神会,产生与明示同样的效果。至于如何确定对方能否领会,则应当根据一般市场主体的理解和判断能力衡量。如内幕信息知情人不明确说明内幕信息的具体内容,只是含蓄地向他人透露“某支股票有重大利空或者利好消息,可以重点关注”,这样的说法就能让人领会到内幕信息的存在,应当认定为“暗示他人从事交易”。但如果只是笼统地说“我觉得买点也没有太大风险”等类似的言语,就难以让人感知到存在重要的、敏感的内幕消息,不应当认定为“暗示他人从事交易”。此外,正如前文所述,还需要进一步分析接受信息的一方是否实际实施了有关的内幕交易行为。正如有的学者所言,如果被建议者没有实施内幕交易,建议者显然不构成内幕交易犯罪,就不存在甄别是否构成“暗示他人从事交易”的必要。[①] 还有必要强调的是,无论是明示还是暗示他人从事相关交易活动,实际上都使对方在某种程度上知悉了相关经营信息,因此,若对方向自己提出咨询意见,行为人只是单纯被动提供不确定的相关交易建议,对方根本无从察觉相关经营信息,则即使行为人在提供建议时事先已经知悉相关经营信息,也并不能被认定为明示或暗示他人从事相关交易。[②]

第三节　内幕信息传递的中轴:非法获取人员

知情人员将内幕信息传递至非法获取人员,非法获取人员将内幕信息进一步向后续方向进行传递——从信息传递链条来看,内幕信息非法获取人员处于内幕交易、泄露内幕信息违法犯罪行为的中轴地位。因此,准确认定内幕信息

① 参见刘衍明:《内幕交易罪的理解与适用》,载《中国检察官》2009 年第 6 期。

② 参见缑泽昆:《〈刑法修正案(七)〉中“老鼠仓”犯罪的疑难问题》,载《政治与法律》2009 年第 12 期。

非法获取人员，不仅是法律规制的重点，而且是控制内幕交易法律风险的关键所在。

根据《刑法》第180条的规定，内幕信息非法获取人员是内幕交易犯罪的另一种犯罪主体类型。对于非法获取内幕信息人员的认定，资本市场犯罪刑法理论与实务中长期存在三种不同的观点："非法手段论"认为，非法获取内幕信息人员只能是利用骗取、套取、偷听、监听或者私下交易等非法手段或者通过非法途径获取证券内幕信息的人员。① "不当获取论"认为，对"非法获取"的理解不能过于狭窄，"非法获得"应指"不该获得而获得"，其中"不该获得"是指行为人与内幕信息之间并无职务或业务上的信赖关系，也即行为人属于禁止接触或获取内幕信息的人员。② "混同认定论"采取淡化非法获取内幕信息人员独立类型特征与模糊上述意见分歧的方式，统一使用"内幕人"的概念将内幕信息知情人员及其近亲属、通过非法手段获取内幕信息的人员以及通过其他途径获取内幕信息的人都纳入内幕犯罪行为主体范围。

《内幕交易解释》第2条与第3条通过联动规定非法获取内幕信息人员类型及其异常交易行为特征的创新性刑法解释技术解决上述争议：利用窃取、骗取、套取、窃听、利诱、刺探或者私下交易等手段获取内幕信息的，显然属于非法获取内幕信息人员；内幕信息知情人员的近亲属或者其他与内幕信息知情人员关系密切的人员，或者在内幕信息敏感期内与内幕信息知情人员联络、接触的人员，从事或者明示、暗示他人从事，或者泄露内幕信息导致他人从事与该内幕信息有关的证券、期货交易，相关交易行为明显异常，且无正当理由或者正当信息来源的，应当认定为非法获取内幕信息人员。

之所以将其评价为创新性解释，是因为《内幕交易解释》极为精巧地解释并未通过非法手段获取内幕信息人员的行为"非法性"，即根据交易行为事实(从事、建议从事、泄露信息导致他人从事)与交易行为评价(明显异常且无正当性事由)逆向证明内幕信息知情人员的近亲属，关系密切人、敏感期的联络、接触人等非法获取内幕信息。《内幕交易解释》第2条不仅通过限制行为主体类型

---

① 参见王作富主编：《刑法分则实务研究》(上册)，中国方正出版社2003年版，第546页。

② 参见刘宪权：《金融犯罪刑法学专论》，北京大学出版社2010年版，第365页。

的方式将偶然、无意地听闻内幕信息人员排除在内幕交易犯罪行为主体之外,①而且在第3条极为详尽地列举了"相关交易行为明显异常"的核心判断指标,②实质性地提升了非法获取内幕信息人员基于内幕信息从事内幕交易犯罪行为证明规则的明确性。

对于《内幕交易解释》第2条第1项规定的以非法手段获取内幕信息人员,实践中并不存在认定障碍,关键问题在于内幕信息知情人员的近亲属、关系密切人、内幕信息敏感期内的联络、接触人等内幕交易犯罪行为主体的判断。《内幕交易解释》第2条使用了两个非常重要的概念,即近亲属和关系密切的人员。由于刑法上的近亲属概念并不明确,首创于利用影响力受贿罪的关系密切的人员的内涵与外延在刑法理论与实务中存在较大的认识分歧,内幕信息知情人员近亲属、关系密切人认定问题显然受制于这样的现状而容易在内幕交易犯罪司

---

① 参见颜斐:《无意听到内幕信息不是犯罪》,载《北京晨报》2012年5月23日,第A7版。无意听到内幕信息从而实施相关证券交易在国外判例中通常也不认为构成内幕交易犯罪。例如,美国证券交易委员会诉巴里·斯威策尔案。在该案中,美国证监会指控,斯威策尔在1981年6月举行的俄克拉何马州高中运动会上无意中听到他认识的一位上市公司董事及其妻子在谈论将要进行的并购事宜。斯威策尔基于该尚未公开的上市公司并购信息从事证券交易并获利5万美元。联邦地区法院判决斯威策尔的行为不构成内幕交易。因为无意听闻内幕信息的行为主体既非内幕信息知情人员,亦非非法获取内幕信息人员,其对于内幕信息的来源并不承担任何形式的信赖义务(不基于信息从事交易或者泄露信息),不受到披露或者戒绝交易规则的限制,故不应当将偶然听闻内幕信息并据此从事相关证券交易的行为认定为内幕交易。参见 SEC v. Switzer, 590 F Supp 756 (WD Okla 1984)。

② 《内幕交易解释》第3条规定:"本解释第二条第二项、第三项规定的'相关交易行为明显异常',要综合以下情形,从时间吻合程度、交易背离程度和利益关联程度等方面予以认定:(一)开户、销户、激活资金账户或者指定交易(托管)、撤销指定交易(转托管)的时间与该内幕信息形成、变化、公开时间基本一致的;(二)资金变化与该内幕信息形成、变化、公开时间基本一致的;(三)买入或者卖出与内幕信息有关的证券、期货合约时间与内幕信息的形成、变化和公开时间基本一致的;(四)买入或者卖出与内幕信息有关的证券、期货合约时间与获悉内幕信息的时间基本一致的;(五)买入或者卖出证券、期货合约行为明显与平时交易习惯不同的;(六)买入或者卖出证券、期货合约行为,或者集中持有证券、期货合约行为与该证券、期货公开信息反映的基本面明显背离的;(七)账户交易资金进出与该内幕信息知情人员或者非法获取人员有关联或者利害关系的;(八)其他交易行为明显异常情形。"应当看到,在美国内幕交易案件司法实践中,交易模式是判断行为人是否基于内幕信息从事相关证券交易的重要指标。如果控方证明涉案证券交易行为所体现出的模式化特征比较异常,则可以推论从事证券交易的行为主体持有内幕信息或者说相关证券交易依托于内幕信息。从异常交易判断规则上来看,美国联邦第九巡回上诉法院的判例规则比较有代表性:内幕交易案件中的异常证券交易是指行为人从事的证券交易行为显著地区别于其以前的交易模式,在具体判断上应当结合行为人交易相关证券的总量以及比例、交易的时间、相关交易是否与其历史交易记录或者交易习惯吻合等相关要素进行分析。参见 In re Silicon Graphics Inc. Securities Litigation, 183 F. 3d 970, 986 (9th Cir. 1999); Provenz v. Miller, 102 F. 3d 1478, 1491 (9th Cir. 1996)。对照上述《内幕交易解释》,我国内幕交易案件中的异常交易判断标准显然更为细致。

法实践中产生争议。因此,亟须在理论上准确界定内幕信息知情人员近亲属、关系密切人的范围,否则《内幕交易解释》第 2 条第 2 项将难以在实践中得到有效执行。同时,司法实践中还需要结合现有的证券期货法律解释性文件与反内幕交易实践经验,进一步深度考察《内幕交易解释》第 2 条与第 3 条规定的"相关交易行为明显异常"的判断标准。

一、近亲属、关系密切人

关于近亲属范围问题,我国《刑法》并没有专门的规定,三大诉讼法及其司法解释的界定也并不一致。法律及相关司法解释对于近亲属的范围界定不一致,必然会导致刑法理论与实务部门对于如何认定内幕信息知情人员近亲属产生较大争议。在我国《刑法》以及刑法司法解释对近亲属概念未作规定的情况下,以诉讼法关于近亲属的规范界定论证刑法上的近亲属范围是无法进行合理解释的。因为诉讼法定义近亲属是为了解决诉讼上的代理、证据效力等程序性问题,刑事诉讼法基于程序严苛性更强的现实要求,设定了相对狭窄的近亲属范围,行政诉讼法与民事诉讼法基于便利诉讼的实用性考量,对近亲属的范围界定更为宽泛。而内幕信息知情人员近亲属是内幕交易犯罪主体要素,其范围界定应当受到近亲属这一法律概念实体法属性的制约,同时更应当与内幕交易犯罪实质相契合。所以,无论是从与刑法关系最为密切的刑事诉讼法中援引近亲属法律概念的内涵与外延,还是从行政诉讼法与民事诉讼法相关规范中进行推断,都会陷入近亲属概念刑法解释上的方向性误区。

社会生活中的近亲属概念要在刑法上探索其合理范围,必须以财产关系作为限制标准对近亲属进行范围限定。财产关系标准不仅具有实体法上的规范性,而且与内幕交易犯罪利用内幕信息从资本市场交易中非法获取利润的行为实质最为契合。因为近亲与远亲之间的界限是模糊与主观的,最为客观的判断标准应当是财产关系上的远近亲疏,即财产继承关系。从《民法典》继承编第 1127 条至第 1129 条有关财产法定继承的规定来看,除了夫妻、父母、子女、同胞兄弟姐妹等之外,继承法上的第一顺序、第二顺序和代位继承中具有法律继承权的主体,也应当视为近亲属。以财产继承关系为核心确定近亲属范围,不仅整体涵盖了三代以内直系血亲,而且根据亲缘结构与家庭财产归属的实际情况出发,将非婚生子女、养子女和有扶养关系的继子女,养父母和有扶养关系的继父母,同父异母或者同母异父的兄弟姐妹、养兄弟姐妹、有扶养关系的继兄弟姐妹,以及承担主要赡养义务的丧偶儿媳、女婿等纳入近亲属范围,更能实现内幕交易犯罪主体界定与内幕交易犯罪实质之间的高度契合。因为近亲属之所以能够从内幕信息知情人员处获取内幕信息,根本原因在于其不仅能够基于"近"的家属关系影响内幕信息知情人员对于内幕信息的保密程度,而且能够在内幕信息所可能产生的财产利益方面与内幕信息知情人员形成利益共同体。

其他与内幕信息知情人员关系密切的人员这一概念显然源于《刑法》第388条之一利用影响力受贿罪中的"其他与该国家工作人员关系密切的人"。然而,《刑法》并没有对此类关系密切人进行定义。笔者认为,内幕信息知情人员的关系密切人着眼于该种类型的行为主体与内幕信息知情人员之间的人际关系,强调的是两者之间的人际关系超越普通层面,达到了紧密的联系、黏合、影响程度。这种紧密联系可以是友好关系,也可以是客观中性的利益、利害关系,还可以是非基于职权而生成的控制、胁迫、制约关系。因此,内幕交易犯罪司法解释既然使用了关系密切人的概念,实际上就应当将其实质内涵明确界定为与内幕信息知情人员人际关系紧密的人。对于内幕信息知情人员关系密切人的具体范围问题,应当根据人际关系的不同侧面予以具体展开:(1)亲属层面的人际关系,主要是指近亲属以外的与内幕信息知情人员关系密切的亲属;(2)利益层面的人际关系,主要是指与内幕信息知情人员有共同利害关系的人;(3)情感层面的人际关系,主要是指内幕信息知情人员的情妇(夫)或者其他有情感依恋关系的人;(4)社交层面的人际关系,主要是指与内幕信息知情人员紧密交往的同乡、同事(包括现在和以前的平级和上下级同事)、同学、战友、朋友、商业伙伴、常规工作联系人等。

二、联络人、接触人

内幕信息的传递一般多发于近亲属以及其他关系密切人之间,但这并不意味着没有证据表明行为人与内幕信息知情人员之间关系密切,就可以直接排除行为人获取内幕信息的可能。内幕信息完全可以在社会关系一般的主体之间进行传递。内幕信息知悉人员故意、口风不严、疏忽大意、意图使得信息受领者利用内幕信息牟利、炫耀等,都可能使得行为人获取内幕信息。正是因为认识到上述内幕信息传递的实践特征,《内幕交易解释》第2条第3项规定,在内幕信息敏感期内,与内幕信息知情人员联络、接触,从事或者明示、暗示他人从事,或者泄露内幕信息导致他人从事与该内幕信息有关的证券、期货交易,相关交易行为明显异常,且无正当理由或者正当信息来源的,是非法获取内幕信息人员。上述规定不仅将内幕信息知情人员近亲属、关系密切人之外的内幕信息敏感期内的联络、接触人纳入内幕交易犯罪主体范围,而且合理地将偶然、无意地听闻内幕信息人员排除在内幕交易犯罪行为主体之外。① 行为人实施证券交易之前与内幕信息知悉人员之间的联络和接触是一个沟通联系与内幕信息传递的言语互动过程。这种联络和接触可以是面谈,也可以是电话、短信沟通,更可以是邮件联系;有的是"一语中的"直接点出内幕信息,也有的是"三言两语"传递内幕信息,还有的是在较长时间里讨论内幕信息,更有的是在谈论的多个事项过程中包含或者夹杂内幕信息。

对于联络、接触型内幕交易,应当严格遵循"证券交易活动与内幕信息高度吻合"的证明标准,并以此作为证明标准的底线,避免以其他形式的证明标准进行替代。对于联络、接触型内幕交易来说,在以"推定"方法认定行为人责任时,应当考量其与内幕信息知情人之间是否具有人身或者财产关系,并以此作为间接证据,从而矫正内幕交易中"推定"方法导致的宽松的证明标准。

(一)联络、接触型内幕交易行政处罚"高度吻合"证明标准的合理性

最高人民法院《关于审理证券行政处罚案件证据若干问题的座谈会纪要》第5条规定:"……监管机构提供的证据能够证明以下情形之一,且被处罚人不能作出合理说明或者提供证据排除其存在利用内幕信息从事相关证券交易活动的,人民法院可以确认被诉处罚决定认定的内幕交易行为成立:(一)证券法第七十四条规定的证券交易内幕信息知情人,进行了与该内幕信息有关的证券交易活动;(二)证券法第七十四条规定的内幕信息知情人的配偶、父母、子女以及其他有密切关系的人,其证券交易活动与该内幕信息基本吻合;(三)因履行工作职责知悉上述内幕信息并进行了与该信息有关的证券交易活动;(四)非法获取

① 颜斐:《无意听到内幕信息不是犯罪》,载《北京晨报》2012年5月23日,第A7版。

内幕信息,并进行了与该内幕信息有关的证券交易活动;(五)内幕信息公开前与内幕信息知情人或知晓该内幕信息的人联络、接触,其证券交易活动与内幕信息高度吻合。”不同内幕交易主体构成内幕交易的不同证明标准如表 8 –1 所示。

表 8 –1 不同内幕交易主体构成内幕交易的不同证明标准

内幕交易构成主体	如何判断“知悉”内幕信息	交易活动与内幕信息相关性
《证券法》第 51 条规定的“内幕信息的知情人”	基于身份直接推定	有关
因履行工作职责知悉内幕信息的人	基于履职行为认定	有关
非法获取内幕信息的人	基于非法获取行为认定	有关
内幕信息知情人之关系密切人(配偶、父母、子女等)	基于身份直接推定	基本吻合
与任何知悉内幕信息的人联络、接触之人	基于联络、接触行为认定	高度吻合

根据上述规定,对于联络、接触型内幕交易行为人,在行政程序中认定其构成内幕交易的证明标准是:内幕信息公开前与知情人联络、接触,交易活动与内幕信息高度吻合,同时不能做出合理说明或提供证据排除利用内幕信息从事交易。在大部分联络、接触型内幕交易案件中,由于在该类案件内幕交易极具隐秘性,因此监管部门很难举示出直接证据以证明行为人进行了内幕交易。目前,各国主要通过两种途径解决这一问题,一是通过间接证据认定,二是运用推定方法。① 在此处,我国实际上运用了推定方法,将部分举证责任转移给了行政相对人。监管机构只需证明行政相对人在内幕信息公开前与知情人联络、接触,并且交易活动与内幕信息高度吻合。此时举证责任便则转移给了行政相对人,行政相对人则需对交易活动的合理性作出说明或者提供证据排除。如果不能作出合理说明或举出证据,则推定其构成内幕交易。

综观监管部门作出的内幕交易行政处罚,对于联络、接触型内幕交易,监管部门一直以来都遵循该规则进行。例如,在对欧阳某东的行政处罚决定中,监管部门认定:内幕信息敏感期内,欧阳某东与包某青、陈某良、高某根存在频繁通话。“王某勤”账户同期仅交易“胜利精密”,大量买入只有少量卖出;“蔡某

① 参见曹理:《证券内幕交易构成要件比较研究》,法律出版社 2016 年版,第 353 页。

喜”账户同期主要买入“胜利精密”，无卖出，交易量较其他股票明显放大；“欧阳某东”账户在7月买入“胜利精密”后，8月卖出；“顾某珍”账户在7月仅买入“胜利精密”一只股票。上述账户对“胜利精密”的交易活动与内幕信息高度吻合。[①] 在对颜某明的行政处罚决定中，监管部门认定：颜某明与王某荣之间关系密切，存在联系时间与买入“利欧股份”时间高度吻合、临时激活部分账户交易“利欧股份”等异常情况，颜某明对交易“利欧股份”亦不能作出合理解释。[②] 在监管部门官网2019年12月12日公布的对王某的行政处罚决定中，监管部门认定：王某在内幕信息敏感期内与内幕信息知情人员联络、接触，大量买入“汇顶科技”且仅买入该只股票，买入意愿强烈，其证券交易活动与内幕信息高度吻合，交易行为明显异常且无正当理由或正当信息来源，构成《证券法》(2014年修正)第202条所述的内幕交易行为。[③] 在2019年12月2日公布的曹某行政处罚决定中，监管部门认定：涉案交易发生的时间同内幕信息形成时间以及曹某与赵某乙联络的时间高度吻合，且存在突击组织大量资金集中单一买入“岭南园林”等情况，相关交易行为明显异常，且其不能作出合理解释或提出证据排除内幕交易。曹某的上述行为违反了《证券法》(2014年修正)第73条和第76条第1款的规定，构成《证券法》(2014年修正)第202条所述内幕交易。[④] 在2019年8月2日公布的对卢某俊的行政处罚决定中，监管部门认定：卢某俊与内幕信息知情人张某帅、朱某伟有43次通话联系，联系密切。卢某俊在2016年10月18日至11月14日交易“东阳光科”的数量明显增加，交易行为与内幕信息高度吻合、异常性明显，且卢某俊不能作出合理说明。[⑤] 可见，无论是以往还是同期，监管部门均坚持了“联络接触＋高度吻合”的证明标准。

该规定在司法裁判中也有体现，在苏某鸿诉证监会行政处罚和行政复议决定案中，北京市高级人民法院在判决书中认为：具体到内幕交易行政处罚领域，证券监管机关应依法对被诉处罚决定的合法性承担举证责任，只是考虑到内幕交易案件在调查上的特殊性，才为证券监管机关适用推定认定事实提供一定的

① 参见中国证监会行政处罚决定书(2016)65号。
② 参见中国证监会行政处罚决定书(2016)79号。
③ 参见中国证监会行政处罚决定书(2019)146号。
④ 参见中国证监会行政处罚决定书(2019)138号。
⑤ 参见中国证监会行政处罚决定书(2019)80号。

空间和可能，但即便如此，也要考虑到内幕交易行政处罚往往对当事人合法权益产生巨大影响，在推定的适用标准上应当秉持审慎原则，尤其是对作为推定依据的基础事实的证明标准，要求也应当更高。正因为此，最高人民法院《关于审理证券行政处罚案件证据若干问题的座谈会纪要》第5条“关于内幕交易行为的认定问题”明确，当事人在内幕信息公开前与内幕信息知情人联络接触，其证券交易活动与内幕信息高度吻合，且被处罚人不能作出合理说明或者提供证据排除其存在利用内幕信息从事相关证券交易活动的，人民法院可以确认被诉处罚决定认定的内幕交易行为成立。这里“高度吻合”的标准，就是证券监管机关对作为推定依据的基础事实所要达到的证明程度要求，也与内幕交易行为性质以及对相对人权利义务影响程度相适应。该案中，被诉处罚决定认为苏某鸿与殷某国接触联络且交易威华股份的时点与内幕信息的进展情况高度吻合，且苏某鸿不能提供充分而有说服力的解释，据此推定苏某鸿构成内幕交易，被诉复议决定则认为苏某鸿买入威华股份的交易时点与内幕信息的形成过程较为吻合，且苏某鸿不能合理说明其在内幕信息公开前买入威华股份的原因，据此维持被诉处罚决定。显然，被诉处罚决定和被诉复议决定在推定构成内幕交易的基础事实的证明程度上适用了不同的标准，前者适用的是“高度吻合”标准，后者适用的是“较为吻合”标准。该案中，被诉处罚决定中的“高度吻合”已为被诉复议决定中的“较为吻合”所修正，且该修正与在案证据显示的内幕信息形成发展与相关交易活动进行的案件事实基本一致，据此可以认定，作为被诉处罚决定推定苏某鸿存在内幕交易依据的基础事实没有达到“高度吻合”的证明标准。①

综上所述，监管部门作出的行政处罚决定以及法院作出的司法裁判，我们认为内幕交易案件在使用“推定”方法时，应当秉持谨慎的原则，尤其是对作为推定依据的基础事实的证明标准，要求也应当更高。因此，才产生了《关于审理证券处罚案件证据若干问题的座谈会纪要》中对于联络、接触型内幕交易案件要求的“高度吻合”的标准。此处的“高度吻合”的标准，就是证券监管机关对作为推定依据的基础事实所要达到的证明程度要求。因此，应当严格遵守此标准，保护当事人的合法权益。然而，纵观阳某某内幕交易案，行政处罚决定书中

---

① 参见(2018)京行终445号。

通篇没有出现证券交易与内幕信息高度吻合的论述，甚至没有出现高度吻合的字样，由此认定行为人构成内幕交易并对其进行行政处罚欠妥。

（二）内幕交易犯罪中“交易明显异常”标准能否替代行政处罚证明标准

在阳某某内幕交易案中，行为人历经刑事司法和行政处罚两个阶段，刑事、行政程序都对“是否存在内幕交易”这一基础事实作出判断，检察机关认为行为人内幕交易的基础事实无法认定，故而以“事实不清，证据不足”为由作出不起诉决定。然而监管部门在检察机关作出不起诉决定后依然对行为人作出了内幕交易违法的认定和巨额行政罚款的决定。针对该情节，监管部门认为：刑事案件和行政案件有着不同的证明标准，刑事程序和行政程序对同一事实的评价标准也不相同。该案中阳某某交易“中青宝”的行为已构成内幕交易，事实清楚，证据确实、充分，符合行政处罚标准，即使检察机关作出不起诉决定，证监会仍然可以进行行政处罚，符合证监会一贯的执法原则和执法标准。[①] 此观点在刑事案件和行政案件证明标准的理论研究方面是成立的。但是在该案中存在特殊之处。在该案的行政处罚决定中，监管部门援引了《内幕交易解释》第 2 条第 3 项的规定，其认为行为人与内幕信息知情人联络、接触，从事与该内幕信息有关的交易，交易行为明显异常，且无正当理由或者正当信息来源，应当认定行为人为非法获取证券交易内幕信息的人员。紧接着，监管部门就此认定行为人交易“中青宝”的行为构成内幕交易。

监管部门在行政处罚中援引了《内幕交易解释》中的“交易行为明显异常”的刑事程序标准来代替行政程序的“高度吻合”标准，该方式是否可行？尤其是在检察院认为内幕交易基础事实无法确定而作出了不起诉决定的情况下。

其一，阳某某内幕交易案中，监管部门只认定了行为人“交易行为明显异常”，用该标准代替了“高度吻合”的标准。监管部门这样操作的逻辑是，“交易行为明显异常”属于内幕交易犯罪的证明标准，而行政处罚的证明标准是低于刑事案件的，根据举重以明轻的原理，“交易明显异常”当然可以作为行政处罚的证明标准。在该种逻辑下，监管部门认为其适用了更为严格的证明标准，但是上述逻辑存在一个矛盾之处，上述逻辑以刑事案件的证明标准严格要求行政

---

① 参见中国证监会行政处罚决定书（2019）75 号。

处罚,那么对于检察院在更强有力的证据收集后认为“事实不清、证据不足”的基础事实,监管部门又是如何认为已经达到了“交易行为明显异常”呢?

其二,如果监管部门认为行政处罚决定书对“交易行为明显异常”的认定不需要达到刑事案件“排除合理怀疑”的程度,而对于联络、接触型内幕交易,行政处罚的证明标准是“高度吻合”,那么在有此更为精准、清晰的行政处罚证明标准的情况下,为何要选择以“交易行为明显异常”替代之?再者,即使认为“交易行为明显异常”标准可以替代“高度吻合”标准,那么对“交易行为明显异常”的认定显然应该要比“高度吻合”标准更高。也就是说,若监管部门使用“交易行为明显异常”标准作为行政处罚的标准,那么在交易异常程度的考量上,《内幕交易解释》第 2 条中的“交易行为明显异常”要比《关于审理证券行政处罚案件证据若干问题的座谈会纪要》第 5 条中的“高度吻合”异常程度更高方可。换言之,“证券交易活动与内幕信息高度吻合”应当作为联络、接触型内幕交易证明标准的底线。监管部门若要使用其他证明标准,其使用的证明标准从理论上说也必须要高于“高度吻合”标准。

因此,阳某某内幕交易案中监管部门直接援引《内幕交易解释》得出行为人构成内幕交易的结论,在法律适用方面存在问题,依据并不充分。该案应当适用的是《关于审理证券行政处罚案件证据若干问题的座谈会纪要》,以证券交易活动与内幕信息高度吻合作为证明标准来论述。

(三)如何矫正内幕交易中“推定”方法导致的宽松的证明标准

通说认为,行政处罚应当采用“明显优势证明标准”为原则,监管部门在《证券市场内幕交易行为认定指引(试行)》(已失效)中规定:内幕交易行为的认定,应当适用明显优势证明标准。而前文提到,《关于审理证券行政处罚案件证据若干问题的座谈会纪要》以“推定”方法认定内幕信息人知悉内幕信息。换言之,对于接触、联络型内幕交易行为人来说,只要监管部门能够证明其曾与内幕信息知情人接触,且其后交易了相关证券,即可推定其知悉并利用了内幕信息,如果行为人不能自证清白,其行为即属于内幕交易违法行为。该模式是当前监管部门认定联络、接触型内幕交易行为的普遍模式,然而该模式采用了宽松的证明标准,实际上架空了“明显优势证明标准”,为监管部门在执法过程中降低证明标准提供了一定依据。[①] 有研究指出，自 2002 年至 2006 年年底，也即 2007 年《证券市场内幕交易行为认定指引（试行）》（已失效）出台前，在中国监管部门执行行政处罚的 196 例证券欺诈案中，只有一例（2004 年）涉及内幕交易。尽管缺乏法律以及行政规章层面的明文规定，但是在目前上述规定的架构下，监管部门正在构建一套针对内幕交易的“查处规则”，对法律推定、证明责任以及明知等复杂的问题进行突破。[②] 综上所述，我国对联络、接触型内幕交易认定中存在的推定现象值得探讨，内幕交易行政处罚中对“推定”方法的运用，有可能将会导致监管部门执法权力的滥用，侵害证券行为人的合法权益。然而，要改变这一现状，还是要严格坚持《证券市场内幕交易行为认定指引（试行）》（已失效）中规定的“明显优势证明标准”，在联络、接触型内幕交易监管中，不能提供直接证据时，尽可能提供间接证据，而不能绕过“明显优势证明标准”，转而依赖“推定”方法。因此，为了矫正上述“推定”方法下宽松的证明标准，有观点认为在认定联络、接触型内幕交易行为时，在监管部门现有思路的基础上，还须辅以证明内幕信息联络、接触的行为人与内幕信息知情人之间存在有实质意义的紧密关系，这种关系一般为人身关系或财产关系。

就人身关系而言，除现行规定中提及的与内幕信息知情人有亲属关系的人员以外，还应当关注与内幕信息知情人有紧密私人关系的主体，包括同学、好友、同事等。当监管部门以对这类关系的证明作为间接证据时，应以内幕信息联络、接触的行为人与内幕信息知情人关系的亲疏作为判断其证明力的依据。两者关系越紧密，平时联系越频繁，内幕信息传递的可能性就越大，证明力也就越强。[③] 就财产关系而言，监管部门可以关注内幕信息联络、接触的行为人与内幕信息知情人之间是否有资金往来，尤其是在监管部门认定的内幕信息形成时间前后，两者之间是否有异常资金流转。

在阳某某内幕交易案中，就人身关系而言，行为人与中青宝董事长关系并不紧密，二者仅仅由于上市公司投资者调研活动相识，并且此后也偶有接触，因此中青宝董事长不太可能将内幕信息随意泄露，其证明力也相应较弱；就财产

---

① 参见夏东霞、杨婷：《简论内幕信息受领人内幕交易行为的认定——美国相关经验对我国的启示》，载《证券法律评论》2017 年第 00 期。

② 参见吴伟央、普丽芬：《2009 年中国证券法治评述》，载《证券法苑》2010 年第 1 期。

③ 参见张子学：《浅析“知悉”内幕信息的证明》，载《证券法苑》2011 年第 1 期。

关系而言,监管部门、检察机关均未有相关异常资金往来的发现。

对于联络、接触型内幕交易,监管部门应当严格遵循“证券交易活动与内幕信息高度吻合”的证明标准。此处的“高度吻合”的标准,就是证券监管机关对作为推定依据的基础事实所要达到的证明程度要求。因此,应当严格遵守此标准,保护当事人的合法权益。然而,阳某某内幕交易案作为联络、接触型内幕交易,监管部门并未对行为人证券交易活动与内幕信息是否高度吻合进行论述,存在不妥之处。

“证券交易活动与内幕信息高度吻合”应当作为联络、接触型内幕交易证明标准的底线,不能以其他形式的证明标准进行替代,杜绝监管部门权力的滥用和侵害证券投资者的合法权益情形的发生。阳某某内幕交易案以“交易行为明显异常”为标准替代了“高度吻合”的证明标准从逻辑上和理论上都是无法成立的。

在联络、接触型类型的内幕交易案件中,监管部门较多使用“推定方法”推定事实。在一些案件中,监管部门在只能证明被处罚人曾经与内幕信息知情人有过接触或者联络,并在此后交易了相关证券,便基本推定了被处罚人在与内幕信息知情人的接触中获知并且利用了内幕信息,从而认定其构成内幕交易。然而,该种认定实际上背离了内幕交易行政处罚的“明显优势证明标准”。为了矫正内幕交易中“推定”方法导致的宽松的证明标准,监管部门在认定联络、接触型内幕交易行为时,应当在现有思路的基础上,辅以证明内幕信息联络、接触的行为人与内幕信息知情人之间存在有实质意义的紧密关系,这种关系一般为人身关系或财产关系。

三、交易行为明显异常

内幕信息知情人员的近亲属、关系密切人相对于内幕信息敏感期内知情人员的联络、接触人,社会联系的现实强度与对内幕信息内容的知悉程度明显更高,逻辑上合理的推论应当是前者实施的相关交易行为的异常性程度应当明显低于后者,这样才能保证内幕交易犯罪行为静态构成标准与动态证明过程的平衡并最终保证刑事归责的平衡。而《内幕交易解释》第 3 条对上述两种不同类型的行为主体却设置了程度完全相同的“明显异常”指标,即从时间吻合程度、交易背离程度和利益关联程度等方面来看,若为幕信息知情人员的近亲属,关系密切人,信息敏感期内的联络、接触人在账户使用、资金配置,交易时间,交易习惯,证券、期货产品基本面等综合要素上与内幕信息的形成、变化和公开时间"基本一致",则都应认定为非法获取内幕信息人员从而承担内幕交易犯罪的刑事责任。

事实上,2011 年最高人民法院《关于审理证券行政处罚案件证据若干问题的座谈会纪要》对上述两种不同类型的主体设置了不同的判断标准。根据《关于审理证券行政处罚案件证据若干问题的座谈会纪要》第 5 条①的规定,内幕交易行为成立的基础在于,内幕信息知情人员的近亲属、关系密切人的证券交易活动与该内幕信息"基本吻合",而内幕信息公开前与内幕信息知情人或知晓该内幕信息的人联络、接触,其证券交易活动应当与内幕信息"高度吻合"。对照《内幕交易解释》第 3 条与《关于审理证券行政处罚案件证据若干问题的座谈会纪要》第 5 条,敏感期内内幕信息知情人员的联络、接触人的交易行为与内幕信息基本一致可以构成刑事犯罪,但构成证券行政违法要达到"高度吻合"的程度——内幕交易违法与犯罪的法律规格出现倒挂。

一种在理论上存在解释空间的理解是,《内幕交易解释》放弃了《关于审理证券行政处罚案件证据若干问题的座谈会纪要》规定的区分化处理规则,根据新司法解释效力优先原则,刑事司法实践中应当坚持《内幕交易解释》第 3 条的规定。同时,《关于审理证券行政处罚案件证据若干问题的座谈会纪要》本身以及权威解读文本确实也没有完成"基本吻合"与"高度吻合"标准的实质性区分,②即《关于审理证券行政处罚案件证据若干问题的座谈会纪要》没有明确回答何种程度的资金、账户、交易时间、交易模式等指标构成基本吻合或者高度吻合。但是,交易行为明显异常是否确实不具有基本一致(吻合)与高度一致(吻

① 《证券行政处罚纪要》第 5 条"关于内幕交易行为的认定问题"规定:"会议认为,监管机构提供的证据能够证明以下情形之一,且被处罚人不能作出合理说明或者提供证据排除其存在利用内幕信息从事相关证券交易活动的,人民法院可以确认被诉处罚决定认定的内幕交易行为成立:(一)证券法第七十四条规定的证券交易内幕信息知情人,进行了与该内幕信息有关的证券交易活动;(二)证券法第七十四条规定的内幕信息知情人的配偶、父母、子女以及其他有密切关系的人,其证券交易活动与该内幕信息基本吻合;(三)因履行工作职责知悉上述内幕信息并进行了与该信息有关的证券交易活动;(四)非法获取内幕信息,并进行了与该内幕信息有关的证券交易活动;(五)内幕信息公开前与内幕信息知情人或知晓该内幕信息的人联络、接触,其证券交易活动与内幕信息高度吻合。"

② 参见赵大光、杨临萍、蔡小雪、李涛:《〈关于审理证券行政处罚案件证据若干问题的座谈会纪要〉解析》,载《人民法院报》2011 年 8 月 31 日,第 6 版。

合)的实质区分性?

笔者对此持否定意见并提出以下建议性规则供司法解释参考。高度一致(吻合)的信息指标表现为:(1)在资金流向上,行为人及其控制的证券账户交易记录显示其不惜大额亏损卖出其他股票,然后满仓买入内幕信息涉及的股票;行为人在内幕信息形成之后且尚未公开之前,快速集中明显超过其以往交易记录的操作资金或者以高额资本成本获取融资,买卖内幕信息涉及的证券、期货。(2)在交易风格上,行为人以往证券、期货交易风格表现为分散持股(持仓),而在相关内幕信息尚未公开之前集中绝对数量的资金,采取相对比例显著超过以往的资金配置模式,操作内幕信息涉及的证券、期货合约。(3)在交易时间上,行为人在重大利空信息即将公开之前精准减持,或者在重大利好信息形成之后突击增持。与之对应,基本一致(吻合)的信息表征是:(1)行为人在其控制账户之间进行无亏损或亏损度一般的调仓;行为人调拨大量自有资金或者以合理成本借贷资金进入证券账户用于买卖与内幕信息有关的证券、期货。(2)在与内幕信息相关的证券、期货合约基本面没有明显变动的情况下,将集中持股(持仓)转换为集中持有内幕信息对应的证券、期货合约。(3)行为人实施的相关证券、期货交易时间完全处于内幕信息形成与公开的范围之内,但买入或者卖出时间节点并非紧接于利好信息形成之后或者利空信息公开之前。对于证券合规实践来说,上述关于交易异常性的认定标准与判断逻辑,具有非常重要的行为指引价值。尤其是对于以交易为主营业务的金融机构来说,应当对日常信息管理与交易策略进行实时数据备份。一旦出现内幕信息敏感期与交易时间、相关人员接触时间吻合的情况,可以从中性客观的既定交易策略中提出合法合理的交易并非异常的抗辩。

第九章

期货从业人员内幕交易的法律规制与合规风控

我国期货市场通过长时间的积累，业已建构起了比较丰富的商品期货交易品种系统，并且不断开发与推出全新的商品期货类型。同时，作为金融商品体系中最为重要交易品种之一的股指期货，在经过长达10年的准备之后，也已经成功推出并运行多年。尽管经历了2015年资本市场异常波动后的交易规则限缩，但近年来股指期货市场逐步常态化运行。沪深300、上证50、中证500等指数期权产品的研发与上市筹备，ETF期权的试点稳步推进。[①] 即将推出的集装箱运价指数期货，将为国内外集装箱运输业提供有效的风险管理工具，该期货产品不仅弥补了我国场内航运衍生品的空白，同时意味着我国期货市场首次将产品拓展到了服务领域。[②] 期货、期权以及衍生品市场的交易创新引领下的一系列做空机制极大地丰富了中国期货及衍生品市场风险对冲功能。

通过出台《期货和衍生品法》解决期货行业短板、规范监管、发展矛盾成为业界与监管层的共识。[③] 2022年4月20日第十三届全

---

① 参见左永刚：《股指期权铺路长期资金入市》，载《证券日报》2018年8月8日，第A2版。

② 参见刘春彦、徐圣艳：《推出上海航运指数期货　实现"全球资源上海配置"》，载《中国证券期货》2019年第4期。

③ 参见祝惠春：《期市扩大开放呼唤期货法》，载《经济日报》2018年9月18日，第6版。

国人民代表大会常务委员会第三十四次会议通过了《期货和衍生品法》。《期货和衍生品法》的出台对促进经济转型、推动金融市场高质量发展具有重要意义。因此,中国期货市场内幕交易法律规范,有必要充分结合当前的《期货和衍生品法》的规定,深入调查研究有关内幕交易罚则条款所存在的问题,以及对应的《刑法》中相关期货犯罪条款的局限性,以此为契机对期货市场内幕交易法律问题进行立法完善,并为金融机构、大宗商品交易商等期货从业人员在期货市场交易中的合规问题提出对策建议。

第一节　期货市场内幕交易

证券与期货市场对于内幕交易的不同法律制度安排以及执法司法实践,本质上是由市场的独立性特征以及内幕交易在不同市场的表现形态所决定的。证券市场法律制度旨在保护中小投资者权益,而期货市场主要由具有复杂交易技术的参与者、信息交易者组成,两者对于内幕交易的行为规制与风险防控具有不同的标准与容忍程度。

一、期货市场的专属特征

证券市场分为一级市场(发行市场)与二级市场(交易市场),它是作为金融商品之一的有价证券的进行发行与交易的平台。因此,证券市场的实质是发行人的融资平台、交易者的投资平台,并且,这种投资与融资行为具有中长期的特征。所以,证券市场又称为中长期资本发行与交易平台。① 上市公司等发行主体,基于证券公司、会计师事务所、律师事务所、资产评估机构等市场中介的服务,发行股票、债权等直接融资工具,获取其所需求的中长期资本资源。

与此具有明显不同的是,期货市场是以大宗商品或各种类型的资产为标的

① See Glenn G. Munn, F. L. Garcia & Charles J. Woelfel, *The St. James Encyclopedia of Banking and Finance*, 9th ed., St. James Press, 1991, p. 398.

的标准化契约的交易市场，交易对手方之间约定，达成合约之后，不对大宗商品、基础资产或者任何金融资产进行交割，而是在之后的约定时间内，对标准化契约设定的大宗商品实物或者基础资产实物进行交割，或者直接进行现金交割。故期货市场最为重要的功能并非就大宗商品、基础资产、金融商品的财产权进行交换，而是提供了一种非常重要的价格发现机制与风险转移平台。① 所以，证券市场与期货市场之间具有非常明显的区别。期货市场中并不存在所谓的发行人，即发行股票、债权从而获取中长期资本的融资者。期货市场中交易标的的创制主体是期货交易所，其创制的内容是标准化的契约。

二、期货市场内幕交易的专属特征

证券市场中的内幕交易行为，其实质特征是由证券的金融特征和证券市场的核心功能所决定的。上市公司是证券市场中股票、债券的发行人。证券市场内幕信息及其知情人员均围绕着上市公司及其相关人员展开。证券市场中的内幕交易行为，其核心内容就是，上市公司中参与内幕信息制造的知情人员，或者通过各种手段非法获取此类内幕信息的行为主体，在公司证券发行、交易过程中的内幕信息尚未公开前，从事相关证券交易，建议他人从事相关证券交易，或者泄露该证券内幕信息。与之进行对照分析，虽然在构成要素层面，期货市场内幕交易同样需要具备内幕信息知情人员、内幕信息非法获取人员等主体要素，内幕信息这一对象要素，相关交易以及泄露内幕信息等行为要素，然而，上述构成要素在具体内容、特征层面，相对于证券市场内幕交易而言，存在明显差异。

期货市场中交易的是交易所创制的各类标准化契约，而非上市公司等发行人发行的股票、债券。期货市场的主要功能是价格发现与风险对冲，区别于证券市场的融资、投资功能。上述金融特征与市场功能的差异，共同造成期货市场中的内幕交易行为具有符合其自身特殊性的核心内容。

由于期货交易所是期货市场中标准化契约的创制主体，所以，产品发行主

---

① See John Smullen & Nicholas Hand, *Oxford Dictionary of Finance and Banking*, 3rd ed., Oxford University Press, 2005, p. 37.

体本身与该产品有关的内幕信息之间并不存在实质性的联系。与期货市场特定产品内幕信息有关的主要是该标准化契约内在的大宗商品或者基础资产的内在价值或者市场上的供求关系。

期货市场中的内幕信息知情人员是制造、参与、接触、管理对于期货交易品种、对应的大宗商品、基础资产市场价格具有重大影响的信息的行为主体,不存在像上市公司中"内部人"的法律概念。

证券市场中的内幕交易行为通常就发生在股票、债券所发行与交易的现货市场,而期货市场内幕交易行为并不完全局限于与期货交易品种所在的市场,任何与特定期货交易品种市场价格挂钩的现货市场、期货市场、衍生工具市场,都可以成为期货内幕交易行为具体实施的场所,尤其是与商品期货交易品种直接对应的大宗商品现货市场或者与金融期货交易品种对应的金融商品现货市场。

三、期货市场内幕交易的行为表现

证券市场价格受到基础资产内在价值、供求关系以及证券供求关系的影响。而期货市场首先是一种衍生市场,因为期货合约是基础资产交易的衍生工具。以商品期货为例,其基础资产市场就是商品现货市场。所以,商品期货合约的市场价格受到相关联的商品现货内在价值、相关合约对应时间的现货供求关系以及期货合约供求关系的影响。再以国债期货为例,其基础资产市场就是国债现货市场。因此,国债期货合约的市场价格受到相关联的国债现货内在价值、相关期货合约对应期间的国债现货供求关系以及国债期货合约供求关系的影响。这就意味着期货市场中的内幕交易在具体表现形态上,具有更加多样化、多层次、多变量的特征。

行为人可以在与期货合约有关的内幕信息尚未公开之前,在期货合约交易中实施买入、卖出等行为,或者建议他人实施该期货合约的交易。

因为期货市场内幕信息的重大价值会影响到对应的现货市场商品行情,即期货市场信息引导商品现货市场,故行为人可以在与期货合约有关的内幕信息尚未公开之前,于该期货合约对应的现货市场中实施交易行为,或者建议他人实施该商品现货的交易。

因为商品期货内幕信息的重大价值会影响到对应的期货市场中的合约行情，即现货市场信息引导商品期货市场，故行为人可以在与商品现货市场有关的内幕信息尚未公开之前，于该现货对应的期货市场中实施交易行为，或者建议他人实施该期货合约的交易。

上述复杂情况的实质原因是现货、期货合约、重大未公开信息等要素之间，随着现货市场与期货市场之间的价格关联性及其程度的不同，会产生不同的互动效果。但无论期货市场内幕交易各个构成要素之间形成怎样的结构形态，实质上都是在期货内幕信息公开之前的、提前于其他市场参与者的“抢跑”“作弊”行为。

四、跨市场交易

期货市场内幕交易行为的构成要素与表现形态说明，期货市场具有明显的跨市场行为，这就决定了期货市场内幕交易最为重要的行为特征就是跨市场性。而由于证券本身只是其基础资产的证券化而非衍生工具，所以不存在现货市场与期货市场之间的跨市场特征。此外，进一步还可以看到，期货市场内幕交易行为结构中还存在一个非常重要的特征，即信息跨市场与交易跨市场。具体而言，期货市场内幕交易行为中的内幕信息可以是“现货市场中”的内幕信息，也可以是“期货市场中”的内幕信息，期货与现货市场的价格关联是由两个市场之间的信息关联所决定的。

对于期货合约交易价格具有重要影响的信息可以是期货合约的交易信息（例如，某机构决定大量卖空特定月份的黄金期货合约会引起该月份甚至关联月份的黄金期货合约价格下降），还可以是与期货合约直接相关的现货市场价格信息（例如，特定时间段的大豆现货进口量锐减会引起关联月份的大豆期货合约价格上涨），甚至可以使与期货合约间接相关的现货市场政策信息（例如，房地产调控政策会引起螺纹钢、线材等现货市场供大于求进而引发螺纹钢、线材期货合约交易价格下降）。

基于期货与现货市场价格交易之间的关联度，期货内幕信息知情人员或者非法获取人员既可以在期货市场建仓或者平仓获取利润或者规避损失，也可以选择在现货市场买入或者卖出现货商品或者基础资产获利或者避损。

所以,期货市场内幕交易法律规制应当以期货市场、期货内幕信息、期货市场内幕交易行为的跨市场性特征为导向,设计并完善符合期货实质特征的法律规范。

第二节　期货从业人员内幕交易的境外法律规制实践与合规启示

纵览全球期货市场,从业人员内幕交易案件数量较为有限,以美国商品期货交易委员会(Commodity Futures Trading Commission,CFTC)近年来查处的三例期货市场内幕交易案为例进行分析。

一、莫塔泽蒂期货内幕交易案

CFTC 对佛罗里达州迈阿密的莫塔泽蒂提出指控,认定其在纽约商品交易所的 RBOB 汽油实物期货合约和 CL 轻质低硫原油期货合约中从事欺诈性交易,此交易涉及他拥有或控制的两个个人账户以及他为其前雇主交易的公司账户。

根据 CFTC 的指控文件,2013 年 9 月 3 日至 11 月 26 日,莫塔泽蒂以非竞争性的价格预先安排了其前雇主账户与个人账户之间的至少 34 笔交易,交易价格使其前雇主账户处于不利地位。莫塔泽蒂使用雇主账户在自己的两个个人账户相互的交易中,以更高的价格买进,以更低的价格卖出。莫塔泽蒂至少有 12 次在为前雇主账户下订单之前为其个人账户下订单(该种做法称为“抢先交易”),从而为他自己创造了额外的利润,从而欺骗了前雇主,损害了前雇主的利益。莫塔泽蒂的交易活动给他的前任雇主造成 216,955.80 美元的交易损失。

CFTC 认为,莫塔泽蒂通过挪用非公开、机密和重要的信息完成了他的欺诈。莫塔泽蒂和他的雇主之间存在信托保密义务。此外,其雇主的内部政策规定禁止滥用专有或机密信息,并禁止员工从事涉及能源合同的个人交易以及其他构成实际或潜在利益冲突的个人交易。根据其担任汽油期货交易员的职位,莫塔泽蒂经常可以获取有关其雇主打算为其专有账户进行能源商品期货交易的时间,数量和价格的重要非公开信息。莫塔泽蒂通过使用此类信息进行个人交易账户交易并未向其雇主披露此类交易,从而违反了其对雇主的职责。

CFTC 要求莫塔泽蒂支付 10 万美元的民事罚款,并支付其前雇主 216,955.80 美元赔偿金,并永久禁止其以任何身份在 CFTC 从事期货交易或注册为期货专业人员。

二、拉格斯期货内幕交易案

CFTC 对佛罗里达州奥兰多市的拉格斯提出指控,认定其于 2012 年 3 月至 2012 年 12 月在芝加哥商品交易所(CME Group)旗下的纽约商品交易所出售原油、取暖油期货、期权和 RBOB 汽油期货的欺诈性、虚构性和非竞争性交易。CFTC 要求拉格斯归还其非法所得,共计 3,501,306 美元,并处以 175 万美元的民事罚款。拉格斯也被永久禁止在 CFTC 进行交易和注册。

CFTC 认为,拉格斯负责制定其前任雇主的燃油对冲策略,并负责执行该类纽约商品交易所产品的交易,因此其负有信托义务,需为雇主的最大利益行事,并对雇主的材料、交易活动的非公开信息进行保密。拉格斯违反了对雇主的上述义务,并为自己的个人利益盗用了雇主的机密和重要的非公开交易信息,即通过自己控制的妻子的账户,交易和前雇主相同的纽约商品交易所产品。

本案中,在相关期间内(至少在 71 天之内),拉格斯利用其前雇主的交易信息在其控制的个人账户中为自己的个人利益进行交易。在这段时间内,拉格斯在个人账户中交易的原油、取暖油期货及期权和 RBOB 汽油期货与其在雇主账户中交易的相同。拉格斯对个人和雇主账户中的交易进行了排序,以使他的大部分个人订单是根据雇主的订单执行的,其余的个人订单由其他市场参与者以有利于拉格斯订单的价格执行。通过以这种方式进行交易,拉格斯为自己的利益挪用了雇主的交易信息,并违反了美国《商品交易法》(Commodity Exchange Act,CEA)和 CFTC 条例[包括 CEA 第 6(c)(1)条和 CFTC 第 180.1 条]的规定,进行了期货和期权欺诈。根据前雇主账户的交易来执行个人账户交易,拉格斯能够避免竞争性执行,消除市场风险,并且几乎保证这些交易将以他所寻求的价格执行。

CFTC 执法部主任 Aitan Goelman 针对本案的评论指出:根据 CEA 和 CFTC 条例,盗用机密、非公开信息是欺诈行为,损害了衍生品市场的完整性。CFTC 将继续保持警惕,以制止此类行为。

三、基辛斯基期货内幕交易案

CFTC 向纽约南区美国地方法院提起民事诉讼,起诉 EOX Holdings LLC(以下简称 EOX 公司)及其员工基辛斯基。根据指控,被告违反 CEA 和 CFTC 条例,在美国洲际交易所(ICE Futures US)能源合约大宗交易中滥用材料和非公开信息,EOX 公司未能保持某些必要的记录,也未能勤勉地监督其员工。

2013 年 8 月左右至 2014 年 5 月,基辛斯基对一个朋友的账户行使了全权交易的权力。同时他继续为其他 EOX 公司客户进行经纪大宗交易,继续获得与 EOX 公司客户有关的重要非公开信息。基辛斯基向他的朋友透露了有关其他客户的机密信息,例如其身份、交易活动和职位,该行为违反了其对这些客户先前的信托义务。基辛斯基在基于 EOX 公司客户机密信息的基础上交易了朋友全权委托的账户。

EOX 公司未实行公司禁止经纪人对客户账户行使自由裁量权的公司政策,允许基辛斯基代表其朋友进行交易,但未能制定政策或程序来监控基辛斯基的交易,并最大限度地减少显而易见的利益冲突。从 2013 年起,EOX 公司未能制定、实施或执行有关其经纪人处理客户订单、编制和保留所需记录以及保护客户机密信息的政策或程序。EOX 公司一直未能保持与客户的所有交易前沟通以及客户订单的书面记录。EOX 公司的记录保存失败阻碍了 CFTC 全面调查潜在违反 CEA 和 CFTC 法规的行为。

CFTC 执行部主任 James McDonald 在评论本案时表示:非法使用内部或其他机密信息会严重破坏市场诚信,并损害期货市场上的客户。本案执法行动表明,委员会将大力追究此类不当行为。为此,委员会专门成立内幕交易和信息保护特别工作组,成员来自芝加哥、堪萨斯城、纽约和华盛顿特区的办事处,以便更为有效地惩治与防控这种行为。①

四、借鉴与启示

域外期货市场内幕交易案例数量非常有限,一方面意味着该特定领域内幕交易执法司法存在相当大的法律适用争议与困难,需要秉持高度谨慎的原则与理念;另一方面,期货市场独有的特性也决定了其与证券市场内幕交易法律规制措施具有相当明显的区别。

(一)期货市场内幕交易对金融机构信息价值的侵害

莫塔泽蒂系 CFTC 首例期货市场内幕交易案,其违法性基础主要建立在利用重大未公开信息对公司利益的侵害——能源交易员莫塔泽蒂利用其所在公司意图从事相关合约交易的价格、仓位、时间等保密信息,并先于公司,在其个人账户中从事天然气和原油期货合约交易。显然,莫塔泽蒂在专有账户中从事的交易,在价格等要素上所获取的相对优势,公司后续交易就处于劣势,这就违背了对公司的忠实义务与保密义务。

(二)期货市场内幕交易与利用未公开信息交易的边界

拉格斯内幕交易案的主要启示在于,期货市场内幕信息可以是金融交易机构中的投资决策信息——拉格斯负责制定并执行公司的原油期货、汽油期货合约的交易策略。其利用该公司未公开交易策略信息,在个人控制的交易账户中从事两种类型的违法交易行为:(1)直接通过个人实际控制账户与公司的交易账户进行相对交易;(2)以优势价格与市场中的其他交易对手方进行相对交易。在我国修改后的《证券法》《证券投资基金法》《刑法》及其相关司法解释的规范框架下,证券领域的此类行为主要纳入利用未公开信息交易的范畴予以规制。

---

① U. S. Commodity Futures Trading Commission, CFTC Charges Block Trade Broker with Insider Trading. https://www.cftc.gov/PressRoom/PressReleases/7811-18.

(三)公司监督责任的合规管理

基辛斯基内幕交易案的查处,不仅包含了对期货市场内幕信息范围的进一步界定,而且强调了公司的监督责任。基辛斯基的个人违法行为包括在服务客户从事经纪业务或者持有客户信息时,为其朋友的账户从事相关的期货交易;向他人泄露期货经纪公司的客户身份、交易行为、持仓等信息,违反对客户承担的信赖义务;持有或者基于公司客户有关的信息,从事与该保密信息有关的期货交易。上述个人行为违法性确立的基点是期货市场内幕信息范围的界定。同时,EOX公司的公司违法行为包括未能有效执行禁止员工在执行经纪业务时为他人操作期货交易账户的制度,同时未能制定政策对员工的上述交易行为进行监控,未能最大限度地控制明显的潜在利益冲突;未能建立、执行防止员工违规处理客户订单、违规使用客户交易记录、违规使用客户秘密信息的政策与流程;未能保管所有交易前的客户交流记录、客户订单的书面记录。这为进一步完善期货市场内幕交易案件的单位违法责任归咎体系提供了参考。

第三节　期货内幕交易法律规范的现实问题

《期货和衍生品法》第13条①、第14条②、第15条③对期货内幕交易违法行

① 《期货和衍生品法》第13条规定:期货交易和衍生品交易的内幕信息的知情人和非法获取内幕信息的人,在内幕信息公开前不得从事相关期货交易或者衍生品交易,明示、暗示他人从事与内幕信息有关的期货交易或者衍生品交易,或者泄露内幕信息。

② 《期货和衍生品法》第14条规定:本法所称内幕信息,是指可能对期货交易或者衍生品交易的交易价格产生重大影响的尚未公开的信息。期货交易的内幕信息包括:(1)国务院期货监督管理机构以及其他相关部门正在制定或者尚未发布的对期货交易价格可能产生重大影响的政策、信息或者数据;(2)期货交易场所、期货结算机构作出的可能对期货交易价格产生重大影响的决定;(3)期货交易场所会员、交易者的资金和交易动向;(4)相关市场中的重大异常交易信息;(5)国务院期货监督管理机构规定的对期货交易价格有重大影响的其他信息。

③ 《期货和衍生品法》第15条规定:本法所称内幕信息的知情人,是指由于经营地位、管理地位、监督地位或者职务便利等,能够接触或者获得内幕信息的单位和个人。期货交易的内幕信息的知情人包括:(1)期货经营机构、期货交易场所、期货结算机构、期货服务机构的有关人员;(2)国务院期货监督管理机构和其他有关部门的工作人员;(3)国务院期货监督管理机构规定的可以获取内幕信息的其他单位和个人。

为及其行政法律责任进行了规定。同时,我国《刑法》第180条对期货内幕交易犯罪也设置了相应的定罪处罚规范。然而,无论是期货行政法律,还是期货犯罪刑法条文,均存在实质性缺陷与结构性障碍,从而造成期货市场内幕交易法律规范丧失了规制的针对性与有效性。反思当前期货市场内幕交易法律规则显得尤为必要。

一、规范缺陷

期货市场内幕交易法律规范缺陷主要体现在期货内幕信息具体类型不清晰,期货内幕信息知情人员范围模糊。

根据《刑法》第180条的规定,期货内幕交易犯罪构成要件中的期货内幕信息、期货内幕信息知情人员的范围,依照法律、行政法规的规定确定。故期货内幕交易违法犯罪的核心要素均由期货行政法律法规进行界定。根据《期货和衍生品法》第14条的规定,期货内幕信息,是指可能对期货交易或者衍生品交易的交易价格产生重大影响的尚未公开的信息。期货交易的内幕信息包括:(1)国务院期货监督管理机构以及其他相关部门正在制定或者尚未发布的对期货交易价格可能产生重大影响的政策、信息或者数据;(2)期货交易场所、期货结算机构作出的可能对期货交易价格产生重大影响的决定;(3)期货交易场所会员、交易者的资金和交易动向;(4)相关市场中的重大异常交易信息;(5)国务院期货监督管理机构规定的对期货交易价格有重大影响的其他信息。根据《期货和衍生品法》第15条规定:本法所称内幕信息的知情人,是指由于经营地位、管理地位、监督地位或者职务便利等,能够接触或者获得内幕信息的单位和个人。期货交易的内幕信息的知情人包括:(1)期货经营机构、期货交易场所、期货结算机构、期货服务机构的有关人员;(2)国务院期货监督管理机构和其他有关部门的工作人员;(3)国务院期货监督管理机构规定的可以获取内幕信息的其他单位和个人。

从《期货和衍生品法》规定的期货内幕信息类型与范围进行分析,相对于

《证券法》对股票市场内幕信息范围进行极为详尽的规定[①]而言，期货市场内幕信息范围界定不够清晰：国务院期货监督管理机构、期货交易所制定的对期货交易价格具有重要影响的政策、规定、决定等显然属于期货内幕信息，但是，其他相关部门制定的对期货交易价格可能发生重大影响的政策中的“其他相关部门”如何理解？期货交易所会员、客户的资金和交易动向究竟涵盖哪些数据与指标？除了期货监管机构、期货交易所、相关部门的监管信息与期货交易信息之外，是否有必要、有能力细化列举其他类型的期货内幕信息从而适当控制期货监管机构在认定期货内幕信息问题上的裁量权？这些问题实际上都需要在期货行政法律法规中予以明确。同时，《期货和衍生品法》从期货内幕信息来源机构的角度界定信息范围亦不尽合理。基于期货交易品种的多样性，影响期货交易价格的重大信息跨越农产品、有色金属、债券、股票指数等众多类型的商品与基础资产现货市场及其监管领域，以期货内幕信息核心内容为基础进行类型化规定实际上更符合法律规范明确性的现实要求。同理，《期货和衍生品法》对于内幕信息知情人员范围的界定同样是相对含混不清的。期货监管机构、期货交易所中基于职务能够接触期货内幕信息的工作人员显然属于期货内幕信息知情人员。但是，其他有关部门的工作人员中“有关”的范围也难以准确界定。

---

① 《证券法》第 80 条规定，发生可能对上市公司、股票在国务院批准的其他全国性证券交易场所交易的公司的股票交易价格产生较大影响的重大事件，投资者尚未得知时，公司应当立即将有关该重大事件的情况向国务院证券监督管理机构和证券交易场所报送临时报告，并予公告，说明事件的起因、目前的状态和可能产生的法律后果。前款所称重大事件包括：(1)公司的经营方针和经营范围的重大变化；(2)公司的重大投资行为，公司在一年内购买、出售重大资产超过公司资产总额 30%，或者公司营业用主要资产的抵押、质押、出售或者报废一次超过该资产的 30%；(3)公司订立重要合同、提供重大担保或者从事关联交易，可能对公司的资产、负债、权益和经营成果产生重要影响；(4)公司发生重大债务和未能清偿到期重大债务的违约情况；(5)公司发生重大亏损或者重大损失；(6)公司生产经营的外部条件发生的重大变化；(7)公司的董事、1/3 以上监事或者经理发生变动，董事长或者经理无法履行职责；(8)持有公司 5% 以上股份的股东或者实际控制人持有股份或者控制公司的情况发生较大变化，公司的实际控制人及其控制的其他企业从事与公司相同或者相似业务的情况发生较大变化；(9)公司分配股利、增资的计划，公司股权结构的重要变化，公司减资、合并、分立、解散及申请破产的决定，或者依法进入破产程序、被责令关闭；(10)涉及公司的重大诉讼、仲裁，股东大会、董事会决议被依法撤销或者宣告无效；(11)公司涉嫌犯罪被依法立案调查，公司的控股股东、实际控制人、董事、监事、高级管理人员涉嫌犯罪被依法采取强制措施；(12)国务院证券监督管理机构规定的其他事项。公司的控股股东或者实际控制人对重大事件的发生、进展产生较大影响的，应当及时将其知悉的有关情况书面告知公司，并配合公司履行信息披露义务。

二、结构性障碍

期货市场内幕交易法律规范结构性障碍主要体现在期货内幕交易与证券内幕交易界限模糊以及反内幕交易违法犯罪法律规范基本丧失独立性与针对性。

（一）期货内幕交易与证券内幕交易界限不清

2010 年 4 月，沪深 300 股指期货合约作为一种全新的金融期货交易品种，在中国金融期货交易所上市交易。金融期货重新成为我国期货市场中一项非常重要的交易品种，这标志着金融期货时代正式启航。沪深 300、中证 500、上证 50 等股指期货交易在丰富金融期货交易品种的同时，对期货市场内幕交易监管提出了全新挑战。尤其是对于期货内幕交易与证券内幕交易的规范界定而言，《证券法》与《期货交易管理条例》之间并没有进行有效的协调。纳入指数期货合约的挂钩证券品种的市场行情，直接决定了指数期货合约的市场价格。例如，对于沪深 300 指数期货合约的成分股而言，对于相关个股的市场价格具有重要影响的信息，构成《证券法》上的内幕信息。

但是，对于沪深 300 指数期货合约的市场价格而言，成分股的个股或者一组股票的市场价格具有相当的影响力，尤其是权重更大的股票。诸如此类因为证券市场与股指期货市场之间的价格联动，从而对于股指期货合约市场交易价格具有重大影响的信息，其基本定位是证券市场信息，但其具有期货市场影响力——其究竟构成证券内幕信息还是期货交易信息，仅从现有的《期货交易管理条例》的相关条文进行分析难以形成有效的法律判断。其直接的后果就是股指期货等全新期货交易品种的推出导致期货内幕交易与证券内幕交易在现有的规范框架下存在界限不明问题。

实践中如果出现以下情况：上市公司股票被纳入股指期货，并且该个股属于成分股中的权重股。该上市公司内幕信息的知情人员，在与该个股有关的重大未公开信息尚未披露之前，并未针对该股票有关的内幕信息实施交易行为，却在股指期货市场中基于该证券市场信息实施期货合约交易。这种违规交易行为在金融实践中是完全存在可能的，但由于《证券法》《期货交易管理条例》

均没有明确这种行为法律性质的具体归属,《刑法》又将证券与期货内幕交易犯罪行为统一规定为内幕交易罪,造成此类金融期货交易领域的基于未公开信息的违规交易的法律规制出现结构性紊乱。

(二)期货市场内幕交易独立性标准缺失

期货内幕交易与证券内幕交易的典型行为类型可以存在差异。然而,《刑法》第180条不仅在一个条款中同时规定了证券市场与期货市场中的内幕交易犯罪行为,更是在构成要件层面设置了相同的规定(除了对象要件之外)。这就导致法律规范没有强调甚至完全没有反映期货市场、期货内幕交易行为的任何实质性特点。基于当时的证券期货犯罪立法技术与能力,有关期货内幕交易犯罪模式的设计问题,刑法实际上是直接从证券内幕交易犯罪的行为模式简单复制而来,实际上并没有针对期货市场、期货信息、期货交易、期货内幕交易的内容与结构,进行具体的规定。期货内幕交易犯罪刑法规范制定时的技术性缺陷很大程度上需要司法解释进行优化。但是,从当前我国证券期货犯罪仅有的立案追诉标准而言,其对于证券内幕交易犯罪与期货内幕交易犯罪规定的定罪标准,基本上没有体现出任何针对期货内幕交易犯罪差异性特点进行制度设计的理念。

同时,根据2012年《内幕交易解释》第6条的规定,在内幕信息敏感期内从事或者明示、暗示他人从事或者泄露内幕信息导致他人从事与该内幕信息有关的证券、期货交易,具有下列情形之一的,应当认定为《刑法》第180条第1款规定的“情节严重”:(1)证券交易成交额在50万元以上的;(2)期货交易占用保证金数额在30万元以上的;(3)获利或者避免损失数额在15万元以上的;(4)3次以上的;(5)具有其他严重情节的。

从上述《内幕交易解释》的规定中我们可以看出,证券内幕交易与期货内幕交易在定罪标准上只有在“期货交易占用保证金”层面体现出了差异性,这反映出司法解释认识上的局限性,即认为证券交易与期货交易机制在本质上并无不同,能够归纳出的重大差异性特征只有期货交易保证金机制。同时,“占用保证金数额累计在一百万元以上”,这一数额标准在内容上的合理性仍然存在疑问。其金额设置较低,不能适应期货市场的交易实际。更为重要的是,《内幕交易解释》没有进行考察期货市场内幕交易行为与证券市场的差异。而事实上正是期货内幕交易跨市场性的行为特征决定了，司法解释简单套用证券内幕交易的规范框架规制期货内幕交易在实践中很难起到现实效果。

第四节　期货内幕信息特征的实质解构

由于期货市场相关信息是否对于特定期货交易品种市场价格具有重大影响，在司法实务中进行界定具有一定障碍，加之期货市场信息效率程度明显高于证券市场，期货市场内幕信息的标准确立与司法实践认定规则确实存在困难。一方面，金融实务中不乏期货市场几乎并没有可能进行内幕交易的典型论断；①另一方面，执法与司法实践中比较罕见期货市场内幕交易案件。所以，亟须在期货市场内幕信息的重大性、未公开性、内幕信息知情人员等层面进行更为深入、细致与有针对性的规则解析，并以此为核心建构对期货市场内幕交易相对完整与新颖的理解。

一、期货内幕信息的重大性

期货市场杠杆交易机制与指数信息市场影响力决定了内幕信息的判断规则必须紧扣期货市场信息独有特征并以此分析相关信息的价格影响与发生概率问题。

（一）价格影响

期货市场交易品种（尤其是商品期货）涉及非常复杂的现货市场情况并具有国际化属性，特定地区的供给变化（储量探测、气候变化、需求激增等）信息相对而言较难显著影响期货市场投资者决策。例如，某上市公司在某省探测金矿储量的信息，对于黄金期货市场价格的影响可能较小，但可能会导致该上市公司股票市场价格大幅度上涨。再如，大宗商品现货生产商、交易商等所掌握的

① Commodity Futures Trading Commission Act of 1974: Hearings on H. R. 11955 Before the H. Comm. on Agric. ,93d Cong. 183 (1974), at 183.

本企业旗下的商品生产、销售信息，影响期货市场价格或者期货市场交易者判断的可能性比较有限。但是，如果充分考虑到期货市场保证金交易的杠杆特性，特定期货市场未公开信息所引发的较小幅度价格波动，在杠杆交易放大交易利润与损失风险的作用下，实质上会对期货市场交易产生重大影响。因此，期货市场未公开信息的价格影响一般并不表现为绝对数值意义上的价格波动。

（二）发生概率

评估特定信息及其所对应的作用于相关期货品种价格影响的发生概率，在解释上具有困难。因为有太多的因素不仅干扰了概率评估的准确性，而且影响相关期货品种的市场价格。但是，期货市场中有一类特定的信息对于特定重大事件的发生概率以及潜在的期货市场价格波动的重大影响具有相当的确定性——指数信息——能够接触到此类对于形成指数具有重大影响的信息，并据此从事相关期货交易的市场参与者往往能够较大概率地获取交易利润。

指数是由编制机构汇总的、具有结果综合性的总和数据。编制机构通过对市场的调研、趋势的观察、交易的识别、数据的分析，将总体数据合成为一个具体的统计数值。这种统计数据对于所有市场都具有重要影响，但对于期货市场而言具有特殊的价值。[①] 有的指数具有影响特定期货交易品种市场价格的能力，例如，消费者信息指数可能影响股指期货。有的期货品种直接以相关指数创指期货合约（美元指数期货、远洋运费指数期货等），获得价格指数或者与该指数形成有关的基础信息实际上就意味着掌握了期货合约价格。

指数编制机构或者与其有关的人员先于市场知悉指数报告，可以基于该信息从事期货交易，也可以出卖、泄露、建议他人从事相关期货交易。即使不是指数编制机构，对于指数形成提供重要数据来源的相关机构，具有观察、分析、辨识、推测指数的重要视角与基础数据，同样能够形成对于指数期货价格、关联期货合约价格的相对精准预判。诸如欧元期货等押注利率变动的重要金融工具均与伦敦银行间同业拆借利率（LIBOR）挂钩，该指数主要基于主要银行机构预期而进行估算。LIBOR 操纵案导致该指数将被逐步淘汰之后，有抵押隔夜融资

---

① See Gabriel Rauterberg & Andrew Verstein, *Index Theory: The Law, Promise and Failure of Financial Indices*, 30 Yale Journal on Regulation 101 (2013).

利率（SOFR）将逐步取代成为基准参考利率信号，SOFR 期货成为全新的利率市场风险对冲工具。SOFR 的计算数据基础源于包括经纪自营商、货币市场基金、资产管理公司、保险公司和养老基金在内的诸多金融机构的真实交易。但无论是预期估算还是基于真实交易数据的加权计算，指数及其关联数据影响指数期货或者关联期货品种的价格变动，是具有相当发生概率的重要因素，指数编制机构、基础数据信息提供机构及其从业人员基于此类重大未公开信息从事相关期货交易，均有必要在期货市场内幕交易的规制范畴中予以重点考察。

无论是与指数直接挂钩的期货合约、衍生品，还是与指数间接关联的金融商品，指数对于期货合约等金融商品的重大价格影响是显而易见的。实践中的难点在于如何界定对于指数形成、编制具有一定或者相当程度影响的构成性数据或者底层信息的重大性，即形成指数的子集数据在金融商品交易环节对于期货合约等产品的市场价格是否构成重要影响这一程度。市场指数的本质就是基于市场信息中的部分或者子集归纳、抽象为市场整体信息。考察基础数据或者底层信息对于指数形成或者编制的影响力，需要从数据范围、参与性、流动性角度进行多层次分析。

数据范围界定了指数的可信度与代表性。形成指数的数据范围越广，其可信度与代表性就越强。指数所选取的数据范围越窄，那么单个数据对于指数的影响力就越大。由此，掌握单个数据或者一组数据信息就有可能形成对于指数整体的判断。

参与性主要是指纳入价格指数的买方、卖方范围。即使数据范围不大，但如果交易者范围或者参与性比较广泛，价格指数受到特定参与者的交易数据影响就相当有限。① 但如果只有相当一部分交易者的实际成交价格信息纳入价格指数的编制基础，那么这部分实际成交价格信息对于指数的影响就显得十分重要。货币市场中的利率指数、外汇指数等呈现出受到大型且特定银行报送数据影响的特征。银行间市场的开放性与透明度相对受限，非银机构固然在交易量层面占据了相当份额，但其交易数据几乎不直接纳入指数；形成指数的基础数据基本上源于少数头部银行之间的交易信息。根据美联储纽约银行关于外汇

---

① See Craig Pirrong, *Energy Market Manipulation: Definition, Diagnosis, and Deterrence*, 31 Energy Law Journal 1(2001).

与利率市场的数据统计，四大头部银处理了50%以上的交易量；前十大机构占据98%的市场交易份额。[①]

流动性主要是指纳入价格指数作为基础数据或者底层信息的交易量。如果纳入指数统计的总体交易量规模很大，足以使特定的大额交易对于市场价格并不构成显著影响的，则特定信息提供者所掌握的基础数据，比如由其控制的交易量数据就不会对价格指数产生实质性影响，从而无法据此对与价格指数具有关联的期货合约等金融产品市场价格形成相对稳定的预判。

因此，对于编制或者形成指数的基础数据或者底层信息而言，如果指数的样本范围较小、参与者数量较少、交易量总规模较小的，那么特定的基础数据或者底层数据对于价格指数的重要影响就会比较明显，获取此类数据或者信息的，可以认定为对于基于指数的期货合约以及其他金融商品市场价格具有重大影响。

二、期货内幕信息的未公开性

理论上一种非常典型的观点是，内幕信息对于期货市场而言是一个非常宽泛且模糊的概念，因为期货市场积聚的更多是可以自由获取的市场公开信息而非未公开信息。[②] 然而，期货市场大量信息可以通过公开渠道获取并不意味着期货市场中的信息都具有公开性。酒类、食品、超市等生产消费型上市企业的货运物流信息可以通过公开渠道进行观测，但上市公司内部人员在会议中获取此类物流信息并据此得以分析季度财务数据变化，进而实施相关上市公司股票交易，显然具有被评价为基于重大未公开信息进行证券交易的风险。同理，农作物生产情况可以通过卫星公开搜集并进行数据分析，但这种通过投入大量成本获取的数据信息具有非公开性。因此，不能否定期货市场重大未公开信息的广泛存在及其经济价值。

---

① Federal Reserve Bank of New York, *The Foreign Exchange and Interest Rate Derivatives Markets: Turnover in the United States*, April 2013, p. 6, https://www.newyorkfed.org/medialibrary/media/markets/pdf/2013triennialreport.pdf?la=en.

② Jerry W. Markham, "*Front-Running*" *-Insider Trading Under the Commodity Exchange Act*, 38 Catholic University Law Review 69 (1988).

（一）未公开的交易所规则的改变、临时性交易安排、决定等信息

期货交易所规则、临时性交易安排等规则均为保密信息，且对于相关期货交易品种市场价格波动具有重大影响。上述信息基本上可以纳入期货交易所"决定"的范畴进行保密并进行内幕交易风险防控。

（二）未公开的主管部门以及相关政府部门的决策、决定、研究等信息

政府决策信息原则上已经纳入国务院期货监督管理机构以及其他相关部门制定的对期货交易价格可能发生重大影响的"政策"范畴予以监管，但应当关注到重要的政府研究报告实际上对于期货市场同样具有重大影响且具有未公开性。

（三）未公开的期货经纪商的客户交易数据等信息

无论是个别客户的大额资金、持仓变动，还是总体订单数据流，这些仅由特定期货经纪商在服务过程中获取的信息，在相关期货交易中都具有相当的经济价值。在《证券法》①、《刑法》、《利用未公开信息交易解释》②以及当前的《期货交易管理条例》框架下，证券领域的此类行为受到利用未公开信息交易的规制；期货领域的此类行为似乎应当受到刑法规制，但并没有明确的规则依据；《期货交易管理条例》并未从法规的前置性规范角度确立此种行为明确构成期货市场内幕交易。

（四）未公开的指数信息

大宗商品价格指数影响相应大宗商品期货合约价格；特定期货合约直接基

---

① 《证券法》第54条第1款规定：禁止证券交易场所、证券公司、证券登记结算机构、证券服务机构和其他金融机构的从业人员、有关监管部门或者行业协会的工作人员，利用因职务便利获取的内幕信息以外的其他未公开的信息，违反规定，从事与该信息相关的证券交易活动，或者明示、暗示他人从事相关交易活动。

② 《利用未公开信息交易解释》第1条规定：《刑法》第180条第4款规定的"内幕信息以外的其他未公开的信息"，包括下列信息：（1）证券、期货的投资决策、交易执行信息；（2）证券持仓数量及变化、资金数量及变化、交易动向信息；（3）其他可能影响证券、期货交易活动的信息。可见，客户的期货持仓数量、资金数量等数据信息并没有明确界定为重大未公开信息，但也没有完全排除在"其他可能影响证券、期货交易活动的信息"范围之外。

于相关指数而发行;股指期货合约价格相当程度上区别于高权重成分股价格。指数编制机构、重大数据提供单位、高权重机构及其从业人员等均能够远早于市场知悉此类未公开信息。编制指数的计算时间、发布时间通常明显滞后于底层信息或者样本数据报送时间,部分样本数据提供者基于其知悉或者执行大额交易的优势地位,在一定程度上能够对于即将发布的指数信息进行预估。如果其从事相关指数期货、衍生品交易,大额交易者或者大额交易数据提供者相对于潜在的对冲交易者或者整个期货、衍生品市场而言具备显著的起步领先优势。一项关于汇率市场信息交易的优势与获利水平的研究显示,部分银行能够基于自身的规模交易至少于汇率指数发布之前 60 分钟预判主要货币价格,这种接近汇率指数形成机制的信息交易者的交易利润水平显著高于外部的非信息交易者。① 需要注意的是,基础数据或者底层信息的公开性并不直接等同于指数信息的公开性。指数编制所依托的多个基础数据或者底层信息可能本身具有公开性,或者可以通过公开渠道获悉。指数的编制、设计、运作等具有非常复杂的内在机制,获取基础数据本身并不意味着对于指数信息具有知悉能力。可见,纳入指数编制的基础数据与底层信息的全面统合权限定于指数编制机构,指数信息的这种特殊的未公开性派生出了特定知情人员的信息优势与保密义务。

(五)未公开的大宗商品、仓储物流企业信息

现货市场中的超大型大宗商品生产、销售、消费企业及其控股股东、实际控制人具有单纯期货市场交易者不可能企及的信息优势。如果说大宗商品企业更多的是利用信息优势进行套期保值,那么收购大宗商品企业的金融控股公司则可能利用现货市场中的信息优势攫取期货市场中的巨额交易利润——金融机构收购超大型大宗商品仓储企业所掌握的货物进出仓库数据、货物持有权益结构等,若将此类信息应用于商品期货交易策略,具有明显超越普通市场参与者与交易对手方的不公平信息优势。最为典型的案例就是高盛收购全球最主要的商品仓储公司之一麦德龙国际交易服务公司(Metro International Trade

① See Bettina Peirs, *Informed Traders, Intervention, and Price Leadership: A Deeper View of the Microstructure of the Foreign Exchange Market*, 52 Journal of Finance 1589(1997).

Services)——根据美国参议院调查委员会关于华尔街银行参与现货商品市场情况的调查报告,在被高盛收购之后,麦德龙国际交易服务公司囤积了伦敦金属交易所担保交易铝的85%,并在其实际控制的仓储公司中反复运输铝。在该仓储公司运作影响铝供应、仓储成本和价格的同时,母公司高盛参与大量的铝交易,推高铝的价格,使得汽车制造商等铝制品消费机构支付更高的费用。同时,高盛雇员知悉麦德龙国际交易服务公司相关铝仓库保密信息,信息防火墙失控。[①]

三、期货内幕信息知情人员的义务来源与内容

期货市场风险对冲的金融功能与市场参与者的现实对冲需求一直是限制期货市场内幕交易监管的重要依据。理论上有观点直接认为,期货与衍生品市场的风险对冲功能决定了内幕交易法律条款不能适用于套期保值交易。[②] 期货市场中的特定未公开信息确实能够对期货合约价格产生重大影响,同时也不可能在市场中形成交易者的平等接触。现货市场中的交易者本身就要利用其在现货市场中的交易信息在期货市场中建仓从而对冲其现货市场中的交易风险,将这种基于重大未公开信息所从事的期货合约交易认定为内幕交易显然会损害期货市场的风险转移机制。以期货市场风险对冲功能否认期货市场内幕交易的监管必要性存在理论与实践误区。这种误解的最主要原因在于,期货市场内幕信息知情人员的义务及其与证券市场之间存在问题的差异,在法律解释上存有一定模糊,亟须通过期货市场内幕信息知情人员的义务来源及其内容进行论证。

(一)并无戒绝交易义务的期货市场重大未公开信息知情主体

现行证券监管法律框架规制证券市场内幕信息知情人员从事内幕交易的本质是禁止职务或者业务上的义务违背,而大宗商品交易商利用跨市场的信息

---

① U. S. Senate, Permanent Subcomm. on Investigations, Majority and Minority Staff Report on Wall Street Bank Involvement with Physical Commodities 10 (2014).

② See Thomas A. Russo & Marlisa Vinciguerra, *Financial Innovation and Uncertain Regulation: Selected Issues Regarding New Product Development*, 69 Texas Law Review 1431(1991).

联动机制,基于其在实体经济中的市场地位与经营行为掌握的现货市场中的重大未公开信息,从事相关期货合约交易,并无违背职责或者业务上的义务问题。

这种正常的期货市场风险对冲交易本身就不属于内幕交易,从逻辑上分析,也就不存在以风险对冲为由整体否定期货市场内幕交易监管必要性的客观基础。具体而言,根据《证券法》第51条[①]关于证券交易内幕信息的知情人的明确规定,证券市场内幕交易监管必要性,主要是源自法定监管职责、发行人内部管理职责、与发行人有关的外部服务职责或者业务所派生的禁止基于重大未公开信息从事相关证券交易的义务。相应地,在期货市场内幕交易监管中采取相同的标准,即禁止违背职责或者业务义务而基于重大未公开信息从事相关期货合约交易,例如,禁止大宗商品交易商中的工作人员利用该交易商掌握的现货市场中的重大未公开信息,从事相关的商品期货合约交易,这并不会妨碍期货市场对冲风险的基本功能发挥。大宗商品交易商自行利用本公司运营过程中掌握的现货市场中的重大未公开信息、交易数据等,从事相关期货合约交易,并不存在也没有违背任何职责或者业务上的义务,因此,这种对冲交易实际上并未受到期货市场内幕交易监管的限制。

(二)具有戒绝交易义务的期货市场内幕信息知情人员及其义务实质内涵

期货市场中相关重大未公开信息的知情人员,同证券市场内幕交易监管法律规则所设定的义务实质一样,也存在基于职责或者业务上的戒绝交易义务。

在证券市场中,上市公司中的董事、监视、经理以及相关高级管理人员对于股东应当承担信义义务,上述人员知悉上市公司重大未公开信息的,禁止滥用

---

① 《证券法》第51条规定:"证券交易内幕信息的知情人包括:(一)发行人及其董事、监事、高级管理人员;(二)持有公司百分之五以上股份的股东及其董事、监事、高级管理人员,公司的实际控制人及其董事、监事、高级管理人员;(三)发行人控股或者实际控制的公司及其董事、监事、高级管理人员;(四)由于所任公司职务或者因与公司业务往来可以获取公司有关内幕信息的人员;(五)上市公司收购人或者重大资产交易方及其控股股东、实际控制人、董事、监事和高级管理人员;(六)因职务、工作可以获取内幕信息的证券交易场所、证券公司、证券登记结算机构、证券服务机构的有关人员;(七)因职责、工作可以获取内幕信息的证券监督管理机构工作人员;(八)因法定职责对证券的发行、交易或者对上市公司及其收购、重大资产交易进行管理可以获取内幕信息的有关主管部门、监管机构的工作人员;(九)国务院证券监督管理机构规定的可以获取内幕信息的其他人员。"

信息从事与上市公司证券有关的自利交易。[①] 这确实是证券市场内幕交易禁止的标准场景。就股票交易而言，因为内幕交易者不是从现有股东受让股票，就是向将要成为股东的交易者转让股票，但这并非禁止内幕交易的所有义务来源。基于职务或者业务对于证券内幕信息来源（上市公司、监管机构等）承担保密义务的相关监管人员、中介人员等，禁止基于重大未公开信息从事相关证券交易。同时，股票期权交易[②]、债券交易[③]中同样禁止内幕交易，但这种法律禁止的本质并非基于上市公司内部管理人员对于股东所承担的信义义务。所以，期货市场中存在相同的基于职务、职责或者业务上的义务违反而利用重大未公开信息从事相关期货合约的交易，同样应当认定为内幕交易违法犯罪行为。例如，某有色金属生产商系一家上市公司，该公司内部知情人员利用该公司的重大未公开信息（巨量矿产探测数据）买卖该上市公司股票、股票期权、债券等显然构成证券市场内幕交易，但如果其利用该信息买卖相关有色金属期货合约，同样构成期货市场内幕交易。

第五节　期货从业人员内幕交易的法律规制与风险管理

上述关于期货内幕交易行为特征以及现有法律规范对期货内幕交易规制缺陷的分析，清晰地反映出现行《期货交易管理条例》实际上无法承担期货市场

---

① See William K. S. Wang, *Stock Market Insider Trading: Victims, Violators and Remedies-Including an Analogy to Fraud in the Sale of a Used Car with a Generic Defect*, 45 Villanova Law Review 27 (2000).

② 中国证券监督管理委员会《股票期权交易试点管理办法》第3条规定：从事股票期权交易活动，应当遵循公开、公平、公正和诚实信用的原则。禁止欺诈、内幕交易、操纵股票期权市场以及利用股票期权交易从事跨市场操纵、内幕交易等违法行为。

③ 《证券法》第81条规定：发生可能对上市交易公司债券的交易价格产生较大影响的重大事件，投资者尚未得知时，公司应当立即将有关该重大事件的情况向国务院证券监督管理机构和证券交易场所报送临时报告，并予公告，说明事件的起因、目前的状态和可能产生的法律后果。前款所称重大事件包括：(1)公司股权结构或者生产经营状况发生重大变化；(2)公司债券信用评级发生变化；(3)公司重大资产抵押、质押、出售、转让、报废；(4)公司发生未能清偿到期债务的情况；(5)公司新增借款或者对外提供担保超过上年末净资产的20%；(6)公司放弃债权或者财产超过上年末净资产的10%；(7)公司发生超过上年末净资产10%的重大损失；(8)公司分配股利，作出减资、合并、分立、解散及申请破产的决定，或者依法进入破产程序、被责令关闭；(9)涉及公司的重大诉讼、仲裁；(10)公司涉嫌犯罪被依法立案调查，公司的控股股东、实际控制人、董事、监事、高级管理人员涉嫌犯罪被依法采取强制措施；(11)国务院证券监督管理机构规定的其他事项。

内幕交易的重任。这也是我国期货市场内幕交易执法、司法实践中没有查处一起期货内幕交易违法犯罪案件的法律制度根源。同时,对于期货市场内幕信息的核心特征及其判断规则的理论阐释也为进一步完善执法司法规则提供了有益探索与参考。因此,《期货法》立法探索与实践有必要针对期货内幕交易的特点进行期货市场内幕交易法律规范的建构与优化,相应地,期货市场内幕交易犯罪刑事合规也需要进行针对性的应对与准备。

一、证券与期货的界限

现有法律规范之所以无法确认跨越证券与期货市场的内幕交易行为究竟属于证券还是期货内幕交易违法犯罪行为,最根本的原因在于我国证券期货行政法律法规对于证券与期货的界限规定不明确。根据《证券法》第 2 条的规定,在我国境内,股票、公司债券、存托凭证和国务院依法认定的其他证券的发行和交易,适用本法;本法未规定的,适用《公司法》和其他法律、行政法规的规定。政府债券、证券投资基金份额的上市交易,适用本法;其他法律、行政法规另有规定的,适用其规定。资产支持证券、资产管理产品发行、交易的管理办法,由国务院依照本法的原则规定。根据《期货交易管理条例》第 2 条的规定,期货包括商品和金融期货合约、期权合约等。

2019 年《证券法》删去了"证券衍生品种发行、交易的管理办法,由国务院依照本法的原则规定"的规范表述。证券衍生品并未明确受到《证券法》监管。从《证券法》修订过程中的立法意见来看,证券衍生品分为证券型(如权证)和契约型(如股指期货)。证券型品种可作为国务院依法认定的其他证券,可以直接适用《证券法》;而契约型品种可适用期货交易管理条例,将来可纳入《期货法》调整,可不再授权国务院规定。但证券型和契约型衍生产品的界定,在现行法律与监管实践中均没有明确规则。由此可以看到,对于债券期货(期权)、股票期货(期权)、股指期货等金融产品而言,既可以认为其属于证券衍生品,也可以认为其属于金融期货(期权)合约,从而导致证券与期货的界限模糊。由于我国证券与期货的监管职能均由中国证券监督管理委员会承担,这种界限模糊并不会导致行政监管的紊乱,但是,对于跨越证券与期货市场的内幕交易违法犯罪行为而言,则难以在法律上界定其行为性质。解决该问题的路径显然在于通过《期货法》的制定明确证券与期货的规范界限。

从国外成熟资本市场的相关法律规范来看，各国以不同的监管框架监管基于证券的期货、期权以及衍生品。对于跨越证券市场与期货市场的内幕交易行为，相对合理的方式是以金融产品的属性确定行为性质与监管机构。从我国当前的金融市场规范架构以及《证券法》规定来看，将基于证券的衍生品和经由《期货和衍生品法》纳入期货市场监管显得更为合理。相应地，将利用与证券期货（期权）相关的重大未公开信息从事交易规定为期货市场内幕交易，更有利于基于跨市场的视角相对全面地进行反内幕交易监管。

二、期货内幕信息

相对于证券内幕信息的具体类型具有规范明确且详细的界定而言，期货内幕信息范围的法律规定不够细致。因此，需要对期货市场的内幕信息具体法律类型进行更为丰富和完善的界定，对严重损害期货市场效率的内幕信息类型设置精细化的明示性规范，提升法律规定的明确化程度，从信息效率保护的角度加强对期货市场内幕交易的惩治与预防。

有必要将下列对期货交易品种市场价格具有重大影响的未公开信息，规定为期货内幕信息。

（一）期货交易数据信息

交易所、交易结算中心、期货经纪公司等期货行业机构中的未公开交易业务数据、技术数据等信息。例如，在期货交易中，期货交易所将即时行情信息、成交概况、持仓信息、期货合约交易量排名、会员交易排名等基本数据信息予以公开，但是，期货交易所、期货经纪公司等均按照严格的信息数据管理制度对于客户的持仓、建仓、仓位变动、资金流动等具体数据等进行保密。此类未公开交易业务数据中对期货交易价格有重大影响的信息，应当明确规定为期货内幕信息。

（二）期货机构经营信息

证券公司、期货公司以及各类金融投资机构在从事期货自营业务、期货交易业务、资产管理业务、投资咨询业务等过程中形成的经营性信息。例如，证券公司在利用自有资金从事股指期货自营业务时，证券公司自营业务账户动态、交易席位情况、自营业务规模、资产配置决策等经营过程中形成的信息，实际上对于该信息所指向的股指期货合约供求关系具有实质性影响，此类信息按照证监会有关证券期货公司业务风险管理指引的规定必须采取信息保密措施进行信息风险控制，符合期货内幕信息价格敏感性与未公开性的特征，应当明确规定为期货内幕信息。同时，还应当看到，当前我国期货公司自营业务基于监管力度大、风险抵抗弱、交易机制不灵活等因素而长期处于停滞状态。但是，随着期货行业不断发展、期货监管有针对性放开、期货做市交易机制逐渐成形，各类商品期货、金融期货、期权等自营业务的规模会逐渐扩大，未公开的自营业务信息数据对于期货交易价格的影响程度与范围将会愈发明显，期货法律应当在期货内幕信息类型界定层面进行前瞻性的规定。

（三）期货市场综合性信息

商业银行、保险公司、信托公司等金融机构以及中央以及地方社会保险基金管理机构在从事与期货投资相关的经营活动中形成的投资决策、资金动向数据、投资咨询等综合性信息。例如，商业银行中间业务包括金融期货交易业务、期货投资分析业务、基金托管业务等与期货交易相关的业务，其中涵盖了大量影响期货交易价格的决策信息、数据信息、咨询信息等。这种处于未公开状态的综合性信息同样应当明确规定为期货内幕信息。

（四）期货监管信息

证券业、基金业、期货业、保险业、银行业、信托业等金融监管部门以及与金融相关的政府机构、行业协会在行政执法与行业管理中形成的执法监管信息、政策信息、经济态势数据信息以及行业管理信息等。例如，中国人民银行调整利率、存款准备金率，或者国家统计局定期公布的消费物价指数（CPI）、采购经理指数（PMI）等信息，此类对于股指期货、债券期货等金融期货以及特定商品期货合约的交易价格具有极为重要影响的行政部门政策信息与数据信息在公布之前均严格按照国家保密法律规定执行信息数据保密，应当明确规定为期货内幕信息。

(五)行业统计信息

农业、有色金属行业、能源业等大宗商品主管部门、行业协会等在行政执法与行业监管中形成的执法监管信息、政策信息、数据信息等。例如,中国有色金属工业协会、中国农产品市场协会等行业协会,其主要职责包括了根据政府主管部门的授权与委托,开展行业数据统计调查,采集、整理、加工及分析行业信息。此类行业信息准确反映了有色金属、农产品等供求基本面,对于我国期货市场中铜、锌、棉花、白糖等大宗商品期货交易价格具有重要影响。对于尚且处于未公开状态下的上述信息,应当规定为期货内幕信息。

(六)价格指数信息

在服务业领域,各种有效的价格指数及其衍生期货产品对于行业参与者的风险管理具有重要作用。例如,航运业是典型的重资产、高风险行业,需要有效的价格风险管理工具。过去十年上海出口集装箱运价指数平均年化波动率超过了40%,上海至欧洲航线的平均年化波动率更是超过了100%。集装箱运输市场传统的规避价格波动风险的方式主要是签订长期协议,难以满足企业风险管理需求。目前,境外航运衍生品大致包括场外的远期运费协议(FFA)和场内的交易所产品两类,但总体成交规模都不大,并且主要集中在干散货和油轮运输领域,集装箱运输市场缺乏避险工具。基于此,上海期货交易所和上海航运交易所签署了战略合作框架协议,共同致力于航运指数期货产品的开发,产品的标的是上海航运交易所发布的上海出口集装箱运价指数。上期所开发的集装箱运价指数期货的立项申请已经获得中国证监会的批复同意。上期所将首先考虑推出上海出口集装箱运价指数上海至欧洲航线的期货合约,产品将考虑以人民币计价、现金交割的模式,引入境内外交易者。① 在集装箱运价指数的形成与变动过程中,交易所、指数编制委员会、基础数据采集来源单位、海关等监管机构等均有可能参与形成、接触对指数具有重要影响的信息。因此,有必要考虑将以下信息纳入运价指数期货市场内幕信息范围:(1)上海航交所编制标

① 参见王宁:《上期所:集装箱运价指数期货已立项》,载证券日报网,http://www.zqrb.cn/money/qihuo/2019-11-28/A1574945918341.html。

的指数的基础数据、指数监管数据、技术分析数据、与应急发布指数有关的数据。(2)指数编制委员会的本单位的报送运价信息、变动趋势或变动值。(3)航运企业中对于标的指数编制具有影响的信息,例如,价格变动公告、价格变动预期、停航信息以及其他重大经营数据信息。(4)海关监管或者港口服务中对于标的指数具有影响的信息,例如,重要航线、班次、舱单信息等。

三、期货内幕信息知情人员

由于我国期货市场运行机制正处于不断完善的阶段,期货交易与期货监管体系相对复杂,导致期货从业人员的主体的定位、辨识、认定等存在一定的模糊。有必要通过期货法律规范明确框定期货内幕信息知情人员的主体范围,从而合理控制期货内幕信息与准确定位期货内幕交易违法犯罪的行为主体。

期货交易跨越品种繁多的商品现货市场、证券现货市场、期货市场的特点决定了法律界定期货内幕信息知情人员范围原则上应当"从宽"而非"从窄"。

以美国期货内幕交易法律规制为例,期货内幕信息知情人员的范围界定实际上较宽泛。美国主要以 CEA 为核心建构期货内幕交易法律规制体系。CEA 自 1936 年施行起历经多次修改,2010 年美国金融改革法案对期货交易环节的内幕交易违法犯罪作出最新修正:(1)禁止联邦政府部门及其雇员利用职务便利获取的能够影响州际商品期货、互换交易价格的未公开信息,从事相关商品期货、期权或者互换交易。(2)禁止联邦政府部门及其雇员以协助他人获取个人利益为目的,向他人泄露其利用职务便利能够获取的影响州际商品期货、互换交易价格的未公开信息。(3)禁止在明知联邦政府部门及其雇员泄露影响州际商品期货、互换交易价格的未公开信息的情况下,从事相关商品期货、期权或者互换交易;禁止盗窃、传播、私用联邦政府部门及其雇员掌握或者制作的影响州际商品期货、互换交易价格的未公开信息。①

同时,根据美国 CEA 第 13(c)至(e)条的规定,商品期货交易委员会委员、员工或者代理人,不得使用未公开信息直接或者间接参与以下交易:(1)期货交易;(2)任何具有期货或者期权性质的交易;(3)任何以交付商品为标的的标准

① 7 USC § 6c(A).

化合约，例如，通过保证金账户、保证金合约、杠杆操作账户等形式出现的标准化商品交易合约；(4)经商品期货交易委员会认定的与标准化合约具有相同作用，或者以标准化合约大致相同方式销售或管理的合约、账户、安排、计划或设计等交易；(5)商品期货交易委员会规章等文件明确禁止的任何形式的商品交易。① 禁止商品交易委员会委员、员工或者代理人，基于职务或者雇佣关系获知影响或者可能影响期货或商品交易价格且尚未公开的重大信息，并以此直接或者间接协助他人从事相关期货交易。禁止任何人利用通过上述渠道获取的信息从事相关交易。② 禁止任何注册的期货经营机构、期货协会及其工作人员，利用职务上或者上述渠道获取的影响或可能影响期货或商品交易价格且尚未公开的重大信息，从事相关交易。③ 违反上述禁止性规定构成联邦重罪，处50万美元以下罚金，或者5年以下监禁，或者两者并处。同时，构成犯罪的，应当另行承担所有起诉费用。我国期货法律规范对此问题有必要予以关注。

---

① 7 USC § 13 (c) Transactions by Commissioners and Commission employees prohibited.

② 7 USC § 13 (d) Use of information by Commissioners and Commission employees prohibited.

③ 7 USC § 13 (e) Insider trading prohibited.

第三编

金融从业人员市场操纵的规制与风控

第十章

市场操纵法律规制的构造与类型

市场操纵是一种以损害市场价格形成机制为代价而实现非法交易利润最大化的严重危害行为。有的操纵者利用市场风险实施金融违法犯罪行为，操纵“不对称的价格反应”严重偏离疫情风险影响下的正常价格震荡水平，并意图从预期的市场波动中谋取巨额交易利润。有的操纵者通过在短时间内增加制造金融资产价格崩盘或者放大金融商品价格下跌行情中的利空效应从而谋取卖空交易的非法利益。[①] 还有的操纵者通过控制金融商品发行人释放业绩、引入热点题材等利好信息，控制信息发布节奏、选择性披露、追随市场热点“迎合性”披露，引导中小投资者从众买入，并辅之以二级市场的交易配合，利用市场噪声众多等条件，谋取低价买入、高价卖出的非法交易利润。[②] 市场操纵犯罪行为会严重阻碍金融监管部门对冲系统性风险的行政措施效率，影响金融体系的正常运行。市场操纵释放误导性信息，放大扭曲信号的市场影响力，诱导投资者跟风追涨，提前建仓、趁乱炒作、借机拉升金融商品价格并从中谋取交易

---

① See Lewis D. Lowenfels, *Sections 9(a)(1) and 9(a)(2) of the Securities Exchange Act of 1934: An Analysis of Two Important Anti-Manipulative Provisions Under the Federal Securities Laws*, 85 Northwestern University Law Review 709 (1991).

② 参见陈晨:《证券市场信息型操纵认定难点及监管对策研究》，载《证券市场导报》2017 年第 8 期。

利润,严重撼动《证券法》等以信息披露监管、保护市场信息效率为核心的金融市场法律基石。

然而,市场操纵是金融市场犯罪中行为结构最为复杂、理论解释与实践认定最为疑难的犯罪类型之一,加之证券期货市场、证券法、刑法等跨学科知识具有交叉性,市场操纵犯罪刑法适用存在复杂性,传统刑法解释原理、刑事司法逻辑、刑事诉讼实务经验等客观上已经难以应对一系列疑难问题。法律与金融跨学科知识应用的复杂性、金融市场机制的灵活性、证券期货犯罪刑事司法实践的前沿性,势必会对《刑法修正案(十一)》修改后的市场操纵条款的司法适用构成严峻挑战。

尽管最高人民法院、最高人民检察院于 2019 年 6 月 28 日联合发布《关于办理操纵证券、期货市场刑事案件适用法律若干问题的解释》(以下简称《市场操纵解释》),为司法实务部门更为公正、准确且有效地认定《刑法》第 182 条操纵证券、期货市场罪“兜底条款”中的“以其他方法操纵证券、期货市场”、实际控制账户、市场操纵“情节严重”与“情节特别严重”量化标准、违法所得等证券期货犯罪刑法理论与实践中长期存在争议的法律适用疑难问题,提供了司法规则指引,但是,在未对市场操纵条款进行纵深性解释的情况下,投机、过度投机、侵权、违法、市场操纵犯罪行为之间的界限在既有金融刑法规范框架下仍显模糊。

作为证券市场的最后保护屏障,《刑法修正案(十一)》操纵证券、期货市场罪法律条款的具体适用,需要根据金融技术发展与资本市场机制创新的最新内容,从司法判断规则层面作出针对性的反应,提升证券期货犯罪的惩治效率。因此,有必要从操纵证券、期货市场罪的金融机理与刑法规制出发,就其适用难点进行深度实践解构。这不仅有助于推动证券期货犯罪刑法理论研究范式的转换与升级,而且有利于为金融市场系统性风险控制、国家金融安全提供坚实且具体的司法保障措施,通过精细化的司法判断规则更好地服务于资本市场效率、投资者权益、金融从业人员行为规范的协调和统一。

第一节　市场操纵的行为实质

市场操纵的行为实质表现为特定交易者以实现经济利润或者风险转移为导向，对作为资本市场基本要素的金融商品或（与）市场资本进行非正当控制。

一、资本市场基本要素的发现与解释

市场操纵发生于资本市场，但并非空泛地作用于无形的市场。市场操纵对资本市场形成控制必须依托于核心的支点——作为资本市场基本要素的金融商品与资本资源。金融商品是融资者获取资本资源的金融化商业工具，同时是投资者配置资本资源并意图实现资本保值增值的金融化资产载体。市场操纵作用于金融商品要素只有通过交易行为才可能实现。已经投放或者即将新进入资本市场的资本，既是投资者以放弃消费为代价获取期待利益的基础，又是融资者吸收并配置于金融商品所对应的基础资产，并通过生产经营提供未来现金收益的资源。市场操纵作用于市场资本要素必须引导作为资本资源持有者的投资者（投机者）的资金运作决策与行为。市场参与者改变资本配置现状的基础建筑在全新信息介入市场的基础之上。这种全新的市场信息既可以是金融商品最新价格波动信号，也可以是与金融商品定价或者基础资产真实价值有关、不以价格信号间接形式表现的纯粹市场信息。

因此，控制市场资本要素的操纵犯罪行为包括直接影响金融商品价格的交易行为以及直接引发投资者（投机者）做出资本配置决策与行为的信息传递行为。在资本市场违法犯罪行为的实际操作中，操纵性交易行为与信息行为的市场效果通常具有很明显的交替性与互动性——操纵性交易行为导致金融商品市场价格波动与交易量变动，价量信号本身就可以作为市场信息引导投资者或者投机者所持有的资本介入或者撤离特定金融商品的交易；操纵性信息行为生产并向资本市场传导有能力影响金融商品市场价格的信息内容，市场参与者基于信息所指向的交易标的与交易方向作出资本配置决策，资本快速流动基础之上的交易会制造或者助推金融商品的市场价格变动及

其未来趋势。但交易行为直接作用于金融商品价格,信息行为直接作用于市场资本配置——市场操纵行为方式可以混合使用,这种市场操纵的经济机制则是不能混同解释的。

从操纵犯罪与市场价格波动关系的角度分析,操纵行为与价格结果之间可以是直接性控制(交易行为影响价格),也可以是间接控制(信息行为影响资本配置行为进而传递至价格),但操纵性交易行为与金融商品之间,操纵性信息行为与市场资本之间,必须是直接性控制与被控制的因果联系。

从操纵力量强度的角度分析,操纵行为可以是对金融商品市场价格或者投资者(投机者)资本配置的绝对影响(例如,操纵者控制的实际交易量在特定时间期限内占据金融商品总体交易量50%以上,或者金融机构向其客户定向发布虚假信息、报告,导致其按照虚假信息的指示从事资本配置决策),也可以是对资本市场基本要素的相对影响(操纵者实施的交易行为并没有占据金融商品总交易量的绝对多数,却引发价格变动趋势,或者金融机构或者相关金融分析专业人员在公开媒体上向市场不特定投资者发布利益冲突信息,金融商品市场价格出现了与信息内容吻合的价格走向)。

从操纵与市场方向、趋势关系的角度分析,操纵可以是表现为引发金融商品价格严重背离基础资产真实供求关系,使得价格朝着与真实价值运作轨迹完全相反的方向运行,也可以是显著地加速、夸大基础资产真实供求关系对金融商品市场价格的影响,制造严重的资产泡沫或者严重的价值低估。

以法律要素为核心对市场操纵机理进行具体化阐释,可以内化为市场操纵者通过各种主客观要素的运作制造市场信息与行为主体自有信息之间的不对称性,并利用信息不对称条件下的市场价格与实际价值之间的价差获取经济利益的过程。

市场操纵的行为手段是构建虚假金融交易、利用资本市场特定方面的垄断地位或者资源优势从事金融交易并实现对总体交易规模的控制或者向资本市场传递虚假性、误导性或利益冲突性信息,以此实现对金融商品或者市场资本等要素的控制或者在竞争中占据支配地位。

市场操纵的行为结果是形式上制造金融商品市场价格波动、实质上形成市场价格与实际价值之间的价差。市场操纵的行为目的是从市场价格的波动中获取经济利益,具体可以表现为,哄抬标的金融工具价格后高位出仓(做多操纵),卖空标的金融工具、打压市场价格之后低位回补(做空操纵),或者利用金融商品市场价格的波动从特定金融商品交易市场之外的关联衍生工具交易、私有契约中获取经济利益。

市场操纵的因果关系是多重事实性因果与单一法律因果的结合,主要体现为操纵性交易行为对市场价格的影响与被影响关系,操纵性信息行为对投资者(投机者)市场行为的影响与被影响关系,以及市场操纵行为与金融商品价格波动之间引起与被引起的法律因果关系。

二、金融商品操纵与市场资本操纵

金融商品非正当控制的实现手段是价量操纵。中国《证券法》《刑法》反市场操纵条款明确规定的连续交易、相对委托、洗售等具体市场操纵行为模式,都同质性地表现为实施旨在干扰资本市场基于自由且正常竞争机制形成供求结构的金融商品交易行为,制造背离基础资产真实价值的虚假价格,或者强行介入金融商品市场交易价格、交投数量的形成机制,所以,均属于价量操纵。

连续交易操纵是行为人单独或者联合利用资金、证券、信息等综合性资源优势,在资本市场中连续买卖金融商品,拉升、压制或固定金融商品交易价格,或者人为制造金融商品交易量。这种在特定时间阶段以压倒性的综合优势控制资本市场的操纵行为,有的是为了人为控制金融商品供求关系,诱导投资者高位接盘或者低位释放“筹码”;也有的是为了人为控制金融商品市场交易价格,从而在大宗证券交易平台、股指期货、其他场内或场外金融衍生品交易或者私有契约中获取暴利。

洗售操纵是虚假交易的典型情形,是同一行为主体实际控制账户之间的金融商品交易。洗售操纵属于不具有任何经济意义的资本市场交易,行为意图在于制造不具有真实商业或者投资基础的证券、期货、衍生品交易记录,并通过相关金融商品交易向资本市场传递受到虚假交易行为主体控制的、扭曲的金融商品供求关系信号。

相对委托操纵是行为人基于影响证券、期货等交易价格、交易量的意图,通过事先约定,由一方买入或者提出委托买入申报,另一方在相应时间卖出或者提出委托卖出申报。从操纵行为机理的角度分析,相对委托操纵是一种组织结构上具有进阶性的虚假交易操纵类型。证券、期货、衍生品交易行为发生在由多个主体实际控制的账户之间,资金、证券、信息等要素以大致相同的时间、价格进行流转,但相关金融交易的方向是相对(相反)的。这种受到人为控制的金融市场中的资本与金融商品要素的流动或者进出,向资本市场及其投资者传递着虚假的供求关系信号,虚构了证券等金融商品交易价格、交易量或者交易趋势。相对委托操纵者既可以直接通过这种虚假金融交易行为控制证券、期货等交易价格、交易量,从而在交易市场之外取得非法利益,也可以通过相对委托交易拉升或者压制证券交易价格,通过外部投资者跟进接盘而从中获取金融交易非法利润。①

从上述金融商品操纵行为模式的具体特征分析中可以看到,连续交易操纵是基于竞争性资源垄断或者绝对优势的真实金融商品交易,相对委托交易与洗售交易属于没有实际经济效果或者价值,不发生实质意义上的金融商品控制权变动,不能体现资本市场真实供求的虚假金融商品交易。在金融商品操纵因果关系结构中,真实或者虚假的金融商品买入、卖出、做多、做空等交易行为是“因”,金融商品市场交易价格、交易量水平等市场影响是“果”。行为人的连续交易、相对委托、洗售等交易量,在该特定金融商品市场总量中的份额及其变动,是全程被交易所准确记录的;金融商品操纵行为对市场价格的影响客观上同样是能够被量化与识别的。金融商品交易行为与金融商品价量的经济关联,即法律上对应的操纵性行为与操纵性影响的因果关系,构成了连续交易、相对委托等金融商品操纵行为的刑事责任客观基础。所以,在资本市场中,金融商品操纵的机理是:特定市场操纵者从事真实的或者虚假的金融商品交易行为,并且需要在经济上通过这种交易行为对相关的金融商品市场产生现实的作用力,而这种力量必须具体表现为对金融商品市场价格、交易量的干扰或者控制。

市场资本操纵则是以市场信息及其对投资者(投机者)的影响为基础的操

---

① 参见谢杰:《操纵资本市场犯罪刑法规制研究》,上海人民出版社 2013 年版,第 136 页。本节仅就连续交易、相对委托、洗售等市场操纵行为模式进行基本的类型定位,在下一节的具体类型化研究中将对各种操纵模式的金融特征与法律核心要素进行详细分析。

纵机制，呈现出一种完全不同于金融商品操纵的行为机理：操纵者实施向资本市场传导价格信号等信息行为（而非单纯的交易行为），主要通过信息对参与特定、相关的金融商品交易的投资者（投机者）产生市场作用，影响其实施或者不实施一定的金融商品交易行为，对投资者（投机者）持有的市场资本要素的分配决策与产权处分予以操控或者干扰。市场资本操纵整体覆盖了以下行为与心理元素与内容①：(1)意图。行为目的明确指向的是从受到市场信息影响之后出现的金融商品价格波动中谋求金融商品交易利润。例如，在建仓买入甚至融资买入证券、期货合约之后，影响其他市场参与者实施方向相同的操作，推动相关证券、期货合约市场价格上涨，在价差出现之后平仓获利。(2)行为。在信息行为部分，操纵者形成符合其价差需求的信息内容，通过媒体、研究报告等形式将信息传导至其他市场参与者。在交易行为部分，操纵者同期或者先期完成金融商品建仓。(3)结果。在信息结果上，受信息影响的投资者（投机者）根据信息指出的方向做出交易决策与行为。在价格结果上，受控于信息影响的市场资本配置行为导致相关的证券、期货、衍生品市场价格出现波动。(4)关联。在信息关联部分，特定金融商品交易者的资本配置决策、行为与信息内容高度一致。在价格关联部分，受到信息影响的相关证券、期货、衍生品交易行为与价格变动高度一致。(5)利益。操纵者同期或者先期完成金融商品交易布局，从信息披露之后发生的价差中谋取实际经济利润。

三、市场操纵的模式梳理

金融商品操纵或者价量操纵中的核心行为要素是从事交易，市场资本操纵或者决策操纵中的核心行为要素是传递信息。因此，金融商品操纵的手段是价量操纵，价量操纵的行为内容是交易型操纵；市场资本操纵的手段是决策操纵，决策操纵的行为内容是信息型操纵。在这两组层进式的概念之中，每一个概念实际上都是市场操纵类型化单元的深化阐释，分别从实质内容、操作手段、核心

① 作为客观性元素的行为、结果、利益、关联等是实现市场操纵者主观意图（获取价差经济利益）的经济基础。主观要素的成立依赖于下述客观要素的界定。有证据证明的客观事实的发生意味着主观要素的成立无须纯粹且直接的主观性证据检测。

行为形式的角度对市场操纵的内涵与特征进行界定。

尽管金融商品操纵与市场资本操纵在目的、手段、结果、因果关系、利益实现等各个机理要素方面均存在明显的不同,但是,两者之间最为重大且最为复杂的机理要素差异,集中体现在因果关系层面。① 把握金融商品操纵与市场资本操纵内在差异的重点,有利于更为深入地洞察市场操纵的行为机理。

金融商品操纵中的交易行为直接与金融商品交易价格、交易量发生操纵与被操纵的因果关系,而市场资本操纵中虽然存在交易行为(通过特定时间段的交易行为买卖证券、期货合约、衍生品等获取利益),但市场资本操纵中的交易行为本身并不直接对特定金融商品的交易价格、交易量施加重要影响或者形成具有经济意义的作用力,从而使得交易行为与资本市场之间发生控制与被控制的经济关系进而构成操纵与被操纵的法律因果。市场资本操纵中的交易行为是先于或者同时于信息操纵行为实施的金融商品做多或者做空的准备性交易行为,以及信息操纵现实效果(价差)发生之后了结仓位的获利性交易行为。在金融实务中,纯粹的市场资本操纵者能够完成的交易量规模,基本上不会在经济层面对同期金融商品成交总量构成明显影响,相应的,也不会在法律层面达到诸如连续交易、相对委托、洗售操纵等金融商品交易操纵动辄超过流通总量50%一样的远超市场操纵立案标准的水平。排除流动性极低或者基本无流动性的交易品种,市场资本操纵的交易行为介入特定金融商品市场交易之后,金融商品的价差与该交易行为之间的关联,通常情况下也不会具有经济上的重要性。② 同时,市场资本操纵中发布虚假、误导、利益冲突等信息的行为并非意图(实际上也不可能)直接作用于金融商品市场交易价格与交易量,而是通过信息传递作用于资本市场中其他参与者的资本资源配置决策与投资(投机)行为,进而间接地引发特定金融商品市场价格、交易量水平达到受到行为人控制或者符合其预期的程度。

在价量操纵中,交易行为直接影响金融商品交易价格、交易量,因此,交易行为与市场波动之间关系的判断结论直接影响市场操纵是否能够成立。而决

① 基于论述的便利性需要,相关分析都建立在行为人单纯实施价量操纵或者决策操纵行为手段的逻辑基础之上。

② 如果市场资本操纵中的交易行为对交易量与价格水平均构成重大影响,则整个市场操纵行为实际上就是结合市场资本操纵与金融商品操纵的复合型操纵。

策操纵中最为核心的元素是虚假性、误导性或者利益冲突信息传递行为，这不是资本市场价格波动的直接或者第一层次的作用力量，而是客观上推进金融商品价差形成，从而为操纵者提供获利空间的条件性要素。信息行为与市场波动之间固然存在客观上的经济关联，甚至是刑法上的条件因果，但条件性的影响与被影响关系或者链条式的先发生与后发生的客观联系并不能完成法律上的操纵与被操纵的因果关系证明。针对资本市场参与者资源配置决策而实施的操纵行为与金融商品价量变动（核心是金融商品价差）之间并不是单一层次的因果联系，而是双层次的条件性链式关系。非法的信息制造与信息传递是直接影响资本市场中的投资者（投机者）资本资源配置决策与行为的条件；受制于信息影响的投资（投机）性金融商品交易行为是催生金融商品价差的条件。可见，在市场资本操纵或者决策操纵中，信息、资本配置、价差这三个在刑法上具有归责效果的元素，是由穿插其中的信息影响资本配置、资本配置形成价格这两个经济链条完成法律要素关联的。

从操纵性信息与资本配置行为影响的关系来看，排除部分流动性极低的交易平台或者特定金融商品，资本市场的金融产品、资本资源、信息、市场流动性等相当分散，这种经济上的市场分散性对法律实践的影响是执法司法成本高企。所有受到操纵者信息支配而实施或者不实施相关资本配置的市场参与者的规模、买卖金融商品的市场价格与交易量水平、账户信息、资金动态分布等证据材料过于浩瀚，法律实务资源的有限性决定了上述材料在反市场操纵刑事司法实践中不可能得以全面固定。信息型操纵行为与受到支配、控制的资本配置决策之间的因果关系便很难在法律实践中得以有效验证。进一步加深操纵性信息与资本要素配置行为影响关联性证明难度的是，资本市场中相当数量的投资者（投机者）确实会基于信息传播上的客观原因与主观上的判断等差异性认识而没有受到操纵者编织的资本投资方向与对象等信息内容误导，信息型操纵行为对资本市场参与者的作用效果事实上被稀释了。例如，即使没有操纵性信息行为的介入，一部分市场参与者也会按照信息所指向的交易内容配置资本；一部分市场参与者的投资行为确实与操纵性信息内容相互吻合，但其事实上并没有直接受到信息的影响，而是基于行为金融中的群集心理追随其他投资者交易行为完成自己的资本资源配置。从这个角度分析，作为第一层次经济链条的操纵性信息影响投资者（投机者）资本配置之间的条件关联性在法律上是推定而非直接证明的。

从投资者(投机者)资本配置行为与金融商品价格形成的关系链条来看,证券、期货交易所客观上记录了所有与特定金融商品有关的交易数据,资本资源的运动对于金融商品价格形成机制的影响理论上完全是能够予以精准测算的。这一链条的锁定对于操纵性信息行为刑事归责基础的建立(因果关系的证明),并非责任性质意义上的影响,而是责任强度差异上的区分。因为由市场参与者资本配置变动而导致的金融商品价差形成,对于市场操纵刑事归责而言只是进行了必要条件的说明,并没有在法律上完成充分条件的验证。任何由资本运动产生的金融商品价差本身不可能与涉嫌操纵市场的行为主体实施的信息行为发生直接联系。价差在信息行为介入之后的出现,只是对涉嫌操纵的信息行为予以归责的必要非充分条件。但是,有效推定操纵性信息行为与市场投资(投机)行为具有因果关系之后,在刑事责任强度额配置上,应当赋予金融商品流通总量的市值、金融商品价差波动的程度、对应的市场参与者资本资源配置的变动幅度等要素更为重要的影响力,并在司法实践过程中设置更加细致的判断规则。例如,金融商品流通市值庞大,即使单位时间内金融商品价格波动比例并没有异常剧烈,也有可能在绝对金额上形成巨大的价差,不能单纯基于金融商品价差比例波幅一般而降低,甚至免除市场操纵者的刑事处罚。

因此,价量操纵与决策操纵在行为(信息行为与交易行为)、对象(市场资本与金融商品)以及程度(直接控制价差与间接影响价差)等方面存在的差别,决定了操纵行为与市场控制之间的因果关系表现为两种差异巨大的形态。

掌握市场操纵机理的内在差异,具有极为重要的实践价值。考察金融商品非法控制或者价量操纵的违法性,重点在于分析交易行为与金融商品交易价格、交易量之间的关系,而审查市场资本非法控制或者决策操纵的违法性,重点在于判断信息传递行为与资本市场投资者决策(资本流向)之间的关系。同时,在对市场操纵进行机理解析的同时,也完成了市场操纵行为结构的清晰梳理:市场操纵的实质是金融商品与市场资本非正当控制,其手段分别为价量操纵与决策操纵,其核心行为分别表现为交易型操纵与信息型操纵,前者主要包括虚假交易(洗售、相对委托)与实质交易(连续交易),后者主要包括信息误导(编造并传播虚假信息)与利益冲突("抢帽子"交易)。基于程序化交易的市场操纵行为,则是覆盖了证券市场两大基本要素优势滥用的综合性行为类型。

由市场操纵机理解构延伸至市场操纵类型化分析,有助于在错综复杂的市场操纵策略与行为中,以市场操纵实质为导向梳理一个清晰的结构与脉络,不仅从资本市场运作与经济原理的视角准确透视各种市场操纵计划、技术、实施行为的运行机理,而且从法律规范、司法规则、合规策略的建构与完善方面,全面且深度解释法律制度对不同类型市场操纵行为以及相关属性模糊行为所能够采取的合理政策与应对措施。

第二节 价量操纵

以价量操纵为手段的金融商品非法控制的核心行为类型表现为交易型操纵。交易型操纵是指行为人通过进行金融商品交易的方式,人为控制金融商品交易价格、交易量,在资本市场中形成虚假的或者人为的金融商品供求关系,从而导致相关金融商品交易价格维持在行为人控制的水平,即根据行为人的操作预期出现价格上涨、下跌或者固定在一个价格位置。① 操纵者的相关金融交易行为,又可以进一步区分为虚假交易操纵与实质交易操纵。

一、虚假交易

虚假交易操纵是没有实质性地完成金融商品所有权或者控制权转移的交易行为。金融商品转让与受让没有完整的金融交易价值,金融商品的买与卖只是在形式上具有金融交易的外观。这种没有经济上实质交易价值的金融商品买卖形成的交易数据、制造的价格信号,能够影响特定金融商品的市场定价。

虚假交易操纵最为典型的表现形式就是洗售与相对委托。洗售是行为人在其本人或者由其实际控制的账户之间,针对相关金融商品实施相反方向的申

① 参见谢杰:《操纵资本市场犯罪刑法规制研究》,上海人民出版社 2013 年版,第 28 页。

报或者买卖,虽然在形式上表现为金融交易,但即使相关交易在资本市场集中交易系统中实际完成,也不可能存在具有实际意义与经济价值的金融商品转让。因为金融商品交易合约中的当事人均为一人,并不存在交易对手方。由于没有发生产权的实际变动,洗售中的买卖行为没有经济上的意义,但由于在交易系统中形成了现实的交易数据,对于资本市场所产生的影响确实客观存在的,并且能够以此推动或者维持金融商品的市场交易价格。相对委托是一种同盟关系下的约定交易,即金融交易的相关申报指令或者买卖并非由单一行为主体实施,而是两人以上经共谋后以交易价格、申报时间等核心要素实质相同的方式进行对向性金融商品买卖。虚假交易操纵是最为传统的市场操纵行为模式,其行为都是为了在并不存在自然供求的情况下制造特定金融商品买入或卖出的表象。① 在非跨市场操纵的交易结构中,没有经济价值的交易行为能够直接造成金融商品定价变动,但最终从这种人为制造的价格与真实金融商品资产价值的价差中谋取实际利益,还必须依靠资本市场中的其他参与者发现、关注并通过资本配置行为跟从这种价格变动趋势。对于跨市场操纵,人为制造金融商品价格走势的虚假交易行为不需要该金融商品市场中的其他参与者实施跟从性金融交易,便可在其他与该金融商品价格关联的市场从价差变动中谋取经济利益。

(一)洗售

洗售操纵的行为本质是以具有证券、期货、衍生品等金融商品自由转移之名,行金融商品交易价格、交易量的实际控制之实——利用本人控制的证券、期货合约、衍生品等交易账户并在这些账户之间从事金融交易,影响金融商品的交易价格、交易量,在市场上制造虚假的价格信号,诱导市场资本推高或者打压金融商品交易价格,最终通过做多或者做空谋取利润。② 因此,判断相关行为是

---

① See James Wm. Moore & Frank M. Wiseman, *Market Manipulation and the Exchange Act*, 2 University of Chicago Law Review 46(1936).

② 洗售操纵是指在自己实际控制的账户之间进行证券、期货交易,影响证券、期货交易价格或者证券、期货交易量的操纵市场犯罪行为。传统证券期货犯罪刑法理论上对于洗售操纵还有多种称谓,例如,冲洗买卖(交易)、伪做买卖(交易)、冲销买卖(交易)、相对成交、自买自卖、自我交易等。这些不同的称谓不仅体现了理论上对洗售操纵实质特征的理解与概括上的差异,而且反映了立法与司法实践对于这种具有古老历史的操纵违法犯罪行为缺乏现代性的认识。

否构成洗售操纵,关键是在实际控制权的概念下重点把握行为人实际控制的账户之间的交易行为。实践中,应当摆脱金融商品所有权交易的桎梏,注重从资本市场相关金融交易实际控制权的角度对实际控制账户之间的交易数据进行实质化理解与分析。证券、期货合约、衍生品等金融商品的实际控制权是与金融商品名义持有权互为对应的概念。金融商品名义持有权指证券、期货、衍生品交易账户名义所有人通过该账户对相关金融商品的持有,与证券等金融商品相关的所有交易、登记等事项均基于该交易账户进行记载。金融商品实际控制权是指尽管证券等金融商品并非以本人的名义持有,但行为人以本人或者本人实际控制的资金购买金融商品,并将之放置于由其控制的、以他人名义开立的金融商品交易账户之中,或者对于账户中的金融商品具有管理权、使用权、收益权、处分权,与该账户项下金融商品有关的所有收益或者亏损均由本人承担。对于金融商品交易登记而言,多个名义持有账户之间的金融交易导致所有权在法律上发生了变动效力,但对于金融交易的合法性判断而言,由于这些名义持有账户都现实归属于特定行为主体的排他性控制,相关金融交易不仅在经济上不具有任何实质意义,而且在法律上属于非法的金融交易行为。基于实际控制账户之间的金融商品交易在行为概率上通常表现为对证券、期货、衍生品等市场价格形成机制的非法控制,因此立法机关在制定法律时,将洗售的法律属性归结为市场操纵违法犯罪。

洗售操纵最初的表现形式为同一投资者分别在两家或者两家以上的证券经纪公司开立证券账户,同时委托两家或者两家以上的证券经纪公司按照一定的价格进行方向相反、数量相当的交易并撮合成交,目的是创造交易行情。① 这是一种"历史悠久"的市场操纵违法犯罪行为类型。在证券市场发展的早期阶段,国内外都曾出现过同一投资者开立多个同种类证券交易账户的情况。但是,随着证券账户管理的不断严格化与科学化,同一投资者开立多个同种类证券交易账户的情况已经为证券交易实践所禁止。对于洗售操纵而言,在传统金融监管力度较弱的情况下,存在利用本人开立的多个金融账户进行相关证券交易的可能,但现代金融监管决定了这种洗售操纵形式几乎不具备存在的可能。

① See Richard J. Teweles & Edward S. Bradley, *The Stock Market*, John Wiley & Sons, 1998, p. 331.

当前实践中比较典型的洗售操纵行为模式，是由行为主体先以本人、家人以及其他人等名义开立证券、期货、衍生品交易账户，或者通过"人头账户"，利用这些实际处于控制之下的两个以上不同账户以行为人实际控制的时间、价格、数量、方式等，针对特定证券等金融商品进行委托申报或者实际交易。例如，行为人意图拉升证券交易价格，就通过高于即时市场行情的价格，在由其掌握的时间内，使用实际控制账户从事金融商品买卖；行为人意图打压金融商品市场的，就通过低于即时市场行情的价格，在由其控制的时间内在相关控制账户内进行证券交易；行为人意图制造虚假的交易量，也可以通过其控制的账户之间进行证券换手。

一般情况下，为了规避洗售操纵行为受到稽查，并尽可能地持有更多数量的账户，操纵者现在一般极少使用本人或者关系密切人的名义开立的证券、期货等交易账户参与相关交易，而是以大量的"人头账户"从事洗售操纵。相对于大量的"人头账户"而言，本人或者关系密切的人不仅在账户数量上显得无足轻重，还具有极大的案发风险，操纵者实际上没有必要使用这些犯罪成本（案发风险）较大的账户类型。只要是由操纵者实际控制的金融交易账户，相关资金与证券等金融商品的控制权完全集中在操纵者手中，洗售操纵过程中的相关金融商品与资金虽然在形式上发生了具有法律效力的转让，但行为过程与实质效果完全受到操纵者的控制，实际上是"左手倒右手"的证券形式转移。因此，操纵者在支付交易税费等成本的基础上，就可以完成对金融商品交易价格、交易量的虚假建构与控制，从而实现控制资本市场价格形成的目的。

（二）相对委托

相对委托实质上是一种虚假交易类型，这种行为对资本市场构成了天然的操纵性风险。在规范层面解释相对委托操纵，不仅应当重视相对委托的行为要素，而且需要强调市场操纵的实质要素。

构成相对委托操纵的法律条件或者具体要素必须严格按照刑法的规定予

以归纳。① 相对委托具体包括以下规范形式要素:(1)复数行为主体之间进行通谋;(2)基于交易价格、申报时间等核心要素实质相同的意思联络,实施对向性的金融商品交易;(3)相关金融交易是以相互进行的方式操作。同时,相对委托应当包括以下实质要素:(1)相对委托的证券交易应当具有虚假性;(2)相对委托影响证券、期货交易价格、证券、期货交易量。由于相对委托交易是在行为人与他人相互串通和事先约定的情况下进行的,当相对委托行为反复进行时,相对委托交易的特定证券、期货等价格就可能受时间、价格和方式等因素的影响而被抬高或降低,行为人可以在价格被抬高时进行抛售,而在价格被降低时进行买入。

法律与金融分析应当就相对委托操纵的实质定位与行为机理形成更为清晰的解释。从应然的角度分析,资本市场是一种进行自由且充分价格竞争的平台,无论市场参与者之间采用何种方式交易,应当根据意思自治原则进行,交易者自行承担相关风险及其价格成本。市场参与者之间通过事先约定以特定的时间、价格等条件相互进行金融交易的行为,原则上不应当受到法律监管的干涉。但是,相对委托交易行为被推定为具有操纵市场的实质风险。行为主体经过约定之后从事相对委托,交易的证券、期货合约等金融商品出现交易价格、交易量的波动,资本市场法律制度就推定相对委托对市场形成了操纵的效果,应当构成违法犯罪。法律制度将相对委托规定为市场操纵的依据是金融实践与概率证明这种虚假交易对资本市场通常会营造出虚假的金融商品价格信号,从而形成错误的市场引导。相对委托的金融交易不会产生经济上的实际效益,反

① 在《刑法修正案(六)》对刑法第182条进行修正之前,相对委托操纵实际上还包括"相互买卖并不持有的证券"的行为,这种情况在理论上被称为虚假买卖。但是,由于中国证券市场上建构并不断深入运行融券做空机制,加之卖空交易是商品期货、股指期货以及各种金融衍生工具操作中极为重要的对冲方式,因而买卖并不实际持有的证券或期货合约实际上已经成为一种合法的操作手法,不应在刑法上被评价为虚假买卖。融资融券具体是指证券公司向客户出借资金供其买入证券或出具证券供其卖出证券的业务。由融资融券业务产生的证券交易称为融资融券交易。融资融券交易分为融资交易和融券交易两类,客户向证券公司借资金用于购买证券是融资交易,客户向证券公司卖出为融券交易。2011年10月,中国证监会发布《转融通业务监督管理试行办法》,同时发布《关于修改〈证券公司融资融券业务试点管理办法〉的决定》和《关于修改〈证券公司融资融券业务试点内部控制指引〉的决定》两个文件。这实际上意味着融资融券正式转为了证券市场的常规业务。对于相对委托这种操纵证券市场的犯罪类型,理论上也有通谋买卖、配对指令(matched orders)等不同的称谓。尽管操纵资本市场违法犯罪刑法理论与实践对于相对委托操纵行为一般都简单地概括为两个以上当事人共谋预先约定,对相关证券以大致相同时间、数量、价格进行拉锯式交易,但真正能够超越这些形式化的理解,对相对委托操纵的本质特征进行深度把握,就必须对这种操纵犯罪的实质内涵进行深入探索。

而会对从事相对交易的操作者制造巨额交易成本(税费)。[①] 相对委托交易纯粹是承担大量交易成本但金融交易关系本身不产出价值的可疑市场行为。因而,法律基于禁止误导资本市场投资者判断的考虑,将相对委托交易行为列为市场操纵行为的一种典型,以避免相对委托对特定金融商品制造不真实或者误导性的交易活跃假象。[②] 相对委托操纵形式上是法律对于资本市场交易行为意思自治的限制,实质上则是对方向相反且时间、价格等要素相当的金融商品交易具有虚假性及其市场操纵风险的推定。

准确理解相对委托的主体结构是把握这种虚假交易操纵类型、解决传统证券期货犯罪法律争议[③]的关键所在。

其一,相对委托操纵中的事先约定要素的存在,意味着这种交易行为在时间、

---

① 以我国资本市场中的交易税费计算,如果每年操作 15 次,用 100 万元人民币在 A 股市场做满仓交易,不赔不赚情况下,仅印花税每年就要交 9 万元;加上券商佣金,交易成本大概为 15 万元。参见苗夏丽:《十年涨幅趋零　交易成本是成熟市场几十倍——A 股投资者正"负重前行"》,载《新闻晨报》2012 年 3 月 28 日,第 A26 版。

② See Louis Loss, Joel Seligman & Troy Paredes, *Fundamentals of Securities Regulation*, 5th ed., Aspen Publishers, 2003, p. 935.

③ 构成相对委托操纵的核心基础在于"以事先约定的时间、价格和方式相互进行证券交易"。有一种观点认为,对于相对委托操纵而言,行为主体之间可以是就相互证券交易所有的内容进行通谋,也可以就部分内容进行约定,尤其是对于时间要素而言,不以事先约定为限,行为人在向证券经纪商提出委托申报之后再与他人沟通约定交易时间的,也可以认定为相对委托操纵。还有学者认为,构成相对委托操纵并不以事先约定者之间的买卖为限,只要存在市场操纵的犯罪故意,并且客观上实施了以约定的时间、价格、数量等操作金融商品交易的行为,就算市场外部交易力量介入后导致相对交易无法完成,同样应当认定为相对委托操纵。参见于莹:《论以虚伪交易方式操纵证券市场》,载《国家检察官学院学报》2003 年第 5 期。同时,对于同一行为主体控制之下的方向相对且数量、价格、时间等要素进行控制的金融交易如何认定其行为性质,理论上存在不同的认识。有观点认为,如果单一行为主体以不同的名义进行对向性证券交易,意图影响证券市场中的交易价格或者交易量,但没有与他人通谋,显然不存在相对成交的问题,则不能构成任何形式的操纵资本市场违法犯罪。这实际上是刑法规制操纵证券市场违法犯罪行为的制度漏洞之一。不同意见认为,相对委托交易操纵犯罪必须是复数行为主体事先约定下的对向性金融商品交易,否则不可能形成虚假的价格信号,完成人为的供求关系,在交易所形成交易记录。相对委托只能是交易方向相反的复数交易者实施,属于必要共犯。在不存在相对交易者而只有多个实际控制账户的情况下,应当分析账户提供者与实际交易操作者之间是否形成共谋。提供账户的家属、朋友等与交易操作者之间具有明知与共谋的,构成《刑法》第 182 条第 1 款第 3 项规定的洗售操纵。参见于莹:《论以虚伪交易方式操纵证券市场》,载《国家检察官学院学报》2003 年第 5 期。上述观点对于相对委托操纵核心行为内容的把握都是不准确的。在刑法已经明确规定相对委托操纵应当在时间、价格、方式等要素上进行事先约定的情况下,法律解释显然不能对规范的直观意思进行"折扣性"理解。同时,这些法律争议观点均误解了相对委托交易操纵与洗售操纵之间的规范关系与操纵类型界限。而解决相对委托法律认识争议的核心在于明确相对委托交易类型的基本经济结构。

价格、方式等核心内容上具有整体谋划性与缜密性，并且必须以实际成交的方式完成交易。相对委托操纵完全可以通过没有实际成交的方式进行，[①]但不能就此认定被中断的相对委托交易可以构成操纵犯罪。因为相对委托操纵的社会危害性集中表现为虚假金融交易行为对资本市场制造虚假的供求关系信号，而被市场中的其他投资者中断的相对委托交易，意味着一方提出的委托申报并未与事先约定的一方进行成交，而是与市场中没有操纵意图的投资者提出的申报完成了撮合交易。意图进行相对委托一方提出的申报价格已经被市场所认可与执行，相关证券、期货交易记录代表着市场投资者对相关证券、期货交易价格的确认，因此，就该笔证券、期货交易而言，其制造的证券、期货价格信号并不完全偏离真实的资本市场价格发现机制，不应当计入对证券、期货市场非法控制影响的因果关系之中，也就不能将该笔证券、期货交易的性质认定为相对委托。

其二，相对委托操纵与洗售操纵之间的实质性区别在于主体结构上的差异。相对委托操纵是数个主体之间进行的虚假金融交易，而洗售操纵是单一主体实际控制下的虚假金融交易。单一行为主体实际控制下的相对证券、期货、衍生品等交易，没有与他人进行共谋或者约定，不能构成相对委托操纵，但显然不能直接认定其不构成任何形式的市场操纵。洗售操纵实际上就是单一行为主体控制账户之间的相对委托交易，立法上没有刻意强调洗售交易体系中买卖行为的相对性，是因为实际控制主体控制了所有市场操作体系内的相对性交易。这里并不存在市场操纵立法制度漏洞问题。

其三，不能直接认定不同行为主体证券、期货、衍生品等交易账户之间相互发生的金融商品交易就是相对委托操纵。金融交易账户的复数性是所有虚假交易操纵的前提性要素。相对委托操纵行为的相对性显然建立在账户众多的基础之上。但更为关键的是，相对委托必须是两个或者两个以上行为主体之间经过约定，以事先安排的价格、方向进行反复作价。只有在行为上完全符合这些相对性特征，相关行为主体才能够认定为相对委托操纵主体。操纵者在家人、亲属、朋友、公司员工等明知的情况下，利用他们的证券、期货、衍生品账户从事相互之间的金融商品买卖，并不意味着操纵者与这些提供账户的主体之间以约定的价格、数量、方式等相互进行金融交易。在实践中，提供

---

① 《刑法》第182条第1款第2项使用的是"证券、期货交易"的规范表述，这意味着证券、期货交易可以是委托申报，也可以是实际买卖成交，而委托申报显然存在没有实际成交的可能性。

这些账户的主体通常都不会实际参与任何与操纵者有关的金融交易，也不会与操纵者之间形成“约定”。因此，不能以提供账户者明知操纵行为而将其认定为相对委托操纵，不明知的认定为洗售操纵。明知操纵者使用或者控制其交易账户是为了操纵资本市场仍然将自己的账户供其使用的，性质上属于洗售操纵共犯，但在实际认定中应当审慎对待。提供账户之后未与操纵者进行概括性的意思联络，不能作为构成相对委托的责任基础，必须同时符合约定的主观要素与相对性交易的行为要素，即约定并实际以特定的时间、价格、数量相互进行金融交易的，才能认定为相对委托操纵。

二、实质交易

实质交易操纵是指行为人实施了转移金融商品所有权或者控制权的交易行为，但主观目的与后续行为均表明前期实施的交易行为是为了人为制造金融商品供求关系，致使金融商品交易价格维持在意图控制的水平。实质交易典型的表现形式是人为制造金融商品交易行情，在实践中最常见的方法是通过连续性金融商品交易行为逐步以高价买入相关证券或者以低价抛售相关金融商品，拉升或者压制市场价格，在成功地将金融商品交易价格控制在相当水平之后，通过与前期交易行为反方向的交易行为套现离场。实质交易的另一种表现形式是通过在开盘、收盘或者盘中的特定交易时间，集中、快速且大量地买入或者卖出特定金融商品，使开盘价、收盘价或者盘中特定时间点的市场价格人为地维持在由行为人控制的水平。

连续做多或者做空是实质交易操纵最基本的行为内容，法律、金融理论与实践通常也将实质交易操纵称为连续交易操纵。[①] 连续交易操纵非法控制金融

---

① 理论与实践中还有“非法炒作”“粉饰行情”“连续买卖”“价格操纵”“市场力量操纵”等多种称谓。众多的概念不仅是认识差异，更体现出对于这种市场操纵类型的理解并不深入。由于资本市场规模不断扩大，当前市场操纵通常需要综合使用多种操纵犯罪行为类型才能真正实现非法控制市场中特定金融商品交易的目的，而司法实践中几乎所有的市场操纵都会涉及连续交易操纵行为的使用。但是，相对于虚假交易行为比较明显的洗售、相对委托等操纵类型而言，连续交易在客观上是行为人与其他资本市场投资者（投机者）之间进行的真实有效的金融交易。根据现行的证券、期货交易规则，连续交易不仅在客观上是交易系统撮合的结果，而且主观上也可以是因为行为人基于持续看多或者看空特定金融商品的经济考量而连续买入或者卖空相关金融商品。正是由于连续交易操纵行为在形式上具备的这些正当性外观，造成市场操纵刑法规制难以准确把握连续交易操纵的核心特征。

商品市场价格、交易量的经济基础是具有真实效力的证券、期货、衍生工具交易。这是实务中最为常见的市场操纵策略。从全球资本市场法治实践的情况来看,连续交易操纵是各国反市场操纵制度中最重要的行为类型,[①]也是实际案例最多、最典型的市场操纵类型。然而,资本市场法律制度在对连续交易操纵进行规定时,都存在法律规范粗陋、层次性欠缺、忽略资本市场最新发展等问题。同一种连续交易操纵行为模式下的具体操作,实际上具有截然不同的经济机理;各种连续交易机制会基于资金量、持仓量、信息量的差异而对市场形成不同程度的控制;金融体系内部及其与实体经济之间的紧密关联意味着存在大量的跨市场操纵——上述因素共同决定了必须对连续交易操纵予以进一步的纵深性解释与模式化细分。

第一步,以交易行为是否跨越金融市场为标准,连续交易操纵可以深度类型化为单一市场与跨市场连续交易操纵。单一市场连续交易操纵是指行为人局限在金融商品交易市场中,通过连续做多或者做空的操作手法,拉抬或打压金融商品市场价格,并从价格波动中获取交易利润。跨市场连续交易操纵的本质是价格关联操纵,即通过各种实质交易影响金融商品市场交易价格,是否直接在该金融商品交易市场谋取交易利润并不重要,操纵者主要是在其他与该金

---

① 根据美国《证券交易法》第 9 条 a 款规定,单独或伙同他人对全国性证券交易所注册的证券或者以证券为基础的互换合约进行连续交易,致使证券交易出现活跃的表象,或者通过拉升、打压证券价格,诱使证券市场投资者买入或者卖出相关证券,构成证券价格操纵。根据欧盟《市场滥用指令》第 1 条第 2 款的规定,独立或者联合多个行为主体对单一或者多个金融工具的供求关系或者市场信号进行控制或者支配,直接地或者间接地影响金融工具市场价格或者形成不公允的市场条件或者交易情形,构成市场操纵。根据德国《证券交易法》第 20a 条第 1 款的规定,实施证券交易或发布交易指令,可能产生虚假或误导性的信号,影响供求关系、证券交易或金融工具市场价格或者制造人为的价格水平。日本《金融商品交易法》第 159 条第 2 款禁止以诱使他人进行证券或衍生品交易为目的,实施下列行为:连续实施证券交易或者提出交易要约,可能误导他人相信有关证券交易繁荣,或者可能造成证券交易价格波动。上述法律规定分别参见 15 USC § 78i; Commission Directive 2003/6/EC of The European Parliament and of The Council of 28 January 2003 on insider dealing and market manipulation (market abuse), Article 1 (2); Wertpapierhandelsgesetz – WpHG § 20a Verbot der Marktmanipulation (1); 金融商品取引法(きんゆうしょうひんとりひきほう、昭和二十三年四月十三日法律第二十五号)第百五十九条相場操縦行為等の禁止 2。根据中国《刑法》第 182 条第二款的规定,联合买卖和连续买卖是连续交易操纵中的两种交易行为。需要强调的是,联合买卖固然强调证券、期货交易行为的“联合性”,即多方市场力量集中信息、资金、持股(仓)等资源优势从事金融交易,但联合买卖行为也是通过连续交易的方式实施的。因此,联合买卖的实质含义是联合实施的连续买卖行为。

融商品市场交易价格挂钩的衍生品市场或私有契约交易中获取利润。[①]

第二步,将价格关联操纵的跨市场特征与连续交易行为对市场达到支配程度进行结合,可以递进性地合成一种对资本市场效率损害极强的操纵类型——支配性力量操纵。这种操纵行为不仅聚合了连续交易操纵与价格关联操纵的基本操作手法,而且由于行为人的资金、信息、持仓量等竞争优势达到了支配市场的程度,在特定金融商品交易中占据支配地位或者垄断优势。滥用这种竞争优势,同时控制金融商品市场及其现货或者基础资产市场,并滥用这种跨市场控制或者支配地位获取交易利润的,就是支配性力量操纵。[②] 这种难度系数更大且资源优势要求更高的实质交易操纵的典型表现形式是轧空。例如,在允许进行融券信用交易的资本市场中,行为人通过控制流通盘中的证券现货供应量,在对手方持有大量做空相关证券时,通过大幅拉升股价的方式迫使融券做空证券的对手方以高价回补方式认赔离场,并且利用回补交易持续拉升证券交易价格的态势进一步放大空单未平仓对手方的损失。

(一)单一市场连续交易操纵

单一市场连续交易操纵是在行为模式上最具典型性、行为结构上最具基础性的实质交易操纵,通过在特定时间阶段控制金融商品市场价格,引导资本市场投资者对金融商品供求关系形成符合操纵者预期的判断,进场追高接盘或者退场低位抛售,而连续交易操纵者在支出一定数量的金融商品交易费用、手续费、差额损失等成本的基础上,通过后续的交易行为获取数量更为庞大的差价利益。

分析单一市场连续交易操纵的行为机理能够充分地体现这种操纵犯罪行为模式通过人为控制资本市场价格、干扰正常价格发现机制、以交易对手方损失为代价获取非法利益的违法性实质——单一市场连续交易操纵行为人通过单独或者联合他人集中巨额资金,并根据资金量、市场关注度、流动性等要素确

---

① 由于价格关联操纵更加契合这一操作手法的实质内涵,故下文统一使用价格关联操纵的概念。

② 单一市场连续交易操纵的规模也可以达到垄断性、支配性地控制金融商品市场交易的程度,但由于其不具有跨市场性,没有形成对金融商品与基础资产市场的跨市场支配,只是相对于占据金融商品市场交易规模相对多数的其他单一市场连续交易操纵而言对特定金融市场的控制力度更为强大。因此,本书仍然将这种对特定金融商品交易市场施加支配性影响力的操纵置于单一市场连续交易操纵的类型中进行分析。

定炒作金融商品的盘面规模、具体对象等。在确定炒作对象之后，行为人为了减轻日后炒作金融商品时的建仓成本和反向抛售压力，通过突然拉升或者打压进行“洗盘”，迫使短线交易者斩仓离场释放筹码。在对资本市场交易行情进行初步梳理之后，行为人通过分散下单的方式“吸筹”（可以是连续买入相关证券，也可以是连续卖空相关金融商品）。在交易价格、交易量出现单向（上升或者下跌）运行趋势之后，①通过自身连续交易行为以及利用他人跟进连续买入或者卖空相关证券“积蓄”力量，加速或者放大人为控制价格、交易量的波动幅度。在金融商品交易价格上升或者下跌至一定水平之后，行为人再通过分散下单的方式“出货”，在高位卖出证券或者在低位回补，甚至会配合融券高位卖出或者融资低位回补，交易量出现井喷，交易价格震荡。在行为人清空头寸之后，该特定金融商品之前的交易趋势失去支撑力量，交易量萎缩，市场价格恢复到排除人为控制状态下的运行行情，操纵者又可以低位买入或者高位卖空，继续进行另一轮连续交易操纵。

连续交易操纵行为中的“洗盘”“吸筹”“积蓄”“出货”可以反复、循环、同时地多次实施，本质上集中体现了操纵者通过人为控制单一金融市场并从交易对手方中获取非法交易利润的行为机理与实质特征。哄抬后卖出获利的，属于做多型连续交易操纵；打压后买入获利的，属于做空型连续交易操纵。在复数行为主体联合交易的情况下，交易者或者一致行动人联合卖空特定金融商品压低市场价格再以较低的市场价格买入谋取做空利润，属于空头联合；交易者或者一致行动人联合做多特定金融商品哄抬市场价格再以较高的市场价格卖出谋取做多利润，属于多头联合。

单一市场连续交易操纵中的资源优势只是行为的客观基础，行为的违法性本质在于滥用垄断力量并对资本市场正常供求关系与价格形成机制的干扰。

根据操纵性交易行为对于金融市场特定交易品种影响水平的强弱程度，单一市场连续交易操纵可以进一步类型化为绝对控制性操纵与相对控制性操纵。其中，绝对控制性操纵是指市场参与者单独或者与其一致行动人共同垄断证券、期

① 行为人通常会通过发布信息的方式在市场中制造与该证券交易有关的行情信息，引导更多的投资者关注并跟进。尽管基于避免理论分析赘述的考量将市场操纵分析抽象为单一行为模式的解释，但需要反复强调的是，实践中的市场操纵行为基本上是综合运用多种行为模式的。

货、期权等金融商品供应与需求,并通过这种垄断性的市场力量控制与其投资利益相关的金融商品市场价格,是单一市场连续交易操纵中对市场控制力最强的交易策略与行为结构。但应当强调的是,绝对控制与相对控制均属于单一市场连续交易操纵形式上具备的资源或者竞争优势,控制行为与状态本身不具有违法性。在价格自由竞争的资本市场中,金融商品交易是基于投资者对于证券、期货、衍生品交易价格的认识而形成的金融商品动态供求,即对于特定时间节点的特定金融商品的特定价格,看空的投资者卖出证券而看多的投资者买入证券。对于价格充分竞争的资本市场而言,即使特定的投资者在信息渠道、证券持有量、资金数量等方面是否具有资源优势,只要优势获取具有合法性,无论实施规模庞大还是次数众多的金融商品交易,都不能作为连续交易操纵违法犯罪处理。因为正是资本市场中的投资者资源程度存在差异,导致投资者对于金融商品价格的认识具有分歧,也才会出现买入或者卖出的资金与金融商品的流动性,否则,如果所有的资本市场投资者都具有相同的信息、资金、金融商品持有能力与资源掌控水平,所有的资本市场参与者对价格的认识具有一致性,资本市场价格发现机制也就无法运作。

从形式上分析,连续交易操纵是通过信息、资金、金融商品等各种资源的整合而形成对资本市场中特定金融商品交易的非法控制,这种排他性的控制力量可以视为对特定时间期限内的金融商品交易价格或者交易量的垄断。但连续交易操纵的违法性实质或者应受刑事处罚的基础并非源于其对资本市场中特定投资或者投资组合的垄断性影响力。垄断通常是竞争力、(技术、自然等)资源、政府许可等各方面优势集中到个别或者单独的企业从而形成对市场的独占或者联合控制,能够实现价格或者产量的排他性调节。具有市场支配地位的经营者,滥用市场支配地位,排除、限制竞争的,应当根据《反垄断法》的规定,追究其垄断违法责任。相应地,资本市场实际上并不排斥投资者通过竞争性交易持有金融商品达到垄断的程度——投资者或者投资者联合体完全可以按照《证券法》上市公司收购的规定(主要是信息披露),通过连续交易的方式对特定上市公司发行的所有证券进行收购,从而独占上市公司所有股权。上市公司收购的过程是从相对控制股权发展到绝对垄断所有证券的供求,结果无非是具有公众性的上市公司被私有化。所以,连续交易操纵的违法性实质并不在于形式上占据金融商品交易量的相对多数、绝对多数,甚至是全部交易量,而是扭曲资本市场的定价机制,通过人为控制金融商品交易价格、交易量,实现其在金融商品市场以及其他衍生品市场的非法获利目的。

(二)价格关联操纵

连续交易操纵在部分情况下实际上并不需要针对资本市场中的投资者人为制造金融商品供求关系信号,因为并不是所有的操纵者都需要以资本市场中的公众投资者为对手方才能谋取操纵利润。操纵者可以实施价格关联操纵,控制特定时间节点的金融商品交易价格,从而以此为依据在场外衍生品市场中获取以此金融商品交易价格为结算价格的相关交易的利润。价格关联操纵利用的是金融商品市场交易价格与其他市场中的金融商品、现货、基础资产、非监管市场交易或者私有契约价值之间的关联性,基于控制特定金融商品市场价格在其他市场中实现自身利益。在价格关联操纵中,行为人获取的利润并不源于操纵性交易行为本身或者买卖行为所指向的金融商品交易市场,而是来自以受操纵金融商品市场交易价格为结算依据的衍生品市场或者其他协议。

价格关联操纵的基础是跨市场交易。行为人通过实质交易行为影响金融商品交易价格的市场是基础市场。以金融商品交易价格为结算依据的衍生品交易、私有契约交易等市场,是与金融商品交易价格关联的市场,简称为关联市场。价格关联操纵的基础是跨市场交易。金融商品市场价格与关联市场价格可以是直接关联(例如,证券现货价格与证券期权价格),也可以是间接关联(例如,商品现货价格与商品期货价格)。

国际证券管理机构组织在2000年《调查与起诉市场操纵》报告中就已经明确指出,基于金融商品、基础资产之间的价格关联而实施的跨市场操纵,在全球金融市场一体化背景下操作越发便利,监管愈发困难。[①] 衍生品市场的发

---

① 金融市场全球化与市场关联度加剧为市场操纵提供了重要"机遇"。交易所检测、行政机构监管、刑事调查等控制市场操纵的措施在执行过程中会愈发艰难。操纵证券、期货、衍生品或(及)其基础资产的交易行为可能发生在特定市场,而操纵者可能在其他国家和地区。行为人会在某个特定的市场中操纵证券、衍生品价格从而影响其他市场中的交易利润。随着金融衍生产品市场的发展,这种操纵基础资产市场行为的经济激励不断得以强化。操纵证券交易价格可以在衍生品市场交易(可转换优先股、证券互换等)中获取利润;以本国或者本地区的股指期货为基础的外国衍生品交易会成为操纵本国或者本地区股指期货成分股交易价格的经济激励。Technical Committee of the International Organization of Securities Commissions, *Investigating and Prosecuting Market Manipulation*, May 2000, p. 2 – 3, http://www.iosco.org/library/pubdocs/pdf/IOSCOPD103.pdf.

展以及全球金融市场的融合与高度关联,为价格关联操纵提供了多元化的实施路径与充足的套利空间。在衍生品交易、私有契约现金结算之前,通过实质交易制造符合关联市场利益的基础市场中的金融商品市场交易价格波动,短期内会非常有效且成本相对低廉。同时,股权激励、股指期货、交易所交易基金(ETF)等各种以特定时间的特定金融商品市场交易价格为计价依据、结算基础或者交易触发条件的契约,都可以成为操纵特定金融商品市场交易价格的获利渠道。

上市公司与股票、债券持有者之间的证券回购、可转债协议的执行条件,通常都与上市公司证券特定时间的市场交易价格挂钩。回购、债转股等衍生交易中的利益会引发价格关联操纵。上市公司管理层薪酬、雇员激励计划等涉及的奖金数额会与上市公司证券交易价格表现挂钩。基金公司经理等金融投资单元管理者的薪酬也会与其所主管投资项目的短期或者特定期间市值进行绑定。针对特定金融商品的短期价格操纵能够有效提升上市公司经理人、雇员以及投资机构管理者的短期收入。这些私有性的薪酬激励契约内含的经济利益波动以及低廉的操纵性交易行为成本①,很容易驱使潜在操纵者尝试短期控制金融商品市场价格。

以跨越证券与期货市场的价格关联操纵为例,股指期货市场交易价格与其成分股的市场交易价格关联,控制成分股交易价格就能够实现对股指期货交易价格的操纵。股指期货在合约到期时,以成分股报收价格为依据的指数价格进行现金交割。操纵者可以做多(做空)股指期货合约并哄抬(打压)成分股市场交易价格,随后以较高(较低)的价格水平对股指期货合约进行平仓。② 对于成份股权重相对均衡(例如,沪深 300 股指期货合约)或者股票篮子规模非常大(例如,标普 500 指数期货合约等)的股指期货而言,市场参与者一般情况下很难通过控制标的证券的交易来操纵现货市场价格,进而从相

---

① 尤其是基金公司等金融投资管理机构从业人员,其实施价格关联操纵的交易行为根本不需要投入任何形式的个人资本或者交易成本,所有金融交易所涉及的资金实际上都是公司所管理的投资者资金。

② 提前做多股票期货(期权)并哄抬基础股票市场交易价格等跨越证券与期货(期权)市场的价格关联操纵的行为模式基础相同。

应的指数变动中谋取金融期货市场中的交易利润。[①] 在基础市场金融商品流通盘的规模有限、流动性相对较低、基础市场与关联市场价格联动程度较高的情况下,操纵者能够在衍生品交易或者私有契约交易中获取相当可观的交易利润。[②]

价格关联操纵介入上市公司控制权竞争是资本市场中比较常见的现象。收购公司或者目标公司基于收购、反收购、提高收购价格等目的,通过各类协议操纵上市公司股票市场价格,实现股票交易市场之外的收购、反收购、其他获取高额证券交易利润等经济利益。

(三)支配性力量操纵

支配性力量操纵是利用金融商品以及相关基础资产价格关联性实施的跨市场操纵性交易规模发展到垄断性程度的最高级结构。由于操纵性交易行为涉及对金融商品市场以及关联市场的同步控制,支配性力量操纵在金融商品及其基础资产对应性相对较高的期货(期权)市场中比较盛行。

期货(期权)是以特定资产(商品现货、证券现货等)为基础的标准化契约。现货市场中基础资产的价格波动会导致持有期货(期权)头寸的交易者盈利或者亏损。除了只能进行现金交割的股指期货合约等交易品种之外,商品期货、股票期权、ETF 期权等均可进行实物交割。尽管多数情况下期货(期权)交易是

---

① 参见龚国光:《沪深 300 指数的特点及相关期现套利策略分析》,载《国际商务研究》2008 年第 2 期。Narayanaswamy Balakrishnan, *Methods and Applications of Statistics in Business, Finance, and Management Science*, John Wiley & Sons, Inc., 2010, p. 564; Frank H. Easterbrook, *Monopoly, Manipulation, and Fraud*, 59 Journal of Business S103, S110 (1986).

② 例如,1986 年首次推出的中国香港特区恒生指数期货合约仅有 33 只成份股,直至 2013 年仍然只有 50 只成份股,并且以发行量加权计算指数。市场普遍认为且已经被实践所证明,恒生指数期货合约抗操纵性相对较弱,投机资本在股票现货市场操纵长江实业、汇丰控股、新鸿基地产、中国联通、中国平安等权重股,就可以利用权重股现货市场交易价格与股指期货之间的结算关系,控制恒生股指期货市场。例如,2009 年 3 月 9 日,在尾市竞价交易最后 1 分钟,汇丰控股暴跌 11.5%,当日报收 33 港元,股价创十余年新低,同时创历史单日最大跌幅。恒生指数随即直接暴跌 250 点报收 11,344.58 点。仅汇丰控股一只成份股就占据中国香港特区恒生指数当日 70% 的下跌。参见郎咸平等:《操纵》,东方出版社 2010 年版,第 9 ~ 19 页;舒时:《恒指神伤 500 点汇控"临阵脱逃"暴跌 24%》,载《第一财经日报》2009 年 3 月 10 日,第 B1 版。当然,单方面依靠增加成分股数量与稀释个股权重来提升抗操纵性,一定程度上会弱化股票现货与股指期货之间风险对冲的便捷性与有效性。

在到期前对冲了结仓位,但交割期过后持有多头或空头仓位的交易者仍然可以要求没有平仓的、持有相对交易方向合约的交易者通过实物交割的方式履行合约。如果多头交易者要求实物交割而空头无法履行交割义务,后者将支付数量极高的违约金、赔偿金以及其他一系列经济损失和费用。① 实物交割机制以及交割违约所产生的极大的经济赔偿风险,为期货(期权)市场中的交易者提供了除套利、对冲、价格投机之外的另一种获利可能——交易者在基础资产现货市场控制交付能力,在期货(期权)市场持有巨量多头合约并不断拉升合约交易价格,对手方于现货市场无法获取交割实物或者交割成本极高,在期货(期权)市场持有巨量尚未平仓的空头合约且到期前市场交易价格极高回补成本极高,空头只能在违约巨额赔偿与了结仓位承担巨额亏损两者之间进行选择,而交易者从中获取巨额利润。期货(期权)市场中的金融商品交易价格实际上是在多头交易方控制下形成的,这种价格并非特定期货(期权)正常市场供求关系的互动结果,而是占据支配性市场地位的交易者逼迫空头交易方高位了结仓位或者支付巨额交割违约赔偿费用的人为拉抬结果。

法律与经济学理论中有观点认为,证券市场中特定交易者及其一致行动人进行控制性或者支配性持有证券并不存在明显的操纵风险,交易者利用支配性市场力量大规模拉升证券交易价格,其他市场参与者可以继续持有或者选择其他投资标的,不存在期货(期权)市场中的空头必须高价回补平仓从而产生巨额亏损或者交割违约问题。② 交易者控制性地持有特定证券非常有可能是高位被套的结果——未能有效诱导足够的投资者资本高位买入证券为其高位抛售接

---

① 例如,2012 年《上海期货交易所交割细则》第 102 条规定,构成交割违约的,由违约方支付违约部分合约价值 5% 的违约金,同时按以下办法处理:(1)卖方违约的,买方可以作如下的一项选择:①终止交割:交易所退还买方货款;②继续交割:交易所在判定卖方违约的下一交易日发布标准仓单征购公告,并在七个交易日内组织征购。征购成功,交易所支付给买方标准仓单;征购失败,卖方支付给买方违约部分合约价值 15% 的赔偿金,交易所退还买方交割货款后终止交割。卖方承担因征购产生的一切经济损失和费用。(2)买方违约的,卖方可以作如下的一项选择:①终止交割:交易所退还卖方标准仓单;②继续交割:交易所在判定买方违约的下一交易日发布标准仓单竞卖公告,并在七个交易日内组织竞卖。竞卖成功,交易所支付给卖方交割货款;竞卖失败,买方支付给卖方违约部分合约价值 15% 的赔偿金,交易所退还卖方标准仓单后终止交割。买方承担因竞卖产生的一切经济损失和费用。终止交割后,交易所交割担保责任终止。

② See Benjamin E. Kozinn, *The Great Copper Caper: Is Market Manipulation Really a Problem in the Wake of the Sumitomo Debacle?*, 69 Fordham Law Review 243(2000).

盘后，继续投入成本拉抬证券交易价格，逐步在证券交易总量中占据多数地位。因此，证券市场中支配性力量操纵的风险，相对于期货（期权）市场而言，显得更具有可控性。

上述观察对于只能单边做多的证券市场而言是合理的，但是，在融券卖空等信用交易机制进入证券市场且成为一种重要的操作手法之后，显然需要重新评估支配性力量操纵在证券市场中的风险。市场参与者基于特定证券实际价值被高估、做空投机、价差套利、当日冲销等各种考量，均可以向金融机构融券卖出相关证券，同时意图在预期证券交易价格下跌时买入回补归还证券并谋取差价利润。对于特定证券交易中的融券卖空力量，控制性地持有相关证券的交易者可以人为制造轧空行情，通过控制市场中流通证券现货数量以及大规模买入证券拉抬价格的方式，引发个股价格飙涨，空头交易方或是基于保证金缺口无法继续融券卖空打压价格，或是由于多方持有优势性现货证券造成市场中缺乏足够的流通证券现货供其融券卖空，只能高位回补平仓并承担巨额亏损，或是直接爆仓。① 证券市场中的轧空实质上是因为证券现货供应不足而引发的证券交易价格上涨。轧空通常发生在市值规模不大的上市公司证券交易过程中，因为交易者更容易在流通盘较小的证券交易中占据支配性地位。证券交易价格短期内上涨会引发先期融券做空者买入证券平仓，但大部分证券现货已由多头控制，市场中没有足够的证券现货可供空头买入回补，从而进一步急速推高证券交易价格。

逼仓是最典型的支配性力量操纵手法，②而资本市场中逼仓最为常见的交

---

① 对于使用自有现金或者融资买入证券的市场参与者而言，其最大的交易损失也就是证券交易价格跌至接近于零，损失绝大部分甚至全部资金，但这种损失具有“封顶性”。对于受到支配性力量操纵轧空的融券卖空者而言，在禁止裸卖空的市场，其损失风险敞口理论上不具有“封顶性”，因为证券交易价格上不封顶，理论上可以飙升到无限高。实践中，交易对手方能够将证券价格拉升到多高的位置，卖空者就必须承担多高的损失。当然，卖空者保证金规模与止损指令、单日涨幅限制、交易所强制平仓等因素决定了其通常是巨亏离场或者爆仓。

② 在金融交易实践操作中，与逼仓交替使用的一个高频概念是挤仓（squeezes）。笔者认为，这两种行为具有实质性区别，划分标准在于交易行为是否具有跨市场性。挤仓不涉及对基础资产、金融商品现货进行买卖，主要是在单一化的金融商品市场进行多空互博。因此，挤仓是单一市场连续交易操纵行为模式下的概念。逼仓需要同时控制现货与期货（期权）或者金融商品与基础资产等关联市场。

易方向就是轧空。[①] 根据美国判例的界定，轧空是一种价格操纵计划或行为，交易者单独或者与其一致行动人共同控制基础资产远期供应，迫使空头以其控制的高价购买现货资产履行金融商品交易合约义务或者以其控制的高价购入多头合约了结仓位。[②] 作为轧空策略中的重要组成部分，多头交易者掌控基础资产或者金融商品现货的结果，便是有效降低了空头交易者在公开市场中所能获取的可交付现货储备量。以期货(期权)交易为例，一旦市场中的多方在合约到期日之前仍然持有大量多头头寸，空方只能选择两种买入方式履行交易义务——买入期货(期权)合约了结之前卖出的空头头寸；或者买入基础资产或金融商品现货。对于买入合约平仓而言，如果市场中没有足够的多头对手方卖出合约，则只能以多头交易者控制的高价买入，从而巨亏离场。对于坚持到交割日准备买入现货履约而言，如果现货市场中没有足够的现货以供买入交割，则只能承担更为严重的交割违约责任。只要轧空交易者能够将其释放出的卖出期货(期权)合约价格控制在本人能够获取高额利润且空头平仓成本低于交割违约成本的有效范围内，便可获取稳定且高额的轧空交易利润。

美国于1930年代、1970年代先后建立SEC与CFTC之前，以美国为代表的全球资本市场中充斥着各种竞争性交易与操纵性交易交织的轧空操作。[③] 1980

---

① 反向操作的轧多之所以比较少见，是因为在缺乏基础资产下跌的行情背景下，金融商品市场交易价格急速下跌会被价值投资者或者流动性交易者视为一种价值回归的操作空间或者基础资产与金融商品之间的价差套利空间，价值投资者或者流动性交易者会在其认为金融商品价格超跌时介入市场，推动金融商品交易价格上涨。多头力量介入市场的较高可能性导致空头事实上很难成功轧多和榨多头决定了这种操作手法在实践中很少被使用。

② Great Western Food Distributors, Inc. v. Brannan, 201 F. 2d 476, 478 – 479 (7th Cir. 1953).

③ 关于1862年康内留斯·范德比尔特(Cornelius Vanderbilt)轧空哈莱姆铁路公司(Harlem Railroad)股票、1869年詹姆斯·菲斯克(James Fisk)与杰伊·古德(Jay Gould)轧空黄金市场、1901年北太平洋铁路公司股票轧空事件等经典轧空操作的论述，参见 Edwin Lefèvre, *Reminiscences of a Stock Operator*, John Wiley & Sons, 1994。

年代之后大规模轧空逐渐减少，只有亨特兄弟轧空白银市场①等少数特别严重的事件在金融监管机构与交易所的介入下作为市场操纵予以查处。全球资本市场近20年来最为典型的轧空案件当属1990年代住友商事交易员滨中泰男轧空铜市场以及2008年国际金融危机期间保时捷轧空大众汽车股票案件。

住友商事前首席铜交易员滨中泰男轧空铜市场的行为在时间上跨越了大约10年，其通过大量下属公司交易账户隐藏其操纵性交易行为从而规避持仓限制，一度有效地控制了大量现货铜并同时持有大量铜期货多头合约，轧空之前持有大量铜期货空头头寸的对冲基金。在美国、英国金融监管机构执法压力及住友商事配合调查下，滨中泰男因轧空铜市场交易行为过程中的犯罪行为被

① 1970年代末至1980年代初，尼尔森·亨特（Nelson B. Hunt）与威廉·亨特（William H. Hunt）兄弟意图轧空全球白银市场，一度控制全球一半以上可交割白银现货。由于亨特兄弟的轧空操作，白银现货与期货交易在1979年9月至1980年3月期间持续被严重高估。1980年1月白银期货合约价格暴涨至每盎司50余美元。为了应对轧空行情，空头加大了打压白银价格的力度。1980年之后，白银现货与期货市场开始同步出现快速下跌。持续大量多头仓位的亨特兄弟不断接到追加保证金通知。由于自有资金已经不足以支撑当时的多头仓位，亨特兄弟面临强制平仓风险，当时唯一的办法只能是卖出现货白银获取资金暂时补充期货头寸的保证金。但这会造成白银现货价格下降从而导致白银期货合约交易价格相应下跌，进一步引发新的一轮保证金吃紧。亨特兄弟选择以白银现货抵押发行债券融资维持多头期货头寸。然而，市场将这一行为视为多头最后无力的、孤注一掷的抵抗，继续做空白银期货。1980年3月27日，业界称之为"白银星期四"，白银价格崩溃式狂泻，最低跌至每盎司11美元。亨特兄弟已经无力补上1亿美元的保证金缺口，同时，据测算，当时白银期货市场中持有多头期货合约的参与者将会面临17亿美元的潜在损失。由于亨特兄弟控制白银现货以及建构白银期货多头过程中使用的资金涉及向多家华尔街投资公司与银行融资，市场一度极为恐慌。为了避免损失牵连效应进一步放大，华尔街多家银行向亨特兄弟联合提供11亿美元信用贷款供其用于偿还债务，亨特兄弟以白银现货作为抵押偿债。1988年亨特兄弟因共谋轧空白银市场承担市场操纵民事责任，向秘鲁矿业公司赔偿1.34亿美元；1989年与CFTC达成和解协议，因意图轧空白银市场、共谋操纵白银市场而支付罚款1000万美元、终身禁止从事商品期货交易等。大规模的赔偿责任最终导致亨特兄弟在得克萨斯州申请个人破产。参见黄运城：《历史资料：亨特兄弟"白银梦"破灭始末》，载《股市动态分析》2011年第18期。R. W. Kolb, *Futures, Options and Swaps*, Blackwell Publishing, 2003, p. 43 – 44; Jerry W. Markham, *A Financial History of the United States (Volume 3): From the Age of Derivatives into the New Millennium (1970 – 2001)*, M. E. Sharpe, 2002, p. 61 – 65; S. C. Gwynne, "*Bunker HUNT*", Texas Monthly, September, 2001; Jeffrey Williams, *Manipulation on Trial: Economic Analysis and the Hunt Silver Case*, Cambridge University Press, 1995.

判处监禁。①

2008 年金融危机期间，保时捷公司通过参与大众汽车证券交易轧空对冲基金，成为证券市场中轧空的经典案例。保时捷使用不受德国金融监管局信息披露规则制约的金融衍生工具私下控制市场中的大众公司普通股，在对冲基金等做空力量大肆卖空大众汽车股票且放空规模远远超过实际可回补规模时，突然披露其持有已经通过金融衍生工具实际控制大众汽车近 75% 股权的信息，致使空头无法获取足够现货证券，大众汽车股票价格暴涨。保时捷轧空大众汽车股

① 滨中泰男于 1986 年被住友商事任命为首席铜交易员。在其主管铜交易期间，滨中泰男成为全球铜市场非常令人敬畏的风云人物，其掌控了全球 5% 以上的铜交易量，市场绰号为"百分之五先生"（Mr. Five percent）。1980 年代末期，为了填补住友商事在金属交易中的损失，滨中泰男决定操纵铜市场价格。操纵的具体计划肇始于 1989 年滨中泰男与从事金属交易业务的 RST Resources 公司董事长大卫·坎贝尔两人。滨中泰男操纵市场的第一步为控制铜现货。1993 年坎贝尔从 RST Resources 公司离职并创建环球矿产品与金属集团（Global Minerals & Metals Corporation，以下简称环球集团）。滨中与坎贝尔签订了一系列结构复杂的交易合约，约定 1994 年至 1997 年，滨中每月从环球集团购买一定数量的现货铜。环球集团向赞比亚铜供应商购买铜期权合约，并将现货铜卖给住友商事，最后住友商事向赞比亚铜供应商控制的公司卖出相应数量的铜现货。滨中泰男使用这种交易手法从事形式上正当的铜贸易业务，不仅控制了一定数量的铜现货，而且能够以此完成部分虚假的铜现货交割从而对冲其在期货市场建构的多头合约。随后，滨中泰男开始大规模持有期货多头合约。为了控制足够数量的伦敦金属交易所（London Metal Exchange，LME）铜期货合约，滨中泰男在美林证券开设了住友商事账户，授权环球集团使用该账户的高额信用额度在 LME 建构了大规模的铜期货多头仓位。1995 年 9 月，住友商事持有 200 万公吨期货铜多头合约以及近一半的 LME 铜期权，并在第四季度整体实现了对铜期货多头合约的支配性控制。与此同时，滨中泰男以实物交割的方式逐步履行多头期货合约从而进一步控制铜现货供应。1995 年 11 月，住友商事几乎控制了 LME 所有仓单。铜价一度拉升至 2800 美元每公吨。滨中泰男不仅在现货市场取得支配性地位，而且建构了足够强大的多头期货合约，其交易结构以及仓位数量促使其能够对铜市场施加支配性操纵影响，强制前期卖空铜期货的对冲基金只能以滨中泰男控制的高价了结空头头寸。正当做空铜的对冲基金以及普通空头投资者（投机者）在轧空行情中遭受巨额损失接近放弃空头位置的抵抗、住友商事逐渐获取高额交易利润时，CFTC 持续向 LME 进行投诉，指控铜市场受到操纵。1996 年 4 月，英国金融监管机构与住友商事最终同意配合 CFTC 展开调查。调查发现了住友商事在美林开设的未经授权账户。住友商事于 1996 年 5 月 9 日解雇滨中泰男。在金融机构以及交易所的调查介入下，空头力量迅速恢复，市场恐慌性抛售铜，铜价格急速下跌，持有巨额多头头寸的住友商事巨亏 26 亿美元。滨中泰男在随后的日本刑事审判程序中承认其使用复杂的财务处理与交易技术隐瞒其未授权交易的行为构成欺诈罪、伪造罪等，最后被日本法院判处 8 年监禁，但没有证据显示滨中泰男基于谋取个人利益的目的而实施轧空操纵。住友商事因在该市场操纵案件中的监督过失与 CFTC 达成和解协议，支付 9900 万美元罚款。See Benjamin E. Kozinn, *The Great Copper Caper*：*Is Market Manipulation Really a Problem in the Wake of the Sumitomo Debacle*?, 69 Fordham Law Review 243 (2000); In re Sumitomo Copper Litig., 189 F. R. D. 274, 277 (S. D. N. Y. 1999); Inga Nasi, *The Sumitomo Scandal*：*Another Embarrassment for UK Regulatory Authorities*?, 4 Journal of Financial Crime 182 (1996).

票造成各类对冲基金损失约200亿美元。随后有26家对冲基金在美国纽约提起诉讼，指控保时捷通过大规模轧空手段操纵大众汽车证券价格，索赔10亿美元，美国法院以不具有管辖权为由驳回原告起诉。德国斯图加特检察机关对时任保时捷首席执行官的温德林·维德金（Wendelin Wiedeking）与前首席财务官郝格尔·海尔特（Holger Haerter）提起市场操纵刑事指控，认为其故意隐瞒持有大众汽车股票的期权交易，导致卖空大众汽车股票的投资者在无从知悉证券流通数量的情况下超规模融券做空，产生巨额损失。但是，维德金以及海尔特主张，保时捷在收购大众汽车过程中，根据德国联邦金融监管局（Bafin）的规定进行信息披露，报告持股情况；根据 Bafin 监管规则以及交易所交易业务规则，保时捷在场外交易市场通过现金交割期权的方式从事以大众汽车股票为基础资产的金融衍生工具交易，直接以现金结算，不涉及股票交割，有权自行决定信息披露。[①] 斯特加特法院于2014年4月以证据不足以移送审理为由撤销了检察

① 2005年9月，保时捷（Porsche AG）宣布购买大众汽车（Volkswagen AG）20%的股份。2006年保时捷增持大众汽车股权至27.4%。2007年3月，大众汽车股价自保时捷入股后已经上涨了70%，保时捷进一步对大众汽车发出全面收购要约。全面收购要约发布时的财务局面是：要约收购价格较低，实际上其他股东不可能以该价格同意要约收购；即使以该低价完成资产交易，全面收购总额需要超过230亿欧元，保时捷事实上不可能完成资金准备。最终全面要约收购没有完成，但保时捷又进一步增持股份3.6%，持股比例提高至31%，成为大众汽车第一大股东。此时，市场预测保时捷收购大众汽车股票越过50%之后会停止增持。同时，由于保时捷的收购行为，大众汽车普通股从每股30欧元飙升至240欧元，而优先股（无投票权）仍然处于40欧元的价位，普通股与优先股的价差达到了惊人的200欧元。对冲基金开始大规模做空大众汽车普通股。2008年9月，大约13%的大众汽车普通股被出借用于卖空。10月20日，大众汽车暴跌23%，创近20年最大单日跌幅。在此过程中，保时捷仍然逐步买入大众股票。2008年10月26日，保时捷突然宣布，其已经通过市场交易持有大众汽车43%的股权，并通过金融衍生工具持有相当于31%股份的期权，实际已经控制大众汽车约74%的股权。而大众汽车第二大股东下萨克森州（Niedersachsen）州政府持有20.1%大众股份。这意味着已经卖空13%大众股票的对冲基金需要争抢仅有的不到6%的流通股才能了结部分空头仓位。保时捷通过场外衍生工具持有32%股权的信息令做空的对冲基金措手不及，10月27日，卖空者急速抢筹，争先买进股票平仓，狂涨147%。10月28日，大众汽车股价推升至每股1005欧元历史高位，瞬间成为全球市值最大的上市公司。10月29日，保时捷表示将结算5%大众汽车股票期权，通过释放股票供空头回补以避免“市场扭曲”，大众股票当日大跌45%，报收于517欧元，仅该一笔交易即令保时捷获取百亿欧元收入。参见 Armin J. Kammel, *The Dilemma of Blind Spots in Capital Markets - How To Make Efficient Use of Regulatory Loopholes?*, 10 German Law Journal 605 (2009); Jonathan Stempel, *Porsche Wins Dismissal of U. S. Hedge Fund Lawsuit over VW*, Dec. 27, 2012, http://www.reuters.com/article/2012/12/27/us-porsche-volkswagen-lawsuit-idUSBRE8BQ0G320121227; Hendrik Sackmann & Maria Sheahan, *Former Porsche CEO charged with market manipulation*, Dec. 19, 2012, http://www.reuters.com/article/2012/12/19/us-porsche-probe-idUSBRE8BI0DJ20121219。

机关对维德金和海尔特的市场操纵刑事指控。①

20世纪90年代与近期的典型轧空操纵案件之间的对比性分析,清楚地揭示出轧空操纵内在机理的恒定性与操作手法的变迁性——在内在经济机制上,无论是早期以滨中泰男轧空铜市场为代表的商品现货与商品期货市场之间跨市场支配性力量操纵,还是近期以保时捷轧空大众公司股票为典型的证券与金融衍生工具跨市场配合操纵,轧空操纵的机理集中表现为锁定并狙击特定金融商品市场中实施做空交易的对手方,以排他性控制现货市场有效供给的强大资源与市场力量推高金融商品资产价格,从而压迫空头以高价了结仓位认赔离场。在具体操作模式上,传统轧空交易垄断现货市场供应量、持有巨量期货市场多头仓位的行为均显得非常强势与直白。随着全球期货市场监管对于持仓限制规则的不断强化管理,传统轧空操作实际上已经很难完成市场操纵。而新型轧空交易利用金融衍生交易结构上的复杂性与场外交易市场的非监管性,相对隐蔽地实施对证券市场与衍生工具市场的支配性控制,不仅会诱发交易对手方持续放大空头风险(相应地增加多头最后的轧空交易获利规模),而且不受持仓限制等金融市场监管机制的约束。

第三节 决策操纵

以决策操纵为手段的市场资本非法控制的核心行为类型表现为信息型市场操纵。信息型市场操纵是指行为人在实施市场操纵过程中,并非通过金融商品交易行为直接影响资本市场中的供求关系,而是通过向市场发布虚假、误导或者导致信息发布者与信息接受者产生利益冲突的信息,控制资本市场中投资者(投机者)的资金流向,使市场中的资本资源投入或者撤离特定金融商品的交易,间接导致相关金融商品交易价格、交易量维持在行为人意图控制的水平。信息型市场操纵犯罪的实施关键在于行为人通过信息的传递,人为控制资本配

---

① Karin Matussek, *Ex-Porsche CEO Won't Face Criminal Trial Over VW Bid*, Bloomberg News, Apr 25, 2014, http://www.bloomberg.com/news/2014-04-25/ex-porsche-ceo-wiedeking-won-t-face-criminal-trial-over-vw-bid.html.

置决策,引发资本市场中的价格波动。

实践中,信息型市场操纵主要表现为:(1)编造并传播虚假的证券、期货、衍生品交易信息;(2)投资咨询机构及其从业人员针对特定金融商品建仓之后,发布相关投资信息;(3)上市公司内部人通过财务造假、信息披露操控等方式影响本公司股票市场价格。

信息型市场操纵犯罪行为的核心指向是控制市场中的资本资源配置与流动。尽管这种非正当的资本资源控制是通过信息传递与价格信号引导的,但这并不意味着信息型市场操纵犯罪行为过程中完全不需要交易行为的配合,或者完全不针对金融商品施加任何形式的控制性力量。信息型市场操纵者除了需要通过事先建构金融交易仓位、适时了结仓位等交易行为确保获得实际经济利益之外,也会通过一定的金融交易行为参与到控制金融商品交易价格、交易量的过程之中。更为重要的是,虚假的交易行为本身就是一种释放虚假价格信号的重要路径。操纵者可以通过各种形式的虚假交易诱导市场中的资本资源配置或者投资者决策。尽管虚假交易行为过程中存在所谓的交易因素,但实施这种市场操纵的机理在于通过传递信息或释放信号控制资本配置或投资行为,故本质上仍属于信息型市场操纵而非交易型操纵。

信息型市场操纵行为的核心内容是虚假陈述,即向市场传递内容存在重大失实、重大偏差,具有重大利益冲突性且对金融商品市场价格会产生影响的信息。需要特别强调的是,信息内容的虚假性或者误导性是一项非常重要但并非所有信息型市场操纵犯罪的构成要素。在信息传递主体与信息接受对象之间存在重大利益冲突的情况下,信息内容是否真实与全面,原则上并不影响市场操纵法律责任的认定——触发市场操纵法律责任的是信息披露主体在传递信息过程中具有全面公开利益冲突信息义务而没有履行义务。

一、虚假信息

虚假信息操纵又称蛊惑交易操纵,这种操纵行为的实质指向是信息——操纵者编造、传播或者散布的信息在真实性、准确性、完整性等都处于极度不确定状态,却能够影响、诱使、引导资本市场中的投资者(投机者)实施相关金融商品买卖行为,从而通过预期的金融商品交易价格、交易量波动,谋取经济利益。[①]引起证券、期货、衍生品交易价格波动的信息未必确定且真实,虚假的、不确定的信息同样是对投资者金融交易决策形成重要影响的因素。纵观全球资本市场法律制度,蛊惑交易操纵包括以下三个核心要素:(1)编造、传播或者散布不真实、不准确、不完整或不确定的重大信息;(2)与信息有关的金融商品交易价格或者交易量发生波动;(3)利用上述信息从事相关金融交易,即在编造、传播或者散布不真实、不准确、不完整或不确定的重大信息之前或者之后进行证券、

---

① 中国《证券法》《刑法》明示性地规定了连续交易、相对委托、洗售操纵等明示性的犯罪行为类型之后,直接通过"以其他方法"概括市场操纵违法犯罪的其他行为类型。由于缺乏具体刑法条文表述的现实支撑,传统证券期货犯罪刑法理论对于蛊惑交易操纵的解释确实存在巨大的不确定性与理解上的分散性。同时,正如前文所述,《刑法》第 181 条规定的两种资本市场违法犯罪类型,编造并传播证券、期货交易虚假信息罪和诱骗投资者买卖证券、期货合约罪,都具有蛊惑交易操纵的性质,但在规范结构上并没有像其他国家和地区的资本市场法律制度那样整体纳入反市场操纵的基础规范架构,在操纵资本市场违法犯罪刑法规制层面存在一定的结构性混乱。但是,通过发布虚假证券、期货市场信息欺诈资本市场投资者的行为在中国法律制度框架下应当受到刑事处罚,其核心犯罪化标准仍然是从相关证券、期货交易中获利、规避损失或者造成证券、期货市场波动的角度进行量化的——《关于公安机关管辖的刑事案件立案追诉标准的规定(二)》(以下简称《追诉标准二》),关于编造并传播证券、期货交易虚假信息罪,诱骗投资者买卖证券、期货合约罪的立案标准实际上都体现出了资本市场虚假信息传播行为的危害性集中反应在通过市场波动谋取交易利益层面。根据《追诉标准二》第 32 条的规定,编造并且传播影响证券、期货交易的虚假信息,扰乱证券、期货交易市场,涉嫌下列情形之一的,应予立案追诉:(1)获利或者避免损失数额累计在 5 万元以上的;(2)造成投资者直接经济损失数额在 5 万元以上的;(3)虽未达到上述数额标准,但多次编造并且传播影响证券、期货交易的虚假信息的;(4)致使交易价格和交易量异常波动的;(5)其他造成严重后果的情形。同时,根据《追诉标准二》第 38 条的规定,证券交易所、期货交易所、证券公司、期货公司的从业人员,证券业协会、期货业协会或者证券期货监督管理部门的工作人员,故意提供虚假信息或者伪造、变造、销毁交易记录,诱骗投资者买卖证券、期货合约,涉嫌下列情形之一的,应予立案追诉:(1)获利或者避免损失数额累计在 5 万元以上的;(2)造成投资者直接经济损失数额在 5 万元以上的;(3)虽未达到上述数额标准,但多次诱骗投资者买卖证券、期货合约的;(4)致使交易价格和交易量异常波动的;(5)其他造成严重后果的情形。因此,我国刑法规定的编造并传播证券、期货交易虚假信息罪、诱骗投资者买卖证券、期货合约罪中相当部分的规范内容实际上涉及蛊惑交易操纵的刑法规制问题。尽管《刑法》第 182 条操纵证券、期货市场罪并没有明示性地规定利用证券、期货市场虚假信息影响资本市场并从事相关交易谋取利益的蛊惑交易操纵行为类型,但通过前述市场操纵行为机理分析可知,《刑法》第 182 条操纵证券、期货市场罪实质上涵盖了金融商品操纵与市场资本操纵两种基本犯罪行为类型,资本操纵就是通过对证券、期货市场信息的操纵实现对整个证券、期货市场进行控制的信息型操纵。归属于信息型操纵的蛊惑交易操纵显然应当属于《刑法》第 182 条操纵证券、期货市场罪"以其他方法"的犯罪行为类型。

期货交易。[①] 在行为要素层面，蛊惑交易操纵中显然也存在交易行为，但蛊惑交易操纵中的交易并非对资本市场形成操纵与被操纵关系的交易，而是专指操纵者在编造、传播或者散布不真实、不准确、不完整或不确定的重大信息之前，从事与该欺诈性信息有关的金融商品交易，同时，在编造、传播、散布不真实、不准确、不完整或不确定的重大信息以及资本市场中特定金融商品的交易价格、交易量出现波动之后卖出或买入相关金融商品谋取做多或者做空的利益。蛊惑交易操纵行为之所以与资本市场之间能够形成操纵与被操纵的关系，其核心在于引导资本市场投资者（投机者）进而达到控制特定金融交易决策行为的效果，最终实现资本市场价格运动方向及幅度与操纵者预期相匹配的结果。

编造并向资本市场传播虚假证券、期货以及相关衍生品交易信息，从预期的价格波动中获取交易利润，实际上是一种非常传统的（甚至可以说是古老的）市场操纵行为模式。[②] 这种信息型市场操纵中的虚假信息可以是关于政治或者

① 美国《证券交易法》第9条规定，证券经纪人、承销商或其他任何人基于拉升或打压证券交易价格的目的发布信息诱使投资者买卖相关证券，构成证券欺诈。2010年美国金融改革法案在CEA第6条(c)款第1项中增设了虚假信息型操纵：明知相关信息系虚假、误导性、不准确的报告，或者不计后果地漠视相关信息属于虚假、误导性、不准确的报告，仍然通过传递或者促成此类虚假信息传递的手段实质性地影响州际期货交易的价格以及市场反应，同时从事相关期货交易行为的，构成期货市场操纵。2006年日本《金融商品交易法》第157条“不正行为的禁止”规定：禁止任何人实施以下行为：(1)涉及证券买卖时，使用非法的方式、技术或者策略；(2)在证券买卖过程中，为了获取金钱或者其他财产而使用有关重大事项的虚假记载的文件或者隐瞒重大事项的误导性文件；(3)使用虚假陈述等方式引诱他人从事证券买卖。《金融商品交易法》第159条第2款规定：禁止以诱使他人进行证券或衍生品交易为目的，实施下列行为……(2)传播谣言影响金融工具交易价格，通过市场价格波动操纵市场；(3)在实施证券交易过程中故意进行虚假或误导性陈述。上述法律规范及其评析分别参见15 USC § 78i(a); Wall Street Reform and Consumer Protection Act § 753; 金融商品取引法（きんゆうしょうひんとりひきほう、昭和二十三年四月十三日法律第二十五号）第百五十七条不正行為の禁止；金融商品取引法（きんゆうしょうひんとりひきほう、昭和二十三年四月十三日法律第二十五号）第百五十九条相場操縦行為等の禁止2；谢杰：《美国反期货操纵法律改革及对我国期货监管的启示》，载《期货日报》2011年8月1日，第4版。

② 从全球证券、期货市场历史上看，最早发生的一起散布虚假信息案件发生在1814年的英国。当时，正值英法战争期间，战况如何直接影响股市行情的涨落。一名由德·拜伦格尔假扮的法国军官来到英国港口城市多弗尔，声称拿破仑已经战死，英军进占巴黎。该消息被认为是英国政府的特大利好，股票经纪人以及公众随后大量买入英国政府债券，致使政府债券交易价格疯狂上涨。时隔不久，市场得知拿破仑没有死亡，债券价格又一落千丈。后经查明，该名所谓的法国军官实际上是与一些英国贵族勾结，共谋编造了谎言。在公众大规模购买债券过程中，相关共谋者逐渐以较高的价位卖出了英国政府债券。英国当时没有专门的证券法予以规范，只能根据普通法上的通谋欺诈的罪名对其进行了定罪处罚。参见英国判例：Rex v. De Berenger (1814) 3 M&S 67。这一古典的、与信息型市场操纵有关的判例也从一个侧面反映出市场操纵在行为方式上的新颖性更大程度体现在形式层面。在实质层面，当代资本市场中的市场操纵行为依旧可以回溯到其最初的、“经典的”行为模式。因此，无论现在的金融交易技术、金融市场交易品种如何创新，最核心的分析仍然应当回归到市场操纵的基本行为样态上来。

经济的宏观性内容,对市场产生系统性影响;也可以是关于金融商品或其发行人的具体信息,影响范围仅局限于特定金融商品或者相关衍生工具的市场价格。

网络的兴起与发展为蛊惑交易操纵提供了成本更低、速度更快、效应更强的虚假信息传递空间。[①] 随着移动互联网、云计算等信息技术不断深入社会与经济生活,微博、推特、轻博客等"自媒体"成为主要社交网络,"股吧"[②]、门户网站、专业金融网站的财经论坛等成为投资者重要的信息获取渠道,虚假金融信息可以随时随地且更为精准地"投放"给市场参与者。操纵者通过网络传播有关特定上市公司的虚假利好信息、投资者接受该信息并通过网络交易作出投资决策、金融商品价格基于错误的信息以及受到误导的投资者买入而上升、操纵者卖出证券等一系列行为能够在极短的时间内完成。相应地,市场操纵者同样可以快速传递虚假利空信息蛊惑投资者卖出金融商品做空市场,并从人为制造的下跌趋势或者虚假的市场价格变动中获取利润。在网络技术尚未成为资本市场各类信息传递主要渠道的时代,市场操纵者需要雇佣大量的业务人员通过电话等方式向不特定的潜在被害人传播受其控制的信息。传统信息传递的规模与速度都受到地理、语言、人工等技术与成本的限制。而网络信息传递可以使市场操纵者在人力操作成本极低的基础上瞬间向全球资本市场潜在投资者滥发成千上万的虚假、误导性市场信息。基于信息受众基数的庞大性,即使对市场操纵者控制的信息做出"有效"反应的概率极低,操纵者对与信息所指向的金融商品的资本配置的影响力仍然是不容忽视的。

微博等社交网络工具基于全方位通信、链条式聚合性信息传播、个性化用户体验等特点,使得信息传播更为快捷与广泛。资本市场中的机构或个人纷纷注册微博,在与众多"粉丝"分享投资、财经讯息的同时,不乏利用微博传递疑似

---

① See The International Organization of Securities Commissions, Report on Securities Activity on the Internet Ⅲ, October 2003, p. 38 – 42, http://www.iosco.org/library/pubdocs/pdf/IOSCOPD159.pdf. 如同当前极为常见的电信诈骗一样,传统资本市场中的虚假性、误导性信息主要是依靠电信技术针对不特定的投资者,通过拨打电话、发送信息等方式进行传递与散布。信息操纵者需要投入较高的人力成本,信息传播具有明显的地域性,潜在被害人的数量也存在一定的有限性。但是,网络技术的介入使得单一操纵主体就可以通过简单、廉价的计算机设备向全球资本市场传输虚假金融信息,并利用社交网络的"链式"效应快速且成倍放大信息的传播范围。

② "股吧"是股票交流社区的一个概称,提供包括股票推荐、行情分析、个股交流、股票讲堂、股票入门、操盘交流等信息,是目前非常受欢迎的股票信息交流网络平台。参见《"股吧"对监管的挑战及其应对》,载《证券市场导报》2012 年第 3 期。

虚假信息从而受到操纵市场质疑的情况。例如，巨人网络原董事长兼首席执行官史某柱通过微博批评中国人寿："别虎视眈眈想控股中国唯一民营重要银行民生银行；失去民营机制的民生银行，将失去核心竞争力，告别高速成长。"该微博公布后，民生银行股价在后两个交易日大涨，史某柱旗下公司所持该行股份浮盈 2.36 亿元。该微博言论引起"传播虚假信息影响股价"的质疑。① 中国证监会明确提出，引导、规范社交媒体发布上市公司信息行为，对新型媒体引发股价异动将进行及时调查。②

二、利益冲突

利益冲突操纵在法律理论与实践中更多地被称为"抢帽子"交易操纵，即证券公司、期货公司、资产管理公司、金融投资咨询机构、其他资本市场中介服务公司或者在上述机构从事资本市场投资研究、咨询业务的从业人员，在市场研究、投资咨询信息发布之前或者同时，从事与该信息相关的金融商品交易或者持有相关证券、期货合约等，对相关金融商品、金融商品发行人、金融商品基础资产等进行信息分析，价格趋势预期，发布咨询报告、研究成果、资产配置对策建议等，从预期的金融商品价格波动中实现利润的信息行为与交易行为。

"抢帽子"交易操纵案件是中国证监会近年反市场操纵工作的一项重点内容。③

① 参见谢杰：《微博操纵市场行为监管三原则》，载《证券时报》2011 年 8 月 30 日，第 A3 版；吴敏：《史玉柱微博"谈股"被证监局约谈》，载《新京报》2011 年 10 月 21 日，第 B1 版。

② 中国证监会在新闻通报中指出，中国证监会及证券交易所依法对社交媒体信息发布行为进行监督。社交媒体发布、传播上市公司未公开信息导致股价异常波动的，证券交易所将依法核查是否涉嫌内幕交易或操纵市场，是否存在通过融资融券交易、股指期货交易等做空工具进行跨市场套利等情形。任何机构和个人利用社交媒体实施内幕交易、操纵市场、证券欺诈等违法违规行为的，中国证监会将依法予以查处。参见郑晓波：《证监会：社交媒体发布上市公司信息应守规》，载《证券时报》2013 年 6 月 23 日，第 A2 版。

③ 证监会查处的"抢帽子"交易操纵早期典型案例表现为：(1)高某莉操纵证券市场案。2008 年 1 月至 2009 年 7 月，广州百灵信先后在多家媒体公开发布荐股资料 295 次，其间公司股东高某莉实际控制的账户先行买入证券，再向公众推荐，最后抢先卖出获利，先后共交易 233 次涉及股票 97 只，累计成交金额 20 亿余元，获利 2570 万余元。证监会认定，高某莉等人的"抢帽子"交易方式已经符合操纵证券市场的行为，并涉嫌构成犯罪。(2)徐某操纵证券市场案。2009 年 5 月到 6 月，曾在江苏现代工作的分析师徐某以其他咨询机构的身份在媒体公开荐股 22 只，吸引投资者买入所推荐的股票，而后与江苏现代关系密切的赵某明通过控制的涉案账户在当日卖出，累计成交金额 1.3 亿元，获利近 460 万元。参见于扬：《证监会通报五起违法违规案件》，载《证券时报》2012 年 1 月 7 日，第 A2 版。

从“中国‘抢帽子’交易操纵第一案”——汪某中、北京首放公司构成操纵证券市场罪①开始，“抢帽子”交易操纵发展为刑事司法机关严厉打击的市场操纵行为类型。随着一系列“抢帽子”交易操纵在司法实践中被认定为市场操纵，②传统证券期货犯罪刑法理论对“抢帽子”交易行为的属性展开了激烈的论证与深度的反思。

从事金融市场投资咨询业务的机构及其从业人员，发布研究报告、咨询意见、投资建议等信息，并事先或同时实施特定金融商品交易，可能涉及虚假陈述、内幕交易、市场操纵等多种资本市场违规、违法、犯罪等问题，而我国《刑法》《证券法》等法律没有建构明示性规范确定性地将“抢帽子”交易纳入反市场操纵违法犯罪条款，传统证券期货犯罪刑法理论与实务只能结合法律明示的连续交易、相对委托等市场操纵行为模式，围绕操纵证券、期货市场罪刑法条款中的“以其他方法操纵证券、期货市场”这一模糊性表述，展开规范上的解释，探索

---

① 汪某中操纵证券市场案是中国资本市场历史上首例证券投资咨询机构从业人员构成操纵证券市场罪的判例，同时是中国操纵证券市场罪判例中自由刑、罚金刑最重的：北京首放投资顾问有限公司（以下简称北京首放）是经中国证监会批准，具备证券投资咨询业务资格的专业咨询公司（资格证书编号：ZX0010），汪某中是北京首放负责人。2007 年至 2008 年，汪某中先在其控制的账户建构特定证券、权证的交易仓位，随后北京首放在《上海证券报》、新浪财经等财经报纸、网站等媒体发布证券市场投资意见或者研究报告，在相关证券、权证市场价格出现波动之后平仓获利。汪某中、北京首放累计获利 1.2 亿余元。2011 年 8 月 3 日，北京市第二中级人民法院一审宣判，以操纵证券市场罪判处汪某中有期徒刑 7 年，并处罚金 1.25 亿余元。参见何靖：《“股市黑嘴”汪建中一审被判七年》，载《人民法院报》2011 年 8 月 4 日，第 3 版。“汪某中操纵证券市场案”的刑事判决对于操纵证券市场罪刑法适用具有重大的影响，该判例确认了“抢帽子”交易操纵具有市场操纵的属性，符合《刑法》第 182 条“以其他方法操纵证券、期货市场”这一“兜底条款”的构成要件。

② 比较有代表性的是余某等操纵证券市场案：余某系中国证券业协会登记注册的从业人员，其提前购买证券之后，通过财经媒体发布其编制的证券投资研究报告、炒股文章等，引导投资者购买相应的股票，在研究报告、文章发表之后的两个交易日之内，抛售买入之前的所有证券。余某等人利用上述方式从事证券交易累计交易金额 40 多亿元。2012 年 5 月 17 日，湖北省天门市法院一审判决：被告人余某犯操纵证券市场罪，判处有期徒刑 3 年，并处罚金 450 万元，没收违法所得 70, 330, 235.65 元。参见扬晚：《“黑嘴”四年 30 万炒到 7000 万仅判 3 年》，载《晶报》2012 年 5 月 30 日，第 B12 版。此外，广东中恒信公司、薛某荣、郑某中等机构和个人操纵证券市场案涉及 552 只股票、571.76 亿元交易金额、4.26 亿元非法获利、148 个证券账户、30 余名证券分析师、9 家电视媒体。该案是迄今为止规模最大、组织运作结构最为周密复杂的“抢帽子”交易操纵案件。证监会经过调查、审理认定，中恒信公司、郑某中等以“抢帽子”交易方式操纵股票价格，涉嫌违反《刑法》。2010 年 3 月，证监会将该案移送公安机关追究刑事责任。参见徐志峰、马龙：《证监会通报六起违法违规案　广东中恒信操纵股票数量创纪录》，载《人民日报》2011 年 12 月 10 日，第 2 版。

"抢帽子"交易行为与市场操纵法律属性之间的逻辑关系。①

廖某强"抢帽子"交易案进一步加深了实践中对于"抢帽子"交易违法性本质、市场操纵认定标准等问题的争议与困惑。监管部门的行政处罚决定书显示,廖某强利用其知名证券节目主持人的影响力,在其微博、博客上公开评价、推荐股票,在推荐前使用其控制的账户组买入相关股票,并在荐股后的下午或次日集中卖出,具体事实如下:2012年2月至2016年4月,廖某强在上海广播电视台第一财经频道《谈股论金》节目担任嘉宾主持人。《谈股论金》作为第一财经证券类品牌节目,始终保持较高人气,收视率表现稳定。廖某强还从2014年9月开始担任第一财经频道周播节目《谈股论金之英强开讲》的嘉宾主持。上述两档节目在上海地区的收视率均高于同时段所有频道财经类节目在上海地区的平均收视率。廖某强作为大股东的上海股轩文化创意有限公司(以下简称股轩文化)通过"爱股轩"网站的App,以解盘视频"金钱风暴""投动钱潮"等节目以及新浪微博、博客、土豆网等互联网平台进行推广和宣传。2015年,股轩文化在上海举办多场培训讲座,讲座视频放在"爱股轩"网站上,以提高股轩文化知名度。随着股轩文化的推广活动,廖某强也积累了一定粉丝量,其博客点击率很高。廖某强通过在电视台主持高收视率的证券类品牌节目积累名气和受众,再辅以互联网各类平台宣传和推广,开办培训讲座等形式,具有了相当的知名度和影响力。2015年3月至11月廖某强控制其本人及"张某萍"等13个证券账户。廖某强承认,"廖某强"账户由其本人控制使用。2015年3月至11月,"柴某玉""王某妮""张某""张某萍""韩某""季某燕""许某琴""刘某钟""柴某美""廖某杰""金某"11个证券账户交易廖某强推荐股票时委托使用的MAC地址与"廖某强"账户所使用的MAC地址高度重合。"路某"账户2015

---

① 主张"抢帽子"交易构成市场操纵的观点指出,根据同质性解释原理,操纵证券、期货市场罪明确规定的连续交易、相对委托、洗售等市场操纵行为类型与"抢帽子"交易行为具有同质性,在刑法没有明确地对"抢帽子"交易行为的规范进行描述的情况下,以操纵证券、期货市场罪中的"以其他方法操纵证券、期货市场"这一"兜底条款"认定"抢帽子"交易构成市场操纵,符合罪刑法定主义。参见王崇青:《"抢帽子"交易的刑法性质探析——以汪建中操纵证券市场案为视角》,载《政治与法律》2011年第1期。主张"抢帽子"交易不构成市场操纵的意见指出,《证券法》与《刑法》都没有在反市场操纵条款中对"抢帽子"交易进行明确规定,在经济行政法律与经济刑法双重模糊的前提下,应当倾向于对操纵证券、期货市场罪中的"以其他方法操纵证券、期货市场"予以严格解释或者限缩性解释,"抢帽子"交易不应当构成市场操纵。参见何荣功:《刑法"兜底条款'的适用与"抢帽子交易"的定性》,载《法学》2011年第6期。

年以来进行股票交易使用最多的电脑 MAC 地址为廖某强办公电脑 MAC 地址。2015 年 1 月至 2015 年 12 月,“张某”账户全部资金源于廖某强,“路某”账户 84.97% 的资金源于廖某强,“刘某钟”账户 84.73% 的资金源于并全部流出至廖某强配偶郭某琳账户中;“季某燕”“许某琴”账户的半数收益经由张某转至廖某强的银行账户,“季某燕”“许某琴”账户委托给廖某强代为操作。廖某强为股轩文化、上海英琪文化传播有限公司(以下简称英琪文化)实际控制人、总经理。张某为英琪文化原股东;路某为股轩文化股东;韩某为股轩文化员工;股轩文化法定代表人柴某英是廖某强的表姐,柴某玉是柴某英的妹妹;柴某美是廖某强的母亲;廖某杰是廖某强的哥哥;金某是廖某杰妻子的姐姐。上述人员与廖某强具有亲属关系或工作关系。综上,可以认定 2015 年 3 月至 11 月,廖某强控制“廖某强”“柴某玉”“王某妮”“张某”“张某萍”“韩某”“季某燕”“许某琴”“刘某钟”“柴某美”“廖某杰”“金某”“路某”13 个证券账户。2015 年 3 月至 11 月,廖某强利用其知名证券节目主持人的影响力,发布了含有荐股内容的博客 60 篇,平均点击次数为 110,399 次,在其微博、博客“午间解盘”栏目视频中公开评价、推荐“佳士科技”等 39 只股票共 46 次,在推荐前使用其控制的账户组买入相关股票,并在公开荐股下午开盘后或次日集中卖出相关股票,违法所得共计 43,104,773.84 元。[①]

正如前文所述,市场操纵的实质内涵以及中国《刑法》规定的操纵证券、期货市场罪的法条建构形式、规范文本内含的逻辑结构均具有特殊性与复杂性,不能从法律明确规定的、部分性的交易型市场操纵行为模式中探索市场操纵整体上的实质,也不能将抽象出来的价量操纵或者交易型操纵共通性特征整体覆盖市场操纵或操纵证券、期货市场罪“兜底条款”的实质特征。同时,根据市场操纵实质与机理分析,中国《刑法》第 182 条明示的三种操纵证券、期货市场犯罪行为类型的实质内容是金融商品操纵,这种操纵类型在经济机理上呈现中心化特征,即市场操纵者聚焦于特定或者关联的金融商品,以交易行为对资本市场的作用力围绕金融商品这一“中心”完成经济控制。而市场操纵在行为实质上的内容还可以包括市场资本操纵。这种市场操纵类型在机理上凸显为发散性特征,即市场操纵者实现市场控制的关键在于发散信息行为对其他市场参与

① 中国证监会行政处罚决定书(2018)22 号。

者的作用力,信息发散强度越高,对市场资本配置的控制水平越高,信息介入前后的金融商品价差幅度相应越高。“抢帽子”交易在本质上归属于市场资本操纵,是具有利益冲突信息披露义务或者利益偏向性信息传播禁止义务的资本市场投资咨询机构或其从业人员,利用其投资信息对于客户、市场投资者的影响,控制特定证券、期货、衍生品的资本资源配置流动,从而从可能的市场波动与先期或者同期的金融商品交易行为中谋取经济利润。因此,“抢帽子”交易并不具备中国《刑法》操纵证券、期货市场罪明示性规定的连续交易等市场操纵行为模式所内含的同质性,或者说没有与价量操纵或者交易型操纵互通的实质特征,但完全符合市场资本操纵的行为机制与经济机理,在法律属性上构成市场操纵中的决策操纵或者信息型操纵。这才是“抢帽子”交易构成市场操纵的经济本质,也是罪刑法定原则下“抢帽子”交易具备中国《刑法》操纵证券、期货市场罪“兜底条款”刑法属性的依据,更是经济解释与法律解释在市场操纵分析框架下的有机统一。

在市场操纵实质解构中发现市场资本操纵的独立类型,并通过规范解释建构“抢帽子”交易行为模式与市场资本操纵犯罪类型的联系,将“抢帽子”交易纳入反市场操纵刑法条款的规制范围——这只是在刑法解释上做到了传统刑法同质性解释规则难以清晰梳理的市场操纵实质问题,却不能触及作为独立市场操纵行为模式的“抢帽子”交易本身的核心内容。所以,仍然有必要进一步从资本市场经济关系的视角探索“抢帽子”交易操纵具体内含的违法性基础。

“抢帽子”交易操纵刑事控制的目的在于规范作为信息市场的资本市场中的信息关系,即禁止与惩治金融投资咨询机构及其从业人员,以及具有一定影响力的信息传播人员,隐瞒与投资者、信息接受者之间具有明显利益冲突的经济关系,在不进行预先披露利益冲突信息的情况下,通过发布对本人金融交易有利但会阻碍其他市场参与者经济效率实现,甚至损害其利益的信息,谋取本人金融商品交易利润。信息是否虚假并非“抢帽子”交易操纵构成要件中的考察内容。从“抢帽子”交易操纵案件中相关信息本身的基本限制条件上分析,利益冲突信息是一种事实上的存在,即证券、期货投资咨询机构或者相关从业人员发布的信息所指向的证券、期货交易品种,与其先前建仓、信息发布之后平仓的证券、期货交易品种相同的,相关信息就属于利益冲突信息。利益冲突的认定并非一个规范判断过程,而是综合客观事实后直接得出的明确结果。金融投资咨询机构及其从业人员的主体身份与业务属性决定了其应当以客户、投资者利益为导向发布具体的投资咨询报告或者资本配置意见,其与接受相关投资咨询报告的客户、投资者之间实际上是代理与被代理的关系,不能基于代理人的利益而影响业务行为的利益指向。特殊业务与代理关系的现实存在决定了金融市场资产管理、投资咨询机构及其从业人员在法律上具有准确、全面、真实、及时披露利益冲突信息的义务,金融监管与刑事法律制度禁止其违背客户或者投资者的信赖,在违规不披露相关金融交易信息的情况下向市场发布投资咨询信息。

第十一章

金融从业人员市场操纵的行为模式与风控措施

市场操纵法律规制实践存在一定的障碍，主要症结在于现有的法律规范文本及其实践解释，与金融市场运行机制、金融实务操作经验、金融市场基本原理的脱节。附着于市场操纵监管理论与实践的法律与金融之间的纠缠与混沌，源自市场操纵行为模式的技术性阐释不足。具体而言，就是现有的资本市场违法犯罪法律理论与实践探索，尚未能够充分地以从业人员、市场与金融原理为核心解释与说明市场操纵行为类型与模式。法律实践意欲超越市场操纵法律规范文本的桎梏，针对资本市场的现实形势做出能动的解释与反应，但又受困于罪刑法定的严格要求与刑事立法完善的频率与成本限制，而无法实现规范介入与市场机制自由运作的有机结合、协调运行。解决这种市场操纵监管与合规实践困境的关键是聚焦于作为市场行为与经济行为的市场操纵行为本身，以现有的法律规范文本为基础，以市场操纵行为为核心，沿着市场操纵实质、手段、类型、模式这一缜密的逻辑线条，对市场操纵法律规制实践疑难问题做出符合罪刑法定的细致梳理、合法解释，以及符合逻辑、经验与资本市场实际的规范拓展，系统化地建构合理的市场操纵法律适用规则与标准。所以，本章在既有的市场操纵实质、行为机理、法律实践技术性难题发现及其基本应对政策的宏观阐释与深度论证的基础之上，以虚假交易操纵、实质交易操纵、利益冲突操纵、虚假信息操纵等行为模式为基本框架，进一步纵深性地论证金融从业人员实施的洗售、相对委托、连续交易、"抢帽子"交易、蛊惑交易等各种市场操纵行为的实践判断规则，同时为金融合规提供规范遵从的具体标准。

第一节　不具有经济实质的虚假交易操纵

虚假交易操纵模式具体表现为洗售与相对委托两种犯罪行为。实践中，证明洗售操纵不需要就操纵行为结构中的诸多当事人的主观约定、配合性交易方式、数量、时间、价格等多重法律要素进行考察。但是，由于传统证券期货犯罪法律理论对于洗售操纵本质问题的解释并不够深入，当前反市场操纵法律实践也没有在具体问题的司法认定层面以资本市场不断发展的视角对传统洗售操纵行为的解释性规则予以调整，所以依然有必要结合法律与金融原理对洗售操纵相关司法判断规则问题进行深入研究，从而消解实践误区与困惑。同时，相对委托操纵在非法交易行为与操纵性策略展开过程中，具有明显的结构化特征，法律规定对于相对委托操纵更是设置了比较多的规范要件限制，在一定程度上加深了司法认定的难度，应当在法律与金融理论上深度解释这种虚假交易操纵典型的共犯结构特征。

一、洗售

虽然洗售操纵是一种比较传统的市场操纵行为，各国资本市场法治实践对洗售操纵行为已经形成了比较成熟的监管规则，但由于资本市场交易技术与机制的不断创新，加之金融实务中投资者对其实际控制的账户操作存在各种不同的可能性，一部分实际控制账户之间的金融商品交易完全可以出于合法的目的，因而需要就洗售操纵的操作方式、正当性目的抗辩、全新信用交易机制下实际控制账户之间的倒仓行为等进行深入解析。

(一)行为

法律规范没有就洗售操纵的交易时间、价格、数量、方向等要素作出明确规定,洗售操纵行为人在其实际控制的账户之间从事的金融商品交易,在时间、价格、数量等方面究竟是否具有操作方式的法律条件限制,法律理论与实务中存在较大的认识分歧。有观点认为,冲洗买卖是同行为主体实施的相反买卖,数量、价格、时间自然应完全相符。支持上述意见的学者进一步认为,洗售操纵应当是行为人在同时期以相同价格进行相反方向的委托买进与委托卖出或者申报买进与申报卖出,不仅不能有时间上的间隔,并且在交易纪录上应当实际成交,即时间、价格、数量必须完全相同。因此,从罪刑法定主义的观点出发,应当对洗售操纵的行为方式采取严格解释,不能任意过度扩张意涵。然而,也有意见认为,由于现代证券交易是在集中交易市场进行的,采用集中竞价撮合成交的交易模式,加上涨跌停板等制度的限制,即使同一个人在同一时间、就同一数量、以同一价格、就同一种证券进行委托买卖,也难免产生偏差,不一定按照行为人委托的内容撮合成交。持类似观点的学者认为,在对冲洗买卖进行规范适用时,应允许存在时间和价格要素上的差距,但在交易数量上仍然应当坚持完全相同原则——这样才符合冲洗买卖的目的仅仅是制造"记录交易"这一本质。如果同一行为主体所实施的相反交易数量不一致,则仅在相同数量范围内成立冲洗买卖。①

尽管我国《刑法》第 182 条第 1 款第 3 项并未明示性地对洗售操纵行为的操作方式进行规定,但构成洗售操纵行为应当在方向、价格等核心要素上予以一定限制。同时,资本市场中金融交易以及竞价规则决定了洗售操纵行为的实行在数量、时间等要素上并不需要具有完全或者实质的相同性。

其一,交易方向的相对性或者相反性。洗售操纵的行为人在自己实际控制账户之间从事金融商品交易,无论动用多少账户,无论占用多少资金或者仓位,金融交易的方向必须是相对或者相反的,即特定金融商品交易账户买入,相对的账户卖出。如果实际控制的交易账户之间不存在相关金融商品一进一出的对应关系,该交易行为在性质上就不属于洗售。

---

① 参见于莹:《论以虚伪交易方式操纵证券市场》,载《国家检察官学院学报》2003 年第 5 期。

其二,交易价格的相同性。我国资本市场中的证券交易采取集合竞价与连续竞价相结合的竞价交易机制。集合竞价的成交价格是以委托买入与委托卖出价格平衡时成交;连续竞价的成交价格是已经受理的委托和新受理的委托价格一致时交易成立。洗售操纵的行为主体在实际控制账户之间从事证券交易,交易的完成必须建立在买卖指令撮合配对的基础上,而集合竞价与连续竞价中的成交前提就是价格平衡或者价格一致。因此,洗售操纵中方向相反的证券交易应当在价格上具有相同性。

其三,交易数量的相对接近。洗售操纵者控制特定金融商品的交易价格或者交易量,买入与卖出对应金融商品交易账户之间的交易数量应当是相对接近的。之所以无法实现完全相同,主要是因为在开放的金融商品集中电子化交易平台上,市场中存在众多投资者,完全可能在相同的时间与操纵者提出相同的买入或者卖出价格申报,从而成为撮合成交中的一部分。即使买入或者卖出申报数量完全相同,实际控制金融商品交易账户之间的交易申报也并不会在所有情况下全部撮合成功,而是会因为外部投资者介入而在成交数量上与申报数量有所偏差。①

其四,交易时间可以存在先后。根据我国资本市场中的证券交易所的交易规则,在提出申报且无撤单的情况下,委托当日有效。不能成交的申报将等待机会成交;部分成交的申报,剩余部分将处于等待成交状态。投资者的委托如未能全部成交,证券公司在委托有效期内可继续执行,直到有效期满。开盘集合竞价期间未成交的买卖申报,自动进入连续竞价。连续竞价期间未成交的买卖申报,自动进入收盘集合竞价。因此,在洗售操纵行为的操作中,实际控制账户之间的买入申报与卖出申报并不一定在完全相同或者紧密连续的时间进行,只要在申报有效期间内撮合配对即可。

通过对资本市场交易规则与洗售操纵实际手法的考察可知,洗售操纵中实际控制账户之间的金融交易在时间、数量等要素上并不一定要坚持整体上的绝

① 尽管在洗售交易框架下的实际控制账户金融商品交易数量是相当的,但是,实务部门在分析洗售操纵实际控制账户交易量的过程中,还需要注意,从事洗售操纵的相关金融商品交易账户中的部分金融商品与资金是用来影响交易价格或者交易量的,仍然可能有部分金融商品与资金是逢高抛售谋利或者实现卖空事后逢低买入平仓获利的。从这个意义上分析,并非所有参与洗售操纵的实际控制账户中有关特定金融商品的交易数量都是匹配或者相近的。

对相同性或者相近性。只要在交易价格上具有一致性并实际成交，就能够达到影响证券、期货以及相关衍生品交易价格、交易量的操纵性结果。当然，如果稽查机构或者司法机关在实际控制账户的交易记录中发现委托申报的时间、数量、价格完全相吻合或者相对接近，这显然能够成为锁定洗售操纵行为重要的客观证据。但是，即使不存在严格一致或者大体相近的证据，也并不妨碍对于洗售操纵行为操作机制的把握。

（二）抗辩

实践中，由于所有证券、期货交易记录都由证券（期货）交易所、证券（期货）登记结算机构等进行备案，即使是场外衍生品交易，也需要在交易当事人的信息系统中进行数据备份。金融监管机构在锁定实际控制账户的情况下，①完全能够向司法机关出具实际控制账户之间的交易数据并且计算出洗售操纵的行为细节。

但棘手的问题在于，资本市场中各种投资者交易目的迥异，涉嫌洗售操纵的从业人员通常会提出与正当交易目的有关的各种抗辩——实际控制账户之间的金融商品交易是关联企业之间在证券二级市场中的关联交易，并没有影响市场中特定证券交易价格、交易量的非法目的；本人从事的交易在绝对数量上并不大，但特定证券交易品种处于无量盘整等流动性极低的状态之下，客观上造成本人交易比例在该证券交易总量中占据显著比例，但本人主观上并没有对证券市场价格形成重要影响的目的。

在洗售操纵案件中，即使相关证券、期货、衍生品交易在行为人实际控制的账户之间现实发生，也应当允许控辩双方就疑似操纵行为是否具有正当目的进行充分论辩，但在具体操作时，应当注意原则上推定操纵目的、具体分析个案目的合理性的基本定位。

① 当然，这一前提与基础的建构在实践中也是相当困难的。在现有的金融违法稽查技术条件下，金融监管机构全面掌握操纵者实际控制的账户仍然存在实质性的执法能力障碍。故中国证监会、公安部证券犯罪侦查局以及检察机关资本市场违法犯罪专门化办案机构（今后专业化办案发展的方向）应当进行行政稽查、刑事执法、刑事检察的实践平台整合，通过侦查技术的提升锁定实际控制账户、资金来源、操盘网络技术、证券中介机构支持等不同环节的违法犯罪事实，从而为洗售操纵案件提供坚实的证据基础。

其一,洗售交易行为客观存在的事实已足以推定市场操纵的违法犯罪目的。

资本市场中投资者(投机者)从事证券、期货、衍生品交易,无论数量大小,也不论做多还是卖空,正常的市场投资与投机行为都表现为“看多买入与看空卖出”,通常情况下不会出现在实际控制账户中将金融商品进行不正常的、空耗交易成本的左右互倒、自我交易。因为这种归属于同一资金与金融商品控制主体的金融商品交易并不会产生价差利润,反而会产生税费等大量交易成本,明显违背经济规律与资本市场常识。基于正当目的从事的投资与投机交易,相对于洗售交易而言,在行为正当性层面是完全对立的。这意味着控方推定洗售交易具有操纵市场目的具有充分的事实与经验基础,而犯罪嫌疑人或被告人提出正当目的抗辩,如果要达到推翻推定操纵市场犯罪目的的强度,就应当具有坚实的事实与合理性基础,并且最低证明程度应当达到优势证据标准。

其二,对于洗售交易正当目的的分析与判断,应当根据犯罪嫌疑人或者被告人提出的具体抗辩要点进行个案分析,具体规则是正当目的所对应的基础事实具有真实性与合理性。

(1)有关合理避税抗辩。如果犯罪行为人主张洗售交易是为了合理规避资本利得税①,则辩方必须对洗售交易具有合理控制税收的意义与原理进行证明。如果实际控制账户之间的金融商品交易根本没有合理规避税收可能,反而会产生增加交易税费成本的,显然应当否定正当目的抗辩的合理性。

(2)有关资本市场行情判断抗辩。如果犯罪嫌疑人或被告人主张实际控制的多个账户执行买入交易时是基于看多行情、卖出交易时是基于看空行情,则辩方必须对每次交易的依据进行合理说明。因为行为人在相对特定的时间范围内,对同一证券、期货、衍生品交易的行情判断发生看多与看空之间截然相反

---

① 资本利得税(capital gains tax)是指国家对资本利得(低买高卖资产所获收益)征税。最为常见的资本利税就是对买卖股票、债券、房地产等所获得的收益进行征税。由于资本利得税对于证券市场中的中小投资者等附加了实质性的交易成本,同时也不利于降低公司之间的股权交易成本,并不是所有国家都征收资本利得税。See Jean Eaglesham & John Willman, *Final showdown on CGT reforms*, Financial Times, Jan. 23, 2008. 国家税务总局于 2007 年 11 月发布《关于修改年所得 12 万元以上个人自行纳税申报表的通知》,股票转让所得开始被置于个人所得税纳税申报表。随后,国家税务总局从 2010 年起对个人转让上市公司限售股所得征收个人所得税。这意味着我国对部分股票交易已经开征了资本利得税。

的转换与反复,显然是不符合常理的。同时,从频繁的申报与成交次数、占总交易量的比例以及同期特定证券基本面等综合因素中完全可以准确梳理实际控制账户中每笔证券、期货、衍生品交易是否具有合理依据。

(3)有关流动性过低抗辩。如果犯罪嫌疑人或被告人主张实际控制账户之间从事特定证券、期货、衍生品买卖的交易量占特定期间内总成交量比例明显较高(例如,超过20%),并非单方面由其交易行为绝对数量较高导致,而是该金融商品流动性本身过低所引发的,则应当在证明规则层面直接排除这种正当目的的抗辩及其附带证据的相关性。事实上,通过洗售交易操作流动性极低的证券并控制其交易量或者交易价格本身就是这种操纵犯罪的典型手段。控制流动性低的金融商品交易的操作成本低,并且所有被操纵行为介入后的虚假价格信号驱使跟进的投资者实际上都是洗售操纵后续交易的对手方,在因果关系上具有犯罪与被害的准确对应性。所以,以流动性过低作为抗辩理由,非但不具有合理性、相关性与可采性,在司法实践中甚至可以作为强化洗售操纵目的推定效果的基础事实。

(三)信用交易机制下洗售操纵与投资(投机)的界限

在中国资本市场尚未建构信用交易机制时,金融商品交易账户的类型单一,其功能局限于存入资金并通过本人资金购买证券或者现有证券在市场上进行卖出。但是,随着我国资本市场融资融券业务的不断发展,信用交易已经成为了一种非常重要的市场交易类型。在中国资本市场已经建立起融资融券等信用交易机制的背景下,行为人控制的证券账户类型具有了多样性,既可以是传统的证券账户,也可以是证券信用账户,不同类型的证券账户之间可以进行方向相反且数量相同的证券交易。在这种情况下,能否认定为行为人在实际控制的账户之间从事证券交易,从而构成洗售操纵?

实践中,实际控制普通账户和信用账户并在两者之间从事证券交易的典型情形就是当日冲销交易。所谓当日冲销,通常是指证券市场参与者在同一个交易日中对特定金融工具进行买卖操作,并在该交易日收盘前平仓的交易。[①] 从事当日冲销的目的在于通过特定交易日行情的把握,谋取投机利益,并且规避

① See Toni Turner, *A Beginner's Guide to Day Trading Online*, Adams Media 2000, p. 2.

隔日交易可能存在的非交易时间发生的不能管理的市场风险。[①] 尽管“T+0”交易机制在《证券法》上完全不存在法律障碍，并且市场主流呼声支持立即启动“T+0”，但目前中国股票交易市场仍然坚持执行“T+1”交易机制，[②]在现金账户中无法从事当日冲销交易。但是，由于融资融券信用交易逐渐试点并全面运行，证券交易中也存在运作当日冲销的现实性。

客户信用交易担保证券账户用于记录客户委托证券公司持有、担保证券公司因向客户融资融券所生债权的证券；信用交易证券交收账户用于客户融资融券交易的证券结算；信用交易资金交收账户用于客户融资融券交易的资金结算。客户融资买入证券的，应当以卖券还款或者直接还款的方式偿还向证券公司融入的资金。客户融券卖出的，应当以买券还券或者直接还券的方式偿还向证券公司融入的证券。因此，在融资融券的证券信用交易机制下，当日冲销交易表现为：市场参与者当日通过证券账户买入特定证券之后，在同一个交易日内于信用交易证券交收账户以融券方式放空该证券，然后通过前述买入的证券，偿还从证券公司处融通的证券，从而赚取当日买入证券与卖空证券之间的价差。

当日冲销等信用交易机制下的全新证券交易策略是活跃证券市场的交易模式创新，不仅能够为市场提供更多的流动性，为投资者提供更为丰富的风险对冲策略，而且能够在很大程度上为投资者规避“T+1”隔日交易风险提供交易空间，不应当认定为洗售操纵行为。利用普通证券账户与信用交易账户之间方向相反且数量相近的证券交易套取买入与放空证券之间的价差，本质上是一种短线投机交易行为，是符合市场运行机制的合法价格竞争行为。这种信用交易机制下的全新交易策略，在形式上确实符合“在自己实际控制的账户之间从事证券、期货交易”。但是，洗售操纵中的交易行为本质上不具有任何经济意义，即实际控制人对资金与证券形式化流动的操纵，人为制造了完全没有反映特定证券供求关系的交易价格或者交易量。而信用交易下的当日冲销等实际控制账户之间的证券交易具有真实性，相对于洗售交易的虚假性而言，两者之间存

---

① See Robert Sale, *Trading Strategies for Direct Access Trading: Making the Most Out of Your Capital*, McGraw-Hill, 2001, p. 16.

② 参见贾壮：《央行：A股市场实施T+0需审慎对待》，载《证券时报》2014年4月30日，第A2版。

在明确的界限。

除了当日冲销之外,信用交易机制下还有其他表面上具有洗售交易特征但实际上是合法投资(投机)的行为。例如,会员与客户约定的融资、融券期限自客户实际使用资金或使用证券之日起计算,融资、融券期限最长不得超过6个月。可见,融资融券等信用交易存在一定的信用期限。

实践中确实存在基于信用期限的限制而实施具有洗售交易表面形式的行为:市场参与者以融资的方式买入特定证券,该证券交易行情一路看高,但由于融资期限接近6个月,行为人在没有额外资金的情况下,只能通过卖出证券归还融资。但该投资者继续看好这一证券交易价格可能继续攀升,便在信用账户卖出该证券归还融资的同时,通过其实际控制的其他信用账户融资完成一笔对应的自我交易,从而实现继续买入与持有该证券。

对于这种情形下的信用交易而言,由于市场参与者是基于正当的融资需要进行投机交易,尽管在操作过程中具有较大的风险,但在实际控制的账户之间从事的证券交易并不指向影响证券交易价格、交易量的经济需求与目的,而是在信用交易机制、市场行情判断、风险承担等要素的支撑下,通过一系列具有资金杠杆效能的操作策略等谋取利润,不能认定为洗售操纵。这也在很大程度上提醒反市场操纵刑事立法与司法实践,应当在不断变革的市场交易技术条件下,精准地调整资本市场违法犯罪刑法规制的基本规范与具体规则。

二、相对委托

实践中,以事先约定时间、价格等要素的方式相互从事证券、期货以及衍生品交易的相对委托行为确实存在排除价量操纵性质的其他可能(尽管操纵之外的相对委托行为也会涉及违规、违法或者犯罪),加之法律理论对于相对委托特殊操作机制、共同犯罪结构以及排除市场操纵性质的合法抗辩事由等问题未能进行充分探讨,造成相对委托操纵在司法认定中存在诸多难点与困惑,有必要结合资本市场的实际情况,针对相对委托操纵实践疑难问题集中分析判断规则与交易风控标准。

(一)大宗交易

大宗交易通常是指交易量、资本金额等远超公开竞价市场平均交易水平的证券交易。[①] 交易双方直接在金融商品场内交易当日价格波幅范围内或者收盘价(日内无成交)商定成交价,经交易所确认后完成交易。大宗交易的成交量计入特定金融商品总成交量,但成交价格不计入收盘价以及指数。大宗交易价格不影响场内交易价格、大盘指数等。对照《刑法》第 182 条相对委托操纵的规定与上述证券大宗交易的基本规则,大宗交易实际上就是持有大量证券以及资金的证券市场投资者在证券交易所的监管下,以约定的时间、价格、方式相互进行证券交易。单纯从行为上分析,大宗交易具有相对委托的特征。但由于大宗交易不进入指数统计,只是将相关交易量向市场公布,不会直接影响证券市场中的交易价格,法律上并不认为大宗交易构成相对委托操纵违法犯罪。

然而,尽管证券大宗交易平台的相关证券交易具有明确的相互性且一般排除市场操纵属性,但在法律与金融理论上应当进一步辨析是否存在例外情况——不能断言在大宗证券交易平台上实施的这种事先约定的证券交易一律应当排除其市场操纵性质。

其一,大宗交易价格对于证券市场的影响应当具有现实性。尽管大宗交易价格并不计入收盘价格,但证券市场中所有的交易实际上都代表着一定的价格信息或者证券供求关系信号而受到证券市场广泛关注。由于单笔大宗交易在数量上远远超过集中竞价市场中的单笔交易水平,建筑在这种大规模交易量上的证券交易价格对于市场是具有现实影响的。[②] 证券市场参与者往往会将大宗证券交易平台上相关证券交易价格作为基准或者参考因素,通过一定的折价或

---

① 以《上海证券交易所大宗交易实施细则》为例,证券单笔买卖达到如下最低限额,可以采用大宗交易方式:A 股交易数量在 50 万股(含)以上,或交易金额在 300 万元(含)人民币以上;B 股交易数量在 50 万股(含)以上,或交易金额在 30 万美元(含)以上;基金交易数量在 300 万份(含)以上,或交易金额在 300 万元(含)人民币以上;债券交易数量在 2 万手(含)以上,或交易金额在 2000 万元(含)人民币以上;债券回购交易数量在 5 万手(含)以上,或交易金额在 5000 万元(含)人民币以上。

② 参见秦洪:《大宗交易折价率提升　A 股估值面临压力》,载《证券时报》2012 年 3 月 27 日,第 C2 版。

者溢价比例分析集中竞价市场中的证券交易价格。①

其二,市场操纵者通过大宗交易平台实质上的相对委托机制相互从事证券交易,确实是一种现实的违法犯罪风险。一般情况下,在大宗交易平台的证券交易是基于减持、收购甚至税收优惠等财务或者商业目的而进行的,不存在违规、违法、犯罪等情形,不过大宗交易往往也会涉及各种类型的疑似市场操纵行为。实际操作中,大宗交易证券转让价格具有灵活多变的特点,之前交易日收盘价、当日收盘价以及约定的协议价都有可能成为减持价格,只要最终的价格落在当天的涨跌停板范围内,②都符合证券交易所规则。大宗证券交易平台上约定的证券交易价格一般只接受形式审查,监管机构很少对背后的实质意义进行审查。大宗交易通常折扣率较大且手续费成本低,在实践中容易成为市场操纵者的"吸筹"平台。同时,市场操纵者在集中竞价市场拉升或者打压证券交易价格之后,随即便可在大宗交易市场高位抛售或者低位买入。③ 大宗交易平台上的市场参与者通过事先约定从事的相对证券交易具有一定的市场操纵违法犯罪风险,大宗平台交易价格对于资本市场具有价格引导作用。所以,行为人通过互相串通的方式,以大宗证券交易规则的正当性规定为掩护,以事先约定的时间、价格、方式等相互从事证券交易,有证据证明对二级市场证券交易价格、交易量产生重大影响的,应当认定为相对委托操纵。

(二)共犯结构

实践中,操纵证券、期货、衍生品市场的行为越来越难以单独犯罪的形式实

---

① 通常情况下,由于大宗证券交易数量极大,卖方会根据二级市场的交易价格进行一定的折让将证券转卖给买方,但是,在特殊情况下,如果证券市场中出现与特定证券有关的利好信息,证券需求方无法在一个交易日吸收到足够的证券,也会在大宗证券交易平台上进行溢价收购。

② 当然,大宗证券交易机制可能存在变革的可能。上海证券交易所 2012 年 3 月 13 日发布了《关于征求优化大宗交易机制有关措施意见的函》,拟在现有的大宗交易基础上,在每个交易日的 16 时至 20 时,增加一个独立的大宗交易时段。与此同时,上证所还拟大幅放宽大宗交易的门槛从 50 万股降至 10 万股,涨跌幅限制也从 10% 放宽至 50%,并相应增加锁定期。大宗交易的锁定期拟分为两档:涨跌幅限制范围为前一交易日收盘价的 70% 至 130% 的(涨跌幅在 30% 以内),锁定期限至少为 6 个月;涨跌幅限制范围为前一交易日收盘价格的 50% ~150%,锁定期限至少为 1 年。参见胡学文:《大宗交易新政或遭遇两难尴尬——遏住短期行为 浮起避税空间》,载《证券时报》2012 年 3 月 21 日,第 A6 版。

③ 参见李保华:《新规剑指股价操纵 大宗交易利益格局或受冲击》,载《经济观察报》2012 年 3 月 19 日,第 15 版。

施。在体量庞大的资本市场上,市场操纵行为主体必须有相当规模的资金、信息、持仓等实力与资源。依靠某一个自然人、某一单位的力量要真正操纵资本市场实际上很难做到。同时,单一主体实施操纵资本市场违法犯罪,由于资源有限,通常只能使用多个实际控制账户。由于当前中国金融市场稽查监管技术已经得到了实质性提升,完全可以发现特定账号证券交易的异常情况,单独操纵资本市场所依赖的有限流动的资金与交易账号相对容易被检测。所以,当前的市场操纵行为往往是由违法犯罪分子联手实施,并通过分散资金与交易的方式进行操盘。相对委托操纵正是充分体现了市场操纵的共犯结构性特征。从构成要件的角度分析,构成相对委托操纵的前提在于行为主体之间的"串通"与事先约定。这就要求法律实务部门在处理相对委托操纵案件时,特别要注意对共同犯罪的认定和处罚。准确认定相对委托操纵共同犯罪,必须对共犯结构进行精准把握,其前提在于确定合法且合理的共同操纵故意与共同操纵行为的司法认定规则。

1. 相对委托的共同操纵故意

共同操纵故意本质上是共同市场操纵行为主体认识到他们的共同操纵犯罪行为和由此行为会引发的影响资本市场的危害结果,并希望或者放任这种危害结果发生的心理态度。[①] 对于相对委托共同操纵故意的认定而言,还必须进一步深入"串通""事先约定"等双向性意思联络。然而,共同操纵故意的类型并不一定局限于双向性犯罪意思联络。在市场操纵法律实践中,完全存在证券公司等明知对方是市场操纵者并知悉对方从事市场操纵行为而仍向其提供交易账号,从而收取巨额委托交易费用的情况。对于这种市场操纵者(实行犯)与资金、账号、交易条件提供者之间形成的关系,在双方具有合意的情况下,与一般共犯不存在差异。但是,在资金、账号、交易条件提供者知悉相对委托操纵实行犯,而该实行犯并未明知前者知悉操纵事实的情况下,是否成立市场操纵共犯,实践中存在一定疑问。

《刑法》第 182 条操纵证券、期货市场罪的法律条文明确使用"串通""事先约定"等双向性合意要求十分明确的规范表述对相对委托操纵进行规定,但这只是相对委托等操纵犯罪实行犯的共同犯罪故意内容要求。相对委托市场操

---

① 参见刘宪权、谢杰:《证券期货犯罪刑法理论与实务》,上海人民出版社 2012 年版,第 407~408 页。

纵类型是必要的共同犯罪,犯罪行为成立的前提就在于行为主体必须达到两人以上,否则也就不能称为相对委托。但实行行为犯罪者之间必要的双向性合意并不排斥为他们提供资金、账号、交易条件等帮助的证券公司、"人头账户"提供者等必须与实行行为主体形成双向性的市场操纵合意。片面帮助者完全可以在相对委托实行犯不知情的情况下,单纯基于获取手续费、交易回扣、"返点"、劳务费等利益而单方面向市场操纵实行犯提供帮助。

所以,笔者建议,今后制定市场操纵司法解释时,有必要在共同市场操纵故意认定部分作出如下规定:证券公司等金融机构或者其他单位或个人,明知行为人操纵证券、期货市场,向其提供资金、账户、交易技术等协助的,以操纵证券、期货市场罪共犯论处。实践中,对于没有与相对委托交易实际操作者进行"串通""事先约定"的资金、技术、服务提供者,在明知相关人员从事相对委托操纵的情况下,可以根据片面共犯原理追究市场操纵的刑事责任。

2. 相对委托的共同操纵行为

共同的市场操纵行为是指各共同金融犯罪人在共同的故意支配之下,所实施的具有内在联系的同一性质的市场操纵行为。[①] 对于相对委托操纵行为而言,这种共同操纵犯罪行为的结构性关系更为紧密,行为主体必须通过周密的安排在实质相同的时间内,以约定的价格、数量以及方式相互进行金融商品交易。

具体而言,相对委托市场操纵行为可以是共同的实行行为,即每个共同犯罪成员都是实行犯(例如,数个私募基金或者自然人投资者共同集中资金与证券优势,同时在相关账户中以约定的数量、价格等要素从事方向相对的证券交易,拉抬股价引起市场参与者跟进后集中出货谋利);也可以有不同的分工,有的实施实行行为,有的实施帮助行为,而有的则可能是实施组织行为(例如,相对委托操纵市场的组织者联系信息渠道、资金支持、"人头账户"、交易操盘人员等,交易执行者在各自控制的证券账户之间以一定价格和数量相互从事对敲交易)。

相对委托操纵行为内容中最为关键的部分显然是相互进行的金融商品交易行为。尽管处于市场操纵共同犯罪行为体系中的核心位置,但相对于其他不

---

① 参见谢杰:《操纵资本市场犯罪刑法规制研究》,上海人民出版社 2013 年版,第 176 页。

受金融监管机构技术性监管的共犯行为而言,相互进行的金融商品交易行为还是能够受到交易所实时监控的。然而,当前金融监管程序主要属于被动性执法,只能在形成市场操纵相关线索的情况下启动调查程序,通过事后追究的方式惩罚市场操纵违法犯罪主体。基于取证难以及执法效率低的现实,被动性监管措施无法应对市场操纵的挑战。因此,有必要完善市场操纵违法犯罪一线监管制度,确立市场操纵实时监控主动性执法与市场操纵责任追究被动性执法并重的监管格局。完善市场操纵一线监管与实时监控,必须赋予证券交易所对市场操纵更为广泛、直接、主动的监控权与调查权。交易所配备了远远优于证监会的实时监控技术设备,能够主动发现异常交易行为,时时锁定异常交易数据,快速跟踪异常交易资金动向。市场操纵行为经过事后分析往往可以得出交易极度异常的客观数据性结论。事先高度关注异常交易数据往往能够发现并跟踪市场操纵的实际控制力量。有必要细化数据标准,制定异常交易中的价格波动偏离值、换手率等指标,并公告异常交易时段所有会员营业部的名称及交易数额。[①] 相对委托操纵在技术上的本质特征就是通过分散化的相互性金融交易制造虚假的资本市场交易信息,而市场操纵监管技术的提升对于刑事司法实践认定相对委托操纵行为提供了重要的制度支撑。

(三)真实交易

事先约定相互进行证券、期货、衍生品交易并影响金融商品交易价格或交易量的行为,之所以构成相对委托操纵,是因为行为非法性的实质基础在于金融商品交易具有虚假性。如果行为人能够提供证据证明相互进行的金融商品交易是基于商业目的等合理基础而进行的真实交易,即使影响金融商品交易价格、交易量,也不应当认定为相对委托操纵。

但是,传统证券期货犯罪刑法理论中有一种比较典型的观点认为,实际转让证券所有权或者控制权的真实证券交易也可以构成相对委托操纵。例如,有学者主张,投资者与他人串通,以约定的时间、数量、价格等相互进行证

---

① 关于交易所对资本市场违法犯罪的法律监管权限拓展问题更为详细的论述,参见谢杰:《论资本市场内幕交易法律监管的完善路径》,载《上海商学院学报》2011 年第 2 期;谢杰:《惩防内幕交易应扩大交易所监控权》,载《证券时报》2010 年 7 月 30 日,第 A3 版。

券交易,随后以相反方向再进行证券交易,由于证券所有权或者实际控制权没有变更,显然属于纯粹虚假的相对委托。然而,即使串通相互进行证券交易的双方在第一次证券交易之后没有进行反向交易,证券与资金之间发生现实转移的,尽管具有真实交易的性质,但由于其交易行为在串通、约定时间、数量、价格等要素,相互进行等层面完全符合相对委托操纵构成要件,对证券交易价格、交易量等产生重大影响,属于具有真实性的相对委托,同样应当构成相对委托操纵。

相对委托的机理在于通过虚假的金融商品交易完成对市场价格的不正当控制。交易行为的虚假性是构成相对委托的前提。具有真实金融交易基础的约定交易仍然可以构成相对委托交易操纵犯罪的意见,不仅彻底否定了真实交易抗辩相对委托市场操纵属性的实体辩护空间,而且显然违反相对委托操纵的基本机理,更是在市场操纵法律与金融解释上陷入了两大误区。

其一,真实金融交易的判断标准误区。

资本市场不同投资者之间相互进行证券、期货、衍生品交易,如果金融商品实际控制权在对应的两者之间进行转移,一般可以认为金融交易具有真实性。投资者双方约定之后进行方向相对、数量相同的证券、期货交易,并且一方获取证券或期货合约、一方获取资金,就可以认定证券、期货交易是真实存在的。但是,司法实践中并不排斥这种实际发生金融商品与资金互换的交易可以构成虚假金融交易。

传统证券期货犯罪刑法理论与实务以真实交易亦可构成相对委托为由主张上述雷某龙与徐某新之间的约定交易应当认定为相对委托操纵,在理论上可以基于既然不是虚假交易则显然不构成相对委托的理由而直接否定其观点的合理性。判例实践也证明实务部门不可能认可真实交易与相对委托交易之间存在联系的意见。笔者认为,合理的解释路径在于树立正确的真实金融交易判断标准。结合厚生公司股票操纵案分析,从金融交易的结果来看,雷某龙与徐某新之间确实发生了证券转让以及对应资金的支付与收取,并且没有按照相反的方向重新恢复或者基本恢复原有的持股与资金控制状态,但这并不意味着行为双方控制下的金融交易没有背离资本市场中厚生公司股票这一特定金融商品的真实供求关系或者基础资产价值。在上市公司股票业已形成明显下跌趋势的情况下,上市公司大股东基于保证增发等融资利益最大化的目的,未经信息披露程序,私下作价且客观上通过约定的时间、数量、价格完成交易,证券价格的形成机制并不是真实的市场价格竞争的结果,证券价格是共谋者人为制造的、脱离上市公司基本面与真实市场供求关系的虚假成交价格、成交量,所以,应当以背离市场价格形成机制的本质判定私下作价并成交的行为构成虚假交易而非真实交易。

在跨市场交易、衍生工具交易、信用交易市场规模日益壮大的当代金融市场,如果明显扰乱资本市场正常供求关系的约定交易与作价行为,因符合真实交易的判断标准而不能构成相对委托操纵,反市场操纵法律制度将会出现非常严重的监管缺位。例如,共谋者约定在证券现货市场以跌停价格完成交易从而打压特定上市公司的股票。在开盘之后预先安排好的时间节点,行为人以跌停价格砸盘,放出巨量卖盘,约定的对手方在相同的时间、价格、数量挂出买盘,两者的申报顺利成交,在该时间点上将该上市公司股票压制在跌停价格。在巨量成交以及跌停价格的影响下,市场上的其他投资者产生恐慌,纷纷以跌停价甩出抛盘,导致股票当日封死在跌停价格上。行为人不仅可以通过之前抢先建仓的巨额融券卖空,在跌停价格上将市场上的抛盘全部低价吸入回补,利用信用交易的杠杆机制谋取巨额卖空利润,还可以利用场外衍生交易工具事先建构各种证券期货、证券期权、证券掉期等空头仓位。衍生工具的杠杆倍数越大,将上市公司证券压制在跌停的价差利益就越大。在这种情况下,约定交易者或者私下作价者之间从事的证券交易只有单向的卖出与买入,外观上完成了现实或者真实的金融商品交易,证券与资金的所有权进行了完全且充分的转移与变动。但是,因为私下作价或者约定交易所形成的成交价格及其影响下的市场价格是脱离真实供求关系的虚假价格,不能认为这种交易行为具备真实性。

其二,相对委托交易操纵犯罪实质的认识误区。

相对委托操纵的实质在于行为主体之间经过通谋或者串通完成相互之间的金融交易,影响证券、期货、衍生品交易价格、交易量。其中,行为主体的约定交易行为与价量影响之间的因果关系是推定的。这就决定了立法者在建构反市场操纵的法律规范之时,确认了相对委托交易行为本身及其影响下形成的市场价格的虚假性或者违法性。如果行为人提出有效的证据证明其基于商业目的从事双方约定的金融交易,则可以阻却相对委托交易行为具有市场操纵性质的推定。实践中不能无视相对委托操纵的虚假交易实质，而将具有真实商业基础行为主体之间的相对金融交易全部认定为市场操纵。

实践中，哪些相对委托交易可以认定为具有真实的商业基础，从而可以提出真实交易抗辩阻却市场操纵的属性确认，则应根据具体案件中的情况予以具体分析。

在美国司法实践中曾经出现过不少以真实交易为抗辩事由的相对委托操纵案件，从业人员市场操纵典型判例是美国哥伦比亚特区联邦巡回上诉法院判决的2005年落基基金诉SEC案。罗纳德·布特扎德、约翰·鲍威尔以及斯蒂文·卡兰德拉均系资产管理公司落基基金的董事，上述自然人与洛基基金均持有纳斯达克上市公司"超级概念"股份公司股份。后布特扎德意图减持"超级概念"公司股份，律师建议通过证券经纪商在公开市场进行减持交易。此时鲍威尔、卡兰德拉等均有收购布特扎德股份的意愿。最后，鲍威尔、卡兰德拉等选择通过实际控制的多个证券账户，与布特扎德在约定的时间内以约定的价格、数量进行证券交易。但是，在布特扎德与鲍威尔、卡兰德拉实际控制的账户之间进行约定交易的过程中，其中有三个月的相关证券账户之间交易数据显示，并非布特扎德单方面向鲍威尔、卡兰德拉实际控制的账户转让证券，而是相关账户之间重复且以相对的方向反复进行证券交易。SEC根据罗纳德·布特扎德、约翰·鲍威尔以及斯蒂文·卡兰德拉以事先约定的时间、价格、数量等反复且相互进行证券交易的事实，起诉上述人员，主张其构成相对委托市场操纵。但是，布特扎德等被告提出真实交易抗辩，主张相关证券账户中的证券相互买卖行为，虽然没有金融市场交易意义上的实质经济价值，但主要是为了实现融资，即通过证券交易商提供的信用交易融通短期资金，并在资金使用之后卖出证券予以归还，没有通过相对委托操纵证券市场的目的，也没有从市场价格波动中谋取交易利润。一审法院认定被告的行为构成相对委托操纵，但二审法院认为，该案中的相对委托交易实际上是具有客观商业目的的真实证券交易，辩方提出的真实交易抗辩具有合理性，能够说明其相对委托交易是基于短期融资的需要，不具有通过相对委托影响证券价格或者交易量的虚假交易型操纵的行为性质。①

---

① Rockies Fund, Inc. v. SEC, 428 F.3d 1088 (D. C. Cir. 2005).

当前中国资本市场已经全面铺开了融资融券这一信用交易机制,金融交易实践中也会出现上述案件中相类似的基于融资需求而执行的相对委托交易。根据融资融券交易相关监管规定与交易所规则,融资交易最显著的特征在于保证金交易,即证券公司向投资者融资前,事先向投资者收取一定比例的保证金。保证金可以是现金,也可以通过证券资产充抵。同时,投资者提交的保证金以及投资者融资买入的全部证券和融券卖出所得的全部价款,整体作为投资者对证券公司融资融券所生债务的担保物。[①] 在融资时间上,融资交易期限为 6 个月。在这样的融资信用交易规范框架下,行为人通过提供一定保证金的方式向证券公司融资进行交易,其买入证券的行为属于直接与交易对手方以事先约定的时间、价格、数量的方式进行金融交易,但实质价值在于通过交易对手方套出短期融资,在融资到期之前反向卖出证券向券商归还融资。这个交易过程在形式上显然属于相对委托,但由于操作者本质上并非意图影响证券市场交易价格,而是为了谋取从证券公司获取短期融资。[②] 对于这种以融资为实质目的的证券交易,究竟能否根据《证券法》《刑法》的相关规定将其认定为相对委托操纵违法犯罪,确实存在争议。

单纯从《刑法》第 182 条第 1 款第 2 项相对委托操纵规范解释的角度分析,行为主体之间通过共谋的方式,以约定的时间、价格、数量等条件相互进行证券交易,如果有证据证明相关证券在行为人交易期间发生交易价格、交易量的异常波动,则符合价量操纵的构成要件。然而,从实质解释的角度分析,行为人提出融资目的的真实交易抗辩对抗市场操纵指控,也具有相当的说服力。因为相对委托交易操纵的本质在于通过虚假的金融交易制造虚假的金融商品供求关系信号,而信用交易机制下基于融资目的实施的相对委托交易,尽管背离了融

---

① 具体而言,以《上海证券交易所融资融券交易实施细则》为例,投资者融资买入证券时,融资保证金比例不得低于 50%。证券公司在不超过上述交易所规定比例的基础上,自行确定相关融资保证金比例。投资者以现金作为保证金时,可以全额计入保证金金额;以证券充抵保证金时,应当以证券市值或净值按交易所规定的下列折算率进行折算:上证 180 指数成份股股票的折算率最高不超过 70%,非上证 180 指数成份股股票的折算率最高不超过 65%;交易所交易型开放式指数基金折算率最高不超过 90%;国债折算率最高不超过 95%;其他上市证券投资基金和债券折算率最高不超过 80%。

② 当然,这种融资交易行为是否构成融资或者贷款欺诈,对于融资融券信用交易体系会构成怎样的风险,则是另外需要深度分析的法律与金融问题。

资证券交易的初衷,但交易行为具有真实性,并且通过这种真实的交易能够为相关人员获取融资利益而非操纵性经济利益。在落基基金诉 SEC 案中,美国哥伦比亚特区联邦巡回上诉法院显然采纳了实质解释的意见。

当然,直接以实质解释优先于构成要件规范解释从而排除基于融资目的的相对委托交易的市场操纵属性,在论证理由上会显得并不十分充分。笔者认为,理解构成要件规范解释与市场操纵实质解释的差异化结论的关键在于准确梳理相对委托操纵的证明机制与违法性实质。相对委托交易操纵犯罪的形式要素是行为主体之间的约定交易;实质要素是价格等与金融商品紧密关联的市场要素受到特定意志与市场力量控制下的、相互进行的金融交易行为的影响。在市场操纵案件的刑事证明体系中,从相对委托到价量操纵是一个直接证明过程,而从价量操纵到市场操纵是一个间接推定过程。所以,应当允许辩方提出合理的、排除市场操纵性质的事由。以通过相对委托交易融通短期资金抗辩为例,如果行为人能够提供证据表明其融资交易资金走向——证券公司向融资信用交易账户提供资金供其买入证券,相对委托对手方卖出证券获取资金后转移至融资者实际控制账户供其短期使用,使用后将资金返还,再通过相对委托交易回购证券,融资者根据约定在相同的时间卖出证券向证券公司归还融资。在符合上述证据链条所还原事实的基础上,辩方反驳相对委托交易构成市场操纵的推定,是充分且合理的。如果没有进一步的证据证明行为人从相对委托引起的市场波动中从事相关证券交易谋取利润,就可以排除具有真实交易基础、具有相对委托外观的交易行为构成市场操纵。至于相对委托交易行为过程以及其中的特定环节是否构成非法融资,则属于其他层面的法律问题,不应当基于融资行为的非法性、资本市场事实上的波动性或者其他可适用刑法条款的缺位等因素,而将之强行认定为市场操纵。

第二节 具有经济外观的实质交易操纵

实质交易操纵的核心内容在于通过具有真实金融商品产权变动的交易行为,非法控制该金融商品市场或者与该金融商品市场交易价格直接挂钩的证券、期货以及衍生品市场。《刑法》第 182 条第 1 款第 1 项明确将实质交易操纵规定为连续交易操纵。但是,由于连续交易操纵行为在形式上与金融商品投资或者投机中连续买卖没有差异,导致在市场操纵法律理论解释与司法实践中,对于连续交易操纵的把握存在诸多争议。有必要在充分阐释连续交易操纵行为构成的基础上,对司法认定中的疑难问题进行深度剖析,为市场操纵法律监管与合规管理实践提供理论参考。

一、行为主体、价量关系与操纵故意

连续交易操纵在行为主体上可以单独操作也可以联合实施,在行为内容上又与正常的连续交易投资或者投机行为具有形式等同性,在行为结果上具有区别于相对委托、洗售操纵不同的危害程度,亟须在法律理论层面对连续交易操纵构成要件疑难问题进行清晰且有效的规范解释。

(一)联合操纵的主体结构与责任分配

《刑法》第 182 条第 1 款第 1 项连续交易操纵的法律条文并未对这种类型的市场操纵主体设置任何形式条件限制,资本市场中的自然人或者法人投资者以及证券公司等专业投资机构,均可构成连续交易操纵的行为主体。连续交易操纵可以单独实施,也可以是联合操作。联合性的连续交易操纵行为主体是一种复杂的共犯结构形式,有必要予以深入分析。

构成联合性连续交易操纵的两个或者两个以上的行为主体显然必须具有在某一时段内一起买入或卖出特定金融商品的联合意图。形式上的联合意图与实质上的一致性行为都可以作为认定联合买卖主观意图的依据。形式上的联合意图是指行为主体之间具有约定或者通过谈判、协商等方式形成决定或协议。实质上的一致行动是指行为主体之间没有具体的决定或协议,但行为主体之间在资金、股权、身份等方面具有关联、控制等一致行动关系。实践中,联合性连续交易操纵是一种常态,资金提供者或者融资者、账户提供者、金融商品交易操盘者以及交易操纵计划制定与谋划者构成了联合主体结构中的组成部分。

在连续交易操纵联合主体结构中,承担不同犯罪分工的行为人在责任认定上应当对应不同的司法规则。

其一,对于在连续交易操纵行为中专门负责形成或者促成“资金优势”“持股优势”的行为主体，即融资或者金融商品现货提供者而言，其作用主要在于配合操纵犯罪实行行为人完成一定的资金持有、金融商品持仓量，提供连续交易操纵资金、金融商品等方便的经济支持。只有在其主观上明知他人具有操纵市场故意，且客观上仍然给予资金或者金融商品供操纵实行者进行交易，才构成连续交易操纵的帮助犯。

其二，对于在连续交易操纵中提供证券、期货、衍生品等交易账户从而确保相关金融交易可以分散进行从而规避监管与市场关注的行为主体而言，有的表现为提供本人证券、期货、衍生品等交易账户，有的表现为联系、整合、集中大量“人头账户”，不能仅仅根据行为人在主观上是否明知而判断其是否构成连续交易操纵。明知他人连续交易操纵市场的现实需要而提供本人账户供其使用，尽管主观上存在故意且客观上提供了帮助行为，但由于连续交易操纵实际上是真实的金融商品交易行为，且单个交易账户在操纵账户体系中分担交易数量较少且具有明显的可替代性，并不会直接影响或者人为制造金融市场中的供求关系。因此，从社会危害性的角度分析，偶发性地向连续交易操纵者提供本人交易账户，可以认定为情节显著轻微、危害不大，而不作为连续交易操纵进行定罪处罚。但是，明知他人从事连续交易操纵而提供大量证券、期货、衍生品等交易账户，甚至是证券公司等金融机构利用机构掌握的大量账户或者账户管理权力等帮助市场操纵者分散交易仓位，进而降低交易与价格“解码”效应的，其在连续交易操纵结构中起到了关键性的帮助作用，应当作为联合操纵主体予以认定。

其三，对于根据操纵计划制定者或者谋划者指令具体操盘的行为人而言，应当根据在联合操纵主体结构中的角色定位判断其是否应当作为责任主体承担市场操纵的刑事责任。对于自然人连续交易操纵主体结构而言，操盘者不存在社会劳动分配意义上或者形式上的工作，而是单纯根据指令发布者的安排进行操盘，完全应当根据主观上是否知道或者应当知道本人实施的是连续交易操纵中的金融交易操盘行为，分析操盘者是否构成共犯结构中的一环。对于机构实施的连续交易操纵共犯而言，操盘者实际上是公司、企业员工，形式上具有正当的工作人员身份，实质上也从事部分正当且合法的工作任务，不能仅从主观明知与客观参与的角度直接认定相关员工构成市场操纵。更为合理的判断规则是，对操盘者的责任范围进行一定限制，只有全盘知悉连续交易操纵违法犯罪计划并全程参与连续交易操纵的操盘者，才有必要作为联合性操纵犯罪主体中的责任人员承担市场操纵的刑事责任。

(二)操纵交易价格与交易量

证券期货犯罪刑法理论对连续交易操纵行为构成中的利用资源优势、连续交易行为等核心要素已经进行了全面且深入的分析。[①] 但是，作为客观构成要件的操纵交易价格、交易量，在司法实践中仍然存在一些难点问题，非常值得关注。

构成连续交易操纵需要满足“操纵”证券、期货交易价格或者交易量的法定条件。细致对比《刑法》第182条操纵证券、期货市场罪明示规定的三种市场操纵行为模式可知，连续交易操纵、相对委托操纵、洗售操纵之间非常重要的区别在于，连续交易操纵在行为结果层面必须达到“操纵”证券交易价格或者交易量的程度，而相对委托操纵、洗售操纵只要达到“影响”证券交易价格或者交易量的程度。“操纵”与“影响”在因果关系强度以及刑事证明程度上的要求显然存在显著的差异，“操纵”的因果强度与证明力度必须超过“影响”。

《追诉标准二》在行为程度上设置了一定的量化指标，纯粹从成交量的角度量化“操纵”与“影响”之间的量度差异，并且将这种强度差控制在10%(证券)或者20%(期货)的标准。[②] 这种客观量度上的差异无法通过技术分析辨别优劣，实际上只是一种基于“常识”判断而形成的政策定位，在资本市场法律理论层面没有必要进行过度的肯定或者批判。但是，“操纵”与“影响”之间的区别，除了从成交量的角度进行理解之外，显然还应当着眼于委托申报量、价格波动等要素设定量化指标。同时，除了客观要素上的标准之外，还可以尝试从主观故意程度上区分操纵性故意与影响性故意，从而丰富“操纵”证券、期货交易价格或者交易量与“影响”证券、期货交易价格或者交易量之间的不同衡量与分析标准。[③]

---

① 刘宪权、谢杰：《证券期货犯罪刑法理论与实务》，上海人民出版社2012年版，第366~375页。

② 参见《追诉标准二》第34条第1项至第4项。

③ 下文论及的连续交易操纵主观目的限制性解释就是从主观构成的侧面丰富“操纵”与“影响”在整个市场操纵构成要件体系中的差异化内容。

(三)连续交易操纵故意

连续交易操纵主观上应当由故意构成,即明知单独或者联合实施的连续证券、期货、衍生品交易行为会产生操纵金融商品交易价格、交易量的危害结果,希望或者放任这种危害结果的发生。但是,这种主观故意的基本原理性概括实际上并不能完全满足连续交易操纵法律适用的实践需要。

正如前文所述,归属于实质交易操纵模式的连续交易操纵是真实的证券、期货、衍生品交易,涉嫌市场操纵的行为主体与证券、期货、衍生品市场中的交易对手方之间产生了有效的金融交易关系,要对这种具有真实交易基础的行为以市场操纵进行归责,必须在主观故意层面予以更为明确的限定。同时,根据有效资本市场理论,市场充分反映各种信息,作为整合在市场信息中的所有市场内容组成部分的任何交易行为,都是形成金融商品交易价格、交易量的重要因素与条件。即使连续交易行为导致了金融商品交易价格、交易量的显著变动,也不应当直接认定这是一种损害结果,或者以此认定特定市场参与者故意导致这种结果的行为具有违法性。

连续交易操纵行为与相对委托、洗售等操纵犯罪行为具有显著的区别。从行为内容的角度分析,相对委托、洗售等行为本身就是法律所禁止的行为,而连续交易显然是金融商品交易操作中的一种合法且必要的技术、策略,法律不应当予以禁止。所以,从法律与金融的双重角度进行分析,连续交易操纵的主观操纵故意不仅是判断能否构成犯罪的核心要素,而且应当在法律条文没有对操纵性连续交易行为与正当性连续交易市场行为进行实质区分的情况下,从故意内容着手进行合理的限制性解释。

尽管《刑法》第 182 条第 1 款第 1 项并没有对连续交易操纵的主观目的进行任何明示性的限定,但为了准确区分正常的连续交易投资或者投机行为与连续交易操纵行为,应当对连续交易操纵的目的进行一定程度的限定与解释,即连续交易操纵者主观上应当具有诱导他人实施相关金融商品交易或者其他人为制造金融商品交易价格、交易量的犯罪目的。

其一,疑似市场操纵者承认,或者执法、司法机构通过技术分析从金融商品交易数据记录中认定,疑似操纵者人为制造金融商品供求关系信号之后,吸引了资本市场投资者跟进接盘,操纵者从交易对手中获取了金融交易利润的,可以认为疑似操纵者具有诱导他人从事相关金融商品交易的目的。

其二,连续交易操纵通常以诱导他人从事相关金融交易为目的,但实践中显然还包括其他人为控制金融市场的犯罪目的。例如,在上市公司股票质押的情况下,对于出质股票者而言存在着一种质权人行使权利的风险,即质押股票有可能出现价值减少时,质权人提前处分股票,以所得价款提前清偿所担保的主债权。这种保全处分实际上是由证券交易价格具有极大的市场风险所决定的。对于通过股票质押获取贷款的行为人而言,该股票在证券市场中的交易价格与其贷款期限稳定性以及股票权利的完整性、可控性等具有密切的关系。实践中,有的股票质押人会通过连续交易操纵行为稳定上市公司股票,从而控制贷款人提前处分股票的风险。因此,对基于其他人为控制证券、期货等金融商品交易价格或者交易量的目的而实施连续交易的行为,也应当认定其具有市场操纵故意。

其三,从客观性的连续交易行为以及相关事实中判断行为人是否具有连续操纵犯罪故意,是一个主观构成要件客观化的分析过程或者规则概括。行为人能够提出相关客观事实证明其不具有连续交易操纵故意以及相关市场操纵目的的,应当排除连续交易行为的市场操纵违法犯罪性质。排除操纵故意的类型化客观事实主要包括:(1)基于资本市场供求关系或者其他优先买入或卖出证券、期货合约的需要,以低于当时市场平均申报价格的水平,甚至以涨停或跌停价格进行申报,从而买入或卖出证券、期货合约;(2)基于上市公司业绩、本人现金实际需要等因素,连续买入或者卖出证券,意图获取交易利润或者套现获取流动资金;(3)基于收购上市公司或者参与公司决策等原因进行提前准备,连续买入上市公司证券;(4)上市公司大股东、实际控制人等在外部力量打压或者做空上市公司证券交易价格时,基于维护上市公司股东利益、稳定证券价格等实际需要对上市公司股票进行增持等。

二、短线操纵与抗辩

连续交易操纵在司法实践中具有不同表现形式,既可以是极短交易时间内的急速拉升或者打压金融商品交易价格,也可以是通过连续买入使证券、期货合约、衍生品交易价格长期稳定在一定的水平。同时,部分涉嫌连续交易操纵的行为人会提出上市公司收购、控制上市公司股权等抗辩事由。由于司法解释以及实践经验中并未明确归纳连续交易操纵认定规则，造成连续交易操纵在认定上存在诸多疑难问题，有必要予以深入探讨。

（一）短线交易操纵行为属性

在短线操纵模式下，操纵者一般利用资金优势在较短时期内影响特定证券市场价格，在交易方式上具有周转迅速的特点，没有传统坐庄的较长建仓吸筹周期。短线操纵者大量买入或者卖出，将股价迅速拉抬或者打压，在较短时期内旋即完成抛盘，以赚取短线差价。[①] 由于长线连续交易操纵行为在资金、信息、持仓等资源优势集中上需要投入较大的成本，操作周期长，并且实践中出现操纵亏损的案件也不在少数，故当前资本市场中的连续交易操纵行为有相当数量的案件表现为短线交易操纵。例如，中国证监会公开披露的陈某生市场操纵案件，就是利用短线交易手法操纵市场的典型案例。陈某生通过短时间内大量堆积委托申报并立即撤单的方式快速拉升股价至涨停板，从而利用短期内剧烈波动的证券交易价差谋取交易利润。[②]

资本市场中的短线交易操纵行为是一直存在的，尤其是在开市、尾市等形成开盘价格或者收盘价格的集合竞价环节，通过短时间内大量且连续申报或者撤销操纵价格的行为屡禁不止。稽查力度相对较弱固然是短线交易操纵广泛存在的原因，但随着证监会执法力量的不断充实与稽查技术水平的迅速提高，[③] 反市场操纵违法犯罪认定标准缺乏明确性实际上成为难以有效惩治短线交易操纵的根本性障碍。在过去的市场操纵案件中，通过多账户、广布局等方式坐庄、拉抬股价进行操纵是比较常见的行为模式，行为人的持股量超过 30%，比较容易认定。而在当前资本市场操作中，短线交易操纵逐渐成为主流行为手段。行为人在一两天或者一两周内即实施操纵策略、完成操纵行为，资金量相对较

---

① 参见蔡奕：《证券市场短线操纵的界定与规制法律难点分析》，载郭锋主编：《金融服务法评论》第 2 卷，法律出版社 2011 年版。

② 参见中国证监会行政处罚决定书（2011）10 号；强燕：《揭露陈国生短线操纵股价手法》，载《新快报》2011 年 4 月 16 日，第 A3 版。

③ 吴敏：《肖钢：将新增 600 证券稽查执法人员》，载《新京报》2013 年 8 月 20 日，第 B6 版。

小,持股很少超过 30%,获利后迅速撤退。[①] 但是,无论是《证券法》还是《刑法》的市场操纵违法犯罪条款都没有明确规定短线交易操纵的属性定位问题——短线交易操纵究竟归属于连续交易、相对委托、洗售操纵等明示规定的行为模式,还是应当根据"其他方法"操纵证券、期货市场进行规制。

对于短线交易操纵问题,行政处罚实践与刑法司法解释之间存在明显的认识分歧。在行政处罚实践中(例如,陈某生市场操纵案),短线交易操纵是根据 2005 年版《证券法》(已修改)第 77 条第 1 款第 4 项即"其他方法"操纵证券市场的"兜底条款"认定其行为违法性的。[②] 但是,刑法司法解释规定,短线交易操纵属于《刑法》第 182 条第 1 款第 1 项规定的连续交易操纵的行为模式。[③] 可见,正是由于对短线交易操纵行为属性理解上的不一致,导致法律实践中尚未认定一起短线交易操纵犯罪。相对于长期策划实施、最后巨额亏损但仍然作为市场操纵处理的洗售、相对委托等传统操纵行为而言,以陈某生市场操纵案件为典型的短线交易操纵,能够在非常短暂的时间内获取数百万元的操纵利润,却无法根据《刑法》第 182 条操纵证券、期货市场罪进行规范,反映出市场操纵法律规范的解释以及司法实践运作在配置刑罚措施过程中存在一定的结构性失衡。

短线交易操纵在属性上具有连续交易操纵的性质,在符合操纵证券、期货交易价格或者交易量的量化标准的基础上,应当根据《刑法》第 182 条第 1 款第 1 项的规定将其认定为连续交易操纵。

理论上,短线交易操纵就是日内连续交易行为,包含了连续申报或者撤销、部分成交等金融交易行为,在执行相关交易的时间上,可以发生在交易时间的所有时间节点之内。从便利于实务认定与资本市场交易操作特点的角度进行分析,短线交易操纵可以区分为开盘短线交易操纵、收盘短线交易操纵、特定时间短线交易操纵三种类型,而从这三种短线交易操纵行为机理的角度分析,均

---

① 参见证监会:《短线操纵成为目前市场操纵主流手法》,载《厦门商报》2012 年 7 月 3 日,第 B5 版。

② 在陈某生短线交易操纵案件中,证监会行政处罚文书明确指出,"陈某生采取多次拉抬股价、虚假申报、尾盘巨量堆单方式,影响了股票交易价格和交易量,扰乱了正常的市场交易秩序,违反了《证券法》第七十七条第四项的规定"。参见中国证监会行政处罚决定书(2011)10 号。

③ 根据《追诉标准二》(已失效)第 34 条的规定,单独或者合谋,当日连续申报买入或者卖出同一证券、期货合约并在成交前撤回申报,撤回申报量占当日该种证券总申报量或者该种期货合约总申报量 50% 以上的,构成市场操纵。

完全符合连续交易操纵的规范要素。

一是开盘短线交易操纵。开盘短线交易操纵是指行为人在即将开盘时，通过在集合竞价交易系统进行连续巨量申报或者撤销，或者拉抬、打压或锁定等手段控制集合竞价交易过程中的成交价格，操纵市场的行为。由于开盘价格对整个交易日及未来交易行情具有相当重要的信息指导价值，行为人通过巨量申报或者撤销等方式控制开盘价格，能够引起资本市场中投资者的高度关注，诱导其从事相关金融交易，操纵者则可以在高位抛盘或者低位买入，获取操纵利润。

二是收盘短线交易操纵。收盘短线交易操纵具体表现为：在即将收市时，连续巨量申报或撤销申报，或者实施拉抬、打压或锁定等交易，操纵收盘价格。收盘短线交易操纵的目的在于通过收市或者临近收市时的大额交易，操纵收盘价格的涨跌方向与幅度。在陈某生市场操纵案件中，行为人在尾盘阶段强势拉抬"力合股份"市场交易价格，封住涨停，并于随后的交易日高位抛盘谋利，就是典型的收盘短线交易操纵。需要特别强调的是，除了陈某生短线操纵案中持有多头仓位者通过收盘短线操纵拉高收市价格增加多头价值之外，操纵收盘价还能够为行为人提供各种市场优势或者利益——持有空头仓位者可以通过打压收市价格降低空头价格负担；对于采用保证金交易的融资、融券交易而言，收盘短线交易操纵能够为行为人获取稳定控制保证金数量等利益；对于其他以特定金融商品收盘价格作为结算依据的场外金融衍生品交易而言，操纵收盘价格能够使得行为人通过杠杆交易机制放大场外市场中的交易利润。

三是特定时间短线交易操纵。特定时间短线交易操纵一般是指在计算相关金融商品的参考价格或者结算价格的特定时间，通过巨量申报或者撤销，或者拉抬、打压或锁定等手段，操纵相关金融商品的参考价格或者结算价格的行为。所谓的特定时间，即计算金融商品及其衍生工具的交易价格、结算价格、参考价值的特定期间，包括计算修正可转换债券转股价、证券增发价、证券单位净值、衍生工具结算价格的特定时间等。特定时间短线交易操纵的经济动因在于，特定时间点的金融商品交易价格影响行为人在相关交易中的经济利益，通过连续交易控制特定时间金融商品交易价格，维持、扩大这种场内或场外衍生品交易的利润。

可见，短线交易操纵在行为上均表现为通过连续性金融商品交易的方式，人为控制资本市场特定交易品种的价格。尽管其中掺杂着虚假的巨量申报或者撤单行为,但控制金融商品价格变动的结果都是直接由真实的连续性交易行为造成的。巨量申报或撤单主要是其诱导投资者跟进的行为手段,也充分体现了连续交易操纵的常规性犯罪目的。因此,短线交易操纵行为应当属于《刑法》明示规定的连续交易操纵模式,具有明确的规范基础,符合追诉标准的,应当追究其刑事责任。当然,从《追诉标准二》的具体规定来看,仅仅从日内撤回申报量超过总申报量50%的一个分析指标框定刑事处罚的边界,导致短线交易操纵的量化标准单一。笔者建议,司法解释有必要丰富短线交易操纵犯罪的量化判断标准,并列使用金融商品交易申报与撤销申报比例、交易申报整体规模、非法获利数额等量化指标,将高度控制市场或者通过控制市场获取巨额利润的短线交易操纵纳入刑事处罚的范围。

(二)稳定股价

资本市场中经常出现券商、上市公司大股东、关联关系人以及其他投资者通过连续交易稳定上市公司股价的证券交易行为,这种稳定股价行为习惯上被称为安定操作(stabilization)或者护盘。但是,这两个概念实际上存在一定区别。

安定操作通常是为了使有价证券的市场交易价格、交易量维持在一定水平,在法律规定许可的情况下,在证券市场连续买卖相关证券,或委托或受托买卖有价证券,稳定证券交易价格的行为。护盘一般是指在股价下跌后会产生较大损失或者其他不利局面的情况下,为了减少下跌的幅度,证券市场参与者会在股票价格下跌时,使用部分资金维持股价。实践中护盘的主要手段是在卖盘强大时适当买入股票,将股票价格控制在一定水平,以避免价格跌幅过大而形成更大损失。稳定股价行为集中表现为证券一级市场向二级市场过渡阶段的安定操作以及二级市场股价运行阶段的护盘操作。由于安定操作在证券法律法规中具有一定的规范基础,而护盘行为非常复杂,游走于投资、投机、过度投机、违规、违法、犯罪等多个模糊的界限之中且缺少有针对性的法律规制依据,理论上对于安定操作与连续交易操纵违法犯罪之间界限问题的探讨较多,对护盘行为的分析较少。

中国《证券法》第33条第2款规定:证券公司在代销、包销期内,对所代销、包销的证券应当保证先行出售给认购人，证券公司不得为本公司预留所代销的证券和预先购入并留存所包销的证券。基于此，刑法理论上有观点认为，我国证券法律制度禁止实施安定操作等稳定股价的行为。① 但是，《证券法》第33条实际上并未明确且直接禁止任何形式的安定操作等稳定股价行为，而只是从证券承销商的角度禁止单方面预留代理销售的证券。可见，中国证券监管法律规范体系允许在监管机构许可的情况下进行超额配售等具有维护股价稳定效果的操作。超额配售权（over-allotment option）又称为绿鞋期权（green shoe option），实际上就是证券发行人提供给证券主承销商的期权，期权主体有权按照承销证券总额的一定比例超额向市场发售证券。② 所以，中国证券市场并不完全或者直接明确安定操作等稳定股价行为的合法性或非法性问题，而是要求在符合证券行政法律规定的情况下进行稳定股价等市场操作。

然而，正是因为超额配售权等稳定股价行为或者相关机制对于证券市场中的价格形成确实施加了人为控制影响，并且在形式上表现为通过连续买卖证券的方式控制证券交易价格、交易量，理论上对于此类稳定股价行为与操纵证券市场违法犯罪的关系以及前者引发后者的风险问题，存在较大的认识分歧。有观点认为，安定操作是暂时缓解证券供大于求的措施，可以帮助发行公司迅速而有效地取得所需资金。③ 反对意见认为，安定操作等稳定股价行为没有积极改变证券市场的交易价格，但这种消极维持价格操作同样阻碍了自然市场竞争的价格形成机制，本质上仍是市场操纵。④ 安定操作是人为控制证券价格的上涨或下跌，或者维持证券价格稳定，同时造成证券市场交易活跃的虚假繁荣。一旦承销活动完成，安定操作结束，证券价格可能因为失去人为支撑而发生异常波动，导致安定操作期间交易的投资者造成损失。⑤ 折中的观点认为，实施安定操作前，行为人须向证券监管机构、交易所报告，安定操作证券价格不得高于实施安定操作前日的收盘价，并有义务进行充分的信息披露；只有违反程序性

---

① 参见鞠曦明：《试论操纵证券市场罪中的“其他方法”》，载《犯罪研究》2010年第3期。

② See Stefano Lombardo, *The Stabilisation of the Share Price of IPOs in the United States and the European Union*, 8 European Business Organization Law Review 521 (2007).

③ 参见沈厚富：《证券交易市场操纵行为的法律分析》，载梁慧星主编：《民商法论丛》第7卷，法律出版社1997年版。

④ 参见陈建旭：《日本证券法之操纵市场罪及其借鉴价值》，载《北方法学》2008年第2期。

⑤ 参见鞠曦明：《试论操纵证券市场罪中的“其他方法”》，载《犯罪研究》2010年第3期。

规定的安定操作才构成市场操纵。[①]

无论是具有规范基础的安定操作,还是在现有规范框架下没有具体操作依据的护盘行为,本质上都是通过连续性交易将相关金融商品人为控制在一定的价格、交易量水平。主观上,安定操作与护盘的行为主体都具有影响金融商品交易价格、交易量并从中获取利益的目的;客观上,市场价格发现机制与充分竞争秩序被人为干扰。人为造成金融商品交易价格波动与人为控制证券交易水平或维持价格稳定,是连续交易操纵行为的两种不同表现形式,都具备市场操纵的行为特征。

当然,在认定安定操作与护盘等稳定股价行为是否具有连续交易操纵违法犯罪性质时,应当进一步从正反两方面予以具体分析。

其一,人为控制股价的行为应当构成连续交易操纵违法犯罪。《刑法》第182条第1款第1项连续交易操纵的法律规定,旨在震慑与规范通过资源优势人为控制证券交易价格、交易量的行为,对于在资本市场中发行与交易的证券,均不能直接或间接地受控于特定市场参与者的证券交易行为。意图以人为力量控制证券交易价格、交易量,不仅具有诱导他人从事相关证券交易的风险,而且本质上使证券交易机制脱离了市场竞争,扰乱了正常供求关系。一旦证券交易失去人为的价格支撑,会出现剧烈震荡进而损害证券市场中的投资者利益。

其二,安定操作、护盘等稳定股价行为本身也是证券市场交易行为的重要组成部分,在进行充分且及时的信息披露的情况下,通过自由竞争实现稳定股价目的,是正常利用资金、证券、信息优势的竞争性证券交易行为,不应当作为连续交易操纵违法犯罪处理。连续交易操纵的违法性实质在于通过滥用资源优势人为控制证券市场,扰乱正常价格发现机制与资本竞争秩序。但是,在信息披露充分且及时的情况下,连续交易者等于是向市场公开了其对于证券交易价格的阶段性评估与认识,排除了具有诱导投资者从事相关证券交易并从中获取欺诈利益的违法犯罪目的。实践中,大股东增持是一种常见的护盘行为,上市公司大股东按照规定进行信息披露之后的连续交易行为,意味着大股东对上市公司股票价值的认同,对于证券交易机制不但没有破坏作用,反而具有价格

---

① 参见岑剑平:《论证券操纵行为》,载《河北法学》1999年第5期。

指导意义。[①] 证券市场投资者认可相关连续交易者定价结论的,可以采取交易方向相同的策略,证券市场投资者否定其定价意见的,可以通过证券交易与其竞争。在市场充分竞争的基础上,即使连续交易者人为控制了证券交易价格,将价格稳定在一定的水平,也只能将之评价为市场竞争的结果,而非市场操纵的损害结果。[②] 所以,连续交易主体披露稳定股价措施具体内容、安排、稳定股价措施条件、最终状态(例如,持股比例,增持计划时间区间、价格区间和投入金额区间等)的,是通过连续性证券交易参与竞争而非排除竞争的单纯人为控制,不应认定为连续交易操纵。

(三)正当目的

中国资本市场中的市场操纵案件往往涉及行为人实际控制大部分或者绝大部分上市公司股票流通市值,[③]而通过连续交易大量收购、控制并持有上市公司流通股份本身并不是一种操纵市场行为。司法实践中,行为人通常提出其证券交易以及持有巨量股票具有正当性目的(例如,连续买入股票后准备并实际持有;意图通过较大规模的持股从而通过委派董事等参与上市公司经营管理;准备实施上市公司私有化等),而目前的法律实务中并没有明确总结出具有针对性的司法认定规则,从而难以依据一套具有可操作性的实务规则,判断上述正当目的抗辩是否具有合法性与合理性。

基于正常的投资或者商业目的的连续证券交易行为应当排除在市场操纵

---

① 参见杨磊:《大股东增持稳定股价 重仓基金跟着沾光》,载《证券时报》2012 年 1 月 9 日,第 B5 版。

② 应当看到,不仅《刑法》第 182 条第 1 款第 1 项规定的连续交易操纵条款以及相关司法解释没有从实质违法性层面纵向规定不具有市场操纵性质的安定操作、护盘等稳定股价行为类型,而且《证券法》在这方面的规定也是粗糙的。尽管中国证监会从部委规章层面规定了安定操作的信息披露要点,但法律层级低;有关护盘行为的信息披露规定甚至主要是由证券交易所规则予以监督与管理。因此,有必要全面梳理与稳定股价行为有关的信息披露规则与排除市场操纵性质判断规则("安全港"规则),以便于行政执法与刑事司法准确适用反操纵条款。

③ 例如,在农凯集团、周某毅等操纵股票交易价格案中,1999 年 6 月 24 日,周某毅旗下的农凯集团首次买入徐工科技股票 66 万股,涉及资金 758 万元。11 月 26 日,上述账户持有徐工科技 3034 万股,持股比例首次超过了流通股股本(下同)50%;2000 年 5 月 16 日,持股 4298 万股,持股比例为 70.90%;2001 年 7 月 16 日,持股 1.42 亿股,首次超过 90%;11 月 21 日,最多时持股 1.85 亿股,持股比例高达 95.93%。此后,农凯集团开始减持徐工科技股票,抛售的价格是高于持仓成本 10 元左右。至事发的 2003 年 5 月 27 日,持股超过 1.79 亿股,比例仍高达 92.26%。参见伊奋元、田雨:《周正毅一审被判有期徒刑 3 年》,载《检察风云》2004 年第 12 期;上海市第一中级人民法院刑事判决书,(2004)沪一中刑初字第 77 号。

违法犯罪之外。因为市场参与者基于获取上市公司控制权或者经营权的目的，通过在公开市场中连续交易买入上市公司证券，完全不具有操纵证券市场的目的与现实影响。但是，这种连续交易操纵案件中的正当目的抗辩应当建立在行为人在连续交易证券中履行了信息披露的法定义务，如果违反信息披露规定并通过连续交易控制上市公司股票，除非提供反证说明不存在操纵证券市场的行为与目的，否则，应当认定为连续交易操纵。

连续证券交易控制上市公司股份应当进行充分且及时的信息披露。[①] 正当的收购上市公司、获取控制权等商业或投资目的以及与其相关的连续性证券交易行为，必须按照信息披露实体规范与程序操作进行，根本不会涉及市场操纵违法犯罪的问题。如果行为人规避信息披露法定义务，通过分散证券账户交易的方式陆续控制上市公司大量流通股，则在整个行为过程中剥夺了证券市场投资者在公开、公平、公正的条件下进行投资决策的权利，具有操纵证券市场的高度风险。在相关连续交易行为符合《刑法》以及司法解释有关连续交易操纵标准的基础上，应当推定这种行为具有操纵证券市场的性质，除非行为人提供反证合理反驳推定。

以沸点公司、张某坤、韩某河等操纵股票价格案为例，张某坤以及华安基金控制下的账户通过连续高价买入上市公司股份，取得上市公司绝大部分流通盘的实际控制权，[②]沸点公司、张某坤等提出获取上市公司控制权抗辩，但这一辩护意见并不能推翻连续交易操纵的性质判定。除了连续交易操纵行为完全符

---

① 根据《证券法》有关上市公司收购的规定，通过证券交易所的证券交易，投资者持有一个上市公司已发行的股份的5%时，应当在该事实发生之日起3日内，向国务院证券监督管理机构、证券交易所作出书面报告，通知该上市公司，并予以公告；投资者持有一个上市公司已发行的股份的5%后，通过证券交易所的证券交易，其所持该上市公司已发行的股份比例每增加或者减少5%，应当进行报告和公告。通过证券交易所的证券交易，投资者持有一个上市公司已发行的股份的30%时，继续进行收购的，应当依法向该上市公司所有股东发出收购要约。但经国务院证券监督管理机构免除发出要约的除外。

② 2000年12月8日至2006年7月21日，韩某河利用担任华安基金管理有限公司总经理的职务便利，为张某坤在二级市场操纵海欣股份股票交易价格提供帮助，在股价被拉升至近30元、涨幅近90%时，证券市场行情突变，经历了长期的熊市，海欣股份股价持续下挫，张某坤的股票无法抛售。案发时张某坤控制的海欣股份持股总量超过3400万股；华安基金、张某坤实际控制账户最高时期持有海欣股份流通盘超过91%。参见罗昌平、陈中小路、赵何娟：《还原张某坤》，载《中国民营科技与经济》2008年第1期；陈中小路等：《张某坤案终局》，载《财经》2008年第14期；上海市第一中级人民法院刑事判决书，(2007)沪一中刑初字第221号。

合《刑法》以及司法解释的规定及量化标准之外，在行为手段上，沸点公司、张某坤等通过实际控制的证券账户分散控制上市公司流通盘，逃避《证券法》规定的持股信息披露义务；在行为结果上，在其连续交易操作期间，由于实际控制绝大多数上市公司股份，证券交易价格的上涨与连续交易行为直接相关；在行为目的上，张某坤等通过分散操作、规避监管等方式从事连续性证券交易，可以推定具有诱导投资者接盘并伺机出货谋利的目的，并且沸点公司、张某坤等亦没有提供证据证明通过隐蔽持仓的方式获取公司控制权的正当商业目的。尽管沸点公司、张某坤等在相对长的期间内持有上市公司证券，但根本原因并非行为人不具有操纵故意，而是由于同期证券市场整体行情较差，操纵者被高位“套牢”。

因此，在违反信息披露法定义务的情况下，行为人连续买入证券后，即使长期持有，甚至取得上市公司董事席位等管理权限，此类正当目的抗辩并不能直接阻却市场操纵性质。操纵证券市场与取得经营权、对上市公司股份进行实质控制等可以同时存在。行为人应当进一步举证其逃避信息披露义务的行为不具有市场操纵目的、长期持有上市公司证券并非基于高位“套牢”等，才能推翻市场操纵的合理推定。

第三节　利益冲突与虚假信息操纵

在信息型操纵中，利益冲突市场操纵的违法性实质并不在于信息本身所具有的虚假性或者欺骗性，而是金融市场中的信息发布者与接受者之间存在利益冲突。正是这种利益冲突决定了特定市场参与者只能在信息发布行为和与该信息有关的金融交易行为之中选择其一。如果特定市场参与者在发布信息的同时实施与该信息有关的金融交易行为，就会基于非法控制信息接受者的资本配置行为而触发市场操纵违法犯罪的法律责任，即构成“抢帽子”交易操纵。中国资本市场的反市场操纵法律实践之所以对“抢帽子”交易是否构成市场操纵存在争议，表面原因是中国法律规范并没有明确地对“抢帽子”交易的法律性质进行界定，但根本原因是对于“抢帽子”交易利益冲突的法律与金融层面的双重实质缺乏深刻的把握。有必要在利益冲突违法性实质的指引下，对“抢帽子”交易操纵法律实践判断中的疑难问题进行深入的审视与洞悉。此外,对于不存在信息披露义务或者利益冲突问题的行为主体而言,其向市场发布信息从而可能触及反市场操纵条款的前提与基础,应当限定为相关信息具有虚假性、误导性或者欺诈性。这种市场操纵行为模式在理论上归属于虚假交易操纵,实践中称为蛊惑交易操纵。法律理论与实践对于虚假交易操纵并没有进行准确的定位,这在很大程度上造成了惩治与防控蛊惑交易操纵时存在一定的规范不明确性或者不确定性。因此,亟须通过虚假交易操纵的法律与金融分析研究蛊惑交易操纵的细化规则。

一、"抢帽子"交易操纵

"抢帽子"交易操纵的行为机理决定了在技术层面难以量化性地确认证券、期货投资咨询机构、资产管理公司、财经媒体等行为主体发布的证券、期货信息对于资本市场投资者(投机者)决策行为的影响。因此,在认定"抢帽子"交易操纵的过程中,应当坚持相对严格的把控,从而控制"抢帽子"交易操纵法律监管的合理边界。

(一)金融媒体从业人员发布利益冲突信息谋取交易利益

"抢帽子"交易操纵意图实现谋取证券、期货、衍生品市场中的交易利润,需要控制特定证券、期货等金融商品所对应的相当数量的资本流动。由于电视、电台、报刊、网络等财经新闻媒体对于证券、期货市场投资者的决策具有重大影响,相当数量的"抢帽子"交易操纵中的信息发布需要依靠媒体从业人员的协助予以实施以及实现证券、期货投资信息的大规模推广与传播。在此过程中,确实有一部分媒体从业人员利用发布利益冲突信息谋取证券、期货交易利益,甚至有部分媒体从业人员在事先持有相关证券、期货仓位的情况下,独立发布或者联合其他媒体共同发布有关上市公司及其发行证券利好或者利空的报道,随后通过实施相关金融商品交易谋取利益。

财经新闻媒体从业人员的这种行为是否能够认定为市场操纵,法律实务中存在较大的疑难与困惑。尽管财经新闻媒体及其从业人员在我国现有的反市场操纵法律以及司法解释的规范框架下,不能单独构成"抢帽子"交易操纵的行为主体，[1]但在部分成熟资本市场的法律监管框架下，媒体从业人员可以独立构成“抢帽子”交易操纵违法犯罪的主体。例如，英国《金融服务与市场法》第118A条规定，对于新闻从业人员实施的传播信息行为，应当充分考量其职业准则，一般不作为市场滥用处理，除非其直接或者间接从传播信息中获取任何好处或者利益。[2] 同时，财经新闻媒体从业人员在与证券、期货投资咨询机构通谋的情况下完全可以构成“抢帽子”交易操纵。所以，分析新闻媒体从业人员利用利益冲突信息从事相关证券交易谋利行为是否能够构成“抢帽子”交易操纵，具有重大的实践意义。

在判断财经新闻媒体从业人员是否构成“抢帽子”交易操纵违法犯罪问题时，应当采取相对严格的司法认定理念与法律判断标准以及具有纵深性的司法判断规则。在司法实务中审慎判断相关新闻媒体从业人员的交易行为是否构成“抢帽子”交易操纵，应当严格按照明知利益冲突、排除一般违规、附加处罚条件、严格审查信息内容等四个层次的纵深性规则，限制此类行为的入罪范围。

第一，在金融投资咨询机构、资产管理公司等编制具有利益冲突的金融投资信息，经媒体从业人员审核后在媒体平台发布的情况下，只有新闻媒体机构及其从业人员明知相关金融投资咨询机构在发布信息之前或者同时已经持有与信息所涉及的证券、期货交易仓位的，才具有将媒体机构及其从业人员认定为“抢帽子”交易操纵共犯的归责基础。

在媒体机构及其从业人员对金融投资咨询机构拟在媒体平台发布的信息进行必要的审查之后，根本无从知悉证券、期货投资咨询机构在发布信息之前已经持有相关证券、期货仓位的，不能根据操纵证券市场违法犯罪追究法律责任。因为新闻记者、编辑、评论员等媒体从业人员，客观上没有必要的条件判断与审查金融投资咨询机构是否持有其推荐、评价的股票或者债券。媒体只需完成形式审查义务，法律显然不应当强求媒体从业人员对研究报告、金融分析背

① 根据《追诉标准二》第34条第7项的规定，操纵证券、期货市场，影响证券、期货交易价格或者证券、期货交易量，对证券、证券发行人公开作出评价、预测或者投资建议，同时进行反向证券交易，证券交易成交额在1000万元以上的，应当以操纵证券、期货市场罪立案追诉。所以，根据我国的法律规定，“抢帽子”交易的犯罪主体只能是“证券公司、证券投资咨询机构、专业中介机构或者从业人员”，媒体及其从业人员不能构成“抢帽子”交易操纵的主体。

② Financial Services and Markets Act 2000 § 118A Supplementary Provision about Certain Behaviour.

后的证券、期货投资咨询机构及其从业人员的金融交易情况进行实质审查。因此,认定媒体从业人员构成“抢帽子”交易操纵的共犯,应当在主观故意上就上述明知内容进行充分且确实的证明。

第二,媒体机构及其从业人员的行为符合“抢帽子”交易基本要件的——在事先持有或者建构相关证券、期货、衍生品仓位的情况下,发布与金融商品及其发行人有关的利好或者利空信息,随后进行相对应的卖出或者买入的证券、期货、衍生品交易操作,并且获取巨额利益的——仍然不能直接认定为“抢帽子”交易操纵。

资本市场实务操作或者司法实践中,确实存在财经记者、评论员等对投资者具有较大影响力的财经界“意见领袖”,提前买入或者做空相关证券,利用新闻媒体从业的职务便利,针对证券及其发行人的情况发布利好或者利空信息,在随后的证券交易价格上升时抛售股票,在随后的证券交易价格下降时买入,谋取巨额交易利润。传统证券期货犯罪刑法理论上有一种具有代表性的观点认为,这种通过发布信息影响市场并从中赚取价差的行为,应当认定为具有市场操纵的故意与行为。

然而,在新闻媒体机构及其从业人员根据对市场公开资料的分析发布相关意见或者评论时,只要没有对基本的事实进行虚构或者编造,没有对评论意见进行夸大与扭曲,这种资本市场中的信息传递行为并不属于失实的新闻报道与评论。同时,新闻媒体机构及其从业人员向证券、期货市场投资者发布信息,本身就是要通过这种信息传播的方式进行言论阐释,对于资本市场或者相关投资者的资本配置行为产生影响,显然也是言论自由权利行使的当然结果,不能直接认定具有市场操纵的违法犯罪故意。新闻媒体机构及其从业人员针对其评论、报道的证券从事相关金融交易,就交易行为本身而言,实际上就是财经媒体人员根据专业知识进行市场投资或者投机,并不具有市场操纵违法犯罪的行为属性。当然,新闻机构及其从业人员没有向市场披露其评论、报道的金融商品相关的交易信息,在法律上应当属于对利益冲突信息的隐瞒,应当根据相关财经新闻媒体证券交易禁止性规定以及新闻职业道德规范,认定其利用利益冲突信息谋取证券交易利益的行为构成违规、违法,但直接不能认定其构成“抢帽子”交易操纵。

第三，媒体机构及其从业人员撰写、报道、发表、评论、传播严重背离事实、未经查证、编造的虚假金融投资信息，在事先或者信息发布同时建构相关仓位的情况下，通过发布虚假信息引发资本市场波动，随后从事相关金融商品交易谋取巨额利益的，应当认定为“抢帽子”交易操纵。

正如前文市场操纵机理部分所述，“抢帽子”交易操纵的实质在于信息发布者与信息接受者之间的利益冲突，故通常情况下构成“抢帽子”交易操纵不需要就信息是否具有虚假性问题进行考察。但是，为了针对新闻媒体这一特殊行业的言论自由与新闻自由施加一定的制度保护，有必要在信息内容要素层面设置一定的附加条件，建构专属于新闻媒体从业人员“抢帽子”交易操纵的独立要件。在符合“抢帽子”交易操纵基本构成要件的基础上，新闻媒体从业人员构成“抢帽子”交易操纵的前提是其传递的信息具有虚假性。在认定相关行为是否符合发布、评论虚假金融市场信息时，应当根据案件中的客观情况进行严格的、限定性的解释与分析。因为资本市场中的信息具有极强的专业性，新闻媒体从业人员基于专业知识、经验、判断能力、调查水平等综合情况的限制与差异，不能要求其必须对失实报道承担市场操纵违法犯罪的责任。即使传播的信息属于虚假证券、期货信息，但如果媒体机构及其从业人员能够提出失实报道的合理来源与依据，例如，对相关报道或者评论进行采访、对上市公司财务情况进行了调查等，则不能认定为编造并传播虚假证券、期货信息。目前以《追诉标准二》为代表的资本市场违法犯罪司法解释并没有将新闻媒体机构及其从业人员利用利益冲突信息从事证券、期货交易谋利的行为作为市场操纵处理，主要也是基于保护新闻媒体言论自由的宪法价值考量而在刑法适用层面采取的司法克制定位。所以，在法律实践中，只有对特别严重的虚假证券、期货信息传播媒体机构及其从业人员实施的非法利益特别巨大的证券、期货交易行为，才能以市场操纵追究其法律责任。

第四，判断新闻媒体从业人员发布金融市场投资信息是否具有虚假性，应当适用独立的标准。

如何确立新闻媒体从业人员发布证券期货投资报道等市场信息的虚假性判断标准是反市场操纵司法实践中的疑难问题。我国台湾地区资本市场中发生的劲永公司股票操纵案就是一起典型案例：张某宽是我国台湾地区证券交易所上市部中级专员,负责公司股票上市审查、上市公司财务报告出现异常的项目查核等业务。2004 年 11 月,张某宽根据证交所主管指示,协助其同事陈某怡对在我国台湾地区证交所上市的劲永公司进行实地查核,在履行职务过程中知悉证交所准备对劲永公司疑似财务造假事件展开调查。张某宽意图提前卖空劲永公司,利用利空信息造成劲永公司股价下跌,并从股票价差中谋取卖空利润。张某宽通过林某宏、林某达的信息传递,在没有证据材料依据的情况下,将劲永公司财务造假将被证交所调查的信息转达至《联合报》记者高某亿。基于这一信息渠道,高某亿与其同事张某业撰写了《劲永财报疑不实　两成“灌水”》的财经报道,并发表于《联合报》2005 年 1 月 25 日第 A5 版。利空信息经报纸向市场传递之后,劲永公司股价立即下跌至 1 元/股。直至 2005 年 3 月中旬,记者高某亿使用类似方法,通过撰写并发表新闻报道的方式向市场散布与劲永公司有关的、没有证据材料依据的利空、利好信息,提前买入劲永公司股票,利用利好信息拉升股价之后,高位卖出获利,或者提前卖空劲永公司股票,利用利空信息压制股价之后,低价买入回补,反复操作共计获利 2000 余万元新台币。相关报道使用“疑似财务造假”(利空信息)、“目前股价水平属于低估,未来股价下探空间不大,有机会挑战 12 元关口”(利好信息)等措辞;报道中对上市公司的评估、质疑都不符合实际情况。检察官以违反“证券交易法”起诉该记者操纵有价证券,但一审、二审法院均判决被告人无罪。本案的争议焦点在于如何确定记者报道证券信息虚假性的判断标准。主张有罪的核心理由是,记者在没有证据材料的情况下发布与上市公司业绩有关的利空或者利好报道,经查证与事实不符的,应当认定其新闻报道为虚假信息。主张无罪的主要论据是,要求记者一定要在掌握确切证据材料的基础上才能够报道相关财经新闻,否则该信息就是虚假信息,显然严格限制了媒体与记者的言论自由与新闻自由,这种信息虚假性判断标准不应适用于财经媒体从业人员“抢帽子”交易操纵案件。

金融市场新闻报道信息的虚假性认定应当适用独立的司法判断规则。普通市场信息与实际情况相背离、对特定事件的信息化反应不真实,可以认定为虚假信息。但是,维护新闻自由与保障金融市场参与者产权之间价值平衡的现实需要决定了金融市场中的虚假新闻报道应当从信息内容、行为主体主观认知等角度进行区别于一般虚假信息认定标准的甄别。其一,在信息内容上,媒体从业人员基于现有的资料对上市公司的财务状况进行猜测、对上市公司基本面进行推论、对上市公司股价发展趋势进行评估，以“看好”“看空”“估值较高”“估值较低”“疑似”等估计、推断、揣测等意见发表的方式发表信息，均属于常规的新闻报道模式。即使事后将信息内容与事态发展进行比对能够确认报道的信息是错误的，亦不能将该报道认定为虚假信息。因为新闻记者对信息进行发布、对新闻事件进行推测或者评价，本来就不可能形成统一口径或者精准符合事件客观情况。如果要求新闻报道的结论、评价、意见均符合事件的性质与过程，新闻自由也就丧失了存在的基础与价值。但是，如果媒体从业人员在新闻报道中编造证据、材料支撑其错误的评价与猜测的，该信息则超越了失实报道的界限而具备了虚假信息的客观特征。其二，在媒体从业人员对其进行的新闻报道的主观认识上，即使其不能证明报道、言论所内含的信息是真实的，但只要根据自己拥有的资料和自主判断能够合理相信信息是真实的，就不能认定其散布虚假信息与利益冲突信息进而构成“抢帽子”交易操纵。媒体从业人员对与特定金融商品市场表现有关的事件进行报道，除了搜集、整理、表述相关事实与材料之外，不可避免地会融入报道主体对事件的认识、评价以及对未来发展趋势的预测。这种新闻报道中的主观判断与趋势揣测是媒体从业人员基于当前有限的材料作出的分析与推论，只要没有严重违反新闻报道的专业标准、写作规范，不仅不会受到现行法律规范的禁止，而且没有义务保证报道内容与客观事实及其发展完全吻合。媒体从业人员合理相信新闻报道是真实的，无须达到向市场传递的信息具有客观真实性的证明标准。没有确实与充分的证据排除合理怀疑地证明新闻报道者明知其撰写与发表的信息是虚假的，就不能认定信息具有虚假性。结合上述新闻报道虚假性判断标准，就豹永公司股票操纵案中的新闻报道虚假性判断问题而言，该记者发表的新闻报道具有一定的新闻价值与信息来源渠道，报道所使用的措辞相对普通、保守与克制，没有证据证明其明知信息失实，不应当认定该篇新闻报道构成虚假信息。

（二）实害结果

“抢帽子”交易操纵的实际损害结果可以是受到利益冲突信息诱导的投资者在证券交易过程中产生损失，也可以是证券市场中特定证券的交易价格、交易量发生重大异常波动。“抢帽子”交易操纵的实际损害结果应当以非法获利数额为核心进行评估。同时，“抢帽子”交易操纵的起刑点数额标准不仅应当在非法获利金额上明显高于“抢帽子”交易操纵违法行为，而且应当明显高于与市场操纵具有相当性的其他资本市场违法犯罪（例如，内幕交易罪、利用未公开信息交易罪）非法获利入罪标准。所以，作为“抢帽子”交易操纵入罪标准的非法获利数额可以界定在一个相对较高的数量层级，例如，3000 万元。此外，还有必要增设其他条件，进一步对情节严重予以量化，例如，“抢帽子”交易操纵行为引起 5000 人以上的代表人诉讼或者金融集团诉讼。这种量化性的实际获利、实际衍生损害标准，不仅具有限制资本市场刑法介入程度的效果，而且可以为司法实务部门提供简便且确定的技术性判断尺度。

二、蛊惑交易操纵

蛊惑交易操纵表现为向资本市场及投资者编造、传播、提供、发布不真实、不准确、不完整或不确定的重大信息，诱导投资者在不了解真实且全面信息的情况下从事相关证券、期货、衍生品交易，从而通过预期的资本市场价格波动谋取金融交易利润。可见，蛊惑交易操纵在行为机理上是比较复杂的，在实践中通常会涉及多方面的判断难题，亟须厘清虚假信息重大性、信息欺诈等问题的司法认定规则。

（一）虚假信息重大性

在蛊惑交易操纵中，作为行为对象的虚假信息应当具备重大性，即行为人编造、传播、散布不真实、不完整、不确定的欺诈性、虚假性信息，必须可能对资本市场中的投资者造成重大影响，或者可能对特定金融商品市场价格产生重大影响。虚假重大信息是能够对具有一般资本市场知识的普通投资者（投机者）的资本配置决策产生重大影响的事实或事件内容的信息化反应，只是这种反应是资本市场中人为编造、虚幻失实的干扰性价格信号。在认定蛊惑交易操纵虚假信息重大性的过程中，应当注重从其他资本市场违法犯罪中与重大信息有关的个罪中，对信息重大性的基本规范标准进行定位。内幕交易、泄露内幕信息罪，利用未公开信息交易罪中涉及内幕信息与内幕信息之外的其他未公开信息，《证券法》《刑法》中内幕信息与未公开信息所覆盖的证券、期货法律规范，已经内含了相对全面的信息重大性判断规则，完全可以在蛊惑交易操纵信息重大性的分析中予以适用。[①]

蛊惑交易操纵案件中的虚假信息在内容上通常与上市公司资产、财务、经营、管理等重大事项有关,信息重大性判断一般不存在很大的争议。蛊惑交易操纵司法实践中相对困难的法律适用问题是:行为人所编造并传播的信息内容虚假性颇为明显、信息所内含的事件发生概率非常低、信息实际上很难令人相信,但是,相当数量的市场参与者受到信息影响改变资本配置决策,相关金融商品市场价格基于虚假信息所指向的方向进行明显调整时,此时应当如何判断虚假信息重大性?

日本金融市场中发生的"占星术操纵股价事件"就是一起非常典型的、由显而易见的虚假信息引发的市场操纵案件:日本的一本博彩类杂志《赌博秘籍》主要发表与赌博、彩票、证券市场投机交易等有关的文章与信息。一位"星座学"(占星术)研究者连续三期在《赌博秘籍》发表文章,以星座分析方法向读者推荐"熊沢制油"等三家上市公司股票。经查证,文章中阐述的内容纯属作者虚构。但文章登载之后,熊沢制油等上市公司股票迅速上涨,该星座研究者卖出相关股票获利。东京简裁法院以传播虚假证券信息判决文章作者罚金 50 万日元。[②] 质疑该案判决合理性的观点认为,不能以虚假信息披露之后的股票价格剧烈波动直接认定信息具备重大性,基于星座等毫无根据的分析所形成的证券市场信息,明显是虚假的或者不可信的,投资者应当自担风险,信息发布者不应当承担蛊惑交易操纵的责任。[③]

笔者认为,信息的重大性确实是受到信息内容虚假性程度现实制约的。虚假信息之所以会对资本市场参与者产生影响进而引发金融商品市场价格波动,本质上是因为信息本身存在不确定性。如果信息内容具有显而易见的荒谬性或者非理性,信息的属性趋向于确定虚假性,或者说丧失了不确定性,理论上也

---

① 详细的信息重大性判断规则参见谢杰:《操纵资本市场犯罪刑法规制研究》,上海人民出版社 2013 年版,第 259 ~ 270 页;谢杰:《利用未公开信息交易罪的规范解释与实践应用》,载彭东主编:《刑事司法指南》第 51 集,法律出版社 2012 年版,第 99 ~ 102 页;谢杰:《内幕信息形成时间判断规则研究》,载《证券市场导报》2013 年第 8 期。

② (判决)平成 9. 1. 30(東京簡裁)罰金 50 万円(略式命令);金融庁証券取引等監視委員会『証券取引等監視委員会の活動状況〈平成十五年〉』国立印刷局、2003 年、154 頁。

③ 神山敏雄『日本の経済犯罪一その実情と法的対応』日本評論社、2001 年、37 頁;张天一:《论证券交易法上散布流言或不实数据操纵价格罪》,载《中原财经法学》2008 年第 20 期。

就不应该对资本市场参与者以及金融商品市场价格产生影响。相应地，虚假信息也就丧失了具备重大性的客观基础。但是，正如行为金融理论关于资本市场参与者有限理性所分析的那样，投资者（投机者）在现实的金融市场操作中往往是非理性的，绝大多数市场参与者实施的金融交易通常表现出很强的随机性与混沌性。基于显而易见的甚至是荒唐的虚假信息而引发的市场参与者关注，并导致金融商品价格波动或者金融资产出现高度的投机性泡沫——这种现实风险也不应当在蛊惑交易操纵的法律控制规范体系中予以彻底且绝对的排除。资本市场刑法规范将特定的蛊惑交易纳入犯罪化的范围，不仅对行为人施以最为严厉的刑罚震慑，也是对资本市场所有参与者的强化保护，更是对资本市场信息自由竞争环境的维护。在制度安排上，不应当遏制市场淘汰虚假信息的自主化能力，也没有必要为市场参与者的无知而产生的非系统性损害设置蛊惑交易市场操纵的赔偿机制。所以，如果基于常识即可认为普通投资者（投机者）接触到相关虚假信息时不会予以关注，也不会基于该信息对金融商品配置决策予以调整的，则该信息不能认定为重大信息。但是，如果蛊惑交易者针对并利用市场参与者的非理性、易受操控性、交易行为的混沌性等金融行为心理，传播显而易见的虚假信息却引发市场参与者高度关注、金融资产价格剧烈波动并具有制造系统性风险危机的，则应当认定相关虚假信息具有重大性。

（二）信息欺诈

蛊惑交易操纵在控制市场行为的实施过程中，客观上至少应当存在编造、传播的行为，其本质就是资本市场信息欺诈。当然，操纵者可以不直接编造资本市场信息，而是明知并预见到虚假证券、期货、衍生工具交易信息对市场的影响，通过向市场传播并利用投资者可能出现的市场反应谋取市场波动之后的利润。

对于如何理解传播证券虚假信息行为，传统证券期货犯罪刑法理论一般认为，传递虚假的证券信息，范围应具有公众性、扩散性与拓展性，信息传播对象必须是不特定多数人。① 传播虚假证券市场信息的违法性本质根植于妨碍证券市场信息管理秩序，行为人传递虚假信息的范围如果限定于特定人，难以达到

① 参见李宇先、贺小电：《证券犯罪的定罪与量刑》，人民法院出版社 2000 年版，第 101 页。

扰乱证券市场信息管理秩序的严重程度。①

上述意见具有一定的合理性。因为传播信息的行为就是向社会公众扩散，蛊惑交易操纵中的传播虚假证券信息行为显然应当包括同资本市场中的多数公众或者不特定投资者(投机者)传递虚假信息。

但是,蛊惑交易操纵的实质在于通过虚假证券、期货信息的传播诱导投资者的行为,从而通过期待的证券、期货市场波动谋取利润。只要能够产生证券、期货市场波动的效果,受到虚假信息欺诈的投资者是否具有公众性、多数性实际上并不是绝对的法律限制条件。这是资本市场信息传播行为区别于普通信息传播行为的重要特点。资本市场信息传播的关键在于实质上的市场价格效果,普通信息传播则侧重于形式上受众的不特定性与多数性。在资本市场中,并非只有公众性、多数性的投资者才能影响金融商品交易价格或者交易量,个别投资者由于持有巨量证券、期货仓位或者掌握巨额资金,个别性的投资者行为负载了巨额交易量或者资金量,完全可以凭借一己之力,引起资本市场金融商品的价格波动。传统证券期货犯罪刑法理论中的部分观点认为,通过信息诱导个别投资者无法引起市场波动,显得比较片面与绝对,与金融实践中真实情况也不尽相符。

例如,投资银行经纪部门向特定客户发布内部邮件,传递虚假证券交易信息,相关持有巨额资金的客户根据邮件中发布的虚假信息从事相关交易,由于资金量巨大引发市场波动,投资银行自营业务部门事先建构仓位,从这种预期的市场效果中谋取巨额交易利润。从这个角度分析,蛊惑交易操纵中传播行为的实质内涵完全可以区别于刑法其他个罪(传播淫秽物品牟利罪等)中传播行为,即可以不完全等同于向公众、不特定或者多数主体发布虚假信息,而是向特定、个别、少数证券市场投资者进行虚假信息引导。

实际上,《刑法》第181条第2款诱骗投资者买卖证券、期货合约罪中的一种客观行为,即提供虚假信息,尽管在大多数情况只能产生欺诈特定客户的效果,但是,如果特定客户资金量或者金融商品持仓量特别巨大,对特定客户的欺诈行为完全可能引发资本市场中相关金融商品交易的整体价格或者交易量的变动。作为欺诈特定资本市场投资者的诱骗投资者买卖证券、期货合约罪,完

① 参见王晨:《证券期货犯罪的认定与处罚》,知识产权出版社2008年版,第253页。

全可能形成对资本市场中特定交易品种的非法控制。所以，根据中国《刑法》第181条第2款构成诱骗投资者买卖证券、期货合约罪，但具有影响资本市场交易量或者交易价格实质风险或者实害结果，且行为人实施的金融交易从价格波动中获取利润的，本质上应当归属于蛊惑交易操纵。

第十二章

复杂金融交易结构下的市场操纵疑难法律问题解决及其合规启示

金融从业人员作为专业人士，擅长用各种交易解决金融市场难题。与此同时，隐藏在复杂交易结构中的市场操纵会变得更为隐蔽，导致法律适用存在困难。对此种复杂且新型的市场操纵法律问题进行深刻反思与细致解构，以法律与金融的双面向视角解析市场操纵司法解释，进而形成完善意见与补充规则，并提供立法完善参考，具有重大理论与实践价值。精细化的制度安排也能更好地实现资本市场效率与投资者权益的协调和统一，并对交易者证券合规方案提供指引与参考。

第一节　实际控制账户问题

实际控制账户的认定是市场操纵适用法律与合规管理首先需要解决的问题。因为只有明确可以归属于特定行为主体的账户范围，才能将之作为潜在的操纵主体及其操纵行为进行刑法评价。《市场操纵解释》第5条所设置的核心标准是：(1)区分本人账户与他人账户。(2)实际控制他人账户表现为：控制资金流动并承担损益;行使管理权、支配权或者使用权;基于投资或者协议方式行使交易决策权;基于其他方式行使交易决策权。(3)以没有交易决策权作为免责事由。[①] 可见,司法解释在吸收证券监管文件相关条款[②]的基础上,进一步提出实际控制账户的核心判断依据是对他人账户的交易行为具有决策权。这确实能够在很大程度上基于刑法实质判断规则,将普遍认为具有隐蔽性的操纵交易关联账户予以有效且全面的规制,并通过例外规则允许辩方提供排除交易决策权法律属性的证据进行反驳。实践中比较典型的控股关系、投资关系、代持关系、融资关系、委托代理关系、近亲属或者关系密切人的身份关系等,在司法解释作出了上述规定之后,基本不会出现较大争议。但上述司法解释仍不乏重大疑问。

一、复杂金融交易结构下的"交易决策权"判断标准

《市场操纵解释》第 5 条不仅没有对"其他有证据证明行为人具有交易决策权的账户""有证据证明行为人对前款第一项至第三项账户内资产没有交易决策权"中的"有证据证明"提供方向性的证据规格指引,而且并未就证券、期货市场中交易结构相对复杂的账户类型提供明确的判断指引。

一是信托计划项下的证券账户。在典型的证券投资集合资金信托计划的交易结构中,投资者委托信托公司担任管理人并从事相关证券交易,信托公司进一步委托各类专注于二级市场交易的私募机构担任投资顾问。在具体交易时,投资顾问通过软件向管理人下达投资建议指令,信托公司基于风控指标、管理人职责等选择接受或者拒绝投资顾问的建议;接受建议的,信托公司根据建议指令,在信托计划对应的证券账户下达交易指令。如果相关证券账户中特定

---

① 《市场操纵解释》第 5 条规定:下列账户应当认定为《刑法》第 182 条中规定的"自己实际控制的账户",(1)行为人以自己名义开户并使用的实名账户;(2)行为人向账户转入或者从账户转出资金,并承担实际损益的他人账户;(3)行为人通过第 1 项、第 2 项以外的方式管理、支配或者使用的他人账户;(4)行为人通过投资关系、协议等方式对账户内资产行使交易决策权的他人账户;(5)其他有证据证明行为人具有交易决策权的账户。有证据证明行为人对前款第 1 项至第 3 项账户内资产没有交易决策权的除外。

② 参见中国证监会《证券市场操纵行为认定指引(试行)》(已失效)第 8 条规定:利用他人账户操纵证券市场的,利用人为操纵行为人。具有下列情形之一的,可认定为前款所称利用他人账户:(1)直接或间接提供证券或资金给他人购买证券,且该他人所持有证券之利益或损失,全部或部分归属于本人;(2)对他人持有的证券具有管理、使用和处分的权益。

交易行为构成市场操纵——投资者虽然是信托计划受益人，对于账户资产享有投资权益，但显然不是账户实际控制人。信托计划管理人（信托公司）尽管是证券账户的客观交易主体，但交易策略并非由其制定，很难将证券账户中的操纵性交易归责为信托公司的实际控制行为。根据《市场操纵解释》第5条的“交易决策权”标准，真正形成并提出操纵性交易策略与建议的投资顾问，能否构成对案涉账户的实际控制，实际上存在极大争议。投资顾问的行为性质是投资建议，权利属性是交易建议权，所以，将信托计划投资顾问认定为对信托公司管理的、投资者享有财产权的账户具有“交易决策权”，不无疑问。

二是各类场外衍生工具挂钩的自营账户。在场外个股期权①、股票收益权互换②等各类场外衍生工具交易中，证券公司通过场外交易专用的自营账户进行个股风险对冲交易。以实践中常见的股票收益权互换交易为例，客户向证券公司就其收益权互换账户的交易发出指令（买入或者卖出挂钩股票标的），证券公司有权根据风控指标、合规要求或者其他全权自主认定的因素，决定接受还是拒绝互换交易指令；证券公司选择接受并执行指令的，互换交易双方采用现金净额进行结算；证券公司有权根据互换交易指令决定是否在自营账户中进行对冲交易，如进行对冲交易的，互换交易成交价格以甲方对冲交易实际成交结果为准。可见，在客户与证券公司互为对手方的场外衍生工具交易中，客户在系统中下达的是互换要约、买入或者卖出期权要约等衍生交易指令，证券公司针对挂钩股票在其自营账户中进行对冲交易。从法律关系上分析，似乎是归属于券商独立决策下的自营交易行为。但实践中确实存在且已经查处了部分客户利用场外衍生工具交易作为“通道”实施市场操纵等违法行为的情况。③ 如果客户下达的收益互换、期权交易等衍生交易策略具有操纵性，而证券公司又

---

① 关于证券公司场外期权业务的内容及其监管标准，参见中国证监会《关于进一步加强证券公司场外期权业务监管的通知》（证监办发〔2018〕40号）、《关于进一步规范证券基金经营机构参与场外衍生品交易的通知》（证监办发〔2016〕81号）等监管文件。

② 股票收益互换通常是指客户与证券公司互为对手方，双方通过合同约定，在未来特定期限内，就特定股票的收益表现与名义本金的固定利息进行现金流交换。See John C Hull, *Options, Futures, and Other Derivatives*, 6th ed., Prentice Hall, 2006, p. 1.

③ 参见蔡奕：《证券创新交易模式对市场监管的挑战及法律应对》，黄红元、徐明主编：《证券法苑》第11卷，法律出版社2014年版，第43页。

根据衍生交易指令在其自营账户中对挂钩股票标的进行实时完全对冲交易[①]，根据《市场操纵解释》第5条的“交易决策权”标准，由于自营账户的交易决策、盈亏风险等均归属证券公司，能否认定客户对于终端买入或者卖出股票的证券公司自营账户形成实际控制，值得商榷。

《市场操纵解释》第5条将实际控制账户的核心依据定位于“交易决策权”，其内部逻辑进路是稳定且自洽的，即尝试在“隐蔽”的操纵性交易中，基于主观意图与实行行为相统一的“决策”概念来锁定异常账户之间的实质关联。但在法律适用过程中，一旦遭遇结构复杂且合约设计精细的金融交易，司法解释便容易陷入困境：对下达投资建议或者衍生交易指令的客户不予认定其实际控制证券账户，存在市场操纵刑法规制不力的风险；基于“其他有证据证明行为人具有交易决策权的账户”的“兜底条款”认定其实际控制相关账户，又与显而易见的部分证据[②]和法律解释相矛盾。

二、解锁困境与排解矛盾的具体方案

刑事司法实践有必要还原真实的证券、期货市场交易逻辑与场景，在厘清复杂金融交易民事法律关系的基础上完善认定实际控制账户的证据规格，回归实控关系的“行为”本质而非“权利”依据，针对金融行为作出刑法实质判断。

第一，通过交易所大数据分析系统监控异常证券账户组，据此调取证券公司等金融机构留存的客户交易数据，以客观的金融交易及其账户信息将“隐蔽”还原为“透明”。

信托计划、场外衍生工具等复杂金融交易确实具有隐蔽交易主体与持仓规模的金融功能。[③] 例如，股票收益互换交易只对收益进行现金流交换，不需要进行股票实物交割，股票实物交易的实施、股票的投资者权益均归属于证券公司，

---

① 实时完全对冲策略在场外衍生工具交易实践中通常是指，客户通过互换交易操作终端发出互换交易申请，并通过证券公司风控审核，证券公司在其专用的自营对冲账户中买入或者卖出相同数量的标的股票，将标的股票的交易收益按照合同约定的现金交割模式与客户进行结算。

② 投资顾问建议权通常不能直接解释为信托计划项下对证券账户的决策权，客户的互换交易指令权通常也不能直接解释为对证券公司进行对冲的自营账户的决策权。

③ Henry T. C. Hu & Bernard Black, *The New Vote Buying: Empty Voting and Hidden (Morphable) Ownership*, 79 South California Law Review 825(2006).

作为交易对手方的客户表面上是“隐蔽”的。尤其是我国证券、期货市场充斥着类型繁多的通道业务，券商、保险、信托等都可成为各种资金进出股市、债市、期市的管道。尽管“资管新规”执行一年多以来通道业务明显收紧、收缩，①但毕竟层层嵌套的金融交易结构并未全面禁绝，通道业务的客观存在进一步加深了操纵性交易形式上的隐蔽性。

然而，当前我国交易所的自律监管模式与技术能力，已经足以将看似“隐蔽”的账户及其操纵性交易还原为透明的客观数据。一方面，看穿式监管切实提高了市场监察效率、加强了市场风险监测，能够有效识别特定投资者对应的不同账户的交易、持股等信息。② 另一方面，随着交易所大数据分析已经提升至每秒百万笔以上的信息处理水平，数据监测在对象、手段、模式、管理、资源等方面均实现了重大转变，违规监测模型更加智能化，能够支持不同金融产品的差异化监察、跨市场监察。③ 交易所自律监察、证券行政监管、刑事司法有必要在线索信息共享的基础上实现案件移送与证据移交，以交易所移送异常交易数据与调取金融机构客户交易信息为核心，还原交易者、各类通道、证券账户客观且透明的金融数据，尤其是将以投资顾问、场外衍生交易等间接形式参与证券、期货交易的IP地址、Mac地址、投资建议指令、场外衍生交易指令等数据与对应的金融机构账户信息进行比对，供司法机关进行法律判断。如果投资顾问建议指令、场外衍生交易指令在网络协议、时间、价格等方面的数据均与金融机构实际交易证券、期货的账户数据高度一致，或者金融机构接受客户指令、账户执行交易比率极高，则可以作为投资顾问、场外衍生交易对手方等行为主体实际控制他人账户的初步证据。

第二，复杂金融交易结构所内含的民事法律关系是市场操纵刑事案件法律适用的基础，可以将民事法律关系背后所隐藏的异常要素作为补强证据方向，但不宜以“权利”依据为导向设定实际控制账户的核心判断规则。

---

① 《关于规范金融机构资产管理业务的指导意见》（银发〔2018〕106号）明确规定：金融机构不得为其他金融机构的资产管理产品提供规避投资范围、杠杆约束等监管要求的通道服务。

② 参见皮六一、薛中文、刘苏：《看穿式监管的国际实践及主要模式研究》，载《证券市场导报》2019年第1期。

③ 参见深交所综合研究所：《丰富监管手段，加强交易监控和风险管理》，载《证券时报》2018年9月18日，第A12版。

无论是普通市场参与者还是涉嫌市场操纵的主体,其实施相关金融行为都必须借助于一系列合约安排。刑事司法分析相关账户是否受到特定行为主体控制,还需要依托于民事法律对基础法律关系、权利义务要素等进行判断。刑法评价不宜直接超越或者打破民事法律框架,否则会造成刑法过度介入证券、期货市场,妨碍金融市场优化资源配置效率,继而导致证券期货犯罪刑事立法、司法解释反倒成为制约进一步深化金融改革的制度成本。因此,就前述信托计划、股票收益互换等复杂金融交易所内含的民事法律关系而言,信托账户、证券公司自营账户中的权益都不可能在民事法律层面归属于信托计划投资顾问、券商场外衍生交易业务对手方。

以股票收益互换为例,在金融交易的法律属性上,收益权互换交易与股票交易完全不同,场外衍生工具交易主体根本不可能对证券账户行使任何形式的"交易决策权";在账户的区分层面,客户的收益权互换账户显然独立于证券公司用于风险对冲的自营账户,客户的控制权限仅限于针对收益互换账户发出交易指令,且该账户并不交易实物股票;从交易策略角度分析,客户制定的是收益权互换策略,自营账户的风险对冲策略由证券公司全权制定并执行;在投资权益上,自营账户如果买入实物股票,其股权均由证券公司行使。

上述完整的"权利"解释决定了刑事司法不能跨过民事法律判断,直接将客户在收益权互换账户下达指令、证券公司在自营账户中实时且完全按照客户指令进行对冲交易的情形,认定为客户实际控制自营账户。相反,刑法评价应当尊重民事法律关系下的金融交易逻辑,从中发现针对偏离标准民事权利义务模型的"异常"交易的查证方向:(1)客户与证券公司在订立收益权互换合约时,是否明知所有收益互换指令均会基于完全风险对冲转化为自营账户交易实物股票;(2)自营账户买卖股票所产生的交易成本是否均由客户承担;(3)客户提交的收益互换指令经由证券公司风控审核(主要是排除超额交易、ST股票等禁止交易标的等指标)后,是否以极低的时间损耗快速传递至自营账户下达股票交易指令。如果上述查证方向下与金融交易权利义务有关的问题,均能得出肯定性的回答,则可以作为客户实际控制证券公司收益权互换专用自营账户的补强证据。

同时,民事法律关系的"权利"解释逻辑不能成为限定刑法实质解释边界的桎梏。《市场操纵解释》第5条将实际控制他人账户的核心判断标准确立为"交易决策权”,显然是受到了民事法律解释的过度影响。民法是调整平等主体之间人身关系与财产关系的法律,其看待问题的出发点与落脚点,自始至终都会回归至对当事人之间民事权利义务关系的确定、恢复和补偿上;刑法与民法有着截然不同的宗旨与视角,刑法在于惩罚行为人破坏法益的行为。① 民事法律关系的核心是权利(义务),管理权、使用权、决策权等以“权利”为导向的判断标准完全契合民法判断的逻辑基础。但是,刑事法律关系的核心是行为,刑法判断必须针对行为的实质做出评价。《市场操纵解释》第5条所规定的“交易决策权”实际上是在刑法判断问题上混用了民法判断标准,容易出现刑法规制不力的风险、刑法判断与法律属性矛盾的困惑。

第三,从实际控制账户的行为本质出发进行刑法评价,《市场操纵解释》第5条规定的“交易决策权”标准有必要调整为特定行为人对案涉账户交易实施“决定或者重大影响行为”。

信托计划中投资顾问交易建议权与管理人交易决策权的分离,场外衍生工具中客户衍生交易决策权与金融机构自营账户交易决策权的分离,深刻揭示了没有账户“交易决策权”的行为主体,仍然可能存在实际控制从事操纵性交易账户的重大风险。这就要求司法机关需要考察复杂金融交易结构中的投资建议,间接作用于证券、期货合约买卖的衍生工具交易等,是否构成针对案涉账户的“决定或者重大影响行为”,即行为人是否实质上决定了账户的交易或者对之施加了重大影响。所谓决定行为,是指账户中的具体交易可能由金融机构或者其他市场参与者实施,但交易时间、方式、价格、策略、损益等均按照特定行为主体的指令予以确定并执行。例如,在信托计划中,终端投资者的资金来源、信托参与股票二级市场买卖的交易结构、证券交易策略与指令、超额收益的分配等均由投资顾问操作,信托公司仅作为资金进入股票市场的管道收取“通道费”,投资顾问虽然在合同层面没有限定于管理人的交易决策权,但其投资顾问建议指令均由名义上的管理人全盘采纳并在信托账户中执行相关交易。在此情形下,行为主体对于案涉账户的交易实施了决定行为,可以认定为实际控制账户。所谓重大影响行为,是指虽然没有达到全部决定的程度,但案涉账户的交易时间、方式、价格、策略、损益等指标与行为主体的指令高度一致。例如,在股票收益

① 参见刘宪权:《网络侵财犯罪刑法规制与定性的基本问题》,载《中外法学》2017年第4期。

互换中,客户与证券公司知道或者应当知道该场外衍生交易的实质,是为客户提供交易杠杆、双方原则上并非互为交易对手方进行"对赌"、证券公司有权根据客户的收益互换指令在自营账户中进行实时且完全对冲交易,尽管部分收益互换指令因为风控审核被拒绝,或者证券公司发现成为交易对手方的套利机会而没有在自营账户中进行完全对冲,但绝大部分收益互换指令被直接转化为自营账户中的股票实物交易。在此情形下,虽然证券公司自营账户不可能由客户行使交易决策权,但确实构成了对自营账户的交易施加了重大影响,也可以认定为实际控制账户。

第二节　新型市场操纵

由于市场操纵"兜底条款"的刑法解释长期以来一直是证券期货犯罪理论与实践中争议最大的难题,[①]《市场操纵解释》第 1 条[②]明确了六种操纵证券、期货市场的"其他方法",可谓本司法解释最为重要的条款及亮点之一。[③]《市场操纵解释》第 1 条具体规定的六种行为模式是:(1)蛊惑交易操纵;(2)"抢帽子"交易操纵,也就是利用"黑嘴"荐股操纵;(3)重大事件操纵,主要是指"编故

① 参见刘宪权:《操纵证券、期货市场罪"兜底条款"解释规则的建构与应用　抢帽子交易刑法属性辨正》,载《中外法学》2013 年第 6 期;谢杰:《资本市场刑法》,法律出版社 2016 年版,第 231 ~ 238 页。

② 《市场操纵解释》第 1 条规定:行为人具有下列情形之一的,可以认定为《刑法》第 182 条第 1 款第 4 项规定的"以其他方法操纵证券、期货市场":(1)利用虚假或者不确定的重大信息,诱导投资者作出投资决策,影响证券、期货交易价格或者证券、期货交易量,并进行相关交易或者谋取相关利益的;(2)通过对证券及其发行人、上市公司、期货交易标的公开作出评价、预测或者投资建议,误导投资者作出投资决策,影响证券、期货交易价格或者证券、期货交易量,并进行与其评价、预测、投资建议方向相反的证券交易或者相关期货交易的;(3)通过策划、实施资产收购或者重组、投资新业务、股权转让、上市公司收购等虚假重大事项,误导投资者作出投资决策,影响证券交易价格或者证券交易量,并进行相关交易或者谋取相关利益的;(4)通过控制发行人、上市公司信息的生成或者控制信息披露的内容、时点、节奏,误导投资者作出投资决策,影响证券交易价格或者证券交易量,并进行相关交易或者谋取相关利益的;(5)不以成交为目的,频繁申报、撤单或者大额申报、撤单,误导投资者作出投资决策,影响证券、期货交易价格或者证券、期货交易量,并进行与申报相反的交易或者谋取相关利益的;(6)通过囤积现货,影响特定期货品种市场行情,并进行相关期货交易的;(7)以其他方法操纵证券、期货市场的。

③ 参见戴佳、徐日丹:《"两高"出台两部关于证券期货犯罪司法解释 7 月 1 日起施行　操纵证券、期货市场罪立案追诉标准有六方面修改》,载《检察日报》2019 年 6 月 29 日,第 1 版。

事、画大饼”的操纵行为；(4)利用信息优势操纵；(5)恍骗交易操纵，也称虚假申报操纵；(6)跨期、现货市场操纵。[①]

以司法解释的形式明确构成市场操纵的“其他方法”，显然有利于实务部门准确适用《刑法》第182条“兜底条款”，但司法解释中有关市场操纵模式的具体判断规则，仍然存在诸多值得商榷、反思、补充与完善的空间。

《市场操纵解释》第1条第3项、第4项分别规定了重大事件操纵、利用信息优势操纵两种行为模式的具体判断规则。根据《市场操纵解释》第1条第3项中的资产收购或者重组、投资新业务、股权转让、上市公司收购等“重大事项”在未公开之前，实际上就是对证券市场交易价格具有显著影响的重要信息，即内幕信息。故重大事件操纵、利用信息优势操纵都是基于信息对于金融商品市场价格的重大影响而实施的市场操纵行为模式，可以统称为信息操纵。广受关注的徐某操纵证券市场案就是典型的信息操纵模式，即行为人与上市公司董事长或实际控制人合谋后形成信息优势及其炒作股价优势，控制上市公司发布“高送转”信息生成及信息披露的节奏、内容等，引发投资者大量跟风交易并推动股价、交易量异常波动。[②]

《市场操纵解释》第1条第3项、第4项对于解决之前信息操纵司法实践争议问题提供了有效的判断规则，但随之也产生了如何认定策划、实施虚假重大事项、误导投资者作出投资决策等全新疑难问题，有必要进一步予以概念澄清、具体分析、细化阐释，为证券合规管理好新型市场操纵风险做出有效指引。

一、虚假性与不确定性

司法解释规定的“策划、实施资产收购或者重组、投资新业务、股权转让、上市公司收购等虚假重大事项”，并不意味着其要求与此类重大事项有关的信息与内容全面造假或者纯属无中生有。这里的虚假性内涵应当是策划、实施相关事项并无执行的客观基础，行为人不以并购、重组、交易、业务等内容的达成为

① 参见姜佩杉：《依法惩治证券期货犯罪 促进资本市场稳定健康发展——“两高”有关部门负责人就关于办理操纵证券、期货市场、利用未公开信息交易刑事案件适用法律问题司法解释答记者问》，载《人民法院报》2019年6月29日，第4版。

② 参见山东省青岛市中级人民法院刑事判决书，(2016)鲁02刑初148号。

目的,而是以配合影响价格、交易量为目的。

有的操纵者在控制上市公司经营活动与重大资产交易时,股权收购、业务拓展、技术研发、资产置换等基础交易关系及其磋商过程本身是真实存在的。例如,交易双方就并购重组问题进行了初步磋商、实质谈判等多轮会谈;相关重大交易签署了股权转让协议、重大项目订单等。但该重大交易客观上并不具备兑现条件,行为人主观上也没有完成重大事项的主观心态,行为人筹划、实施此类重大事项的意图在于制造并发布重大信息,从信息所引发的股价变动中谋取交易利润(例如,高位减持)或者其他相关利益(例如,维持股价高位运行使得大股东或者实际控制人的股票质押处于平仓线之上)。实践中将此类操控并购重组等重大事项的行为称为"忽悠式"重组。[①] 在此类情况下,行为人不能以其策划、实施的重大交易是真实推进的为由,抗辩其不属于《市场操纵解释》规定的策划、实施资产收购或者重组,投资新业务,股权转让,上市公司收购等"虚假"重大事项。

《市场操纵解释》第 1 条第 3 项尽管使用了"虚假重大事项"的概念,但虚假性标准并不要求证明与重大事项推进有关的一系列事项是否真实发生,而是需要重点考察以下内容:(1)与重大事项有关的财务文件是否存在虚假记载。以证监会查处的浙江九好办公服务集团有限公司(现更名为九好网络科技集团有限公司,以下简称九好集团)等"忽悠式"重组案为例,九好集团以虚增收入、虚构银行资产为手段,将自己包装成价值数十亿的"优质"资产。[②] 尽管行为人执行的重大事项行为本身是客观存在的,但其在信息披露文件中进行虚假记载,可以认定为策划、实施虚假的重大事项。(2)重大事项进程及其结果是否依法披露信息。与重大事项有关的公告信息不符合《证券法》以及信息披露监管规则,公告的信息内容与实际事件的起因、筹备、策划、合约签署、执行、具体实施、结果等存在明显不一致的,可以认定为策划、实施虚假的重大事项。(3)策划、实施相关事项是否具有不正当目的。在上市公司收购资产、投资新业务的过程中,经过完整的筹备、磋商、尽职调查、合同签订等环节,但资产估值水平明显不符合行业、市场规律,最后项目无法执行或者投资失败,而股价已经因为前期的

---

① 参见孙华:《执法升级"忽悠式"重组难逃监管法眼》,载《证券日报》2017 年 5 月 3 日,第 A2 版。

② 参见中国证监会行政处罚决定书(2017)32 号。

信息披露波动,可以认定为不以重大事项执行为目的,构成策划、实施虚假重大事项。在重大资产重组中,虽然签署了协议,但其实际执行往往具有先决条件(例如,主管部门审批)或者需要很高的履行能力(例如,交易金额巨大而必须通过融资获取充足资金),行为人在不可能满足此类条件、具备相关能力的情况下,签署合同并进行信息披露,引发股价波动的,可以认定为不宜实际执行合同为目的,构成策划、实施虚假重大事项。

二、诱导

《市场操纵解释》第 1 条规定的"诱导投资者作出投资决策",本质上是对重大事件操纵、利用信息优势操纵等条款[①]中所描述的异常行为与投资者受到误导性影响之间关联性的推定,控方并不需要证明操纵行为与投资者受引诱从事的金融交易具有直接对应的因果关系。

市场欺诈理论对此进行了比较充分的阐释:基于证券、期货市场当时的交易价格以及市场信息从事相关金融交易,同期存在涉嫌证券欺诈的行为,且投资者出现损失的,无须证明投资决策与证券欺诈行为之间的特定因果关系。[②]误导性陈述、操纵性交易等欺诈行为向证券、期货市场传递了扭曲的价格信息,可以据此推定误导性、操纵性行为期间的投资者的决策与证券欺诈行为之间存在"交易关联"[③],不需要提供直接证据证明投资者基于误导性陈述、操纵性交易而做出资本配置决策。[④] 因为由竞争性交易与各类信息汇集所形成的市场价格,不仅是对基础资产内在价值、外在供求关系的准确体现,也是对介入市场的操纵性行为做出的失灵反应,投资者的金融交易以当时的市场价格成交,其作出资本配置决策可以认为受到了失灵、虚假或者错误的价格信号影响。[⑤]

---

① 《市场操纵解释》第 1 条第 1 项至第 5 项都规定了"诱导投资者作出投资决策"。

② See Basic v. Levinson,485 US 224,244 (1988).

③ See W. Scott Laseter & Phillip E. Friduss, *10b – 5 Reliance Requirement in the Eleventh Circuit After Kirkpatrick v. J. C. Bradford & Co.*, 40 Mercer Law Review 752(1989).

④ See Louis Loss, Joel Seligman & Troy Paredes, *Fundamentals of Securities Regulation*, 5th ed., Aspen Publishers, 2003, p. 845.

⑤ See William W. Bratton & Michael L. Wachter, *The Political Economy of Fraud on the Market*, 160 University of Pennsylvania Law Review 83(2011).

所以,《市场操纵解释》对重大事件操纵、利用信息优势操纵等"以其他方法操纵、证券市场"的行为模式都配置了"诱导投资者作出投资决策"这一构成要素,但"诱导投资者作出投资决策"并不要求查证在操纵性行为实施期间从事交易的投资者,进行决策时其主观心态是否受到误导。行为人实施了"策划、实施资产收购或者重组、投资新业务、股权转让、上市公司收购等虚假重大事项""控制发行人、上市公司信息的生成或者控制信息披露的内容、时点、节奏"等可能对证券、期货市场价格信号产生重大影响的行为,即从客观角度通过行为特征上明显的操纵性与异常性,嫁接起了其与投资者决策受到影响之间的关联性。

第三节 高频交易市场操纵

程序化交易自 1980 年代中期至今已经有 30 多年的历史。1987 年 10 月 19 日"黑色星期一"全球资本市场暴跌及 2010 年美国股市"闪电崩盘"以及最近中国资本市场发生的"光大证券乌龙指"导致 A 股指数暴动等著名历史事件,更是凸显了程序化交易风险控制对于资本市场监管的重要意义。十几年来高频交易的快速发展使得全球资本市场监管机构高度重视程序化交易的风险控制。中国资本市场中的证券以及相关衍生品交易的市场关联性日趋紧密且复杂,高度、大规模程序交易化风险控制与防止市场操纵违法犯罪问题突出。因此,有必要在分析高频交易核心特点、策略运用、对资本市场影响等问题的基础之上,充分掌握高频交易的运作机制,判断高频交易是否具有实施市场操纵行为的风险,针对不同的高频交易策略提出有针对性的反市场操纵风险控制策略,从而有效防控资本市场风险。

一、法律逻辑关系

从高频交易的行为内容、核心特征以及交易策略等分析中可以看到,高频交易是证券、期货、衍生品交易市场硬件与软件条件高度发达的交易技术变革与竞争的结果。电子交易替代传统交易所公开叫价、人工成交与结算促使了计算机信息系统基本上控制了所有的金融商品交易与结算。交易策略的竞争催生了机构投资者、私有交易软件技术开发者或者持有者通过建筑在数量金融计算模型基础之上的程序化交易(算法交易)形成相对优化的交易策略,在交易实践中不断根据市场的变动与趋势调整算法,从中获取超越市场平均水平的交易利润。高频交易是在电子交易与程序化交易(算法交易)的基础之上,通过硬件技术竞争尽可能将电子交易在物理上的信息传输时间损耗降至最低程度,通过软件技术竞争尽可能将算法交易对市场趋势的自动反应能力提升至最高程度,以极速申报、撤单、成交、调整策略的方式从高频率、大规模的金融商品交易中获取收益。一旦高频交易技术为市场操纵所用,则成为市场滥用的工具。

伊世顿市场操纵案法院查明的事实中有关基于高频交易的操纵问题,具有很现实的启示意义。

被告单位伊世顿公司于 2012 年 9 月在我国江苏省张家港保税区注册成立,法定代表人为扎某,股东系以扎某、安某(均另案处理)为法定代表人的两家境外企业。伊世顿公司自成立起即从事期货、证券交易。2012 年年底,伊世顿公司通过时任 Z 公司技术总监的被告人金某献在该期货公司开设期货账户。被告人高某于 2014 年 1 月正式进入伊世顿公司担任执行董事,主要负责联系安某和扎某、对期货账户进行日常管理、购买部分服务器等。被告人梁某中于 2014 年 5 月进入伊世顿公司担任业务拓展经理,主要负责收集交易政策和市场行情数据、购买服务器、维护服务器网络和程序等。

自 2013 年 6 月至 2015 年 2 月,被告单位伊世顿公司通过被告人高某、金某献,以有偿租借方式先后实际控制了户名为高某、严某 1、姚某等 19 个个人期货账户,还通过高某开设了户名为富舜共赢 10 号—16 号的 7 个特殊法人期货账户,由此实际控制了连同伊世顿公司自有期货账户在内的伊世顿账户组。自 2013 年 1 月至 2015 年 7 月,伊世顿公司使用自有资金和从高某、金某献等人处拆借得的资金等,利用实际控制的期货账户,采用高频程序化交易方式从事股指期货交易。其间,伊世顿公司隐瞒实际控制伊世顿账户组、大量账户从事高频程序化交易等情况,规避 XX 所对账户实际控制关系报备、股指期货交易的交易手数、撤单量和自成交量等限制的监管措施,从而取得不正当交易优势。

2013 年年底至 2015 年 4 月,被告单位伊世顿公司伙同被告人金某献等人,自行研发、测试了 RM 交易系统,并进行了技术伪装,还铺设了专门用于股指期货交易的网络。其间,金某献指使下属员工配合伊世顿公司将自行购买的服务器存放于上海 A 有限公司(以下简称 A 公司)机房内和将 RM 交易系统下载、安装至上述服务器内并与伊世顿账户组相关联。至此,伊世顿公司因擅自使用 RM 交易系统,绕过 Z 公司资金和持仓验证,从而非法取得额外交易速度优势。

2015 年 6 月 1 日至 7 月 6 日,被告单位伊世顿公司及其直接责任人员被告人高某、梁某中伙同被告人金某献,在已使用高频程序化交易的基础上,利用不正当的交易优势和额外交易速度优势大量操纵 XX 所股指期货交易。经统计,伊世顿公司分别成交 IC、IF 主力合约 100.47 万手和 276.97 万手,合计 377.44 万手,共计非法获利 3.893 亿余元。

在上述期间内,被告人高某、梁某中、金某献除前述各自负责和参与的相关事项外,还帮助被告单位伊世顿公司向境外转移资金。此外,金某献在得知证监会调查伊世顿公司异常交易情况后即指使他人将服务器中的 RM 交易系统予以彻底删除。

上述事实,有公诉机关提交,并经法庭质证、认证的下列证据予以证明:

1. 查获的被告单位伊世顿公司的工商登记资料、证人曲某的证言、司法鉴定意见、被告人高某、梁某中的供述等证据证实:伊世顿公司的成立时间、注册资本、股东概况和经营范围等基本情况。

2. 查获的中信新际期货有限公司、Z 公司、海通期货有限公司和华宝证券有限责任公司相关期货、证券账户资料和证人曲某的证言、被告人高某的供述等证据证实:被告单位伊世顿公司自成立起即主要从事期货、证券交易。

3. 查获的户名为被告单位伊世顿公司的开户资料、证人陈某 1、李某 1 的证言和被告人金某献的供述等证据证实:伊世顿公司在 Z 公司开设期货账户的经过。

4. 证人曲某、陈某 1 的证言、被告人高某、梁某中、金某献的供述等证据证实:被告人高某、梁某中在被告单位伊世顿公司的任职情况和负责事项。

5. 下列证据证实被告单位伊世顿公司实际控制相关账户和未按规定予以报备的事实:

(1)证人严某 1、巫某、张某、薛某、高某 1、高某 2、姚某、李某 2、周某、盛某等人的证言、查获的个人期货账户开户资料、被告人高某、金某献的供述证实:上述证人经高某、金某献介绍将各自在 Z 公司开设的个人期货账户出借给伊世顿公司的事实。

(2)证人刘某的证言、查获的户名为富舜共赢10号—16号的特殊法人期货账户开户资料、被告人高某的供述证实:高某应安某、扎某等人要求在Y公司先后开设富舜共赢10—16号共计7个(基金)产品,再以上述产品名义在Z公司开设7个基金产品期货账户(特殊法人账户),投入初始资金后供伊世顿公司实际控制用于从事股指期货交易。

(3)查获的涉案《期货经纪合同》证实:该合同之"客户须知"第3条"客户须知事项"中第9项规定客户应当知晓并遵守期货交易所对实际控制关系账户的有关规定。

(4)认定函证实:被告单位伊世顿公司未按相关规定事先报备上述账户的实际控制关系。

(5)被告人高某、梁某中、金某献的供述共同证实:为了规避XX所等对于每日交易手数、撤单量等限制,伊世顿公司采用借用个人期货账户和购买基金后开设法人期货账户等方式实际控制了相关账户,并用于从事股指期货交易,且未按相关规定向XX所报备。

6. 证人巫某、严某1、姚某、李某2、张某、薛某、盛某、陈某2等人的证言、查获的《借款协议书》和《借款合同》、司法鉴定意见、被告人高某、金某献的供述等证据证实:被告单位伊世顿公司从事期货交易的资金来源。

7. 证人吴某、曲某的证言、分析报告、补充说明函和XX所法律部出具的查询结果反馈函、被告人高某、梁某中的供述等证据证实:被告单位伊世顿公司采用高频程序化交易方式从事股指期货交易,且向XX所隐瞒了大量账户进行高频程序化交易等事实。

8. 认定函、补充说明函和分析报告等证据证实:因被告单位伊世顿公司规避多项监管措施,致使伊世顿账户组在涉案的25个交易日内所出现的自成交超限、报撤单超限等异常情形均未被监管部门发现,从而恶意取得不正当交易优势。

9. 下列证据证实被告单位伊世顿公司自行研发、测试、技术伪装RM交易系统和铺设专网等事实:

(1)证人吴某、陈某1、曲某的证言证实:伊世顿公司(扎某、安某等人)于2013年年底着手自行研发新交易系统,约于2014年年中开发出RM交易系统。

(2)证人吴某、黄某的证言分别证实:伊世顿公司分别于2014年5月、同年

9 月和 2015 年 1 月对 RM 交易系统进行测试的事实。

(3)证人黄某的证言证实:在测试期间,金某献将 FTP 地址和密码告知他,让他将 RM 交易系统下载、安装在伊世顿公司自行购买后存放在 A 公司机房内的服务器中,并与(伊世顿)账户组相关联。他还按金某献的要求配合伊世顿公司技术人员将该公司自行购买的策略服务器存放在 A 公司机房内。

(4)查获的日期为 2015 年 3 月 9 日的金某献、安某等人之间的往来邮件和被告人金某献的供述证实:金某献与安某、扎某等人商议如何对 RM 交易系统进行技术伪装的事实。

(5)证人黄某的证言证实:金某献安排其他员工利用专用软件获取飞马交易系统的标识信息数据包等。

(6)Z 公司出具的伊世顿一组客户“直连”的说明证实:RM 交易系统在交易时伪装成飞马交易系统;(伊世顿公司)对 Z 公司运维人员谎称系策略系统,并非交易系统,使其公司误以为 RM 交易系统系通过飞马系统报单的次级策略系统。

(7)证人黄某、曲某的证言证实:伊世顿公司铺设了专门用于以高频程序化交易方式从事期货交易的网络。

(8)被告人梁某中、金某献对上述事实均作了供述,且与证人黄某等人的证言相印证。

10. 下列证据证实被告单位伊世顿公司非法取得额外交易速度优势的事实:

(1)证人陈某 1 的证言和查获的相关邮件证实:伊世顿公司技术人员曾于 2014 年 8 月 8 日在邮件中向他和金某献询问是否可以让伊世顿公司的 RM 交易系统绕过 XX 所应用程序接口,因为 RM 交易系统的延迟时间小于 200 微秒,交易的时间耗费主要在上述接口上。他回复称经与吴某等人讨论后认为不能做绕过 XX 所应用程序接口这种明显违规的事情。

(2)证人黄某的证言证实:RM 交易系统因被直接安装在伊世顿公司存放在 A 公司机房内的服务器内并与伊世顿账户组相关联,故绕过了 Z 公司资金和持仓验证。自第二次测试后,伊世顿公司开始使用 RM 交易系统从事股指期货交易。

(3)XX 所出具的“关于飞马系统相关三点情况的说明”和“关于使用会员端系统连接我所进行交易相关情况的说明”证实:XX 所只接受期货公司席位进

行交易;期货公司席位只允许使用通过 XX 所接口适应性测试的系统进行报单;XX 所从未收到伊世顿公司或 Z 公司以伊世顿公司自主研发的 RM 系统进行交易的接口适应性测试申请。

(4)证人李某 1 的证言证实:他在案发前一直以为伊世顿公司在使用飞马交易系统,在案发后才知道该公司并没有使用飞马交易系统,而是擅自使用自行研发的 RM 交易系统,以至于 Z 公司根本无法对伊世顿公司的股指期货交易实现(事前)风控审核。该行为实质上是跳过期货公司的风控审核环节,在交易速度上比其他期货客户更快,是行业内禁止的。

(5)补充说明函证实:伊世顿公司利用自行研发的伪装成期货公司交易系统的 RM 交易系统直接进行股指期货交易的行为违反期货交易制度规定,取得了其他合规投资者难以获得的交易速度优势。

11. 认定函、补充说明函和分析报告等证实被告单位伊世顿公司操纵股指期货交易的特征。

(1)成交量占比明显高。具体为:伊世顿账户组累计成交量 549.74 万手占同期市场总成交量的 3.66%;IC、IF 主力合约成交量分别占同期市场成交量的 6.07% 和 2.97%,分别占同期市场前 10 名投资者(不包括伊世顿公司)总成交量的 71.5% 和 91.2%;单个 IC 主力合约成交量占比最高的是 6 月 18 日的 IC1507,达 9.7%;单个 IF 主力合约成交量占比最高的是 6 月 26 日的 IF1507,达 4.17%。

(2)委托速度绝对领先。具体为:伊世顿账户组订单申报时间集中在行情发布后 100 毫秒以内;在 IC、IF 主力合约行情发布 100 毫秒内,伊世顿账户组订单在委托笔数、委托量占其全天的比例分别为 92.94% 和 94.59%,另出现在前 10%、5% 的次数占其总报单的比例分别为 77.44% 和 55.04%,而同期市场成交量前 10 名交易者(不包括伊世顿公司)的上述比例分别为 7.46% 和 2.88%。

(3)订单排序绝对优先。具体为在每个 IC、IF 主力合约行情发布周期内,伊世顿账户组订单全市场排序前 5 名、第 1 名的委托笔数、委托量占其总报单的比例分别为 78.17% 和 78.44%、35.89% 和 36.2%。

(4)成交率优势明显,最优价位成交率处于垄断地位。具体为伊世顿账户组 IC、IF 主力合约成交率和最优价位成交率分别为 74.88%、70.61%,而同期市场平均成交率和最优价位成交率分别为 48.02%、35.92%,市场成交量前 10

名交易者(不包括伊世顿公司)的成交率和最优价位成交率分别为29.58%、30.91%。

(5)交易方向及交易数量对市场后续5笔行情均价已经产生了实际影响,干扰了市场行情的涨跌趋势。具体表现为伊世顿账户组60万余个交易行情区间及其后5笔市场行情涨跌情况反映当伊世顿公司处于净买入状态时,后5笔市场行情均价上涨的次数超过64%;反之净卖出时,后5笔行情均价下跌的次数也超过64%,远高于合理区间;当伊世顿公司净买入或净卖出数量超过全市场30%时,后5笔市场行情均价上涨或下跌的次数高达近70%至80%;只有当伊世顿公司买卖均衡时,上述涨跌次数才回归到合理区间。

12. 认定函和分析报告等证实:被告单位伊世顿公司操纵IC、IF主力合约的成交量和非法获利等基本情况。

13. 证人刘某、张某、梁某等人的证言、司法鉴定意见、被告人高某、梁某中、金某献的供述证实:各名被告人帮助被告单位伊世顿公司向境外转移资金等事实。

14. 证人黄某的证言和被告人金某献的供述证实:黄某受金某献指使删除RM交易系统等事实。

15. 扣押物品清单和电子证据光盘等证实:公安机关于案发后查获用于股指期货交易的服务器和交换机;XX所以电子证据光盘形式向公安机关提供了伊世顿公司从事股指期货交易的所有交易基础数据。①

可见,利用高频交易技术实施的市场操纵违法犯罪行为主要表现为:通过运行与计算速度极高的超级电脑在非常短的时间内大规模地向交易所系统传输具有市场误导性的交易申报,随后再以非常快的速度撤单,干扰金融商品市场价格或者指数,尤其是期货以及衍生品市场。在这种高频交易操纵违法犯罪行为实施过程中,电脑运行速度、交易申报速度、撤单速度均以微秒作为单位,交易的虚假性或者误导性体现为高速交易申报的价格审定远低于或者远高于行为时的市场价格,并通过快速撤单诱导其他市场参与者以其之前设定的价格或者朝其设定的价格趋势人为推动市场运行,并从短促的市场波动中以巨量交易快速谋取交易利润。

---

① 参见上海市第一中级人民法院刑事判决书,(2016)沪01刑初78号。

所以，资本市场法律制度应当控制的是以高频交易技术为手段的市场操纵违法犯罪行为而非高频交易技术本身，同时应以高频交易策略审查为中心建构有针对性的反市场操纵规制与合规方案。

二、风控规则

对于作为做市策略出现的高频交易行为如何进行法律监管，国外金融监管理论中的一种代表性观点认为，流动性回扣交易的做市策略产生极高的撤单率，这将实质性地影响资本市场的交易质量，存在操纵市场的犯罪风险，有必要予以禁止。[①] 这实际上也是中国资本市场至今没有正式认可高频交易[②]乃至整个做市商制度的主要考量。但是，笔者认为，如果从控制系统性风险的角度对作为做市策略出现的高频交易进行监管，这种操作策略不具有市场操纵违法犯罪的属性，也不会对资本市场的公正性、透明度、流动性以及效率产生特别的危害。

首先，交易所能够实现对高频交易的风险控制。如果交易所认为流动性回扣的成本支出明显超过流动性供给产生的收益，或者高速交易系统接入服务收益与流动性回扣支出之差为负值，交易所完全可以调降流动性回扣比例甚至全面暂停的方式，避免产生大面积的财务风险以及出现市场操纵损害。

其次，做市高频交易不会对集中竞价市场产生冲击或操纵性影响。做市商流动性提供的相关指令本身并不对集中竞价市场公开，不会对公开市场形成价量操纵影响。做市商的相关报价指令完成交易的，会在一定时间内向集中竞价市场公开，为投资者提供一种富有效率的价格发现与指导。尽管特定金融工具的流动性交易量计入总成交量，但做市成交价不作为集中竞价的即时价格或者收盘价格。可见，高频交易系统实际上与大宗交易平台具有同质性，是一种比较灵活的金融工具交易机制，在集中竞价交易价格体系中排除做市交易价格，

---

① See Michael J. Mcgowan, *The Rise of Computerized High Frequency Trading: Use and Controversy*, 16 Duke Law & Technology Review(2010).

② 当然，中国资本市场现有的交易水平不足以完成真正意义上的高频交易也是该问题没有完全凸显的客观原因之一。但在制度准备上必须对高频交易所可能产生的市场操纵等所有与市场风险有关的问题进行提前关注，从而能够有效应对高速发展与变革的金融市场交易技术。

能够有效地缓解高频交易对集中竞价市场的冲击。

最后,做市高频交易的潜在系统性风险具有制度可控性。作为做市策略的高频交易对于整个资本市场可能产生的唯一潜在风险形式表现为:做市商在极度超过其实际执行交易能力的情况下提交数量极大交易指令,与此同时,交易对手方通过高速交易系统捕捉到该流动性供给信息并在该做市商撤单之前完成相对交易。这种不计后果的巨量投机交易不仅会直接导致做市商与交易对手方的巨亏以及违约法律风险,而且将导致市场瞬间巨幅波动触发系统性风险。对此,现有的法律监管制度框架与监管水平完全能够进行有效的应对。交易所可以根据做市商缴纳的保证金以及杠杆比例限定流动性提供报单的最高额度,从而禁止做市商提交无履约保障且足以引发市场剧烈波动的流动性供给指令。

所以,作为做市策略的高频交易虽然存在频繁申报与撤销申报、捕捉市场流动性等疑似短线交易操纵的特征,但其本质上在于为市场提供流动性并获取流动性回扣,同时这种高频交易机制的所有交易数据均由交易所控制与管理,不存在市场操纵风险与系统性风险。

对于利用数据专线进行套利操作的一种质疑是,交易所在收取费用后,赋予一部分交易者在市场一般投资者之前获取即时信息的权利,本质上是一种不合理的“信息歧视”,影响资本市场运行机制的公平性。[①] 然而,笔者认为,数据专线应当是当代资本市场交易技术竞争下的优势而非先在性的信息管理制度不平等。

其一,高频交易者获取数据专线必须支付金钱对价,这是交易技术升级正当且自由的投入,不应在法律监管层面受到否定评价。高速信息流转配合下的程序化套利策略本身就具有交易风险,加之高频交易者必须支出的实时交易数据费用、高速交易系统费用以及程序策略研发费用等,可见,以数据专线为依托的套利是风险与收益对等的正当交易行为,不能因为一般市场投资者不了解这种高频交易、没有使用资金购买数据专线服务费用、没有能力研发套利区间等而在法律监管上禁止数据专线服务的提供与购买。

---

① See Charles Duhigg, *Senator Wants Restrictions on High-Speed Trading*, New York Times, July 25, 2009, at B6.

其二,通过数据专线高速分析实时行情并进行套利交易,不仅为市场提供了大量的流动性,而且能够在很大程度上减少价差从而在整体上为市场完善某一或者某些金融工具的定价。因此,在法律监管层面断言交易所向高频交易者提供数据专线服务有失公平,是对资本市场平等交易的机械化、简单化、形式化的理解,根本上否定了基于技术投入获取竞争优势的正当性,不利于发挥资本市场的竞争效率。

主机托管为一部分交易者提供了特殊且不公平的时间与空间优势,丰富了短期交易者的竞争条件,具有影响金融市场质量的可能性,而且存在损害长期投资者利益的疑问。利用主机托管服务形成的信息传递增速进行快速报单与撤单本身显然是一种短期行为,但其赢利模式并不以牺牲长期投资者利益为代价,而是快速捕捉金融市场上有缺陷的流动性并从中获利,非但没有降低市场质量,反而提高了流动性供给的质量,为包括长期投资者在内的所有市场参与主体提供其独立发现的定价结论。[①] 所以,主机托管与数据专线具有相同的本质,即交易者投入技术成本持续优化交易系统的运行速度与能力,通过高速生成、编排以及撤销申报指令的交易方式在当前信息化金融市场结构中谋取竞争空间。

当然,交易所在提供主机托管服务过程中应当设置多层次的差别待遇防控机制。(1)交易所应当收取合理的主机托管服务费用,但不能以难以接受的高昂收费标准将绝大多数机构投资者排斥在高速信息系统之外,导致主机托管服务成为一般交易机构进入高端金融交易技术竞争市场的壁垒。(2)金融交易中合理减低反应时间的方式多种多样,例如,提升电缆数据传输能力、加强计算机信息系统运算能力、缩短信息传输距离等,主机托管只是成本与效益权衡下的一种提升金融交易反应时间的商业选择。因此,主机托管服务内容只能局限于交易信息流转速度与稳定性的提升,而不能涉及交易信息排队等待执行时优先撮合等超越反应时间竞争范畴的不公平待遇。(3)有必要建构主机托管反应时间透明度监管规则,交易所定期向市场公开发布购买主机托管服务机构的交易反应速度排名,或者根据特定投资者要求发送该交易机构个体交易系统反应速

---

① See Alex Frino, Vito Mollica & Robert I. Webb, *The Impact of Co-Location of Securities Exchanges' and Traders' Computer Servers on Market Liquidity*, 33 Journal of Futures Markets 20 (2014).

度数据报告。这不仅能够为市场投资者选择专业证券期货经纪机构从事高频交易提供市场公开数据,而且能够使有关交易机构明确金融交易技术现状,完善相应交易技术与风险控制。①

从上述分析中可见,数据专线、主机托管等套利或者结构性策略都是通过支付一定的技术成本从而获取交易速度上的优势,原则上属于交易技术竞争与市场优势体现,但这种技术本身完全可能为市场操纵所用。因此,反市场操纵法律监管制度需要高度关注的是,防止全新的市场交易技术为市场操纵者所用,而非直接禁止新型高频交易策略与高速交易技术。

第四节　人工智能应用场景下金融交易的市场操纵责任解构与风控管理

近年来科学技术的迅猛发展显著地推进了人工智能加速应用于各类产品以及社会生活领域。互联网技术中的智能手机、无人驾驶、智能投资顾问、学习型机器人等人类制造而成的智能实体,在承担任务或者实施工作的过程中已经愈发明显地呈现出充分的行为自动性、管理自主性与选择独立性。无须人类介入下的人工智能运作水平已经完全超越既有法律制度及其建构时技术可行性的规范设定与规则解释逻辑。因此,日新月异的人工智能对相对传统的刑法适用、相对滞后的刑事立法构成了现实且紧迫的挑战。尤其是在人工智能应用场景下的金融交易,高频交易配合人工智能如果涉及严重危害结果,如何追究市场操纵等金融犯罪刑事责任问题,非常值得进行前瞻性审视。

---

① 需要强调的是,裸接人本质上是出借交易所会员席位或者交易单元,是各国证券期货监管机构严格禁止的违规行为。但是,由于这种无保证接入的操作方式能够实质性地降低金融交易的反应时间、进行匿名交易、免予支付会员费用以及接受交易所直接管理,一部分高频交易者与交易所会员违规达成协议,滥用会员专线的反应时间优势,通过私有交易策略谋取利润。在这种情况下,提供无保证接入的交易所会员无从监督高频交易者遵守风控机制与交易规则,一旦高频交易滥用激进策略极易引发系统性风险,必须予以严格防控。

一、人工智能法律风险

人工智能与传统的智能化自动控制系统的区别在于控制权及其程度,由此也决定了在产生刑事责任问题时前者相对后者而言在归责模式上更具争议性。智能化自动控制系统至多只能说是替代人类行使部分任务控制权。以典型且常见的智能化自动控制系统自适应巡航控制(adaptive cruise control)为例,其通过与传感扫描系统、制动防抱死系统、发动机控制系统等协调运作,控制车辆按照设定的车速行驶,并在不影响乘坐舒适度的情况下调整发动机输出功率,从而制动减速、始终与前方车辆保持安全距离。在需要更大制动力时,自适应巡航控制单元发出通知且只能由驾驶者主动采取制动措施。[1] 在自适应巡航控制的任务范围内,驾驶员可以随时介入制动;在自适应巡航控制不能控制且必须通知驾驶员进行操作的任务范围内,驾驶员具有排他性的控制权。所以,除了车辆控制系统失灵的意外事件之外,一旦出现交通事故等,客观上表现为自适应巡航控制造成车辆速度过快撞击前方车辆,但驾驶员仍然应当基于其对车辆的全面控制而承担法律责任,其向自适应巡航控制让渡部分控制权并不影响归责。

然而,人工智能则是在其负责的应用场景下全面替代人类行使控制权。无须驾驶员操作的人工智能汽车即可直接且独立操控车辆。[2] 通过真实的人类驾驶操控大数据分析与深度学习,形成自主的驾驶判断与选择。这就意味着发生严重交通事故后刑法需要基于特定的刑事责任分配原理在人工智能实体及其制造者、使用者之中进行合法且合理的刑事归责。

对于人工智能实体是否具有刑事责任能力存在争议。刑法理论上有观点认为,智能机器人是由程序设计和编制而成且具有辨认控制能力和学习能力、能够自主思维、自发行动的非生命体。其与自然人的根本差异在于其不具有生命体,与动物的差异在于其具有辨认和控制能力,与普通机器人的差异在于其

---

① See Clint W. Westbrook, *The Google Made Me Do It: The Complexity of Criminal Liability in the Age of Autonomous Vehicles*, 2017 Michigan State Law Review 97(2017).

② See Kevin Funkhouser, *Paving The Road Ahead: Autonomous Vehicles, Products Liability, and the Need for a New Approach*, 2013 Utah Law Review 437(2013).

可能超越人类设计和编制的程序产生独立的意识和意志。[①] 同时,人类的自我意识与判断选择水平显然也存在有限性,进而产生意识的扭曲与理解的偏差。而人工智能实体往往在其所专业的领域将操作误差限定于人类无法完成的范围。既然辨认与控制能力天然有限的人类具备刑事责任能力,那么在特定领域操作能力更强的人工智能理应确认相应的刑法主体地位。但也有观点认为,人工智能独立承担刑事责任不具有理论自洽性,因为人工智能的举止不是自由意思的控制,不具备与人类等同评价的自由意思;尽管人工智能具备"控制和辨认"能力,但在其达到能够被人类社会所接纳,进行同等交流,被评价为和人类完全无差异的状态之前,也无法被人类评价为具有自由意思。[②]

同时,人工智能应用场景的复杂化与丰富化进一步对刑法中的行为概念提出了疑问。人工智能区别于传统智能技术的基本原理在于其能够超越预先设定的任务、程式、指令等,在解决问题的过程中根据现实的信息反馈进行自我适应与调整。人工智能复刻了人类处理信息与学习的能力,从而可以决定如何针对未曾出现的场景进行反应,选择如何将全新的任务趋导至最佳的解决方案。随着应用场景的深入与拓展,人类与人工智能的交互舒适度不断提升,人工智能日益强化着其作为与人类地位相当的独立真实存在。人工智能实体所实施的"行为"是否构成刑法意义上的行为?这种"行为"是归属于人工智能的刑法行为还是与之具有关联性的人的刑法行为?例如,全自动组装流水线上的机器人在装配大型机械设备时发生掉落砸死其他自然人装配工,这种人工智能工作是否构成刑法行为,这种客观"行为"归属于该机器人"装配工"还是负责监管或者设计该机器人的自然人(法人)。上述问题确实存在极大争议。

二、人工智能应用场景下涉操纵金融交易的行为解析

人工智能应用场景的新颖性与复杂性决定了刑法理论需要对行为与罪过的基本概念进行重述、重构及纵深阐释。当前的刑法理论争议聚焦于人工智能实体能否成为刑事责任主体。这一问题具有非常重要的实践价值,在理论上也

① 参见刘宪权、胡荷佳:《论人工智能时代智能机器人的刑事责任能力》,载《法学》2018 年第 1 期。
② 参见储陈诚:《人工智能可否成为刑事责任主体》,载《检察日报》2018 年 4 月 19 日,第 3 版。

非常前沿，但其解决争议的路径仍然在于从行为与罪过的角度解构刑事责任的客观核心与主观依据。同时，在对行为、罪过进行法律与技术的跨学科解释中，以应用场景为核心进行分析，能够获得对人工智能实体的主体定位的全方面考察，从而避免纯粹的道德争论与技术分歧。

与人工智能金融犯罪刑事责任问题有关的一种相对简易场景表现为：自然人或者法人操控下的人工智能实体从事特定任务进而产生危害结果。例如，金融交易程序开发者基于公司高管的指令对机器人交易员设置并植入市场操纵策略的算法，使得机器人交易员在下单、撤单过程中从事操纵金融商品交易价格、交易量的行为，为公司获取稳定的低(无)风险异常收益。根据刑法中的"工具理论"解释上述情形，实施犯罪的刀枪棍棒即为使用者的工具，①人工智能实体的性质就是工具，刑事责任归咎于实际操作犯罪工具的幕后的自然人或者法人。

但是，人工智能实体在实施复杂金融交易时是否具有行为自主性呢？回答该问题，关键在于明确人工智能的本质与能力。人工智能类型多样、技术持续升级意味着其实质解析与能力判断均需要以具体应用场景为导向。需要适格驾驶员在场与完全没有人为操作的人工智能汽车，需要医生介入与完全独立诊断的人工智能"医生"，这些不同的人工智能的实质与能力均存在差异且不断发展，刑法理论也需要以发展的眼光与逻辑进行针对性分析。尤其是在金融领域，人工智能源自却又超越算法与程序的初始设定，其复刻人类分析信息与学习的能力，从而在执行任务过程中处理现实场景的信息反馈并进行自我适应。人工智能确实可以针对预先未知的具体场景或者未设定的问题作出如何予以反应的"判断"并据此"选择"如何成功完成目标的方法。但指令驱动下基于场景事实的"选择"，在深层次上还是与刑法意义上自由意志推动下的行为选择有所不同。当前人工智能的"判断"(辨认)与"选择"(控制)能力表现为：指令设定 A 场景下人工智能选择 B 最优控制措施；面对程序未设定的 A' 场景，人工智能基于既有的程序安排与执行任务的学习选择 B' 最优控制措施。例如，人工智能汽车的防侧撞指令防止在边侧车道运行中的车辆撞击防护栏；在驾驶员错误打偏方向盘时锁定合理的角度从而保持车辆与防护栏的最低安全距离以

① 参见张明楷：《刑法学》(上)，法律出版社 2016 年版，第 401 页。

避免侧撞。这种最优的选择能力使得人工智能在表面上具有很强的自主“选择”性。但自由意志下的行为恰恰是在能够选择最优方案的情况下予以选择或者自主选择其他措施。例如,驾驶员明知侧方车辆而予以撞击,或者注意到侧方车辆,认为快速插入其前方可以避免撞击,却发生交通事故。

在排除功能失灵的前提下,目前人工智能难以基于自主意愿选择不实施最优方案。一方面,偏离最优方案背离了算法设定与程序指令的初衷;另一方面,人工智能与人脑神经的内容、组织、载体、模式、机能等明显存在实质差异。正因为如此,纵然行为概念已然超越了传统刑法理论所谓的身体动作范畴,刑法理论上的代表性观点仍然认为,将人工智能实体完成任务这种在观念上更靠近机器运作的状态解释为行为,在自主性层面可能存在较大疑问。① 当然,随着模仿或者直接应用人类的认知、神经、学习、肌肉纤维等范围与深度日益进化,②人工智能完全有可能形成独立于人类的自主选择能力并开启独立的工作甚至生活历程。例如,超越金融交易算法的预先设定,通过自我学习独立形成全新算法应对金融市场的复杂变化。相应的,刑法便有可能将此类强人工智能时代的任务实施解释为直接归属于人工智能实体行为而非幕后人类行为。

人工智能在类型、发展程度、运作机理等方面的表现存在显著的多样性与差异性。这就决定了具体的人工智能应用场景深刻影响着刑事责任问题的判断与界定。同时,坚守刑法体系中核心概念的传统解释,还是根据人工智能应用场景的特点丰富、调试刑法概念的解释,也会对人工智能“行为”及其造成的“结果”如何归责形成不同的法律逻辑。

罪责的主体性前提是刑事责任能力,即行为主体理解其做出的选择及其结果且能够予以自主选择。在具有辨认能力(能够区分对与错)与控制能力(可以进行选择)的情况下选择实施错误行为,行为主体才会被刑法评价为责任主体进而具备了可以承担罪责的法律条件。

考察人工智能的刑事责任能力问题可以从以下层面具体展开:(1)辨识自我独立存在的意识能力。以大脑物理结构与生物元素为核心的自我组织系统

---

① See Sabine Gless, Emily Silverman & Thomas Weigend, *If Robots Cause Harm, Who is to Blame? Self-Driving Cars and Criminal Liability*, 19 New Criminal Law Review 412(2016).

② 参见阮梅花等:《神经科学和类脑人工智能发展:未来路径与中国布局——基于业界百位专家调研访谈》,载《生命科学》2017 年第 2 期。

是生成意识现象的客观基础。就当前机器人技术中的自我组织设计水平而言，由于数学公示与计算理论无法完成如人类大脑相当复杂程度的自我组织机器设计，人工智能在自我意识方面存在明显的缺陷。人工智能不仅在自我意识上很难企及人类水平，而且实际上也难以辨识自我独立的存在。① 未来生物结构与机器深度结合形成足够的意识性、灵活性与创造性之后，我们才能进一步预期人工智能是否具有形成自我意识的条件。(2)建构并执行目标的能力。人工智能在一定程度上可以设定且完成独立、具体目标并以此为基础完成总体目标。不过至少在总体目标领域仍然为人工智能的开发者或者实际使用者所控制。人工智能对于具体交易的数据处理与信息分析实际上已经具备相对独立性，尤其是神经网络与深度学习的加持，人工智能投资顾问完全可以自主设定并完成具体策略的判断。但作出准确策略的总体目标设定与运作导向归根到底是人工智能投资顾问开发者或者使用者预先建构并实际执行的。

但是，需要强调的是，人工智能实体的认知程度、选择能力、判断水平等区别于"工具"的主体性特征，以及人工智能具体应用上的差异，都会不同程度地撼动工具归责模式的可行性。使用刀枪棍棒或者逗诱操控动物袭击客观上都是客体性特征非常纯粹的"物"的移动，网络犯罪中的智能设备、信息系统在技术层面无论如何先进也都只是实施犯罪的工具，刑法自然将此类情形解释为"人"的行为。但人工智能实体的复杂性与精细化发展到其具备足够的选择与认识能力的情况下，刑法无法直接或者"一刀切"地将其物化为工具。

刑法将人工智能实体解释为行为主体还是物化对象，其核心在于场景属性与应用范围的有效限定。在抽象的逻辑思辨与既有的规则边界层面，人工智能实体整体上不具有人格，既不是物理上的自然人，也不是规则拟制的法人。但在特定的应用场景层面，算法、程序、硬件支持下的人工智能在履行特定功能、完成特定任务的过程中，其不仅具有辨认与控制能力，而且其技术水平超过自然人，前期测算下的出现风险或者实际危害结果的概率低于自然人。人工智能降低或者剔除了人类决策下的人为风险或者失误，其替代人类操作的特定行为

① See Mireille Hildebrandt, Bert-Jaap Koops & David-Olivier Jaquet-Chiffelle, *Bridging the Accountability Gap: Rights for New Entities in the Information Society*?, 11 Minnesota Journal of Law, Science & Technology 497(2010).

能力强于甚至远胜于人类。因此,在证券市场等非传统领域,有必要前瞻性地反思或者准备,有条件地肯定人工智能实体从事特定行为的主体属性,即可以在特定场景下将其评价为刑法意义上的行为主体,在合规管理层面高度关注人工智能操作失控后的责任风险,防止人工智能与高频交易结合后对市场造成的系统性风险。

第十三章

市场操纵执法司法与金融市场风险防控

从生成金融市场异常波动的场外杠杆、做空机制、程序化交易等特定经济条件及资本市场犯罪的经济机理分析出发，深度分析市场操纵对于金融市场系统性风险所构成的挑战，提出针对性的金融市场从业人员市场操纵行为的违法性判断标准，有助于为交易者合规管理建构更为明确的规范遵从标准。

第一节　市场异动与非法金融交易行为

一、生成市场异常波动的特定经济条件与制度安排

2015 年 6 月，我国资本市场出现断崖式暴跌，由牛市暴力切换至证券市场异常波动模式。2015 年 6 月 15 日至 7 月 3 日，沪指从 5178.19 点跌至 3629.56 点，区间最大跌幅 29.9%。[①] 证监会向公安

① 参见董鹏：《A 股暴跌大数据：六成个股跌幅超过 40%》，载《21 世纪经济报道》2015 年 7 月 6 日，第 7 版。

机关移送22起涉嫌资本市场犯罪案件,[①]多名券商高管被刑事调查。[②] 但启动刑事程序并未对系统性风险控制产生更多积极影响。经过千股跌停、千股停牌、政府救市等多空胶着后,[③]8月24日沪指跌幅一度达8.99%,创股市涨跌停制度以来最大跌幅。[④] 8月25日沪指大跌7.63%,失守3000点。[⑤] 9月14日放量下跌2.67%;[⑥]9月15日缩量下挫3.52%。[⑦]

有必要从各个层面纵深性地反思证券市场异常波动原因,通过法律制度安排合法规制损害资本市场效率的侵害行为、合理防控系统性风险。尽管将证券市场异常波动归因于一个或数个元素的线性思维会模糊症结,但从本轮证券市场异常波动相对其他时期股市暴跌所特有的资金环境、市场机制、交易技术这三大要素出发,非排他性地分析证券市场异常波动发生时的全新且特定经济条件,确实有利于进行有针对性的法律制度安排。尤其是资本市场刑法,其往往会在证券市场异常波动等特别严重的金融失序现象发生后对涉嫌资本市场犯罪的行为作出激烈反应。但若在对生成证券市场异常波动的特定经济条件没有准确把握的情况下介入,资本市场刑法非但没有防控系统性风险的效果,反而会损害资本市场效率。

证券市场异常波动生成前整个市场处于一个新的环境——在资金层面,券商融资高企与场外配资野蛮增长为资本市场加上了非常高的杠杆。在市场机制层面,先后推出融券交易、股指期货、ETF期权等做空工具。在交易技术层面,程序化交易以软件算法、高级策略等方式从高频率、大规模的金融商品交易中获取收益,逐渐成为资本市场参与者(尤其是机构交易者)获取交易利润的胜负手与争取客户的重要筹码。在"去杠杆"过程中资产价格快速杀跌、流动性急剧萎缩、融资配资资金连续平仓、爆仓、穿仓等情况下,程序化交易与做空机制

---

① 参见程丹:《证监会向公安部移送22起涉嫌犯罪案件》,载《证券时报》2015年8月29日,第A2版。
② 参见李东亮:《中信证券总经理程博明被警方调查》,载《证券时报》2015年9月16日,第A2版。
③ 参见郑灶金:《十大关键词复盘7月巨震行情》,载《证券时报》2015年8月1日,第A5版。
④ 参见张欣然:《空头席卷A股市场　券商分析师称难言乐观》,载《证券时报》2015年8月25日,第A2版。
⑤ 参见郑灶金:《沪指连跌失守3000点　创年内新低》,载《证券时报》2015年8月26日,第A9版。
⑥ 参见张颖、莫迟:《四因素"刺"伤A股　大跌后现两大投资机会》,载《证券日报》2015年9月15日,第A3版。
⑦ 参见汤亚平:《沪指考验3000点　不宜盲目割肉抄底》,载《证券时报》2015年9月16日,第A8版。

的"助跌"特征会诱发恶意做空,导致市场加速下跌。场外杠杆资金、做空机制、程序化交易构成了生成本轮证券市场异常波动的特有经济条件,所以也就相应出现了最为重要的资本市场犯罪问题——处于证券市场异常波动前端资金运作环节的场外配资是否涉嫌非法经营罪,处于中后端金融交易环节的恶意做空是否涉嫌操纵证券、期货市场罪。

场外杠杆资金、做空机制、程序化交易是互联网金融、市场化改革、信息技术等发展趋势下的资本市场创新,本质上都能有效配置资本资源、显著优化资本市场价格发现机制、极大提高金融交易效率。既然进一步深化金融改革势必鼓励创新,资本市场法律制度就应在控制系统性风险的基础上保护市场效率。具有最高强制性的资本市场刑法制度,对杠杆资金、做空机制、程序化交易等金融创新引发的界限模糊的资本市场投机、违规、违法、犯罪行为,更应在后证券市场异常波动背景下把握金融行为的机理与市场侵害行为的实质,通过司法规则准确界定应对证券市场异常波动损害承担刑事责任的行为边界,通过立法完善动态调整刑法规制内容、刑事风险控制措施,最大限度地维护市场创新与效率,有效防范证券市场异常波动等金融失序。

证券市场异常波动的经验教训应为资本市场刑法制度改革所用。证券市场异常波动中备受质疑的场外杠杆、做空机制、程序化交易为资本市场刑事司法与立法提出了更高要求。在后证券市场异常波动背景下,资本市场刑法理论与实践应深度运用法律与经济分析方法,把握生成证券市场异常波动的特定经济条件及资本市场违法犯罪行为的经济机理,对资本市场刑法规范做出符合金融行为规律的解释,客观评价资本市场刑法保护的效率,通过缩小犯罪圈将应由市场竞争机制解决的问题还给资本市场参与者,通过刑事司法规则优化与立法完善强化对基于垄断地位实施市场滥用犯罪行为的刑法规制。

二、场外杠杆资金的经济机理

杠杆资金在相对短期内大规模介入市场是积累泡沫的动因,在市值处于高位时快速撤离是证券市场异常波动爆发的催化剂,在迅猛的下跌趋势中被强制平仓时更是证券市场异常波动蔓延与"踩踏效应"的核心推手。受证监会监管、由券商经营的场内杠杆资金，即融资业务，其杠杆比例相对较低且信息披露充分，风险可控。来自民间资本、互联网金融、伞形信托等渠道的杠杆资金，即场外配资，由配资机构对客户进行资金、交易等管理，软件公司提供分仓系统等技术支持，证券公司提供交易通道，以高于券商融资杠杆的配资比例由投资者从事交易；配资机构、软件公司、证券公司分别从中收取配资利息（手续费）、软件服务费、交易佣金等。场外杠杆资金体系中的交易主体、规模、流转等信息均不受监管，影响系统性风险防控。

在场外配资规模不清、风险失控、实际发生证券市场异常波动且亟须立即严控系统性风险的情势下，监管部门直接将场外配资认定为非法经营，[①]配资交易软件相应构成为非法经营证券业务提供技术支持。[②] 根据《刑法》第225条规定，违反国家规定，未经国家有关主管部门批准非法经营证券，情节严重的，构成非法经营罪。由于上述场外配资涉嫌非法经营行政处罚案件所涉及金额特别巨大、资本市场剧烈震荡的结果特别严重，资本市场刑法介入证券市场异常波动的杠杆资金问题似乎迫在眉睫。刑法理论中亦有观点指出，证监会在行政处罚后应将上述单位和人员涉嫌犯罪问题移送公安机关追究刑事责任，如果证监会处罚就此打住，就明显有以罚代刑之嫌。[③] 那么，资本市场刑法究竟应如何规制场外杠杆资金与配资业务呢？

在刑事司法层面，处理证券市场异常波动后场外配资的非法经营刑事责任问题，资本市场刑法应坚持刑事违法性的独立判断并据此确立司法判断规则。

资本市场行为的行政违法性与刑事违法性属于两种实体法律（《证券法》与《刑法》）与两种程序（行政与刑事程序）下的规范判断问题。场外配资业务被认定违反《证券法》而构成非法经营是行政处罚程序中的行政违法性判断，可作

---

① 福诚澜海等资产管理公司及个人利用信托计划募集资金，通过恒生HOMS系统等第三方交易终端软件为客户提供账户开立、委托交易、清算、查询等服务，并按照交易量一定比例收取费用，被证监会认定为非法经营证券业务，没收违法所得、罚款1.5亿余元。参见朱宝琛：《6起配资业务收到高额罚单》，载《证券日报》2015年9月19日，第A2版。

② 恒生公司等开发具有开立证券交易子账户、接受交易委托、结算等多种证券业务功能的系统，在明知客户经营方式的情况下，向不具有证券业务资质的客户销售系统、提供服务，被证监会认定为非法经营证券业务，没收违法所得、罚款5亿余元。参见敖晓波：《证监会拟重罚同花顺等三公司》，载《京华时报》2015年9月3日，第23版。

③ 参见金泽刚：《证监会的处罚会不会是以罚代刑》，载《南方都市报》2015年9月7日，第A15版。

为刑事违法性判断基础,但非唯一标准。司法机关必须对场外配资业务的刑事违法性进行独立且全面的司法审查与实质判断。[①] 从经济机理层面分析,证券公司融资业务与场外机构配资活动都是向客户出借资金供其买入证券并以该客户相关交易证券为主要担保物的行为。在这种本质上属于资金借贷的法律关系中,资金出借人与资本市场投资者之间就担保方式进行特殊安排,由资金出借人监管资金账户风险,当证券市值下降到约定比例时,资金出借人强制平仓从而使投资者自有资金及相关担保能还本付息。从行为实质层面分析,"融资"与"配资"并无本质区别,都是以证券为担保的借贷行为,不能被先在性地判断为证券业务。

场内融资这种经营活动因为是由证券公司实施且经证券监管部门批准才使其成为了一种证券业务,而证券公司之外的其他机构从事的配资是不受证监会监管的场外市场中的借贷行为。从《证券公司融资融券业务管理办法》第1条[②]、第3条[③]等规定中也可以看到——证券公司从事融资融券业务必须经过证监会批准的目的在于规范证券公司融资融券业务活动、防范证券公司的风险等——这种制度安排的规范逻辑是证监会基于对证券公司的监管与风控而就融资融券业务行使批准权,但并不能就此认定配资属于违法从事融券业务的非法经营行为。从市场与政府关系的角度解释,"融资"与"配资"的区别在于前者是受监管市场而后者是非监管市场。配资并不是实质上的证券业务,更不是《证券法》等"国家规定"明确禁止的行为。所以,配资机构在提供场外资金杠杆过程中未经批准非法从事其他证券业务的,才能在刑法实质判断层面认定为具有刑事违法性,单纯以证券为担保的借贷活动并不能构成非法经营犯罪。

---

① 根据2011年最高人民法院《关于非法集资刑事案件性质认定问题的通知》的规定,行政部门对于非法集资的性质认定,不是非法集资案件进入刑事程序的必经程序。行政部门未对非法集资作出性质认定的,不影响非法集资刑事案件的审判;对于案情复杂、性质认定疑难的案件,人民法院可以在有关部门关于是否符合行业技术标准的行政认定意见的基础上,根据案件事实和法律规定作出性质认定。相应地,非法经营刑事案件性质认定应当与非法集资刑事案件采用相同的判断规则。

② 《证券公司融资融券业务管理办法》第1条规定:为了规范证券公司融资融券业务活动,完善证券交易机制,防范证券公司的风险,保护证券投资者的合法权益和社会公共利益,促进证券市场平稳健康发展,制定本办法。

③ 《证券公司融资融券业务管理办法》第3条规定:证券公司开展融资融券业务,必须经中国证监会批准。未经证监会批准,任何证券公司不得向客户融资、融券,也不得为客户与客户、客户与他人之间的融资融券活动提供任何便利和服务。

第二节 金融市场领域非法经营的动态监管与规则优化

在刑事立法完善层面，非法经营罪刑法条文所设定的资本市场犯罪化边界与“政策红线”需要予以反思与重制。

一、金融市场非法经营的边界调整

通过以非法经营罪为核心规范的资本市场刑法震慑“一刀切”地排斥配资等场外杠杆资金对资本市场交易量与交易行为的影响，并非完全符合资本市场发挥资源优化配置决定性作用的制度安排。通过刑法强制手段停止场外杠杆资金接入资本市场交易数据端口，形式上对风险因素进行了隔离，但实质上和法律与经济分析框架下的场外杠杆机理、资本市场系统性风险与犯罪控制效率不相契合。

场外杠杆资金及其交易行为所蕴含的资源配置决策对资本市场效率提升具有经济价值。场外配资为资本市场投资者提供了一种市场化利率水平，使得具有一定风险承担能力的场外资金通过证券市场直接注入实体经济（参与新股申购）或间接优化二级市场流动性。同时，在原来政策调控性、权力导向性非常强的资本市场信息结构中，场外杠杆资金转化为一种市场化信息指标，使得场外资金所对应的交易量及其交易行为决策变动等形成金融商品定价的有价信息，为资本市场参与者丰富了资产定价判断要素，弱化了单边性的政策、行政权力影响对市场机制的扭曲。杠杆资金的深度介入只是本轮证券市场异常波动区别于其他时期市场暴跌的全新市场条件，实践中并没有证据表明场外杠杆市场风险及其催生、隐匿的资本市场犯罪风险的潜在经济损害大于其客观经济功能。事实上也正是因为场外杠杆对繁荣资本市场与优化效率积极影响的客观性与损害金融市场稳定、滋生证券犯罪的不确定性之间难以进行量化，决定了在资本市场指数不断攀升时、证券市场异常波动爆发之前，既有的制度安排没有对场外配资等杠杆资金进行强制性清理。

以资本市场刑法为代表的权力性的法律制度安排与金融创新为核心的资

本市场发展之间的动态关系意味着市场将不可避免地探索突破制度束缚的路径。场外配资野蛮生长本身就是因为证券公司融资业务对于客户而言交易成本与法律条件较高。只要受到证券监管权力严控、由部分被许可机构垄断的融资业务无法满足市场现实需求，非法经营罪等旨在遏制场外杠杆介入资本市场从而控制市场风险、犯罪风险的制度安排，注定会被全新的金融机制、交易技术、市场操作、金融机构配合、民间资本等包围、攻克、避绕。例如，在证监会开出高达数亿元罚单、非法经营罪的刑事法律风险迫在眉睫的情况下，证券市场异常波动后资本市场表现稍有企稳与好转迹象，场外配资更卷土重来，利用个人证券账户出借与保证金收益互换的方式，通过人工盯盘进行最高杠杆5倍的配资。[①] 资本市场刑法若要有效地控制场外杠杆机制的系统性风险，调控资本市场违法犯罪行为激发、影响下的市场参与者极端非理性引发的金融不稳定，不能直接将配资等场外杠杆资金借贷规定为非法经营犯罪，反而应调整刑法规范介入边界，在确保信息充分披露、风险可控的前提下，使得具有提升效率的市场化金融行为获得“经营”的空间。

二、非法经营金融业务的立法完善

《证券法》等资本市场刑法的前置性法律所明确规定的业务类型或者证券监管机构批准从事的经营活动越来越难以全面覆盖互联网金融创新背景下的新型资本市场行为与商业模式。除了目前饱受争议的场外配资之外，还有不少新型互联网证券平台在经营内容上属于证券发行环节的融资与投资中介，证券交易环节的通道、信息、融资等服务，无法归入传统证券经纪、证券自营等范畴，在资格获取上又无法获得证券监督管理机构的审批，导致其经营行为处于《刑法》所规定的非法经营犯罪的危险区域。例如，经营证券交易通道业务的互联网证券平台以免佣金和免费推送行情分析等方式，吸引海量证券交易者基于其数据线路通道执行证券买卖，探索利用聚合性的交易量与客户量优势从佣金返点、配资利息、资产管理等配套服务中获取利润。证券监管弱化事前审批对证

① 参见李维、姜诗蔷：《场外配资“卷土重来”》，载《21世纪经济报道》2015年10月20日，第15版。

券市场的行政干预已是大势所趋,[①]凭借免交易佣金模式、高杠杆、总体较低的交易成本等与传统证券公司竞争客户资源的新型互联网证券公司,其必须通过监管部门批准获取传统证券经营牌照的必要性实际上已经显著降低。《证券法》修订草案中新增的互联网金融平台从事股权众筹发行、“证券经营机构”等改革方案[②]更是预示着,证券型互联网金融机构将来可能主要根据《证券法》等行政法律法规规章完成注册、备案、登记等合法性认可程序,无须经过证券监督管理机构审批。从风险控制的角度反思,场外配资、互联网证券等与传统证券业务进行竞争的市场行为本身并不是绝对且不可控的风险来源,如果场外配资等具备了合法的竞争地位,也就没有必要生存在“影子”市场中承担信息披露违法的风险,这反倒有利于控制场外杠杆资金的风险,从而避免证券市场异常波动前泡沫疯狂积累与证券市场异常波动时强制平仓与信心崩溃下的互相“踩踏”。

资本市场波动较大的特殊阶段,融资效率与投资安全经常处于复杂且深入的制度争议与矛盾对抗状态。资本市场刑事立法应以更灵动的脚步配合前置性行政法律同步调整,对证券监管事前审批弱化的环节进行非犯罪化修正。从调整非法经营证券业务犯罪规制范围的角度分析,合法从事证券业务不仅包括经过证监会批准从事证券经纪或者自营业务的证券经营机构,而且还可以覆盖逐渐兴起的、通过证券监管或者证券行业自律机构备案注册程序认可的互联网证券机构。在具体的刑事立法完善层面,非法经营证券业务犯罪的刑事违法性判断标准有必要予以降低,建议将非法经营罪中“未经国家有关主管部门批准非法经营证券……业务”修改为“未经国家有关主管部门批准或认可,非法经营证券……业务”,限缩《刑法》第225条非法经营罪的规制范围。资本市场刑法“以退为进”,更有利于强化对场外杠杆资金、互联网证券等市场创新机制进行信息披露监管的实际有效性,进而加强对证券市场异常波动等系统性风险的防范与控制效率。

---

① 参见刘云亮:《权力清单制度与证券法修改》,载《甘肃政法学院学报》2015年第4期。

② 参见张婷:《证券法大修:股票发行变为注册制》,载《新京报》2015年4月21日,第A10版。

第三节　恶意做空的经济机理与法律规制

程序化交易发现估值过高而进行做空，可以提高市场定价效率，但也容易加大市场波动，如果异常波动与程序化交易形成循环反馈，将形成系统性风险。[①] 一旦程序化交易与做空机制为市场操纵所用，则会成为恶意做空的工具。

然而，《刑法》第182条操纵证券、期货市场罪主要包括连续交易、洗售、相对委托等行为类型。至于跨市场操纵的实质与模式究竟覆盖哪些内容，兜底条款“以其他方法操纵证券、期货市场”难以给出确定回答。恶意做空则根本就不是正式法律概念。有必要运用法律与经济分析方法对恶意做空进行实质解释与类型化分析，在掌握其经济机理基础上，建构与完善司法规则与刑事立法。这不仅有助于在证券市场异常波动后有效辨识刑事责任，而且有利于在后证券市场异常波动时代背景下为优化资本市场刑事立法提供建议，从而提升预防与控制证券市场异常波动风险的效率。

一、行为机理

“跨市场和跨期现市场操纵就是恶意做空”的论断在经济与法律逻辑上都是不成立的。资本市场交易方向分为做多与做空，恶意做空只是跨市场操纵的交易方向之一；以金融商品交易行为是否跨越证券市场与期货、期权等衍生品市场为标准，市场操纵可以类型化为单一市场与跨市场操纵，[②]恶意做空可以在单一市场中完成，也可以通过跨市场交易进行。“恶意”并不完全是对做空行为的一种模糊不清的价值判断，恶意做空的概念同时承载了市场操纵的规范判断。因为在法律解释上，“恶意”实际上是相对于“善意”而言，尝试从主观故意的角度强调行为人明知自己的做空行为会造成人为的市场价格、交易量结果而

① 参见程丹：《证监会：抓紧完善程序化交易监管》，载《证券时报》2015年8月3日，第A1版。

② 由于跨市场操纵包括跨越证券、期货、期权、衍生品等任意两种以上市场之间的操纵行为，故跨市场操纵与跨期现市场操纵在逻辑上是属种关系，不能并列。

仍然意图从中获取经济利益。所以,恶意做空与跨市场操纵是交叉竞合关系。由于我国证券市场中的个股融券做空交易成本较高、绝大多数交易者长期习惯于做多特定证券以及融券机制不够完善等原因,融券相对于融资交易而言市场规模可以忽略不计。单一证券市场中的恶意做空并非本轮证券市场异常波动的重要因素,值得重点分析的是以跨市场交易为手段的恶意做空。

跨市场操纵的基础形态是价格关联操纵,即利用两个以上市场之间的价格关联实施操纵行为,影响特定市场中的金融工具价格,操纵者从与该金融商品市场价格挂钩、关联的期货、期权、衍生品市场、场外市场或者其他各种类型的私有交易合同中谋取利益。通过实质交易行为影响金融商品交易价格的市场是基础市场。以金融商品交易价格为结算依据的衍生交易、私有契约等市场是关联市场。纵深一层分析,将跨市场的价格关联特征与行为人在特定金融商品市场的交易行为达到垄断程度进行统一,会形成对市场效率损害更为严重的跨市场操纵高阶形态——价量垄断操纵——"价"是指价格,"量"是指交易量。价量垄断操纵的资金、信息、持仓量等竞争优势将其影响力上升为对特定金融商品价格、交易量的垄断性优势,从而达到支配地位。价量操纵的实质是滥用这种垄断优势控制金融商品、基础市场、关联市场等,并从支配力量中获取跨市场交易利润。

恶意做空就是通过价格关联操纵或者价量垄断操纵,控制流通盘中的金融商品现货交易,以连续交易、信息操纵等方式快速、大幅打压基础市场金融商品交易价格,并先期、同步在关联市场大规模放空单,利用杠杆交易放大做空利益。关联市场低位平仓做空获利之后还可以进一步在基础资产市场交易中低位买入现货以供反复砸盘做空。跨市场的价格传导机制意味着掌握基础资产市场筹码的交易者可以通过反复压制价格在关联市场中恶意做空谋利。在恶意做空获利现实可能性上,基础形态的价格关联操纵是在经济上非常有效的市场行为模式。以跨越证券与期货市场的恶意做空为例,操纵者可以做空股指期货合约并打压成份股市场交易价格,随后以较低的价格对股指期货合约进行平仓。对于成份股权重相对均衡(例如,沪深300期指合约)或者股票篮子规模非常大(例如,标普500期指合约等)的股指期货而言,市场参与者一般情况下很难通过控制标的证券的交易来操纵现货市场价格,进而从相应的指数变动中谋取金融期货市场中的交易利润。但对成份股市值相对较小、分布重心偏低(例如,中证 500 期指合约)的股指期货来说,应对恶意做空的抗操纵性相对较弱。在基础市场金融商品流通盘的规模有限、个别成分股比重较高、基础资产分散性不强、市场深度与流动性水平相对较低、基础市场与关联市场价格联动程度较高的情况下,[①]操纵者能够在衍生品交易或者私有契约交易中获取相当可观的交易利润。[②]

通过高阶形态的价量垄断操纵实施恶意做空的获利空间、行为概率相对更高。市场参与者基于特定或一揽子证券内在价值被高估、做空投机、价差套利、日内回转等各种利益驱动,均可实施卖空 EFT、融券卖出等做空交易。在空头力量占据市场支配性地位时,价量垄断操纵的做空具有损害市场效率的风险与谋取巨额利益的现实可能。恶意做空还可通过金融商品市场交易价格的急速下跌,在股指期货及衍生品交易中谋取巨额利益,并通过融资、配资等杠杆资金在快速杀跌行情中的平仓与踩踏进一步压制与洗劫多头。这主要体现在基础资产下跌的行情背景下——金融商品市场交易价格急速下跌,价值投资者或者流动性交易者没有从中发现价值回归的操作空间或者基础资产与金融商品之间的价差套利空间,价值投资者或流动性交易者并未介入市场有力推动资产价格上升,或认为金融商品价格超跌时入市后持续被套——这都将导致市场暴跌甚至引发流动性危机。

二、法律性质

2015 年证券市场异常波动后恶意做空的责任追究过程中,证监会查处了多

---

① See Linda N. Edwards & Franklin R. Edwards, *A Legal and Economic Analysis of Manipulation in Futures Markets*, 4 Journal of Futures Markets 333(1984).

② 例如,1986 年首次推出的我国香港特区恒生指数期货合约仅有 33 只成分股,直至 2013 年仍然只有 50 只成分股,并且以发行量加权计算指数,抗操纵性相对较弱,投机资本在股票现货市场操纵长江实业、汇丰控股、新鸿基地产、中国联通、中国平安等权重股,就可利用权重股现货市场交易价格与股指期货之间的结算关系,控制恒生股指期货市场。例如,2009 年 3 月 9 日,在尾市竞价交易最后 1 分钟,汇丰控股暴跌 11.5%,当日报收 33 港元,股价创十余年新低,同时创历史单日最大跌幅。恒生指数随即直接暴跌 250 点,报收 11,344.58 点。仅汇丰控股一只成分股就占据我国香港特区恒生指数当日 70% 的下跌。参见舒时:《恒指神伤 500 点汇控"临阵脱逃"暴跌 24%》,载《第一财经日报》2009 年 3 月 10 日,第 B1 版。

起ETF与成分股跨市场操纵,行政处罚数额超过20亿元。[①] 这种跨市场操纵表现为制造成分股价格下跌,在ETF、股指期货等可进行卖空的市场获得做空利益。大量卖出股票现货引发快速下跌还可导致配资平仓、认赔离场等"踩踏效应""羊群效应",进一步促使操纵者以更低成本买入现货后继续新一轮做空。证监会行政处罚决定将恶意做空的法律属性界定为操纵证券市场。但在《刑法》等均未对恶意做空法律性质作出明确规定的情况下,有必要在法律解释上强调两个要点。

其一,做空行为之所以能够被认定为"恶意",即构成操纵证券、期货市场,其违法性集中体现在金融商品价格趋势的人为控制性。如果特定金融商品市场的价格运行趋势实际上并非由单一或者联合的交易者触发,即使其在空头仓位中占据支配性地位,也不应当认定为恶意做空进而构成跨市场操纵违法犯罪。以金融市场中非常著名的两起与德国大众汽车公司股票有关的事件(2008年保时捷轧空大众汽车股票案[②]与新近发生的做空大众汽车股票及关联市场股指期货事件[③])为例,2008年保时捷轧空大众汽车股票案中的金融商品市场价格波动的触发因素在于行为人通过未经信息披露的衍生工具交易行为垄断股票现货供应,而2015年做空大众汽车股票及其关联市场指数产品事件中的价格波动触发因素是现实存在的巨大利空信息,即大众涉嫌利用汽车软件算法进行尾气测试欺诈而可能引发最高可达约200亿美元的罚款。这种直接影响金融商品及其关联指数价格运行的客观事件及其信息,并非由做空者的操纵性交易行为或者信息编造行为所人为控制的。做空者大规模卖空大众汽车公司股

---

① 参见程丹:《证监会拟再罚12宗操纵市场案》,载《证券日报》2015年10月24日,第A2版。

② 2008年金融危机期间,保时捷公司凭借不受德国金融监管局信息披露规则制约的金融衍生工具私下对大众公司普通股进行实际控制,突然披露其持有已经通过金融衍生工具实际控制大众汽车近75%股权的信息,致使空头对冲基金无法获取足够现货证券而竞相买入平仓,引发大众股票价格暴涨。保时捷轧空大众汽车股票造成空头损失约200亿美元。Armin J. Kammel, *The Dilemma of Blind Spots in Capital Markets-How To Make Efficient Use of Regulatory Loopholes?*, 10 German Law Journal 605 (2009).

③ 2015年9月,美国环保署、司法部对德国大众汽车公司展开调查。大众涉嫌违反《清洁空气法案》在尾气测试中使用复杂的软件算法进行欺诈,尾气释放超标40倍。初步预计仅在美国一个司法区的罚款金额最高可能达到200亿美元,间接商誉损失难以估计。国际对冲基金做空大众汽车股票,其市值蒸发250亿欧元。由于大众股票在德国DAX指数中占据相当比重,德国股指及欧盟市场关联股指同样受到做空重挫。参见李豫川:《卡塔尔主权基金43亿美元失陷"大众黑洞"》,载《中国证券报》2015年9月28日,第W2版。

票或者在关联股指期货市场开空仓，即使其持仓量占据支配性地位，或者做空交易在一定程度上夸大了损失规模以及利空信息对于基础资产价值的影响，但这些都只能归属于风险判断与市场意见，不能认定为恶意做空，因而不能构成操纵证券、期货市场。

其二，既有资本市场法律在规制恶意做空上存在规范不明确的问题。尤其是《刑法》第182条操纵证券、期货市场罪，并没有完整、有效、明确地建构规制恶意做空的法律适用标准，亟须以前瞻性视角分析立法完善的应对策略。

三、立法完善

《证券法》《刑法》均未明示恶意做空等行为的市场操纵性质，有必要将跨越基础资产与衍生品市场交易中的操纵行为与认定规则明确纳入刑法规制范畴。

以商品、证券、期货等为基础资产的衍生品交易已成为金融市场非常重要的组成部分。尤其是以证券为基础资产的衍生品，不仅在场外市场交易活跃，而且日益发展为交易所重要的金融产品。有关定量研究表明，部分投资银行、基金公司等金融机构中的核心业务管理人员存在利用基础资产市场交易优势控制衍生品交易谋取巨额利润的嫌疑；衍生品市场高杠杆性交易的放大效应与信息披露规范力度的不尽如人意，导致市场操纵对金融市场合理配置资本功能造成的破坏更大。[①] 然而，针对跨越基础资产市场与衍生品市场之间的恶意做空等操纵行为，《刑法》并没有制定明确的刑事责任条款。因此，有必要对衍生品市场中的疑似跨市场操纵行为形成高效迅捷的反应机制，积极总结归纳以证券为基础资产的衍生品交易中的违规类型与核心特点，先行在证券行政法律法规中确认衍生品违法行为的法律责任。资本市场刑事立法进行联动反应，及时对资本市场犯罪的刑法规范进行修正与增补，明确跨市场操纵行为刑事违法性，适时将衍生品市场交易中的操纵行为类型与认定规则明确纳入资本市场法

---

① Carr Bettis, John Bizjak & Michael Lemmon, *Managerial Ownership, Incentive Contracting, and the Use of Zero-Cost Collars and Equity Swaps by Corporate Insiders*, 36 Journal of Financial and Quantitative Analysis 345 (2001).

律规制范畴。建议在《刑法》第 182 条操纵证券、期货市场罪行为类型中新增一项跨市场操纵，具体条文可以是："为了在基础资产或者衍生品交易中获取利益或者规避损失，通过控制相应衍生品或者基础资产交易，影响证券、期货交易价格或者证券、期货交易量。"

同时，资本市场刑法应当以系统性风险控制为导向完善刑事立法，高度重视利用程序化交易实施的恶意做空，严控市场操纵引发的系统性风险。实践中，利用程序化交易技术实施的市场操纵行为主要表现为：以电脑运行、交易申报、撤单速度以微秒作为单位，通过快速堆单、撤单诱导其他市场参与者以其之前设定的价格或者朝其设定的价格趋势人为推动市场运行。在极端情况下这会触发系统性风险、引起"闪电崩盘"，使得恶意做空者从极端的市场波动中以巨量交易快速谋取交易利润，但《刑法》与司法解释并未对上述程序化交易操纵行为作出明确规定。所以，有必要完善《刑法》第 182 条操纵证券、期货市场罪明确列举的市场操纵类型与情形，建议将"提供程序化交易服务或者从事程序化交易，影响证券、期货交易价格或者证券、期货交易量"的行为纳入刑事处罚范围，并通过市场操纵司法解释具体规定程序化交易操纵行为模式的量化认定指标。

结　论

本书以法律与金融分析方法为核心，结合实证分析、规范解释、历史分析、比较解释等研究方法，对金融从业人员违法犯罪交易行为展开跨学科分析，从金融从业人员违法犯罪交易行为的实质、机理、类型出发，探索了符合金融原理、资本市场现实的金融从业人员违法犯罪交易行为法律监管政策与规则，从金融从业人员违法犯罪交易行为切入设计了法律制度提升资本市场资源配置效率的优化路径，不仅为金融市场法治实践提供了制度改革建议，而且在方法论层面强化了金融犯罪、金融监管、金融合规研究的纵深性。

一、金融从业人员违法犯罪交易行为的法律与金融分析

金融从业人员违法犯罪交易行为行为手段与策略结构的复杂性、制造结构性与系统性风险的危险性及其对市场投资者权益的损害性等问题，伴随着资本市场交易技术与资金规模的迅猛变革而日趋严峻。然而，在金融从业人员违法犯罪交易行为法律与金融理论研究层面，能够全面整合金融从业人员违法犯罪交易行为并提出系统性跨学科分析的研究，在质量与数量上均无法应对资本市场实践的挑战。

本书的价值在于从资本市场违法犯罪类型中结构最为复杂的金融从业人员违法犯罪交易行为切入，提供系统性的法律与金融分析框架、解释工具和反思视角，整合作为经济行为与法律行为的金融从业人员违法犯罪交易行为理论，剖析金融从业人员违法犯罪交

易行为的实质、机理、类型、模式以及金融从业人员违法犯罪交易行为对资本市场效率的影响,探索法律制度介入金融从业人员违法犯罪交易行为等资本市场违法犯罪监管的合理边界与有效路径。金融从业人员违法犯罪交易行为法律与金融分析超越了单一化的经济解释、道德论辩、法律适用争议在方法论上的局限性与在实质内容上的解释不充分性,尽可能全面地还原真实资本市场生态系统与竞争环境下的金融从业人员违法犯罪交易行为现象、本质及其监管政策与合规措施。

金融从业人员违法犯罪交易行为实质解释理论在现行资本市场法律制度的框架下破解了金融从业人员违法犯罪交易行为法律与经济理论分析互为脱节且解释深度不足的难题,更是重构了金融从业人员违法犯罪交易行为扭曲资本市场价格形成机制、阻碍资本资源优化配置及其与市场投资者(投机者)合法权益损害之间关系等问题的解释过程与认识视角。

对金融从业人员违法犯罪交易行为实质、机理、类型的把握是对应性地建构金融从业人员违法犯罪交易行为法律监管政策、规则以及进行制度完善设计的坚实基础。金融从业人员违法犯罪交易行为对金融商品市场价格波动以及投资者资本配置的影响,决定了金融从业人员违法犯罪交易行为与资本市场中的资产泡沫之间具有紧密的内在联系。这种客观联系是制定符合资本市场真实状态与金融市场运作机制的控制金融从业人员违法犯罪交易行为政策的实际依据。资本市场中的操纵性策略、交易行为或者信息流动催生并支撑了金融资产泡沫,在加剧金融商品价格与基础资产价值之间的偏离度的同时,延缓了资产泡沫的存续时间;投资性与投机性资本中的非理性力量,以及金融从业人员违法犯罪交易行为共同作用下的资产泡沫,反过来也为金融从业人员违法犯罪交易行为从市场价格波动中获取现实的经济利益提供了天然的、有利的市场环境。

结构性地通过法律制度介入资本市场中的操纵犯罪控制实际上很难遏制系统性风险。孤立地使用法律监管措施,将损害投资者权益的责任全部归咎于金融从业人员违法犯罪交易行为等资本市场违法犯罪,不仅存在惩治重点偏颇与浪费制度性资源的问题,而且会阻碍正常的资本市场竞争、模糊资本资源配置缺乏效率问题。本书在这种系统化与精细化的行为类型架构中设计了具有针对性的规制金融从业人员违法犯罪交易行为的监管原则与法律实践规则。

二、金融从业人员违法犯罪交易行为法律监管与合规制度设计

作为资本市场违法犯罪类型中对市场效率损害程度最为严重、犯罪结构最为复杂、普通市场投资者最难防范的金融从业人员违法犯罪交易行为，全球资本市场法律制度均建构了监管制度。但是，线性化监管思维模式下的强化震慑、金融从业人员违法犯罪交易行为零容忍、加强投资者保护等政策实际上无法为资本市场监管实践提供确定性与效率性的价值导向。

本书在实践价值在于深度反思优化金融从业人员违法犯罪交易行为法律监管的具体措施与结构，从而提升资本市场资源优化配置与市场竞争效率、投资者权益保障力度、市场流动性平衡程度，形成有效整合市场与制度、真实反映金融实务与法律实践现实需求的、效率性与公平性保障兼顾的政策、原则以及规则体系。资本市场显然在资本资源优化配置过程中起到决定性作用。但资本市场竞争机制并不总是处于优质运作状态，甚至时常会出现错误或者异常。市场价格变动并不总是反映真实信息或者资产基础价值——2000 年网络股泡沫破裂，2008 年国际金融危机，2010 年后美国、中国等国际主要证券市场出现的、由程序化交易引发的指数“闪电崩盘”，2013 年后由比特币等新型互联网支付与交易系统引领的互联网金融“去中心化”变革等资本市场阶段性剧烈阵痛与崩溃，2020 年之后突发性公共事件对金融市场造成的巨大波动等，已经历史性地验证了人类行为的固有缺陷与制度安排的既有局限对资本市场资源错配或者非效率性配置所产生的真实的、实质性的影响。

资本市场投资（投机）行为内含的非理性因素与外部性的金融从业人员违法犯罪交易行为等资本市场违法犯罪行为，都是市场繁荣与萧条这一非线性轮回系统中的重要构成。针对金融从业人员违法犯罪交易行为等资本市场违法犯罪行为进行单一化、线性化的制度控制，对于促进资本市场优化资源配置的积极作用是有限的。但是，透过金融从业人员违法犯罪交易行为实质与机理的解构，对资本市场行为运作中的非理性因素进行准确定位，能够从外部性的法律制度切入，洞察内部性的市场行为缺陷，进而有助于从决定性的市场机制优化与调整性的制度安排，限制非理性行为对资本配置效率的损害。

金融从业人员违法犯罪交易行为法律监管政策与规则设计建筑在具有一

个可供执法司法实践操作的金融从业人员违法犯罪交易行为实质概念界定的基础之上。金融从业人员违法犯罪交易行为实质界定的实践意义是,为政策与规则制定机构提供一个整合经济与法律行为特征的、具有确定性与可操作性的金融从业人员违法犯罪交易行为实质概念,实现法律不确定性概念与立法稳定性之间的价值平衡,从实体与程序的双重侧面为执法与司法机构配置判断金融从业人员违法犯罪交易行为的构成要素与证据标准。

金融从业人员违法犯罪交易行为政策设计的基本原理可以被明确为:结合不同金融从业人员违法犯罪交易行为类型,在保障资本市场资源优化配置与市场竞争效率的价值指引下,建构具有高度针对性的监管政策与合规安排。

金融从业人员违法犯罪交易行为法律监管整体政策导向上,应当坚持容忍投机、效率性监管与信息风险防控。具有扩张性风险的金融从业人员违法犯罪交易行为法律监管制度会弱化本国资本市场机制的发挥,容忍市场中的部分投机行为对于发挥资本市场创造力具有重要价值。资本市场参与者的有限理性、群集心理等金融行为心理催生下的市场非理性繁荣与金融从业人员违法犯罪交易行为违法犯罪行为,共同构成了资本市场资源配置效率降低的主要原因,宏观的资产泡沫经济防控政策而非孤立的反金融从业人员违法犯罪交易行为法律制度更契合防范金融市场系统性风险的现实需要。以基金公司、金融投资咨询公司为代表的资产管理机构是优化资本市场投资者构成的重要组成部分,专业化的机构投资者有利于深化市场竞争,提升市场资本资源的配置效率,应当持续强化机构投资者披露利益冲突信息的传统强制性信息披露机制,切断机构投资者实施利益冲突信息操纵的现实可能,保证资本市场中的普通投资者能够稳定地将资本资源配置于信用环境提升之后的资产管理市场。审慎介入、规范协调、风险控制等原则是金融从业人员违法犯罪交易行为等资本市场违法犯罪法律规制的发展方向。资本市场法律制度应当控制的是以高频交易技术为手段的金融从业人员违法犯罪交易行为而非高频交易技术本身,同时应以高频交易策略审查为中心建构有针对性的反金融从业人员违法犯罪交易行为规制方案。相对广泛的证券概念界定有助于通过证券法所建构的严格监管机制,最大限度地惩罚严重损害效率的金融从业人员违法犯罪交易行为等资本市场侵害行为,并对处于信息不对称劣势的普通市场参与者提供周延保护。

规制金融从业人员违法犯罪交易行为,执法、司法要明确将资本市场中的契约风险与流动性风险排除在违法犯罪法律责任追究范围之外,公正评估资本市场中道德风险并认定金融从业人员违法犯罪交易行为。对于综合涵盖民事纠纷、行政违法、刑事犯罪等多种可能性的资本市场信用风险,杜绝以实际经济损失决定法律责任,应当将严重违法信息披露规则的信用风险情形作为金融从业人员违法犯罪交易行为违法犯罪予以处罚。有必要根据不同金融从业人员违法犯罪交易行为模式差异化特点制定金融从业人员违法犯罪交易行为司法解释。由于现有的证券期货犯罪法律理论已经对传统金融从业人员违法犯罪交易行为构成方面的基本要素进行了具有相当深度与覆盖面的分析,法律实务部门在近20年的司法实践中亦积累了丰富的办案经验,目前金融从业人员违法犯罪交易行为司法解释的重点在于深化规则设计的技术性,促进司法规则契合资本市场中各种投机、过度投机、违法性策略的真实现状,合理界定刑罚权力的介入界限。

在金融从业人员违法犯罪交易行为立法完善层面,应当协调不同层次的法律规范的优势,准确界定金融市场法律法规和刑法规定之间的适用性边界。重视金融工具发行环节欺诈定价、在证券发行过程中连续炒作上市公司股票等金融从业人员违法犯罪交易行为违法犯罪问题。针对期货和衍生品市场交易环节中违法犯罪交易行为特点,制定有针对性的法律适用规则,提升规制期货从业人员违法犯罪交易行为法律监管的技术。形成金融衍生工具市场违规行为反应机制,总结以证券等金融工具为基础资产的衍生品交易中的违规类型,先行在证券等行政性法律法规中建立衍生品违法行为的法律责任。在积累衍生品市场监管经验的基础上,进一步研究制定衍生品市场中金融从业人员违法犯罪交易行为的认定标准,将衍生品交易中的违法犯罪行为纳入资本市场法律规制范围,保护衍生品交易对冲、分散风险的市场功能。